RUTH HOFFMANN

DAS DEUTSCHE ALIBI

GOLDMANN

RUTH HOFFMANN

DAS DEUTSCHE ALIBI

Mythos »Stauffenberg-Attentat« –
wie der 20. Juli 1944 verklärt und politisch
instrumentalisiert wird

GOLDMANN

MIX
Papier | Fördert gute Waldnutzung
FSC® C014496

Penguin Random House Verlagsgruppe FSC® N001967

2. Auflage
Originalausgabe Mai 2024

Redaktion: Eckard Schuster
Umschlag: Uno Werbeagentur, München
Umschlagmotiv: © CPA Media Pte Ltd / Alamy Stock Foto
Satz: Buch-Werkstatt GmbH, Bad Aibling
Druck und Bindung: GGP Media GmbH, Pößneck
Printed in Germany
EB · CF
ISBN 978-3-442-31722-6

www.goldmann-verlag.de

Für alle, die nicht weggeschaut haben.

Ich möchte, dass man weiß, dass es keinen namenlosen Helden gegeben hat, dass es Menschen waren, die ihre Namen, ihr Gesicht, ihre Sehnsucht und ihre Hoffnungen hatten, und dass deshalb der Schmerz auch des letzten unter ihnen nicht geringer ist als der Schmerz des ersten, dessen Name erhalten bleibt.

Julius Fučík (1903–1943)
Kommunistischer
Widerstandskämpfer aus Prag,
hingerichtet in Berlin Plötzensee
am 8. September 1943

Inhalt

Einleitung

Anfang Juli 1944 war alles verloren. Mehrere Anschläge auf Hitler waren gescheitert, die Rote Armee hatte bei Minsk die deutschen Stellungen durchbrochen, aus unzähligen deutschen Städten waren Trümmerwüsten geworden, und von Westen rollte der Vormarsch der Alliierten. Ob es jetzt überhaupt noch sinnvoll sei, das Risiko eines Staatsstreichs einzugehen, ließ Claus Schenk Graf von Stauffenberg seinen Mitstreiter Henning von Tresckow an der Ostfront fragen. Die Antwort kam postwendend: Das Attentat müsse erfolgen, koste es, was es wolle. »Denn es kommt nicht mehr auf den praktischen Zweck an, sondern darauf, dass die deutsche Widerstandsbewegung vor der Welt und vor der Geschichte unter Einsatz des Lebens den entscheidenden Wurf gewagt hat. Alles andere ist daneben gleichgültig.«[1]

Das vielleicht berühmteste Zitat aus dem Umkreis des 20. Juli 1944 klingt so, als wäre es bereits an die Nachwelt gerichtet gewesen, und möglicherweise war es das sogar. Ob Tresckow es tatsächlich so gesagt hat, ist ungewiss, aber auch nicht wirklich relevant, denn fest steht, dass die Verschwörer danach gehandelt haben: Sie wussten, dass sich die Siegermächte auf keine Friedensbedingungen der Deutschen mehr einlassen würden, und waren sich darüber im Klaren, wie gering die Chancen standen, dass es ihnen überhaupt gelingen würde, das Regime zu stürzen. Trotzdem wagten sie es, setzten ihr Leben aufs Spiel und verloren.

Nach dem Krieg sollte es viele Jahre dauern, bis sie nicht mehr als »Landesverräter« galten. Schon daran lässt sich ablesen, wie gering ihr Rückhalt in der Bevölkerung gewesen war und was für eine einsame Entscheidung sie damals hatten treffen müssen. Neuesten Forschungen zufolge waren rund zweihundert Personen an der Planung des Umsturzversuchs beteiligt, zum weitverzweigten Netzwerk gehörten mehrere tausend[2] – und doch waren die Widerstandskämpfer und -kämpferinnen unter den gut 65 Millionen Deutschen nur eine kleine Minderheit. Sie opferten sich für etwas, das die meisten ihrer Landsleute gar nicht wollten und selbst nach 1945 lange nicht zu schätzen wussten.

Wenn heute, als wäre es nie anders gewesen, am Jahrestag des gescheiterten Attentats Kränze niedergelegt und staatstragende Reden gehalten werden, täuscht diese Gedenkroutine über die Tatsache hinweg, dass das Bekenntnis hart erkämpft werden musste und auch unter Politikern lange alles andere als erwünscht gewesen ist. Denn der 20. Juli 1944 war immer ein schwieriges Datum und ein Stachel im Fleisch deutscher Selbstgewissheit – weil er das Märchen vom verführten Volk entlarvte, das von nichts gewusst habe, und weil er zeigte, dass es möglich gewesen wäre, sich anders zu verhalten. Das wollten sich nur die allerwenigsten eingestehen, als Alibi aber durften die Widerständler gern herhalten. Also machte man sie zu Kronzeugen für jenes »andere Deutschland« – dafür, dass nicht alle Deutschen Nazis gewesen waren. Das war nützlich für die Selbstdarstellung gegenüber dem Ausland und die Selbstvergewisserung nach innen.

Der 20. Juli 1944 eignete sich dafür besonders gut, weil er von Berufssoldaten, Politikern und hohen Verwaltungsbeamten getragen worden war. So konnten die alten Eliten rehabilitiert werden, die Hitlers Ernennung zum Reichskanzler erst ermöglicht und mehrheitlich begrüßt hatten. Dass der Widerstand gegen den Nationalsozialismus ursprünglich von Kommunisten, Sozialisten und Sozialdemokraten gekommen war, viele Jahre bevor die Bombe in der Wolfsschanze detonierte, geriet in der jungen

Bundesrepublik weitgehend in Vergessenheit: Die konservativen Regierungen unter Bundeskanzler Konrad Adenauer, denen mehrere ehemalige NSDAP-Mitglieder angehörten, hatten eine andere Agenda.

Es galt, Millionen einstiger Parteigenossen, Staatsdiener und Mitläufer in die neue Demokratie zu integrieren. Mit dem 20. Juli 1944 als Ausweis deutscher Rechtschaffenheit konnte Adenauer die Wiederbewaffnung vorantreiben und die 1955 gegründete Bundeswehr später den Bruch mit der Wehrmacht reklamieren, obwohl sich ihr Personal bis ins Offizierskorps hinein aus der alten Hitler-Armee speiste. Auch die Hinwendung zum westlichen Staatenbündnis ließ sich damit ideologisch begründen, gerade in Abgrenzung zur DDR, wo das Gedenken an den kommunistischen Widerstand zur offiziellen Parteidoktrin gehörte.

Die zunehmende Heroisierung der »Männer des 20. Juli 1944« – Bundespräsident Theodor Heuss nannte sie 1954 den »christlichen Adel deutscher Nation« – ging darum mit der Abwertung des linken Widerstands und der Diffamierung von Emigranten wie Willy Brandt einher. Im Antikommunismus, der neben der Judenfeindschaft eine tragende Säule der NS-Ideologie gewesen war, fand die westdeutsche Gesellschaft auch nach dem Krieg eine einigende Klammer, auf die sich eine Mehrheit der Bevölkerung verständigen konnte. Und auch für diese Klammer lieferte der 20. Juli nach offizieller Lesart die nötige Legitimation.

Die CDU wusste diesen Umstand zu nutzen und beanspruchte schon in den 50er-Jahren das Erbe des Widerstands für sich. Aus Angst, wieder als »vaterlandslos« geschmäht zu werden, stimmten SPD-Politiker in die Hymnen über den »Aufstand des Gewissens« national-konservativer Militärs mit ein, anstatt an die mutigen Frauen und Männer aus ihren eigenen Reihen zu erinnern, die den Aufstieg der Nationalsozialisten von Anfang an bekämpft und deshalb zu deren ersten Opfern gezählt hatten.

Heute weiß darum kaum noch jemand, dass auch Sozialisten und Sozialdemokraten an der jahrelangen Vorbereitung des Staatsstreichversuchs beteiligt gewesen waren und die Verschwörer zuletzt sogar den Kontakt zum kommunistischen Untergrund gesucht hatten – Hitlers Lüge von der »ganz kleinen Clique« von Offizieren hat sich durchgesetzt. Das Bild des gut aussehenden Oberst Stauffenberg wurde zur Ikone, der 20. Juli 1944 zur Chiffre für den Widerstand schlechthin.

Selbst die Verwendung des Begriffes »Widerstand« unterlag über die Jahre der konservativen Deutungshoheit – sei es zur Diskreditierung der Studentenproteste 1968, als Ausdruck der Empörung über die Ostpolitik der sozialliberalen Regierung oder zur Abwehr jeglicher Kritik »von unten«. Helmut Kohl benutzte das Gedenken, um die von ihm postulierte »geistig-moralische Wende« auszuschmücken und die Abkehr von der Vergangenheitsbewältigung zu begründen. Neuerdings behaupten sogar die AfD und die Neue Rechte, in einer Traditionslinie mit der »Gruppe um Claus Schenk Graf von Stauffenberg« zu stehen.

Ein ganzes Leben lang, schrieb Helmuth James von Moltke kurz vor seiner Hinrichtung, habe er »gegen den Geist der Enge und der Gewalt, der Unfreiheit, der Überheblichkeit, … der Intoleranz und des Absoluten, erbarmungslos Konsequenten angekämpft«, der in den Deutschen stecke und »seinen Ausdruck im nationalsozialistischen Staat gefunden hat«.[3] Wie seine Mitstreiterinnen und Mitstreiter starb er in der Hoffnung, dieser Geist werde eines Tages durch heilsamere Kräfte ersetzt oder zumindest gebannt. In den 80 Jahren, die seit dem Scheitern des versuchten Staatsstreichs vergangen sind, haben sich viele dieser guten Kräfte entwickelt. Eine geistige Revolution aber, wie sie der hessische Generalstaatsanwalt Fritz Bauer in den fünfziger Jahren zu Recht gefordert hatte, blieb aus: Trotz fundamentaler Veränderungen im Außen war die »Stunde Null« kein radikaler Neuanfang im Innern. Die ersten Gesetze, die der eben konstituierte Deutsche Bundestag verabschiedete, waren bezeichnenderweise Amnestien für ehemalige Nationalsozialisten. Nicht die Täter waren in der Defensive, sondern die Opfer.

Indem Politiker aus dem 20. Juli 1944 eine Art Gründungsmythos der Bundesrepublik konstruierten, ließen sich viele unselige Kontinuitäten kaschieren. Und so mancher, der wegen seiner Vergangenheit allen Grund gehabt hätte, still zu sein, konnte sich ungeniert als großer Demokrat gerieren oder stellte sich gar in eine Reihe mit den ermordeten Widerstandskämpfern. Im Umgang mit dem 20. Juli spiegeln sich so über die Jahrzehnte die politischen Interessenlagen und gesellschaftlichen Bedingungen, aber auch das sich wandelnde Verhältnis zu unserer Vergangenheit. Die unterschiedlichen Phasen der Rezeption sind darum selbst Teil der deutschen Geschichte.

Wie wir das Ereignis »20. Juli« heute beurteilen, ist kein gesellschaftlicher Konsens, sondern das Produkt einer wechselvollen Entwicklung voller Widersprüche, empörender Vereinnahmungen und beschämender Versäumnisse. Dieses Buch zeichnet sie nach.

Das Quellenverzeichnis zu diesem Buch ist online unter www.penguin.de/das-deutsche-alibi einzusehen.

1. Friede mit den Tätern (1945–1952)[1]

Das große Verdrängen

»Ob das Mittel, die Juden zu vergasen, das gegebene gewesen ist, darüber kann man geteilter Meinung sein. Vielleicht hätte es auch andere Wege gegeben, sich ihrer zu entledigen«[2], erklärte der Bundestagsabgeordnete Wolfgang Hedler (DP) bei einer Rede im November 1949. »Ich persönlich bezweifle, dass die Vergasung das Richtige war«, fügte er lächelnd hinzu, was bei seinen Zuhörern im Gasthof Deutsches Haus bei Neumünster für allgemeine Heiterkeit sorgte.[3]

Die Bundesrepublik Deutschland war damals noch nicht einmal ein halbes Jahr alt. Kanzler Konrad Adenauer (CDU) hatte eine Große Koalition mit der SPD abgelehnt und regierte stattdessen zusammen mit der FDP und der DP – der Deutschen Partei. Dass in beiden Fraktionen[4] ehemalige Nationalsozialisten saßen, tat der Regierungsarbeit keinen Abbruch. Im Gegenteil: Bei einem nicht unerheblichen Teil der Bevölkerung stießen rechtsnationale Ansichten damals nach wie vor auf Zustimmung: Allein 10 der 17 DP-Abgeordneten waren per Direktmandat in den Bundestag gewählt worden. Und mit Hans Globke hatte sich Adenauer sogar höchstpersönlich einen Mann als engsten Mitarbeiter ins Kanzleramt geholt, der maßgeblich an der Kommentierung der Nürnberger Rassegesetze beteiligt gewesen war – eine weitere Voraussetzung für die Entrechtung, Verfolgung und Vernichtung der europäischen Juden. Die Verordnung, wonach jüdische Deutsche zur besseren Kenntlichmachung ab August 1938 die

Vornamen Sara und Israel führen mussten, entstammte ebenfalls Globkes Feder.[5]

Deutschland treffe »die geringste Schuld am Ausbruch des Zweiten Weltkriegs«, tönte Hedler an jenem Novembertag, vier Jahre nach Kriegsende. »Schuld an unserem Elend tragen die Widerstandskämpfer.« An ihrem »Verrat« sei Deutschland zugrunde gegangen.[6] Mit dieser Ansicht stand Hedler nicht allein da. Viele Deutsche sahen in den Akteuren des 20. Juli 1944 noch immer Verräter und machten sie mitverantwortlich für den verlorenen Krieg. Es war die zweite Dolchstoßlegende der deutschen Geschichte, und sie sollte sich noch bis weit in die 70er-Jahre halten.[7]

Im Januar 1950 musste sich Hedler für seine Äußerungen vor dem Landgericht Kiel verantworten. Die Staatsanwaltschaft legte ihm zur Last, das Andenken der Widerstandskämpfer mit Verleumdungen verunglimpft und »Angehörige der jüdischen Rasse« (sic!) beleidigt zu haben und forderte zehn Monate Haft. Die Liste der Nebenkläger las sich wie eine Aufzählung der größten Namen im deutschen Widerstand gegen den Nationalsozialismus: Neben Überlebenden wie Gustav Dahrendorf und Hans Gisevius waren unter anderem die Angehörigen von Carl Goerdeler, Ernst von Harnack, Julius Leber, Henning von Tresckow, Adolf Reichwein, Friedrich Olbricht dabei.

Nach acht Verhandlungstagen sprachen die drei Richter, zwei davon ehemalige NSDAP-Parteigenossen, Hedler in allen Anklagepunkten frei. Eine jubelnde Menschenmenge erwartete den 50-Jährigen vor der Tür und geleitete ihn zu einer Gaststätte, wo er anschließend mit Parteikollegen und Gleichgesinnten seinen Sieg feierte.[8] Der Freispruch war für Hedler auch deswegen ein Triumph, weil die Deutsche Partei ihn zuvor aus Angst um die Fortsetzung der Regierungsbeteiligung aus der Partei ausgeschlossen hatte. Ab sofort konnte es als juristisch legitimiert gelten, die Widerstandskämpfer des Verrats zu bezichtigen. Selbst unverhohlener Judenhass blieb ungesühnt.[9]

Die Empörung über das Urteil war groß, auch im Ausland. Jüdische Gemeinden äußerten ihr Entsetzen, Gewerkschafter versammelten sich zu Protestkundgebungen. In manchen Betrieben wurde gestreikt, etliche Ortsvereine der SPD forderten die Entlassung der Richter und eine Stellungnahme der Bundesregierung, weil das Urteil eine »nachträgliche Anerkennung der Verbrechen des Dritten Reiches« bedeute.[10] Ein Großteil der Presse sah es ähnlich. Zugleich aber schlich sich eine Argumentationslinie in die vergangenheitspolitische Debatte, die für die nächsten Jahre typisch bleiben sollte: Man laufe Gefahr, im Eifer des Kampfes gegen den Nationalsozialismus »wieder mitten im Nationalsozialismus« zu landen, warnte etwa die *Frankfurter Allgemeine Zeitung*. Der eigentliche »tiefe Grund der Beunruhigung« sei, dass von einem Gericht verlangt werde, einen Mann zu verurteilen, »nur weil er politisch gefährliche Ideen habe«.

Auch *Die Zeit* verwies auf die Meinungsfreiheit und befand, die Justiz sei eben machtlos gegen einen Redner, der »erklärt, er könne keine Sympathie für die Juden empfinden« und »halte die Handlungsweise der Männer des 20. Juli für falsch«.[11] Die Bundesregierung beließ es bei ein paar vagen Äußerungen. Justizminister Thomas Dehler (FDP) stellte sich sogar ausdrücklich vor die drei Richter, um die Unabhängigkeit der Justiz zu betonen.[12]

Am Tag der Urteilsverkündung brachte die SPD zwei Gesetzentwürfe ein: Das »Gesetz gegen die Feinde der Demokratie« sollte verhindern, dass im Namen der Meinungsfreiheit Verbrechen gerechtfertigt werden können, und sah unter anderem Haftstrafen für die Beleidigung von NS-Opfern und das Leugnen der »Verwerflichkeit des Völkermords oder der Rassenverfolgung« vor. Das »Gesetz zur Wiedergutmachung nationalsozialistischen Unrechts in der Strafrechtspflege« hätte sämtliche Urteile für nichtig erklärt, die auf politisch oder rassisch diskriminierenden NS-Gesetzen beruhten – also auch die Todesurteile des Volksgerichtshofs, denen Hunderte Frauen und Männer des Widerstands zum Opfer gefallen waren. Zugleich implizierte der Entwurf, dass der Widerstand gegen das »Dritte Reich« und den Krieg keinen Rechtsbruch darstellte.

Die Verabschiedung der beiden Gesetze wäre eine Chance gewesen, die erklärte antifaschistische Ausrichtung der Bundesrepublik festzuschreiben und sich unmissverständlich gegen nationalsozialistische Wiedergänger wie Hedler abzugrenzen. Eine Chance, das NS-Regime als Unrechtsstaat einzuordnen, die Urteile seiner Gerichtsbarkeit aufzuheben und den Widerstand zu legitimieren. Doch es kam nicht dazu: Nach mehreren hitzigen Debatten im Bundestag und anderthalb Jahren politischem Gezerre wurden die Entwürfe schließlich vom Rechtsausschuss begraben.[13] Die politischen Schwerpunkte der jungen Republik lagen eben woanders, und das von Anfang an.

Schon in der konstituierenden Sitzung des ersten Bundestags am 7. September 1949 wurde offenbar, wie schwer es werden würde, bei der Aufarbeitung des Nationalsozialismus auf einen gemeinsamen Nenner zu kommen, denn im Plenarsaal des Bundeshauses in Bonn waren die unterschiedlichsten Parteigänger versammelt: ehemalige Widerstandskämpfer, Soldaten und Nazis, Mitläufer, KZ-Häftlinge, Konservative und Kommunisten. Die einen wollten die Vergangenheit aufarbeiten, die anderen am liebsten vergessen, wieder andere sie in besserem Licht erscheinen lassen. Alterspräsident Paul Löbe (SPD) wurde mehrfach durch Zwischenrufe unterbrochen, als er in seiner Eröffnungsrede von einem »Riesenmaß von Schuld« sprach und daran erinnerte, dass die letzte frei gewählte Volksvertretung im März 1933 ihre eigene Abschaffung beschlossen und nur die Fraktion der Sozialdemokraten gegen das »Ermächtigungsgesetz« gestimmt hatte. »Auch von anderen Parteien sind Opfer gebracht worden; wir wollen keine Rechnungen aufmachen!«, lautete ein Einwurf von rechts.[14]

In einem zumindest war man sich einig und wusste sich dabei im Einklang mit den Wählerinnen und Wählern: Es sollte endlich Schluss sein mit der »Siegerjustiz« und dem als pauschal empfundenen Schuldvorwurf der Alliierten, Schluss mit der demütigenden Umerziehung und den politischen Säuberungen. Es war also nicht der demokratische Neuanfang, den sich viele ehemalige Regimegegner von der Gründung der Bundesrepublik erhofft hatten: Wichtiger als die Distanzierung von der Vergangenheit war die Integration ehemaliger Nationalsozialisten, insbesondere der 8,5 Millionen Parteimitglieder.[15] Denn das Heer der ehemals Angepassten stellte die Mehrheit und verlangte den großen Schlussstrich. Keine Partei konnte es sich leisten, das zu ignorieren. Quer durch alle Fraktionen herrschte Einigkeit, dass mindestens die Entnazifizierungsmaßnahmen schnell ein Ende haben müssten.[16]

Adenauer schlug bei seiner Regierungserklärung zwei Wochen später denn auch ganz andere Töne an als Löbe und spendete Labsal für die geschundene deutsche Seele: Krieg und Nachkriegswirren hätten harte Prüfungen gebracht, weshalb man für manche Verfehlungen einfach Verständnis haben müsse. Die »wirklich Schuldigen« gehörten natürlich bestraft, die Unterscheidung zwischen »politisch Einwandfreien« und »Nichteinwandfreien« aber müsse »baldigst verschwinden«. Die Bundesregierung sei daher entschlossen, »Vergangenes vergangen sein zu lassen«. Zu den Opfern, namentlich den jüdischen, verlor er kein Wort.[17]

Das übernahm anschließend zwar Oppositionsführer Kurt Schumacher (SPD), bezeichnenderweise aber nahm auch er die Deutschen nicht direkt in Haftung: »Die Hitlerbarbarei hat das deutsche Volk durch Ausrottung von sechs Millionen Juden entehrt.« An den Folgen »werden wir unabsehbare Zeiten zu tragen haben«.[18] Selbst ein entschiedener Nazigegner wie Schumacher, der von 1933 bis Kriegsende fast ununterbrochen in Konzentrationslagern inhaftiert gewesen war, wagte es nicht, die Dinge beim Namen zu nennen. Selbst er entlastete die Deutschen mit der Deutung, sie seien Opfer einer dämonischen »Hitlerbarbarei« geworden.

In jenen ersten Reden im frisch gewählten Parlament zeigte sich also bereits, was die bundesdeutsche Politik in den kommenden Jahren leiten würde: nicht das Bemühen um die Überlebenden des NS-Terrors und die Hinterbliebenen der Millionen Ermordeten, sondern die Rehabilitierung ehemaliger Nazis, gleich ob Mitläufer oder Massenmörder. Kurz: der Friede mit den Tätern und die moralische Entlastung einer ganzen Gesellschaft.[19]

Gemeinsam gegen die »Siegerjustiz«

Schon in seiner siebten Sitzung[20] beriet das Kabinett über ein umfangreiches Amnestiegesetz und brachte es gegen vehemente Einwände der Alliierten innerhalb weniger Wochen durchs Parlament. Es amnestierte Delikte, die vor der Wahl Adenauers zum Bundeskanzler am 15. September 1949 begangen worden waren und mit bis zu einem Jahr Gefängnis geahndet werden konnten. »Wir haben so verwirrte Zeitverhältnisse hinter uns, dass es sich empfiehlt, generell tabula rasa zu machen«, kommentierte Adenauer den Entwurf. Gedacht war das Gesetz vornehmlich für Bürgerinnen und Bürger, die in der unmittelbaren Nachkriegszeit, meist aus der Not heraus, straffällig geworden waren. Weil bei der Formulierung aber auf jede Einschränkung verzichtet wurde,[21] kam es auch NS-Tätern zugute – ein Umstand, der bis zuletzt von keinem Parlamentarier zur Sprache gebracht wurde.[22]

Am 31. Dezember 1949 verabschiedete der Bundestag einstimmig das »Gesetz über die Gewährung von Straffreiheit« –

nach dem drei Tage zuvor beschlossenen »Notopfer Berlin« das zweite Gesetz der jungen Bundesrepublik. Mehrere zehntausend NS-Täter – genaue Zahlen gibt es nicht – konnten sich nun als rehabilitiert betrachten. Einschließlich derer beispielsweise, die in der Pogromnacht vom 9. November 1938 gewütet hatten, denn die Amnestie galt auch für Fälle von Freiheitsberaubung, Amtsvergehen, Totschlag und Körperverletzung mit Todesfolge.[23] Die sogenannten »Illegalen«, für die sich besonders die Deutsche Partei starkgemacht hatte, konnten sich ebenfalls freuen: ehemalige Nationalsozialisten, die sich der Strafverfolgung entzogen hatten, indem sie unter falschem Namen untergetaucht waren. Sie mussten nun nicht mehr fürchten, für ihr Versteckspiel belangt zu werden. Das Entnazifizierungsverfahren, das sie allenfalls noch erwartete, war zu diesem Zeitpunkt schon kaum noch mehr als eine Formalie.[24]

Über diese juristischen Kollateralschäden schwieg man in Bonn jedoch geflissentlich. Das »Straffreiheitsgesetz« sollte vor allem ein deutliches Signal sein, dass die Regierung im Umgang mit der Vergangenheit von nun an souverän handeln, die sogenannten »Kriegsfolgelasten« beseitigen und dem Volkswillen nach einem Ende der politischen Säuberungen nachkommen würde.[25]

Unter diesen »Kriegsfolgelasten« verstand man auch die von alliierten Gerichten Verurteilten, die in Spandau,[26] Landsberg, Werl und Wittlich ihre Haftstrafen absaßen oder auf ihre Hinrichtung warteten: SS-Männer, Parteifunktionäre, KZ-Personal, Kommandeure von Einsatzgruppen, Industrielle, die Zwangsarbeiter eingesetzt hatten, und Wehrmachtsangehörige, die wegen Kriegsverbrechen im Sinne der Haager Konvention verurteilt worden waren.[27] Obwohl die Westalliierten viel Mühe darauf verwandt hatten, die Verfahren zu einem Lehrstück in Rechtsstaatlichkeit zu machen, den Angeklagten ihre Taten dezidiert nachzuweisen und sie individuell zur Rechenschaft zu ziehen, hielt sich unter den Deutschen hartnäckig die Erzählung, die Besatzer gingen von einer Kollektivschuld aus und fällten ungerechte Pauschalurteile.[28]

Die Zahl der Inhaftierten war klein – erst recht im Verhältnis zu den 18 Millionen ehemaliger Soldaten – und nahm dank großzügiger Begnadigungen stetig ab, zu denen man die Amerikaner im Laufe der Zeit nötigte. Schon 1951 saßen nur noch knapp 1800 Personen in den Gefängnissen der Westalliierten. Trotzdem blieben sie wie die Spruchkammern Symbole vermeintlicher »Siegerjustiz«, während die Inhaftierten in den Augen der Deutschen zu Galionsfiguren des Widerstands gegen die Besatzer avancierten.[29] So demonstrierten Anfang Januar 1951 Tausende Landsberger gegen die Todesstrafe für die 28 Kriegsverbrecher, die in der dortigen Justizvollzugsanstalt auf ihre Hinrichtung warteten. Selbst Stadtverordnete und Mitglieder des Landtags beteiligten sich an dem Protest. Der damalige CSU-Bundestagsabgeordnete und spätere Bundesjustizminister und Bundestagsvizepräsident Richard Jaeger nannte die Urteile bei seiner Ansprache auf dem Marktplatz »unchristlich«.[30]

Zu den Häftlingen, denen diese kollektive Nächstenliebe galt, gehörte der ehemalige Einsatzgruppenchef Otto Ohlendorf. Im September 1941 hatte er SS-Führer Heinrich Himmler aus der Ukraine gemeldet, das Arbeitsgebiet seines Kommandos sei »judenfrei gemacht« worden. Insgesamt habe man 17 315 Juden und Kommunisten exekutiert, zurzeit löse man nun die Judenfrage in Nikolajew und Cherson.[31] Männer wie Ohlendorf verdankten ihr Leben nicht zuletzt dem Beharrungsvermögen beider Kirchen, deren Vertreter sich schon seit 1946 für die Freilassung solcher Häftlinge einsetzten.[32] Im Schulterschluss mit den Verteidigern aus den Nürnberger Prozessen entstand mit der Zeit eine mächtige Lobbygruppe, der sich immer mehr Organisationen und Engagierte anschlossen, um die Regierung dazu zu bringen, die alliierten Strafverfolgungen zu stoppen.[33] Mit Erfolg: Auf der politischen Agenda der Bundesrepublik stand die »Lösung des Kriegsverbrecherproblems« von Anfang ganz oben. Im von Altnazis durchsetzten Auswärtigen Amt sprach man passenderweise von »Endlösung«.[34]

Noch im Dezember 1949 beschloss der Bundestag die Einrichtung einer »Zentralen Rechtsschutzstelle« (ZRS) des Bundes, die sicherstellen sollte, dass jedem »bei den Westmächten einsitzenden Deutschen«[35] die bestmögliche Verteidigung zuteilwurde. Zum Vergleich: Das erste bundeseinheitliche, gleichwohl völlig unzureichende Entschädigungsgesetz gab es erst 1953;[36] die »Zentrale Stelle der Landesjustizverwaltungen zur Aufklärung nationalsozialistischer Verbrechen« in Ludwigsburg wurde erst 1958 eingerichtet.[37] Die ZRS hingegen nahm schon im März 1950 in Bonn ihre Arbeit auf. Leiter wurde der Jurist Hans Gawlik, ehemals NSDAP-Mitglied und bis 1945 als Staatsanwalt am Sondergericht Breslau mit der Verurteilung von Regimegegnern befasst. Für den Führungsjob in der Rechtsschutzstelle empfahl ihn sein Einsatz in Nürnberg, wo er unter anderem den Lagerarzt des KZ Buchenwald, Waldemar Hoven, verteidigt hatte.[38]

Die ZRS betreute schon Mitte 1950 fast 3000 inhaftierte Deutsche. Um die Kriegsgefangenen im Osten kümmerten sich weiterhin das Evangelische Hilfswerk und das Deutsche Rote Kreuz, die dafür ebenfalls üppig mit Bundesmitteln ausgestattet wurden.[39] Angeblich galt das Bemühen den sogenannten Kriegsverurteilten, die, wie es hieß, für die Niederlage des Dritten Reiches büßen mussten. Tatsächlich aber entwickelte sich die ZRS unter Gawlik zu einer Rettungsorganisation für inhaftierte und gesuchte NS-Verbrecher, die mit ihrer Hilfe rehabilitiert oder vor einer drohenden Verhaftung gewarnt wurden.[40] Wie die Historiker Manfred Görtemaker und Christoph Safferling in ihrer Studie zur NS-Belastung des Bundesjustizministeriums (BJM)[41] nachwiesen, geschah das mit Wissen und Billigung Adenauers und des Bundesjustizministers, dem die Rechtsschutzstelle zuerst unterstellt war. 1953 wurde sie ins Auswärtige Amt überführt, wo sie ihre Arbeit ungehindert fortführen konnte.[42]

»Die Deutschen scheinen ganz einfach kein politisches Gewissen zu haben«, konstatierte ein Mitarbeiter der Abteilung »Psychologische Kriegsführung« der US-Armee kurz nach dem Krieg. Sein Stab hatte zusammen mit Hollywood-Regisseur Billy Wilder im Winter 1945/46 den Film *Todesmühlen* in die deutschen Kinos gebracht – eine 20-minütige Dokumentation über das System der Konzentrationslager, mit Aufnahmen der Leichenberge, der Krematorien und der fast verhungerten Überlebenden, wie sie die Amerikaner bei der Befreiung der Lager vorgefunden hatten. Die Deutschen sollten zum Nachdenken gezwungen und gegen das Wiedererstarken nazistischer Kräfte immunisiert werden.

Anders als befürchtet, zeigten die Reaktionen während der Vorführungen, dass die Besucher weder die Authentizität des Materials noch die dargestellten Fakten anzweifelten. Für die dokumentierten Verbrechen aber fühlten sie sich in keiner Weise verantwortlich.[43] Diese Gräuel, so die einhellige Meinung, gingen allein auf das Konto der NS-Führung.[44] Billy Wilder erzählte später die Episode, dass den Zuschauern bei Testvorführungen von *Todesmühlen* Papier und Bleistifte ausgeteilt wurden mit der Bitte, ihre Gedanken und Eindrücke festzuhalten. Als die US-Offiziere dann hinterher voller Erwartung zu den Sitzen stürzten, waren die Bleistifte weg und die Zettel leer.[45]

»Wenn man sie so hört, muss man glauben, dass der einzige Nazi in Deutschland Adolf Hitler gewesen ist«, bemerkte Kurt Schumacher über seine Landsleute bitter.[46] Die amerikanischen Besatzungskräfte zogen ein ähnliches Fazit und mussten sich bald eingestehen, dass sich Deutschland durch eine aufgezwungene politische Säuberung nicht über Nacht in eine aufgeklärte und selbstkritische Demokratie verwandeln würde. General Eisenhower hatte die Zeit, die es brauchen würde, »die Nazis umzuerziehen« und die Entnazifizierung abzuschließen, 1945 auf mindestens 50 Jahre geschätzt. Schon ein Jahr später zeichnete sich ab, dass er damit nicht zu hoch gegriffen hatte:[47] Allein die Auswertung der vielen Millionen Fragebogen war ein enormer administrativer Aufwand und ohne Unterstützung durch einheimisches Personal nicht zu schaffen. Hinzu kam die Mischung aus Trotz und Unverständnis, mit der die meisten Deutschen der Entnazifizierung begegneten. Von den Westalliierten hatte man sich die Wiederherstellung geordneter Verhältnisse erhofft, kein »moralisches Strafgewitter«.[48]

Besonders die Amerikaner gingen bei der politischen Säuberung streng vor, während Briten und Franzosen vor allem auf den wirtschaftlichen Wiederaufbau setzten, um die Besatzungskosten zu reduzieren – ihre Länder waren ja selbst noch vom Krieg gezeichnet.[49] Bei den Deutschen verstärkte die unterschiedlich strenge Entnazifizierungspraxis das Gefühl, Opfer willkürlicher Rechtsprechung zu sein. Die Empörung darüber, vermeintlich kollektiv der Mittäterschaft bezichtigt zu werden, schloss die Reihen und ließ die Säuberungsbemühungen schnell ins Leere laufen. Deren Glaubwürdigkeit hatte ohnehin früh infrage gestanden, weil die Besatzer die Bearbeitung der leichter zu entscheidenden Fälle vorzogen, um der schieren Flut Herr zu werden. Das hatte zur Folge, dass ausgerechnet Schwerbelastete zunächst unbehelligt blieben und am Ende meist gar nicht mehr belangt wurden.[50] Hatte es für die Prozesse von Nürnberg anfangs noch Zustimmung gegeben, weil dort die »wirklich Schuldigen« auf der Anklagebank saßen, nahm sie im Laufe der Folgeprozesse stetig ab und verwandelte sich schließlich in Solidarität mit ausnahmslos allen »Opfern der Siegerjustiz«.[51]

Man hatte ohnehin andere Sorgen: Hunderttausende Männer waren gefallen oder in Kriegsgefangenschaft; aus dem Osten strömten Millionen Heimatvertriebene ins Land, obwohl schon für die ausgebombten Einheimischen nicht genug Wohnraum vorhanden war. Es fehlte an Lebensmitteln, Medikamenten, Kohle zum Heizen und Baumaterial, um die verwüsteten Städte wiederaufzubauen. Den Deutschen ging es um die Bewältigung der Gegenwart, nicht um Politik und schon gar nicht um den Blick zurück auf Schuld und Mitverantwortung. »Wenn einer glaubt ..., das Malheur im eigenen Lande und der Anblick einer solchen Verwüstung würde die Menschen zum Denken bringen, ... so kann er sich davon überzeugen, er hat sich geirrt«, schrieb Alfred Döblin. »Hier lebt unverändert ein arbeitsames, ein ordentliches Volk. Sie haben, wie immer, einer Regierung, so zuletzt dem Hitler, pariert und verstehen im Großen und Ganzen nicht, warum Gehorchen diesmal schlecht gewesen sein soll. Es wird viel leichter sein, ihre Städte wieder aufzubauen, als sie dahin zu bringen, zu erfahren, was sie erfahren haben, und zu verstehen, wie es kam.«[52]

Das wollte in der Tat niemand: Die Entnazifizierung galt als »Nürnberg des kleinen Mannes«[53] und wurde fast durchgehend abgelehnt. Das von Hitler verführte und »von einer kleinen verbrecherischen Minderheit tyrannisierte« deutsche Volk werde nun in die »Tragödie des Fragebogens« gestürzt, hieß es etwa in einer warnenden Denkschrift aus Baden-Württemberg. Überall sei bereits zu hören, dass es jetzt »noch schlimmer sei als bei den Nazis«.[54]

Bis August 1945 hatten die Amerikaner jede dritte Führungskraft entlassen, weil sie der NSDAP oder ihren Massenorganisationen angehört oder im »Dritten Reich« öffentliche Funktionen ausgeübt hatte. In manchen Gegenden war der öffentliche Dienst dadurch praktisch nicht mehr arbeitsfähig: An den Schulen fehlten Lehrer, in den Ämtern Sachbearbeiter, in der

Justiz Richter,[55] und in den Betrieben machten sich die Lücken ebenfalls schnell bemerkbar. Fast die ganze »administrative und wirtschaftliche Intelligenz des Landes war in der Nazipartei«, beschrieb ein US-Offizier das Dilemma. Nur könne man nun einmal »nicht Eisenbahnen mit Ladengehilfen betreiben und Fabriken von Schuhputzern leiten lassen«.[56] Entnazifizierung oder Wiederaufbau – mit einer Bevölkerung, die dem »Führer« bis zuletzt mehrheitlich die Treue gehalten hatte, war offenbar nur das eine *oder* das andere möglich.

Zum Erstaunen der Alliierten interessierten sich die Deutschen nicht einmal für die Verurteilung der NS-Größen und Hauptkriegsverbrecher in Nürnberg, obwohl sie diesen doch die Schuld an allem gaben. Es scheine fast, als ginge sie das alles nichts an, schrieb die Journalistin und frühere Widerstandskämpferin Ruth Andreas-Friedrich. »Weder die Verbrechen noch die Verbrecher, weder die Schuld noch die Strafe.«[57] Obwohl viele Zeitungen ausführlich über die Prozesse und die Anklagepunkte berichteten, blieb das Echo in der Bevölkerung gering – die erste große Ernüchterung für Remigranten wie Erika Mann oder Willy Brandt, die voller Hoffnung auf einen politischen Neuanfang nach Deutschland zurückgekehrt waren.[58]

Doch selbst bei vielen NS-Gegnerinnen und Gegnern, die in Deutschland überlebt hatten, war der Wunsch nach Abrechnung mit den Tätern von der Not des Alltags und den neuen Gewalttaten nach dem Zusammenbruch überdeckt worden. »Wie kann man mit vergangenen Sünden abrechnen, wenn jeder Augenblick randvoll ist mit neuen?«, heißt es bei Ruth Andreas-Friedrich. »So haben wir unsere Chance verpasst und die Stoßkraft unseres Zorns abgenutzt.«[59]

Schon im Frühjahr 1946 legten die Amerikaner die politischen Säuberungen mit dem »Gesetz zur Befreiung von Nationalsozialismus und Militarismus« in die Hände der deutschen Lizenzpolitiker in den Ländern. Die allerdings bemühten sich nach Kräften, das »Befreiungsgesetz« so großzügig wie möglich auszulegen, um die betroffenen Bürgerinnen und Bürger schnell durch die Spruchkammerverfahren zu bringen und so aus dem Berufsverbot herauszuholen.[60] Die Verfahren wurden dadurch mehr und mehr zur Farce: Um die eigene Vergangenheit in gutem Licht erscheinen zu lassen, war jeder bestrebt, sich als unpolitisch oder gar als Gegner des Nationalsozialismus darzustellen, und ließ sich das von Entlastungszeugen aus seinem Umfeld bestätigen. Für jeden Fall wurden im Schnitt zehn solcher Zeugnisse eingereicht, 90 Prozent davon aus privatem Umfeld – die Spruchkammern erstickten unter Papierlawinen. Allein in der US-Zone kamen insgesamt 2,5 Millionen »Persilscheine« zusammen, wie die Erklärungen bald hießen. Stramme Parteigenossen von einst, Gestapobeamte, SA- und SS-Männer bescheinigten sich mit ihnen gegenseitig ihre Unschuld.[61]

Auch die Kirchen stellten eifrig Entlastungsschreiben aus, machten öffentlich Front gegen die »neue Verfolgung« und riefen zum Boykott auf. In Bayern zirkulierte ein Handbuch für Geistliche, mit Hinweisen, wie man es anstellen musste, um vor den Spruchkammern zugunsten von Gemeindemitgliedern auszusagen.[62] Das System, ursprünglich dafür gedacht, Schuldige haftbar zu machen, hatte sich in sein Gegenteil gekehrt und war zu einer gigantischen »Rehabilitierungsmaschine« geworden, wie es der Historiker Lutz Niethammer ausdrückt. Selbst in der amerikanischen Zone, wo die Behörden nach Sichtung der Fragebogen rund zwei Drittel der Bevölkerung als belastet eingestuft hatten, wurde schon in erster Instanz fast die Hälfte zu »Mitläufern« erklärt. Am Ende galt nicht einmal jeder Hundertste als schuldig oder belastet, und selbst diese Gruppe konnte in der Regel damit rechnen, von der »Mitläuferfabrik«[63] (Niethammer) nach einiger Zeit entlastet zu werden.[64]

Die ehrenwerten Henker

In diesem Großprojekt kollektiver Selbsttäuschung war kein Platz für die Würdigung des Widerstands. Schließlich hätte das bedeutet, sich einzugestehen, dass man zwischen 1933 und 1945 auch anders hätte handeln können. Dazu konnte sich die Mehrheit der Deutschen aber nicht durchringen. Vom »anderen Deutschland«, das ihnen zum Beispiel die Dichterin Ricarda Huch mit einer Sammlung von Porträts aus dem Widerstand nahezubringen versuchte, wollten sie nichts wissen. Zu sehr hätten die Lebensbilder von Dietrich Bonhoeffer, den Scholl-Geschwistern, oder Mildred und Arvid Harnack die wohlfeile Selbstdeutung vom verführten Volk infrage gestellt. Und einen »Schatz«, der sie »mitten im Elend noch reich macht«, wie Huch schrieb,[65] sahen die Deutschen in diesen Menschen erst recht nicht.

Im Gegenteil: In einer von der Regierung in Auftrag gegebenen Umfrage des Allensbacher Instituts für Demoskopie verurteilten im Sommer 1951 noch immer 30 Prozent der Westdeutschen das Attentat auf Hitler. Noch einmal so viele hatten keine Meinung dazu oder wussten nichts darüber. Lediglich 40 Prozent äußerten sich positiv über »die Männer vom 20. Juli«. Beunruhigt schrieben die Meinungsforscher: »Beinahe die Hälfte aller Leute, die über den 20. Juli mitreden können, sagten über die Verschwörer nur Nachteiliges, vor allem, dass es sich um Verräter handele … Weiter wird ihnen Feigheit vorgeworfen, gelegentlich auch Egoismus.«[66] Unter den ehemaligen Berufssoldaten war der Zorn auf die Widerstandskämpfer besonders groß: Ganze 59 Prozent beurteilten sie negativ.[67] Es sei nicht von der Hand zu weisen, heißt es in der Studie, dass in dieser Gruppe »in höherem Maße Bindungen an den Nationalsozialismus« vorhanden seien, die nun »wieder zum Vorschein kommen«. Gerade der Umstand, »dass das negative Echo des Attentats auf Hitler im Kreise der Berufssoldaten ungewöhnlich stark ist«, zeige, »dass die ablehnende Version von einer aktiven Bevölkerungsschicht geteilt und gegebenenfalls auch verbreitet wird«.[68]

Das wurde sie in der Tat. Über Partei-, Alters- und Gesellschaftsschichten hinweg hielten die Forscher Äußerungen wie diese fest: »Landesverräter, die uns in höchster Gefahr in den Rücken fielen«, »feige Lumpen«, »durch eine feindliche Kriegspropaganda von außen bezahlte und verhetzte Elemente« oder »Das waren in Deutschlands schwerster Stunde die größten Verbrecher und müssten heute noch, soweit sie leben, bestraft werden.«[69] Die Ergebnisse der Untersuchung sollten »zu ernsten politischen Überlegungen« führen, mahnten die Wissenschaftler.[70]

Das Wort »Entnazifizierung« werde eines Tages verschwinden, wenn »der Zustand, den es beenden sollte, nicht mehr vorhanden ist«, hatte der Romanist Victor Klemperer 1946 prophezeit. Bis dahin werde es aber noch »eine ganze Weile« dauern, denn dazu müssten auch »die nazistische Gesinnung, die nazistische Denkgewöhnung und ihr Nährboden: die Sprache des Nazismus« verschwinden.[71] Dass alle drei noch sehr gegenwärtig waren, zeigte sich schon lange: Bei der Regionalwahl in Niedersachsen am 6. Mai 1951 war die Sozialistische Reichspartei (SRP), 1949 als Nachfolgerin der NSDAP gegründet, mit elf Prozent und vier Direktmandaten in den Landtag von Hannover eingezogen.[72]

Ihr populärstes Zugpferd, Otto Ernst Remer, füllte landauf, landab die Säle mit seiner eigenen Heldengeschichte vom 20. Juli 1944: Als Kommandeur des Wachbataillons »Großdeutschland« war er an der Niederschlagung des Umsturzversuchs beteiligt gewesen und dafür von Hitler persönlich zum Generalmajor befördert worden. Nun prahlte er unter donnerndem Beifall, es sei seinem beherzten Eingreifen zu verdanken, dass die »Eidbrecher« gestoppt werden konnten.[73] Sie seien vom Ausland bezahlte Landesverräter gewesen und schuld am verlorenen Krieg. Sie hinzurichten, sei daher völlig richtig gewesen: »Ich hätte die Leute auch erschossen.«[74] Viele von ihnen hätten die anderen verraten, als ihr Vorhaben schiefgegangen sei und bekämen heute »große Staatspensionen«.[75] Eines Tages aber würden sie sich vor einem deutschen Gericht zu verantworten haben, tönte Remer bei einer Wahlkampfveranstaltung in Braunschweig. Die Zeit werde kommen, da man schamhaft verschweige, zum 20. Juli gehört zu haben.[76]

Diese Zeit war längst da: Sich als ehemaliger Widerstandskämpfer zu erkennen zu geben, war in weiten Kreisen der Gesellschaft alles andere als opportun. Auch die Witwen der Hingerichteten bekamen die Ablehnung zu spüren, ihre Kinder wurden in der Schule als »Verräterkinder« beschimpft. Von großen Staatspensionen konnte erst recht nicht die Rede sein: Weil Rentenansprüche oft nicht anerkannt und die ohnehin geringen Entschädigungszahlungen mit massiven bürokratischen Hürden versehen waren, herrschte in den meisten Familien bittere Not. Gleich nach dem Krieg hatte darum der Jurist Fabian von Schlabrendorff zusammen mit anderen Überlebenden das »Hilfswerk 20. Juli« gegründet, das die Familien der Ermordeten finanziell und juristisch unterstützen sollte, wobei das nötige Geld mühsam über private Spender zusammengekratzt werden musste.[77]

Von bundesdeutschen Behörden jedenfalls war keine Hilfe zu erwarten: »Ihr Mann, der ehem. Oberst Graf von Marogna-Redwitz, ist laut Urteil des Volksgerichtshofs vom 19.10.44 wegen Hoch- und Landesverrat zum Tode verurteilt worden«[78], las dessen Witwe Anna in einem Schreiben der Oberfinanzdirektion München. Mit diesem Tage sei das Recht auf Fürsorge und Versorgung erloschen. Das vor anderthalb Jahren bewilligte Unterhaltsgeld von 160 Mark stünde ihr also nicht zu, die Zahlungen würden mit sofortiger Wirkung eingestellt.

Dieselbe Stelle belehrte Elisabeth Wagner, Witwe des Artilleriegenerals und Mitverschwörers Eduard Wagner, dass »eine Wiedergutmachung« für sie »überhaupt nicht in Frage« komme, da ihr Ehemann »überhaupt kein nationalsozialistisches Unrecht erlitten« habe, »er hat sich vielmehr selbst erschossen und ein evtl. nationalsozialistisches Unrecht nicht abgewartet«. Ihr Antrag auf Witwenrente, eingereicht im April 1948, wurde nach mehr als vier Jahren Bearbeitungszeit im Oktober 1952 ebenfalls abgelehnt: »Die Teilnahme an der Widerstandsbewegung« habe nicht militärischen, sondern »politischen Zwecken« gedient, hieß es in der Begründung, und könne darum »nicht als militärischer oder militärähnlicher Dienst angesehen werden«. Noch deutlicher wurde das Versorgungsamt München, als es den Antrag der Witwe auf Hinterbliebenenversorgung abwies: Diese könne nur Personen gewährt werden, die durch ihren Militärdienst oder durch »mittelbare Kriegseinwirkung zu Schaden gekommen sind«. Bei ihrem Mann sei »die Ursache des Todes« aber die »Teilnahme an der Widerstandsbewegung, die einen politischen Zweck, nämlich die Beseitigung des damaligen Regimes, verfolgte«.[79]

Wer dem »Dritten Reich« hingegen bis zuletzt gedient hatte, für den sorgte auch der demokratische Nachfolgestaat: Im April 1951 verabschiedete der Bundestag ohne Gegenstimme ein Gesetz, das allen Beamten, Angestellten und Berufssoldaten, die nach dem Krieg aus dem öffentlichen Dienst entlassen worden waren, die Wiedereinstellung garantierte und ihnen und ihren Angehörigen Pensionsansprüche gewährte. Damit kam das Parlament dem Auftrag des Grundgesetzes nach, das den Gesetzgeber in § 131 GG verpflichtete, die »Rechtsverhältnisse« der Angestellten des öffentlichen Dienstes zu regeln, die noch nicht »ihrer früheren Stellung entsprechend« wiedereingestellt worden waren. Der Paragraf ging maßgeblich auf das Betreiben der Deutschen Partei zurück, die sich schon 1948 beim Parlamentarischen Rat dafür eingesetzt hatte, und kam allen Staatsbeschäftigten zugute, die 1945 ihre Posten verloren hatten – sei es, weil ihre Dienststellen in den besetzten Gebieten oder den Ostprovinzen aufgelöst wurden oder weil sie als ehemalige Nationalsozialisten aus ihren Ämtern entfernt worden waren.[80]

Dank konzertierter Lobbyarbeit von Deutscher Partei und Interessenverbänden wuchs die Zahl der zu dieser Gruppe Gehörigen im Laufe der Zeit auf rund 430 000 – einschließlich ihrer ebenfalls versorgungsberechtigten Angehörigen sogar auf etwa 1,3 Millionen Personen an. Da die Beamtenschaft des »Dritten Reiches« überwiegend aus Parteimitgliedern bestanden hatte, war ein Großteil der »131er« NS-belastet. Mindestens 53 000 hatten ihre Jobs im Zuge der Entnazifizierung verloren. Das Spektrum reichte vom Bahnschaffner bis zum Beamten des Reichssicherheitshauptamtes (RSHA).[81]

Drei Aussprachen über den Gesetzentwurf verstrichen, ohne dass im Bundestag eine einzige kritische Stimme laut wurde oder auch nur ansatzweise die Mitschuld diensteifriger Bürokraten diskutiert worden wäre. Keine Partei äußerte Zweifel an der Notwendigkeit, die »131er« kollektiv zu reintegrieren; nicht einmal die KPD wollte es sich mit ihnen verscherzen.[82] Stattdessen kreisten die Debattenbeiträge um »die Not, die in diesen Kreisen umgeht«, die »Verbitterung« der Betroffenen und die vermeintliche »Diffamierung« der ehemaligen Berufssoldaten. Bundeskanzler Adenauer nutzte die Gelegenheit für ein »Wort an die Angehörigen der früheren Wehrmacht«, das einer offiziellen Ehrenerklärung gleichkam: Niemand dürfe die Soldaten »wegen ihrer früheren Tätigkeit tadeln«. Der Anteil derer, die »wirklich schuldig« seien, sei »so außerordentlich gering«, dass damit »der Ehre der früheren deutschen Wehrmacht kein Abbruch geschieht«. Das »Kapitel der Kollektivschuld« müsse »ein für alle Mal beendet sein«.[83]

Zahlreiche Abgeordnete griffen seine Worte auf und überboten sich in Bekenntnissen und Lobeshymnen, wie etwa der CDU-Abgeordnete Franz-Josef Wuermeling im Namen seiner Fraktion: »Die Ehre des deutschen Soldaten war nie verloren und brauchte deshalb durch die … Erklärung unseres Bundeskanzlers nicht wiederhergestellt, sondern nur bestätigt zu werden.«[84]

Bis zur Verabschiedung wurde das Gesetz mehrfach erweitert. Am Ende beliefen sich die Kosten auf die enorme Summe von 750 Millionen DM jährlich,[85] was selbst den größten Befürwortern nicht ganz geheuer war: Es werde vermutlich nicht einfach, »andere Volksschichten von der Richtigkeit« des Gesetzes »zu überzeugen«, befürchtete Wuermeling. Für die Begünstigten, schob er sicherheitshalber hinterher, ergebe sich daraus »die volle Verpflichtung« zum »Einsatz für den Wiederaufbau unserer Heimat« und zur »Mitarbeit mit allen demokratischen Kräften«.[86] Geld und Sicherheit gegen demokratisches Wohlverhalten, lautete also der Deal. Unter den mehr als 300 000 »verdrängten Beamten« und ehemaligen Berufssoldaten, denen er zugutekam, waren allerdings etliche zehntausend mit strammer NS-Biografie. Dank einer großzügigen Ausnahmeregelung konnten jetzt sogar Gestapomänner Anspruch auf ihre alten Beamtenrechte und eine Stelle im öffentlichen Dienst erheben.[87]

Das Gesetz galt als notwendige Korrektur von Unrecht, der Historiker Norbert Frei nennt es einen »vergangenheitspolitischen Dammbruch«: Es entzog allen Bemühungen, politisch Belastete aus dem Verkehr zu ziehen, die argumentative Grundlage – die FDP forderte gar, auch den Hauptschuldigen ihre Strafe zu erlassen – und förderte, wie Frei es ausdrückt, »ein Klima der Kaltschnäuzigkeit«, in dem sich »praktisch alle hervorwagten«, die ihre Rehabilitierung für noch nicht ausreichend erachteten,[88] darunter auch die Berufsoffiziere der Waffen-SS.[89] Tatsächlich wirkten das Straffreiheitsgesetz von 1949 und die mehr als großzügige Versorgung der »131er« als deutliches Signal für den parteiübergreifenden Konsens, einen Schlussstrich unter die Vergangenheit zu ziehen. Insbesondere die Wiedereingliederung der früheren Beamten hatte für den Aufbau des Staats- und Verwaltungsapparats der Bundesrepublik fatale Folgen, weil sie den durch die Alliierten begonnenen Austausch der NS-Funktionseliten praktisch rückgängig machte.[90]

Indirekt wurde so auch die strafrechtliche Verfolgung von NS-Tätern behindert oder gänzlich gestoppt, da die Juristen von damals wieder auf wichtige Posten gelangt waren und die treffend als »Krähenjustiz« beschriebene Praxis pflegten, sich gegenseitig kein Auge auszuhacken.[91] So sprach im November 1952 das Landgericht München den NS-Juristen Walter Huppenkothen vom Vorwurf der Beihilfe zum Mord frei. Er war SS-Einsatzgruppenleiter gewesen und hatte außerdem der »Sonderkommission 20. Juli« angehört, mit der die Gestapo Jagd auf alle an der Verschwörung Beteiligten machte. Noch Anfang April 1945 hatte Huppenkothen in den Konzentrationslagern Sachsenhausen und Flossenbürg als »Anklagevertreter« Hans Oster, Wilhelm Canaris, Hans von Dohnanyi, Dietrich Bonhoeffer und zwei weitere Verschwörer des 20. Juli zum Tode verurteilt. Zuvor waren die Männer schwer gefoltert worden – Dohnanyi musste auf einer Bahre vor die Richter getragen werden. Am Morgen des 9. April 1945 waren sie unbekleidet gehängt worden[92] – eine angemessene Strafe, befand nun sechs Jahre später das Landgericht München, denn nach damaligem Recht hätten die Angeklagten den Tatbestand des Hoch- und Landesverrats erfüllt.[93]

Kurz darauf stellte die Staatsanwaltschaft Lüneburg die Ermittlungen gegen Manfred Roeder ein, der als »Generalrichter« für die Untersuchungen gegen Bonhoeffer und Dohnanyi zuständig gewesen war und Dutzende Todesurteile gegen Widerstandskämpfer und -kämpferinnen verhängt hatte. Roeder sei in

»keinem Fall« eine Straftat nachzuweisen, hieß es in Lüneburg. Weder die Prozesse noch die Hinrichtungen seien Akte der NS-Repression gewesen. Vielmehr seien von »der Gruppe des 20. Juli in umfassendem Maße Landesverrat und Spionage betrieben worden«, weshalb es für das Standgericht im KZ Flossenbürg »keine andere Möglichkeit als das Todesurteil« gegeben habe.[94] Die Frauen und Männer des Widerstands hätten sich »in einen maßlosen Hass gegen den nationalsozialistischen Staat hineingesteigert«, aus dem sie »auch heute noch nicht herausgefunden« hätten.[95]

Sechs Jahre nach Krieg und Holocaust standen mit wenigen Ausnahmen also nicht die Verfolger und Henker am Pranger, sondern ihre Opfer. Während für die einen Pensionen gezahlt, Rechtsbeistand geleistet und Ehrenerklärungen abgegeben wurden, waren die anderen weiterhin Verleumdungen ausgesetzt – und die Regierung ließ es geschehen. Nicht einmal Bundespräsident Theodor Heuss wagte sich aus der Deckung, obwohl – oder gerade weil – er selbst Kontakt zum Widerstand gehabt hatte. Der Witwe seines hingerichteten Freundes Julius Leber riet er eindringlich von juristischen Schritten ab: Für »Geschichtsurteile« sei die Justiz nicht zuständig.[96]

Das sah der seit 1950 als Bundesinnenminister amtierende Robert Lehr (CDU) ganz anders. Er hatte zum Kreis um Carl Goerdeler gehört, der im Schattenkabinett der Verschwörung als Reichskanzler vorgesehen war. Lehr versuchte schon länger vergeblich, Adenauer zu überzeugen, den immer lauter werdenden Hetzern entgegenzutreten. Im Juni 1951 erstattete er schließlich als Privatmann Anzeige gegen Otto Ernst Remer. Dessen Äußerungen seien Beleidigungen, die auch ihn als ehemaligen Widerstandskämpfer beträfen, hieß es in seinem Strafantrag.[97] Doch der zuständige Oberstaatsanwalt am Landgericht Braunschweig, Erich Günther Topf, lehnte die Klage – zunächst – ab, weil sie »keine Aussicht auf einen sicheren Erfolg« habe: Remer könne nicht nachgewiesen werden, dass er den Minister beleidigen wollte. Im Übrigen sei zweifelhaft, ob dieser überhaupt dem Widerstand angehört habe.[98]

Oberstaatsanwalt Topf jedenfalls hatte es nicht: Er war Parteimitglied, Gerichtsassessor verschiedener Staatsanwaltschaften und Rottenführer der SA gewesen. Seine Entnazifizierung konnte er dennoch als »Entlasteter« abschließen und kam gegen die Bedenken der Briten und dank Fürsprache von ganz oben auf seinen jetzigen Posten[99] – ein Skandal, aber einer unter so vielen, dass sich kaum jemand daran störte: In der britischen Besatzungszone, zu der Braunschweig gehörte, waren inzwischen so viele ehemalige NS-Juristen in den Dienst zurückgekehrt, dass selbst das zuständige Ministerium feststellen musste, »die personelle Besetzung der Gerichte« böte »im Wesentlichen genau das gleiche Bild … wie im Jahre 1945 vor dem Zusammenbruch«.[100] In den anderen Zonen sah es nicht besser aus.

Im Ausland und bei den Besatzern beobachtete man die Entwicklung in Deutschland bereits seit Langem mit Sorge, als sich die Lage im September 1951 noch einmal zuspitzte: Vor ausländischen Journalisten verteidigte der Vorsitzende des Verbands deutscher Soldaten (VdS), Generaloberst a. D. Johannes Frießner, den Angriff auf Polen und machte nebenbei klar, was er von den Männern des 20. Juli hielt: Als Soldat lehne man den politischen Mord ab, »insbesondere in einer Lage, wo ich an der Front stehe und es um Sein oder Nichtsein geht«. Ein Soldat habe »kein Verständnis dafür, dass sein oberster Kriegsherr ermordet werden soll«.

Wenige Tage später legte sein Kollege Oberst a. D. Ludwig Gümbel, VdS-Vorsitzender in Bayern, noch einmal nach und warnte die überlebenden Widerstandskämpfer, »jeden Versuch« zu unterlassen, »in dieses Soldatentum zurückzukehren und hier Einfluss zu nehmen«. Ihre Rückkehr werde unweigerlich zu

»einer Gefährdung des soldatischen Geistes« führen, ohne den »jeder Wehrbeitrag undenkbar« sei.[101]

Über eben diesen »Wehrbeitrag« führte Adenauer schon seit 1950 Geheimgespräche mit den Alliierten. Er hoffte, mit der Wiederbewaffnung und der Beteiligung am westlichen Verteidigungsbündnis der Souveränität der Bundesrepublik ein Stück näher zu kommen.[102] Bei seinem Amtsantritt 1949 hatte er erklärt, sich der Abwehr rechter Kräfte und Propaganda zu verschreiben.[103] Nun geriet er durch den Wahlerfolg der SRP und die Äußerungen der VdS-Funktionäre in eine missliche Lage: Wandte er sich gegen den Soldatenverband, indem er Partei für die Männer des 20. Juli ergriff, riskierte er, ausgerechnet die Klientel zu vergraulen, die er für die Wiederbewaffnung brauchte. Tat er es nicht, bekam er Schwierigkeiten mit den Alliierten, gegenüber denen er ohnehin schon in Erklärungsnot war, weil der frisch gegründete VdS von der Bundesregierung gefördert wurde.

Eine neue deutsche Armee, deren potenzielles Führungspersonal den »soldatischen Geist« lieber im Nationalsozialismus als im Widerstand verankert sehen wollte, war eine beunruhigende Perspektive. Die Treffen mit dem Hohen Kommissar der US-Streitkräfte, John McCloy, und dessen britischen Amtskollegen wurden für Adenauer daher immer unangenehmer. Wochenlang drängten sie ihn, etwas zu unternehmen, wochenlang wich er aus. Am 1. Oktober riss beiden schließlich der Geduldsfaden. Das Gespräch sei »sehr unbefriedigend« verlaufen, bekannte der Kanzler am Tag darauf im Kabinett. Angesichts der politischen Lage werde er darum noch heute zwei Regierungserklärungen abgeben: eine zum Soldatenverband, die andere zum 20. Juli 1944. Wenige Tage zuvor hatte er es noch strikt abgelehnt, auch nur ein Wort über die Widerstandskämpfer zu verlieren.[104]

Es war dann allerdings nicht Adenauer, der nachmittags vor die Presse trat, sondern sein Minister für gesamtdeutsche Fragen

Jakob Kaiser (CDU). Der war 1944 selbst am Umsturzversuch beteiligt gewesen, nun sollte er das Porzellan kitten, das Radikale wie Remer und die VdS-Funktionäre zerschlagen hatten. Die Bundesregierung bedaure, dass »von verschiedenen Sprechern des Soldatenverbandes Äußerungen« getan wurden, »durch die der Kampf um das Ansehen des deutschen Volkes in der Welt ernstlich erschwert worden« sei, erklärte er[105] und warb unter Berufung auf seine ermordeten Weggefährten um Vertrauen: »Die Welt empfing durch die Männer des 20. Juli noch einmal den Beweis, dass nicht die Gesamtheit des deutschen Volkes dem Nationalsozialismus verfallen war. Damit wurde eine entscheidende Grundlage dafür geschaffen, dass Deutschland in Zusammenarbeit mit der freien Welt wieder aufgebaut werden kann.«[106]

Schöne Worte. Nur deckten sie sich weder mit der Meinung der meisten Deutschen noch mit der Realität in Behörden, Gerichten und Politik. Noch immer wog das Wohlergehen der Täter und Mitläufer schwerer als das der Opfer. Und während sich die Verfolger und Henker von einst mit größter Selbstverständlichkeit auf die Regeln des Rechtsstaats beriefen, galten die Unrechtsurteile gegen die Frauen und Männer des Widerstands noch immer und wurden, wie im Prozess gegen Huppenkothen, sogar immer wieder aufs Neue bestätigt.

Dass dieses unselige Ungleichgewicht zumindest ins Rutschen geriet, war allein der zornigen Hartnäckigkeit eines Mannes zu verdanken, der als Jude und Sozialdemokrat selbst nur mit knapper Not den deutschen Todesmühlen entkommen war: Fritz Bauer. 1949 aus dem schwedischen Exil nach Deutschland zurückgekehrt, seit 1950 Generalstaatsanwalt in Braunschweig und damit Vorgesetzter von Oberstaatsanwalt Topf, der den Strafantrag von Innenminister Lehr gegen Otto Ernst Remer abgelehnt hatte.

Mit wachsender Bitterkeit hatte Bauer verfolgt, wie sich in Deutschland die restaurativen Kräfte durchsetzten, ehemalige

Nationalsozialisten als Politiker Karriere machten und an ihre Posten in Behörden und Gerichten zurückkehrten. »Als ausgerechnet Remer durch die deutschen Lande zog und die Widerstandskämpfer Hoch- und Landesverräter schalt, galt es zuzugreifen«, erzählte Bauer später.

Mehrere Wochen diskutierte er den Fall mit Topf, dessen Rechtsauffassung Bauers Meinung nach »jeder niederträchtigen Verleumdung Tür und Tor«[107] öffnete. Er wies ihn an, Klage zu erheben, und übernahm den Fall persönlich. Um Remer selbst ging es ihm dabei nicht: Sein Ziel war die Rehabilitierung der Widerstandskämpfer – Gegenstand des Verfahrens sollte die Legitimität ihres Handelns sein.[108] Bauer erhob daher Klage wegen »übler Nachrede« nach § 186 StGB: Um ein Urteil über Remer sprechen zu können, musste das Gericht nun entscheiden, ob dessen Behauptungen korrekt waren oder nicht. Gelänge es Bauer, Remers Verurteilung zu erreichen, wäre damit der Beweis erbracht, dass die Verschwörer keine Landesverräter gewesen waren. Ein Schuldspruch für Remer wäre ein postumer Freispruch für sie.[109] Vor Journalisten betonte Bauer darum, dass die Klage lediglich der »Anlass« sei, »die Geschichte und Problematik des 20. Juli 1944 zu klären« – und brachte damit noch vor dem ersten Verhandlungstag eine Debatte ins Rollen, die nicht mehr aufzuhalten war.[110]

Im Kern drehte sie sich um die Frage, wie der vermeintliche »Eidbruch« der Militäropposition zu bewerten sei: War es tatsächlich Verrat, wie eine Mehrheit es sah, oder war es nicht vielmehr Hitler selbst, der seine Soldaten verraten hatte, indem er sie zwang, ihm persönlich Gehorsam zu schwören? Bauer argumentierte, der Eid sei »unsittlich« gewesen, weil er die Soldaten, erstmals in der deutschen Rechtsgeschichte, einem Menschen verpflichtet hatte statt einer übergeordneten Institution. Wie ein sittenwidriger Vertrag sei auch ein sittenwidriger Eid juristisch nicht bindend und könne folglich nicht gebrochen werden.[111]

Im Deutschland des Herbstes 1951 war diese Diskussion alles andere als theoretisch und bewegte die Gemüter weit über den Kreis ehemaliger Soldaten hinaus. Denn angesichts der geplanten Remilitarisierung, aus der Adenauer kein Geheimnis mehr machte, stellte sich die Frage, wie es eine zukünftige deutsche Armee mit soldatischem Gehorsam halten sollte und an welche Traditionen man anknüpfen konnte: Setzte man auf Kontinuität, von kaiserlich-preußischem Militär über die Reichswehr bis zur Wehrmacht? Oder wollte man einen von demokratischen Prinzipien getragenen Neuanfang wagen, der den radikalen Bruch mit der Vergangenheit erforderte? »Deutschland diskutiert die Eidfrage«, titelte die liberale *Neue Zeitung*, und die *Süddeutsche Zeitung* schrieb: »Ginge es nur nach der Anzahl der gewechselten Worte, so müsste man glauben, das deutsche Volk habe sich am vergangenen Wochenende für nichts anderes interessiert als für die Stellung des Soldaten in der Welt.«[112] Tatsächlich ging es um viel mehr: um die Bewertung der Vergangenheit, um Verantwortung, Schuld und Pflicht. Um fundamentale Fragen, die Gegenwart und Zukunft der Bundesrepublik betrafen. Im Landgericht Braunschweig würde Geschichte geschrieben werden.

»Ein Unrechtsstaat ist nicht hochverratsfähig«

Als der Prozess am 7. März 1952 eröffnet wurde, war das Interesse gewaltig: An jedem der vier Verhandlungstage bildete sich schon Stunden vor Beginn eine lange Menschenschlange vor dem Gebäude. Das Gericht musste Einlasskarten drucken, um des Andrangs Herr zu werden.[113] Im Schwurgerichtssaal saßen die Zuschauer dicht an dicht, auch der letzte Stehplatz war besetzt. Remers SRP war samt Bundesvorstand mit gut zwei Dutzend Mann vertreten, darunter die gesamte niedersächsische Landtagsfraktion.[114] Über 70 Journalisten aus dem In- und Ausland waren angereist, die Zeitungen berichteten täglich. Remer erschien mit selbstbewusstem Lächeln, posierte von der Anklagebank aus für die Fotografen[115] und hielt bei jeder sich bietenden Gelegenheit kurze Ansprachen, die er mit zackigen Gesten untermalte.[116] Wie erwartet stützten sich seine Anwälte bei der Verteidigung auf den Vorwurf des Eidbruchs.[117] Nicht zu Unrecht gingen sie davon aus, damit das Gros der Bevölkerung hinter sich zu haben. Den Widerstand als unrechtmäßig und schädlich zu sanktionieren, wäre nicht nur für die »eidtreuen« Soldaten eine entlastende Ehrenrettung gewesen. Das kriegszerstörte Gerichtsgebäude war noch nicht vollständig wiederaufgebaut, während der Verhandlung drang von draußen das Dröhnen von Hammerschlägen ein, den Sitzungssaal beleuchteten auf Baugerüsten montierte Scheinwerfer.[118]

Bauers Prozessstrategie zielte darauf ab, das »Dritte Reich« mit juristischen Mitteln als Unrechtsstaat zu entlarven, gegen den Widerstand legitim und geboten gewesen war. Dafür hatte er namhafte Sachverständige nach Braunschweig geladen, die das Thema aus historischer, militärischer und moraltheologischer Perspektive beleuchten sollten. Als Nebenkläger traten prominente Überlebende und Hinterbliebene des 20. Juli auf, die als Zeugen über die Motive der Verschwörer berichten sollten.[119]

Gleich am ersten Tag bestätigte der katholische Theologe Rupert Angermair, dass der Eid auf Hitler unsittlich gewesen sei, da er nicht an das Gemeinwohl geknüpft war, sondern die Soldaten der Autorität eines einzelnen Menschen unterstellte und sie so zu »willenlosen Maschinen« degradiert habe.[120] Anschließend nahmen ein evangelischer Theologe und ein Kirchenhistoriker zum Bibelabschnitt Brief an die Römer, Kapitel 13, Stellung, der Widerstand gegen staatliche Gewalt als Auflehnung gegen die göttliche Ordnung bezeichnet. Dieses Bibelwort sei nicht als Aufforderung zu blinder Unterwerfung zu verstehen, stellten die Sachverständigen klar. Im Wissen um Gottes Willen müsse sich jeder Christ einer Regierung widersetzen, die ihre Pflicht umkehre, »die Guten zu schützen und die Bösen zu strafen«.[121] Der 20. Juli 1944 sei daher ein Zeichen »für echte, christliche und politische Verantwortung« gewesen.[122]

Remers Verteidiger reagierten, indem sie die Vorladung eigener Sachverständiger beantragten: Zur »Bedeutung und Tragweite des Soldateneides« sollten die ehemaligen Wehrmachtsgeneräle Erich von Manstein und Albert Kesselring aussagen. Beide waren von britischen Militärgerichten wegen Beteiligung am Völkermord verurteilt worden und seitdem in Werl inhaftiert, was ihrem Ansehen keinen Abbruch tat. Erst wenige Wochen zuvor hatte sich Adenauer bei seiner ersten Reise nach Großbritannien dafür eingesetzt, ihre Strafen zu reduzieren. Ihr Wort hatte Gewicht.[123]

Um zu beweisen, dass die Widerstandskämpfer Landesverräter gewesen seien, sollten außerdem Generalrichter a. D. Manfred Roeder und Oberreichsanwalt a. D. Ernst Lautz gehört werden[124] – zwei NS-Richter also, die acht Jahre zuvor dafür gesorgt hatten, dass die Männer, gemäß Hitlers Wunsch, »wie Schlachtvieh gehängt« wurden. Ausgestattet mit üppigen Pensionen, führten beide inzwischen ein beschauliches Leben. Das Verfahren gegen Roeder war im zurückliegenden Jahr eingestellt, Lautz im Frühjahr vorzeitig aus der Landberger Haft entlassen worden.[125]

Lautz sei für die Ermordung seines Vaters verantwortlich und der »übelste Halunke, der jemals auf einem deutschen Richterstuhl gesessen hat«, rief Nebenkläger Alexander von Hase empört in den Saal, als Remers Anwälte ihren Antrag verlasen. Überraschend reagierte der Vorsitzende Richter Joachim Heppe darauf nicht mit einer Rüge, sondern sagte, indem er sich dem Sohn des hingerichteten Stadtkommandanten von Berlin, Paul von Hase, zuwandte: »Ich glaube, dann kann ich Ihnen nur beipflichten« – und lehnte die Zeugen ab. »Still war es im Saal, und selbst die Verteidigung schwieg«, beschrieb die *Frankfurter Allgemeine Zeitung* die Szene am nächsten Tag.[126]

Bauer hingegen gelang ein wichtiger Schachzug mit der Ladung von Helmut Friebe, dessen Glaubwürdigkeit als Generalleutnant a. D. und zeitweiliger Vorsitzender des Soldatenverbands selbst für die Gegenseite schwerlich in Zweifel zu ziehen war: Friebe nannte den Hitler-Eid ein »moralisches Gerippe«, weil jeder Eid die »Verpflichtung gegenüber Volk und Vaterland« einschließen müsse. 1944 hätten die meisten Frontoffiziere dem Attentat noch »verständnislos und ablehnend« gegenübergestanden, inzwischen aber hätten ihnen »Prozesse, Dokumente und Veröffentlichungen« die Augen geöffnet. Das »ehemalige Offizierskorps«, sagte er mit einer Verbeugung zu den im Saal sitzenden Hinterbliebenen, würdige dankbar »den Opfergang seiner Kameraden, den diese für Volk und Vaterland aus freiem Entschluss« gegangen seien und »aus hohem sittlichem Verantwortungsgefühl gehen mussten«.[127] Das von Remers Verteidigern postulierte und in der Öffentlichkeit vorherrschende Bild einer geschlossenen Front der Eidtreuen bekam erste Risse.[128]

Die Presse berichtete ausführlich über Friebes Aussage und die Reaktionen im Gerichtssaal.[129] »Man spürt, dass das hier das Publikum anspringt«, schrieb ein Reporter. Die Frage, ob es »Sabotage« gegeben habe, wirke »elektrisierend«. Die Zuhörer diskutierten, ob die Verschwörer Divisionen für ihren Staatsstreich zurückgehalten hätten, »während die Front aus Mangel an Soldaten verblutete«.[130] Dieser Sicht widersprach der von Bauer in den Zeugenstand gerufene Historiker Percy Ernst Schramm, der ab dem Frühjahr 1943 im Führungsstab der Wehrmacht das Kriegstagebuch geführt hatte: Die militärische Lage sei am 20. Juli 1944 bereits »ausweglos« gewesen. »Der Krieg war verloren.« Die deutsche Niederlage könne darum »weder durch Sabotage noch durch Verrat erklärt werden«.[131]

Dass sich der Vorwurf des Landesverrats selbst nach damals geltendem Recht nicht halten ließ, demonstrierte Bauer mit der Aussage von Hans-Günther Seraphim, Professor für Geschichte am Institut für Völkerrecht in Göttingen. Er hatte im Auftrag der Staatsanwaltschaft ein Gutachten zu den Motiven der Widerständler erarbeitet und belegte mit Zitaten aus ihren schriftlichen Nachlässen, dass sie zum Wohle Deutschlands und aus »höchster Verantwortung vor dem gesamten Volk« gehandelt hätten. Als Landesverräter galt jedoch auch 1944 nur, wer mit dem Vorsatz handelte, »das Wohl des Reiches zu gefährden«, oder in der Absicht, »schwere Nachteile für das Reich herbeizuführen, zu einer ausländischen Regierung in Beziehung« trat.[132]

Nichts davon habe in der Absicht der Verschwörer gelegen, bestätigten mehrere Angehörige und prominente Überlebende, die zum Teil als Nebenkläger auftraten: Der Präsident des Bundesamts für Verfassungsschutz, Otto John, der am Umsturzversuch beteiligt gewesen war, sagte aus, es sei sein Auftrag gewesen, im Ausland die Möglichkeiten für einen Friedensschluss auszuloten für den Fall, dass es gelänge, das NS-Regime zu beseitigen. »Unser Ziel war zu verhüten, dass Deutschland durch eine sinnlose Weiterführung des Krieges völlig zerstört würde.«[133] Hans Lukaschek, Bundesminister für Vertriebene, berichtete vom »Kreisauer Kreis«, der ebenfalls mit der Gruppe um Stauffenberg in Verbindung gestanden hatte: Dort hätten sich Menschen zusammengefunden, die bereit gewesen seien, »sich gegen Hitler für die Rettung Deutschlands einzusetzen«. Landesverrat sei »von vornherein ausgeschlossen worden«.[134] Spürbar bewegt beschrieb ein Berichterstatter der *Zeit* Lukascheks Auftritt – wie er von »den Grafen Yorck und Moltke« und »den sozialistischen Freunden« Julius Leber, Carlo Mierendorff und Theodor Haubach sprach, die Begegnung mit Stauffenberg schilderte und dessen Worte zitierte: »Es gibt keine Rettung … Hier bleibt nur der Tyrannen-Mord …

aus christlicher Verantwortung.« Und »wie er selbst verhaftet und eine Woche hindurch – an den Erdboden angeschmiedet – gefoltert wurde«.[135]

Auch die anderen Zeugen beeindruckten die Prozessbeobachter: Annedore Leber, Marion Gräfin Yorck von Wartenburg, Fabian von Schlabrendorff – sie alle bezeugten, dass die Verschwörer des 20. Juli Deutschland retten und den Krieg beenden wollten. »Mein Bruder sah Hitler als Antichristen an und hoffte auf das Scheitern aller seiner Pläne«, sagte Karl-Friedrich Bonhoeffer, dessen Bruder Dietrich von »Generalrichter« Roeder zum Tode verurteilt worden war. »An Deutschland hing er mit allen Fasern seines Herzens.«[136]

Fritz Bauer war es gewohnt, regelmäßig Droh- und Schmähbriefe zu bekommen. Während des Prozesses schwoll die Post aber zu einer wahren »Sturmflut« an, wie er der Witwe Paul von Hases anvertraute. Neben den empörten Schreiben von Angehörigen gefallener Soldaten, die ihre Söhne und Ehemänner durch Bauers Prozessführung beleidigt sahen, landeten antisemitische Beschimpfungen und Morddrohungen auf seinem Schreibtisch.[137] Mit dem Briefkopf des Bundestags schrieb ein Abgeordneter, der es vorzog, anonym zu bleiben: »Es muss um Ihre Auffassung von der Heiligkeit des Eides sehr schlecht bestellt sein, Herr Staatsanwalt, wenn Sie eine ganze Batterie von Theologen auffahren lassen, die beweisen sollen, dass der Mensch aus sich heraus einen Eid brechen kann ... Ihr stumpfes Denken und Ihre Juden hörige Auffassung kann ja zu keinem anderen Schluss kommen.«[138]

Am Ende hatten sämtliche Gutachter Attentat und Umsturzversuch als rechtmäßig bezeichnet und aus den verschiedensten Perspektiven dargelegt, warum den Verschwörern weder Eidbruch noch Landesverrat zur Last gelegt werden konnte.[139] Doch Bauer war nur allzu bewusst, dass damit wenig gewonnen war:

Selbst wenn sich das Gericht in allen Punkten seiner Argumentation anschließen sollte und damit Stellung gegen die Urteile anderer Gerichte bezöge – gesellschaftlich würde das Thema vermintes Terrain bleiben. Ihm musste darum das Kunststück gelingen, die Handlungsweise der Widerstandskämpfer zu rechtfertigen, ohne sie zum Maß aller Dinge zu machen: Auch Mitläufer und Hitler-Anhänger sollten sich in der Analyse der Ereignisse wiederfinden und so die Möglichkeit bekommen, sich die eigenen Irrtümer ohne Beschämung einzugestehen.

Es sei nicht das Ziel des Prozesses, »Zwietracht zu säen, sondern Brücken zu schlagen und zu versöhnen«, betonte Bauer darum in seinem Schlussplädoyer. Detailliert legte er dar, wie Hitler seine Herrschaft von Anfang an durch Gesetzesbrüche erlangt und gesichert hatte, die auch nach damaligem Recht schon als solche gegolten hatten. Der NS-Staat sei also ein Unrechtsstaat gewesen, argumentierte Bauer. Aber ein »Unrechtsstaat wie das Dritte Reich ist überhaupt nicht hochverratsfähig«.[140] Und ein Unrechtsstaat, »der täglich Zehntausende Morde begeht«, berechtige »jedermann zur Notwehr«.

Keiner der am Umsturzversuch Beteiligten habe Deutschland schaden wollen. Vielmehr hätte jeder Versuch, den Krieg zu verhüten oder abzukürzen, »eine Ersparnis deutscher Menschenleben« und »ein Plus deutscher Weltgeltung« bedeuten können. Möglicherweise wäre mit einer demokratischen Regierung sogar die Spaltung Deutschlands verhindert worden. Als wäre Bauer nicht selbst Opfer der Nationalsozialisten gewesen, als erreichten ihn nicht täglich hasserfüllte Briefe seiner Landsleute, erklärte er: Was die Widerständler vollbracht hätten, sei »das einzige Aktivum, das wir ins Feld führen konnten, als die Kollektivschuld uns ins Gesicht geschleudert wurde«. Allen Mitläufern und Parteigenossen baute er eine Brücke, indem er daran erinnerte, wie viel Mut es erfordert hatte, Widerstand zu leisten, dass es angesichts des Terrors aber ebenso gute Gründe gegeben habe, es nicht zu tun. Doch: »Was am 20. Juli 1944 vielen noch dunkel vorgekommen sein mag, ist heute durchschaubar. Was damals verständlicher Irrtum gewesen sein mag, ist heute unbelehrbarer Trotz, böser Wille und bewusste Sabotage unserer Demokratie.«

Die Frage, ob die Männer des 20. Juli Hoch- und Landesverräter waren, sei schon einmal verhandelt worden, nämlich durch den Volksgerichtshof, wo sie »unter Missbrauch strafprozessualer Formen« von Freisler bejaht wurde, erklärte Bauer. Der Braunschweiger Prozess sei eine »Wiederaufnahme« dieses Verfahrens, bei der es nun Aufgabe der Staatsanwaltschaft und der Richter des demokratischen Rechtsstaates sei, »die Helden des 20. Juli ohne Vorbehalt« zu rehabilitieren – »auf Grund der Tatsachen, die uns heute bekannt sind, auf Grund des damals und heute, des ewig geltenden Rechts«.

Über eine Stunde hatte Bauer gesprochen. Im übervollen Gerichtssaal herrschte atemlose Stille.[141] So etwas habe man »von einem deutschen Ankläger wohl noch kaum gehört«, schrieb die *Stuttgarter Zeitung*. Das Plädoyer verdiene es, »von Freund und Gegner im ganzen Land mit gleicher, gebannter Anteilnahme gehört zu werden«.[142] Es ließ vergessen, hieß es in der *Zeit*, »dass Remer überhaupt im Saale war«.[143] Der Angeklagte war tatsächlich schon während der Verhandlung mehr und mehr zur Randfigur geworden. Bauer erwähnte ihn selbst im Schlussplädoyer nur ein einziges Mal und vergaß sogar, ein Strafmaß zu beantragen.[144] Es war zweitrangig, welche Strafe er bekam, zweitrangig, dass er sich weigerte, etwas zurückzunehmen, und sich vermutlich auch weiterhin von seinen Anhängern dafür feiern lassen würde, den Aufstand persönlich verhindert zu haben. In diesem Prozess ging es nicht um ihn.

Selbst Richter Heppe erwähnte weder Remer noch ging er auf die Anklagepunkte ein, als er sich am letzten Prozesstag mit einer ungewöhnlich persönlichen Erklärung an die Zuhörer wandte: Es gebe wohl niemanden, der von den Worten des Generalstaatsanwalts nicht »auf das Tiefste beeindruckt ist«, setzte er an. Er müsse aber »offen sagen«, dass ihn »das Problem des Landesverrats … in erhebliche Gewissenskonflikte« stürze. Er habe 1943 bei Stalingrad gekämpft, sei in russische Gefangenschaft geraten und habe miterlebt, wie sich dort »die Masse der Generale« dem »Nationalkomitee Freies Deutschland« (NKFD) angeschlossen hatten. Er selbst habe das NKFD jedoch wie viele andere als kommunistische Organisation abgelehnt. Erwarte Bauer nun von ihm, dass er auch das Handeln jener Offiziere als Akte des Widerstands gutheiße? »Ich sage diese Worte aus tiefster und innerster Gewissensnot. Und ich bitte das richtig zu verstehen, in welche Schwierigkeiten ein deutsches Gericht heute gelangen muss, wenn es diese so schwerwiegenden Fragen … entscheiden soll.«[145]

Damit wies Heppe auf eine gefährliche Untiefe hin, die Bauer am liebsten umschifft hätte: In seinem Plädoyer hatte Bauer erklärt, dass der 20. Juli 1944 »nur ein Ausschnitt aus dem Gesamtwiderstand des deutschen Volkes«[146] gewesen sei und dass im Übrigen jeder, »der die Ungerechtigkeit des Krieges erkannte«, berechtigt gewesen sei, Widerstand zu leisten. Das schloss Kommunisten und letztlich auch das NKFD mit ein, explizit aussprechen konnte Bauer das jedoch nicht. Schon die Rehabilitierung des 20. Juli war ein gewagtes Unterfangen; den kommunistischen Widerstand miteinzubeziehen, hätte nach Bauers Einschätzung wegen der weitverbreiteten antikommunistischen Ressentiments und des heraufziehenden Kalten Krieges den Erfolg des Verfahrens gefährdet.

Für den Prozess hatte er sich darum strategisch auf den engsten Kreis des 20. Juli beschränkt und im Vorfeld sogar Anna von Harnack gebeten, die als Nebenklägerin auftreten wollte, ihren Strafantrag zurückzuziehen. Ihr Mann Ernst, ein überzeugter Sozialdemokrat, hatte zwar zum Kreis der Verschwörer gehört.

Durch ihre Verwandtschaft mit Arvid Harnack und dessen Frau Mildred wäre im Braunschweiger Gerichtssaal aber unweigerlich die von der Gestapo als »Rote Kapelle« bezeichnete Widerstandsgruppe zur Sprache gekommen, die noch immer – zu Unrecht – als sowjetische Agentenzelle galt. Ihren Einsatz gegen das NS-Regime vor einem westdeutschen Gericht als rechtmäßig anerkennen zu lassen, hielt Bauer für nicht durchsetzbar, weshalb er sie vorsorglich ganz aus dem Prozess heraushalten wollte.[147] Dann aber hatte ausgerechnet Fabian von Schlabrendorff, einer seiner eigenen Zeugen also, diese Strategie in Gefahr gebracht: Er sagte aus, dass keiner der Widerstandskämpfer auch nur daran gedacht habe, etwas zu tun, das Deutschland hätte schaden können. »Verabscheuungswürdig« sei aber »der Landesverrat aus Gewinnsucht«, den die Rote Kapelle begangen habe.[148]

Diese diffamierende Behauptung hätte Bauer nicht geraderücken können, ohne damit zugleich den Antikommunismus der Bundesrepublik infrage zu stellen und so sein eigentliches Ziel zu gefährden. Wenn überhaupt eine Ehrenrettung des Widerstands zu erreichen war, so seine Überlegung, dann vorerst nur über den 20. Juli und den Verweis auf dessen deutschlandpolitische Bedeutung. Nun aber zwang ihn Heppes persönlicher Einwurf indirekt, doch noch zu anderen Teilen des Widerstands Stellung zu beziehen: Auch die Männer des NKFD hätten mit dem Wunsch gehandelt, Deutschland zu retten, erwiderte Bauer vorsichtig. In diesem Prozess aber gehe es um die Männer des 20. Juli, und diese seien »Kämpfer für Freiheit« und, mit Stauffenbergs Worten, »für ein ›heiliges Deutschland‹« gewesen. »Ich bitte Sie«, fügte Bauer an Heppe gewandt hinzu, »lassen Sie Ihr warmes Herz … nicht erkalten durch Ihre furchtbaren Erinnerungen an die sibirischen Weiten.«[149]

Am 15. März 1952 schloss sich das Gericht den Argumenten der Staatsanwaltschaft an und verurteilte Remer wegen übler

Nachrede und Verunglimpfung des Andenkens Verstorbener zu drei Monaten Haft.[150] Offensichtlich hielten die Richter, genau wie Bauer, den Generalmajor für unbedeutend im Vergleich zum eigentlichen Gegenstand des Verfahrens: »Die Widerstandskämpfer des 20. Juli 1944 handelten aus heißer Vaterlandsliebe und selbstlosem Verantwortungsbewusstsein gegenüber ihrem Volk«, heißt es in der Urteilsbegründung. »Nicht mit der Absicht, dem Reich oder der Kriegsmacht des Reichs zu schaden, sondern allein mit der Absicht, beiden zu helfen.«[151]

Das Gericht schloss sich außerdem der Auffassung an, dass das »Dritte Reich« zu keiner Zeit ein Rechtsstaat gewesen war, und drückte diese Erkenntnis mit unverkennbar selbstkritischen Worten aus: »All das, was das deutsche Volk, angefangen vom Reichstagsbrand über den 30. Juni 1934 und den 9. November 1938, über sich hat ergehen lassen, war schreiendes Unrecht, dessen Beseitigung geboten war. Es ist schwer, bitter und hart für ein deutsches Gericht, so etwas aussprechen zu müssen.«[152]

* * *

Rückblickend markiert das Braunschweiger Urteil einen Wendepunkt in der Rezeptionsgeschichte des 20. Juli 1944. Damals aber, im Frühjahr 1952, änderte es wenig daran, dass ein Großteil der Bevölkerung das Attentat verurteilte und die Verschwörer bestenfalls skeptisch beurteilte. »Sie sind doch Verräter!«, schmierten Unbekannte am Tag nach dem Urteil auf die Straßen und Bürgersteige von Celle.[153] In Bauers Büro und beim Landgericht gingen weiterhin wütende Schreiben ein. Das Urteil werde »so recht nach dem Herzen der Amerikaner, Engländer, Franzosen und Russen sein«, hieß es zum Beispiel im Brief eines ehemaligen Soldaten. Es zeige, »wie weit es mit einem Volk kommen kann, das jegliche Achtung vor sich selbst verloren hat«. Wenn »die Leute des

20. Juli als Ehrenmänner erklärt werden, … die jahrelang dem Feind alle wünschenswerten Nachrichten in die Hand gespielt haben, … obwohl sie … den gleichen Eid … geleistet haben wie ich, dann bin eben ich ein Landesverräter gewesen, da ich wie unendlich viele andere bis zum bitteren Ende[154] des Krieges meine Pflicht als Soldat erfüllt habe«.[155]

Fritz Bauer wusste um dieses Dilemma. Er hatte gehofft, es auflösen und die Kluft schließen zu können zwischen vermeintlichen Eidbrechern und denen, die Hitler bis zuletzt die Treue hielten. Der Verweis auf den Terror des NS-Regimes gegen die Bevölkerung und dessen Qualifizierung als Unrechtssystem hätten eine solche Brücke sein können, doch die Mehrheit der Deutschen war nicht bereit, den Widerstandskämpfern und -kämpferinnen Respekt zu zollen. Es hätte bedeutet, sich mit dem eigenen Wegsehen zu befassen, und anzuerkennen, dass es Menschen gegeben hatte, die hingeschaut hatten und nicht bereit gewesen waren, das Unrecht hinzunehmen. Der Widerstand war ein Stachel im Fleisch der deutschen Nachkriegsgesellschaft, weil er die Deutschen mit einer Scham konfrontierte, die sie so gründlich abwehrten, dass sie nicht zu spüren war.

Diesen Abwehrreflex bekam Bauer wieder zu spüren, als er Plädoyer und Urteilsbegründung als Broschüre herausgeben wollte: Das Interesse an dem Thema sei »nicht sehr groß«, beschied ihn ein Verlag, eine Veröffentlichung höchstens als Kampfschrift gegen die rechtsextreme SRP und Remer denkbar. Die »Ehrenrettung der Widerstandskämpfer« dürfe aber »nicht allzu deutlich … eingeflochten werden«.[156] Auch die Bundesregierung hielt sich trotz des Urteils weiter bedeckt. Für politische Zwecke berief man sich zwar gern auf die Männer um Stauffenberg, sei es zur Begründung der Wiederbewaffnung oder um zu beteuern, wie ernst man die Abwehr neonazistischer Strömungen nehme. Eine bedingungslose Würdigung gab es jedoch nicht.

Sinnbildlich dafür stand der Bendlerblock in Berlin, einst Oberkommando des Heeres und Schauplatz des 20. Juli 1944: Viele Gebäude waren stark beschädigt oder lagen noch immer in Trümmern. Wo möglich, waren verschiedene Betriebe und Ämter eingezogen.[157] An der Wand, vor der Stauffenberg, Friedrich Olbricht, Albrecht Ritter Mertz von Quirnheim und Werner von Haeften erschossen worden waren, hingen Firmenschilder, in den ehemaligen Dienstzimmern wurden Lippenstifte produziert,[158] und an einer der Wände im Hof breitete ein steinerner Adler seine Flügel aus, das bekränzte Hakenkreuz noch immer in den Krallen.[159]

Wie schon bei der ehemaligen Strafanstalt Plötzensee, in der zahllose Widerstandskämpfer und -kämpferinnen ermordet worden waren und die erst kürzlich zur Gedenkstätte ausgebaut wurde, ging die Initiative auch beim Bendlerblock nicht von Politikern, sondern von Angehörigen des Widerstands aus: Die »Hinrichtungsstelle des Oberst Graf Stauffenberg und der anderen am 20. Juli 1944 hingerichteten Offiziere« befinde sich nicht in dem Zustand, der »einer solchen historischen Gedenkstätte zukommen sollte«, schrieb der ehemalige Panzergeneral Gerhard Graf von Schwerin im Oktober 1951 an Berlins Oberbürgermeister Ernst Reuter. Man könne vielleicht »eine einfache Gedenktafel anbringen mit dem Hinweis, dass an dieser Stelle edelstes deutsches Blut geflossen ist im Kampf um die Befreiung von verbrecherischer Tyrannis«.[160]

Ein paar Wochen später beschloss der Berliner Senat tatsächlich, im Hof ein Denkmal errichten zu lassen.[161] Stellvertretend für die Angehörigen und Überlebenden legte Eva Olbricht am 20. Juli 1952 den Grundstein an der Stelle, wo ihr Mann zusammen mit seinen Mitstreitern erschossen worden war. »Wenn diese Männer am Leben geblieben wären, wäre die grauenvolle Spaltung unseres Vaterlandes vermutlich nicht Tatsache geworden, wäre unsere

Stadt nicht so zerstört«, sagte Reuter in seiner Ansprache. »Sie sind gestorben für uns alle.«[162]

Eine von Reuter unterzeichnete und mit dem Siegel des Senats versehene Urkunde nannte die Namen der Männer, die »an dieser Stelle ihr Leben« gelassen hatten zur »Wahrung der deutschen Ehre und im Kampf des deutschen Volkes für die Befreiung von der Hitlerdiktatur«. Weiter hieß es darin: »Ihnen folgten mehr als 2000 Mitkämpfer dieser Widerstandsbewegung, Männer und Frauen aus allen Kreisen des deutschen Volkes in den Tod. Berlin ehrt durch diesen Gedenkstein alle Widerstandskämpfer gegen den Naziterror.«[163] Umfassender und klarer hätte die Würdigung nicht ausfallen können: Sie widersprach Hitlers Lüge von der »ganz kleinen Clique«, benannte die gesellschaftliche Vielfalt der Verschwörung und ehrte ausdrücklich den gesamten deutschen Widerstand. Wer aber nicht zu den rund 300 Gästen gehörte, die bei jener Feierstunde dabei waren, bekam diesen Text nie zu sehen: Er verschwand, verschweißt in einer Metallrolle, im Fundament des zukünftigen Denkmals.[164]

2. Kalter Krieg um das Gedenken (1953–1959)

Die Grenze in den Köpfen

Wie für ein Staatsbegräbnis standen am 23. Juni 1953 sieben Särge vor dem Schöneberger Rathaus, bedeckt mit der Fahne Westberlins, geschmückt mit Rosengestecken und Kränzen voller Lilien. Bundeskanzler Adenauer war aus Bonn eingeflogen, um eine Trauerrede zu halten; Berlins Regierender Bürgermeister Ernst Reuter (SPD) und der Minister für gesamtdeutsche Fragen, Jakob Kaiser (CDU), sollten ebenfalls sprechen: Die Bundesrepublik trauerte um die Toten des Volksaufstands im Osten sechs Tage zuvor.[1] Niemand konnte sagen, wie viele Menschen dabei getötet, wie viele als angebliche »Rädelsführer« verhaftet und zum Tode verurteilt worden waren – wie Willi Göttling aus Westberlin, den ein sowjetisches Standgericht erschossen hatte. Die DDR-Führung schwieg. Doch die Augenzeugenberichte, vereinzelte Filmaufnahmen und die Schwerverletzten, die über die Sektorengrenze geschafft und in Westberliner Kliniken behandelt werden konnten, vermittelten eine Ahnung vom Ausmaß der Gewalt.

Begonnen hatte alles am 16. Juni, als eine Gruppe Bauarbeiter aus Protest gegen die staatlich verhängten Normerhöhungen ihre Arbeit niederlegte und zum Sitz der DDR-Regierung zog. Spontan hatten sich ihnen mehrere tausend DDR-Bürger und -Bürgerinnen angeschlossen, und am Tag darauf folgten Zehntausende einem Aufruf zum Generalstreik. Was als kleiner Protest begonnen hatte, war zum Volksaufstand angewachsen, der SED-Führung und Sowjets kalt erwischte. Jetzt ging es auch nicht mehr nur um die Normerhöhungen – die Demonstrierenden forderten den Rücktritt der von Moskau gelenkten Regierung, freie und geheime Wahlen, die Einheit Deutschlands.

Am Vormittag des 17. Juni wehte sogar für kurze Zeit die schwarz-rot-goldene Fahne auf dem Brandenburger Tor: Jugendliche hatten die rote Fahne heruntergeholt und unter dem Jubel der umstehenden Menschenmenge zerrissen. Unterdessen rückten russische Panzer über die Leipziger Straße zum Potsdamer Platz vor und eröffneten das Feuer auf die Demonstranten. Bald darauf fielen auch am Brandenburger Tor die ersten Schüsse, und bis zum Abend hatten die sowjetischen Einheiten die Lage wieder unter Kontrolle gebracht. Der erste Volksaufstand der DDR war gewaltsam niedergeschlagen worden.[2]

In Ostberlin war man von der Wucht des Volkszorns ebenso überrascht wie in Bonn. Die Toten waren noch nicht begraben, da wurden sie bereits zu Märtyrern einer nationalen Freiheitsbewegung erklärt: »Ihr Blut hat den Mörtel mit gefestigt für das neue Haus einer deutschen staatlichen Einheit und Freiheit«, sagte Bundespräsident Theodor Heuss am 21. Juni bei einer Gedenkstunde im Bundestag.[3] Auch Adenauer sprach zwei Tage später an den Särgen vor dem Schöneberger Rathaus von »unseren Toten«, die ihr Blut hingaben für die Freiheit.[4]

Zum ersten Mal seit Kriegsende bot sich die Möglichkeit, die Deutschen hinter einer gemeinsamen nationalen Erzählung zu versammeln, ja überhaupt von Nation sprechen zu können, ohne dabei auf die NS-Zeit Bezug nehmen zu müssen. Der Bundesregierung kamen die tragischen Ereignisse daher gar nicht so ungelegen. Die Sowjetunion hatte sich vor der Welt als unerbittliches Gewaltregime offenbart und die DDR-Führung als von Moskau geführtes Marionettentheater. Im Kalten Krieg der West-Ost-

Konfrontation bedeutete das einen Punktsieg für die Konservativen. Sie konnten sich in ihrer antikommunistischen Haltung bestätigt fühlen und die Brüder und Schwestern in Ostdeutschland zu Widerstandskämpfern erklären – Kronzeugen dafür, dass die Deutschen eben doch kein Volk blind gehorsamer Mitläufer seien.

Aus dieser Perspektive erschien mit einem Mal auch der 20. Juli 1944 in milderem Licht, denn der ließ sich nun mit dem 17. Juni 1953 in eine Traditionslinie deutscher Freiheitsbewegungen stellen: als Ausdruck der angeblich typisch deutschen Eigenschaft, unter Einsatz des Lebens für Freiheit und Demokratie zu kämpfen.[5] Berlins Bürgermeister Reuter zog die Parallele zwischen den beiden Daten schon zum Jahrestag des 20. Juli wenige Wochen später: Vom Attentat auf Hitler spanne sich der Bogen zum »großen Tage des 17. Juni 1953«, an dem sich ein »gemartertes Volk in Aufruhr gegen seine Unterdrücker« erhoben und der Welt gezeigt habe, »dass wir Deutschen frei sein … wollen«, sagte er mit zeittypischem Pathos bei der Gedenkfeier. Eines Tages werde »über unseren Häuptern die schwarz-rot-goldene Fahne der Freiheit wehen«, eines Tages werde man sagen können: »Wir haben vollendet, was diese Männer uns aufgetragen haben.«[6]

Die Gesellschaft, die im Hof des Bendlerblocks an jenem Vorabend des 20. Juli 1953 zusammengekommen war, bestand fast nur aus Hinterbliebenen und Überlebenden. Die Bundesregierung ließ sich lediglich durch Staatssekretär Otto Lenz vertreten, der ebenfalls zum Kreis der Verschwörer gehört hatte. Weder Kanzler noch Bundespräsident waren erschienen und äußerten sich an diesem Tag auch sonst mit keinem Wort. So war es wieder an Reuter, der nach 1933 selbst im KZ inhaftiert gewesen war,[7] die Widerständler zu ehren und zu zeigen, dass ihm die Situation der Angehörigen bewusst war, die noch immer unter der Diffamierung zu leiden hatten: Die »Töchter und Söhne der Gefallenen des 20. Juli« seien »Träger stolzer Namen«, sagte er tröstend, weil sie »mit einer heroischen, tapferen, echten vaterländischen Tat« verbunden seien.[8]

Nach den Reden sollte das übermannshohe Denkmal enthüllt werden, für das im Jahr zuvor der Grundstein gelegt worden war. Berlins Senator für Sozialwesen, Otto Bach, hatte sechs Entwürfe eingeholt, die aber allesamt verworfen worden waren: Der Vorschlag der Bildhauerin Hilde Leest mit zwei aus einer Wand hervortretenden Männerfiguren war durchgefallen, weil die Figuren einen »aufrechteren und kämpferischen Eindruck machen« sollten. Ihre Sandsteinplastik einer kauernden Frau mit dem Titel »Not« kam gar nicht erst in Betracht.[9] Der angebliche Wettbewerb war noch nicht abgeschlossen gewesen, als Bach schließlich dem Bildhauer Richard Scheibe den Zuschlag gab, obwohl dessen erster Vorschlag ebenfalls abgelehnt worden war. Das Denkmal dürfe »keine Glorifizierung eines Heldentums sein«, schrieb Bach in seinem Auftrag an Scheibe, sondern solle »die tiefe Not des deutschen Volkes« ausdrücken, »aus der heraus diese Männer gehandelt haben«.[10]

Scheibe hatte daraufhin die überlebensgroße Bronzestatue eines an den Händen gefesselten nackten Mannes vorgeschlagen. Der Senat war begeistert. Niemand störte sich daran, dass die Figur schon im Entwurf große Ähnlichkeit mit der Statue »Sinnbild unserer Flugwaffen-Bereitschaft« aufwies, die Scheibe 1937 für das Fliegerlager Neuruppin geschaffen hatte, oder mit dem »Denker«, den Hitler ihm 1938 für 10 000 Reichsmark abgekauft hatte.[11] So würde nun also der athletische Bronzejüngling in bewährter NS-Ästhetik das erste Denkmal für den deutschen Widerstand schmücken. Die Inschrift auf dem Sockel hatte der Kunsthistoriker Edwin Redslob beigesteuert:

Ihr trugt die Schande nicht
Ihr wehrtet euch
Ihr gabt das große ewig wache Zeichen der Umkehr
Opfernd euer heißes Leben
Für Freiheit, Recht und Ehre.[12]

Eines Tages werde »das ganze Deutschland« diesen Ort »als nationales Heiligtum von uns übernehmen«, beendete Reuter seine Rede, bevor er die Stoffbahn vom Denkmal zog und Stauffenbergs ältester Sohn Berthold die letzten Worte seines Vaters zitierte: »Es lebe das heilige Deutschland!«[13]

Diesem Satz hätte im Sommer 1944 wohl auch Richard Scheibe zugestimmt, dabei jedoch etwas anderes gemeint als Stauffenberg. Die Plastiken des Bildhauers waren regelmäßig in der »Großen Deutschen Kunstausstellung« in München zu sehen gewesen, auf der die Nationalsozialisten ihre Vorstellung von Kunst präsentierten. Im April 1944, ein Vierteljahr vor Stauffenbergs Erschießung, wurde Scheibe mit der Goethe-Medaille für Kunst und Wissenschaft ausgezeichnet,[14] im August desselben Jahres setzte ihn Joseph Goebbels auf die Liste der »Gottbegnadeten«: 378 ausschließlich männliche Künstler, die das Regime zur kulturellen Elite des Reiches zählte, als »unabkömmlich« einstufte und darum von Front- oder Arbeitseinsätzen verschonte.[15]

Scheibe dankte es mit Loyalität bis zum Untergang und darüber hinaus: Als Deutscher fühle er sich »in dieser Stunde« verpflichtet, sich ausdrücklich zum »Vaterland und seinem Kampf zu bekennen«, schrieb er im April 1945 in *Der Angriff*, der Gauzeitung der Berliner NSDAP. »Ich glaube, dass die deutsche Kunst von neuem emporwachsen wird und dass sie allen Verfolgungen, allem Terror und allen Zerstörungen zum Trotz weiterleben und dass sie bleiben wird, was sie seit Jahrhunderten gewesen ist, die Kulturträgerin des Abendlandes.«[16]

Ein Geheimnis war das alles nicht, aber offenbar auch kein Problem: 1950 war Scheibe von der Freien Universität Berlin die Ehrendoktorwürde verliehen worden, 1953 erhielt er das Große Bundesverdienstkreuz, im Jahr darauf den Großen Verdienstorden der Bundesrepublik Deutschland und die Goethe-Plakette der Stadt Frankfurt am Main. Bis zu seinem Tod 1964 folgten zahlreiche Ausstellungen und Ehrungen.[17]

Dass ausgerechnet einer von Goebbels »gottbegnadeten« Ausnahmekünstlern das zentrale Widerstandsdenkmal gestalten durfte, ist ein besonders bizarrer Auswuchs deutscher Verdrängungskunst und doch nur ein Beispiel unter vielen: Etliche Künstler, die bei den Nazis wohlgelitten gewesen waren, konnten ihre Karrieren nach dem Krieg ebenso bruchlos fortsetzen wie Scheibe. Sie lehrten an Hochschulen und Universitäten, gewannen Wettbewerbe, waren in viel beachteten Ausstellungen vertreten und erhielten gut dotierte Aufträge aus Politik, Kirche und Wirtschaft zur Gestaltung von öffentlichen Plätzen, Foyers oder Museen. Ihre Arbeiten prägen das Aussehen vieler Gebäude und Stadtzentren bis heute.[18]

Hermann Kaspar zum Beispiel, maßgeblich beteiligt an der Kampagne gegen »entartete Kunst« und ab 1938 als Professor für Monumentalmalerei spezialisiert auf Hakenkreuzmosaike, durfte von 1947 bis 1955 im Kongresssaal des Deutschen Museums in München sein 1935 begonnenes Mosaikfries fertigstellen, ab 1947 lehrte er – wie schon vor 1945 – wieder an der Akademie der Bildenden Künste in München. Willy Meller, wie Kaspar ebenfalls ein »Gottbegnadeter«, dessen Skulpturen das Olympiastadion und die Fassaden von Gebäuden der NSDAP geschmückt hatten, schuf nach dem Krieg den Bundesadler für das Palais Schaumburg, den Sitz des Bundeskanzlers in Bonn. 1955 folgte ein Mahnmal für die Opfer des Krieges in Gütersloh, 1962 im Auftrag der Bundesregierung eine Skulptur für die Gedenkhalle für die Opfer des Nationalsozialismus in Oberhausen. Und mit dem Kunsthistoriker Werner Haftmann prägte ein ehemaliger SA-Mann, der in Italien Partisanen gejagt hatte und an Erschießungen beteiligt gewesen war, die ersten documenta-Ausstellungen in Kassel. Als Kurator der documenta sorgte er nach dem Krieg dafür, dass keine Werke von jüdischen Künstlerinnen und Künstlern gezeigt wurden.[19]

Für ehemalige Nationalsozialisten galt in der Bundesrepublik also die Unschuldsvermutung – dank des »131er«- und des Straffreiheitsgesetzes selbst bei erwiesener Schuld. Im Umgang mit Kommunisten, Sozialisten und allen, die man dafür hielt, zeigte man hingegen Konsequenz und Härte: Das politische Strafrecht war verschärft worden, die FDJ seit 1951 verboten, und beim Bundesverfassungsgericht lag bereits der Antrag für ein Verbot der KPD vor.[20] Die zunehmende Ost-West-Konfrontation und der aufziehende Kalte Krieg boten dem alten Vorurteil vom bösen Kommunismus den idealen Nährboden. Er passte zu Adenauers striktem Kurs Richtung Westintegration, der eine Wiedervereinigung Deutschlands immer unwahrscheinlicher machte. Obwohl er stets das Gegenteil behauptete, hatte der Kanzler sie insgeheim bereits abgeschrieben. Das Schreckgespenst im Osten war darum Wasser auf seine Mühlen,[21] und dass der Antikommunismus eine tragende Säule der NS-Ideologie gewesen war, tat seiner Wirkung keinen Abbruch. Spätestens seit dem 17. Juni 1953 schien außer Frage zu stehen, wer das Böse verkörperte, sodass sich der Kommunistenhass auch im aufstrebenden Nachkriegsdeutschland West bruchlos fortsetzen konnte und weiter als gesellschaftliche Klammer diente. Die Regierung wiederum konnte mit ihrer strikten Gangart gegen links beweisen, wie sehr ihr angeblich am Schutz der jungen Demokratie gelegen war.[22]

Das musste unweigerlich Auswirkungen auf die Erinnerung an den Widerstand haben, die ohnehin immer in der Defensive war, nun aber zusätzlich »in den Würgegriff politischer Geschichtsdeutung« geriet, wie der Historiker Peter Steinbach es treffend formuliert. Denn vor dem Hintergrund der Systemkonkurrenz vereinnahmten Politiker in Ost und West die Hitler-Gegner und -Gegnerinnen nun mehr und mehr für ihre jeweilige Ideologie.

In der DDR ergab sich das fast schon von selbst, weil diese ihr Selbstverständnis als antifaschistischer Staat auch aus den Biografien ihrer politischen Führung speiste: Walter Ulbricht und Wilhelm Pieck waren als Kommunisten von den Nationalsozialisten verfolgt worden und hatten aus dem Exil weiter gegen sie gekämpft. Die Würdigung des Widerstands war also bereits Teil des Gründungsmythos der DDR und diente zur Abgrenzung vom »braunen« Westen.[23] In der DDR habe »das andere Deutschland Wurzeln geschlagen«, behauptete Ulbricht 1951. »Hier wurde das Vermächtnis der Antifaschisten erfüllt.«[24]

Gemäß der von Moskau vorgegebenen Linie galt der 20. Juli 1944 als ein Aufstand reaktionärer, imperialistischer Eliten; originär antifaschistisch war allein der kommunistisch geprägte Arbeiterwiderstand. Ihm zu Ehren gab es schon früh einen staatlich verordneten Gedenkkult, der zugleich der politischen Legitimierung diente. Für die zögerliche Anerkennung des Widerstands in der BRD spielte darum das propagierte Geschichtsbild der DDR eine wichtige Rolle: Aus westdeutscher Sicht verdiente allein der sogenannte antitotalitäre Widerstand Anerkennung – wer als Sozialist oder Kommunist gegen Hitler gekämpft hatte, war der Ehrung nicht würdig, weil ihm unterstellt wurde, ein Vorkämpfer der DDR gewesen zu sein.

Diese Haltung schlug sich auch im Bundesentschädigungsgesetz nieder, das im Juli 1953 verabschiedet wurde. Zuvor hatten der Rechtsprechung die Regelungen der Alliierten zugrunde gelegen, wonach grundsätzlich jeder Anspruch auf Wiedergutmachung hatte, der zur NS-Zeit »wegen seiner politischen Überzeugung, aus Gründen der Rasse, des Glaubens oder der Weltanschauung« verfolgt worden war. Ausgenommen war nur, »wer der nationalsozialistischen Gewaltherrschaft Vorschub geleistet hat«, wegen seiner Beteiligung an Verbrechen nach Kriegsende rechtskräftig die bürgerlichen Ehrenrechte verloren hatte oder zu einer Haftstrafe von mehr als drei Jahren verurteilt worden war.[25] Für das neue Gesetz wurden diese Ausschlussklauseln nun aber um zwei entscheidende Zusätze ergänzt: Vom Anspruch auf Entschädigung wurde ausgeschlossen, »wer der nationalsozialistischen *oder einer anderen Gewaltherrschaft* Vorschub geleistet« hat und »wer die freiheitliche demokratische Grundordnung bekämpft«.[26] Beide Ergänzungen ließen sich auf Kommunisten anwenden, unabhängig davon, ob sie noch politisch aktiv waren oder nicht.

Viele Gerichte hatten vorher schon Wege gefunden, Antragstellern die Entschädigung zu verweigern, die ihrer Meinung nach deren nicht würdig waren – meist mit der Begründung, ihnen fehle die »achtbare Grundeinstellung«.[27] Die Gesetzesnovelle zementierte also, was vielerorts bereits Praxis war, und bildete die juristische Grundlage für eine »Zweiklassengesellschaft des Widerstands«: auf der einen Seite die guten, national-konservativ gesinnten Regimegegner, auf der anderen die kommunistischen Feinde der Demokratie.[28]

Damit war der Ausgrenzung einzelner Opfergruppen endgültig Tür und Tor geöffnet. Wegen des großen Zeitdrucks – das Ende der ersten Legislaturperiode stand unmittelbar bevor – wurde der Gesetzentwurf im Bundestag aber kaum diskutiert. Einwände erhob lediglich der KPD-Abgeordnete Oskar Müller, der viele Jahre in den KZs Sachsenhausen und Dachau inhaftiert gewesen war:[29] Durch die vage Formulierung überlasse man die Auslegung des Gesetzes den Gerichten und damit Juristen, von denen viele »in der Zeit des Dritten Reiches die Urteile gegen Verfolgte und Widerstandskämpfer erlassen haben«, kritisierte er.

Zudem verstießen die Ausschlussklauseln gegen das Gleichheitsgebot des Grundgesetzes und verschlechterten den Rechtsstatus Tausender Verfolgter, weil sie nicht nur Kommunisten treffen könnten, sondern auch Sozialdemokraten und Gewerkschaftler. »Nein, nur Sie!«, lautete daraufhin ein bezeichnender Zwischenruf aus der CDU-Fraktion.[30]

Mit seinen Bedenken stand Müller also auf verlorenem Posten – den meisten Abgeordneten genügte die Unterdrückungspolitik der SED als Argument für die Einschränkung der Wiedergutmachungszahlungen. Nicht einmal die SPD störte sich an der plumpen Gleichung, mit der kommunistische NS-Gegner für die DDR in Mithaftung genommen wurden. Zwar hatte sie schon mehrfach, wenn auch vergeblich, Gesetzentwürfe zur Würdigung des gesamten Widerstands eingebracht, im politischen Tagesgeschäft aber war sie auf Abstand zum kommunistischen Lager bedacht und erhob darum keine Einwände gegen das neue Gesetz.

Nach dessen Inkrafttreten konnten sich Richter und Sachbearbeiter bei der Ablehnung eines Antrags auf die erweiterte Ausschlussklausel berufen und mussten ihre Entscheidung nicht mehr mit weiteren Argumenten begründen. Wie Müller befürchtet hatte, lag es darum von nun an im Ermessen der Behörden und Gerichte, wer als legitimes Opfer des Nationalsozialismus und als loyaler Bundesbürger gelten durfte und wer nicht[31] – ein Spielraum, den manche Richter in geradezu grotesker Weise auszunutzen wussten. So wies etwa das Oberlandesgericht München den Antrag eines zur NS-Zeit Verfolgten mit der Begründung ab, dass er 1919 für die »Bayerische Räterepublik« eingetreten war und damit »einer Gewaltherrschaft Vorschub geleistet« habe. Das Oberlandesgericht Neustadt urteilte kategorisch, »die russlandhörige KPD« sei »einer freiheitlichen demokratischen Grundordnung zu allen Zeiten abträglich« gewesen. Käme sie an die Macht, würde sie zweifellos »diejenigen Maßnahmen, deren Auswirkungen das Entschädigungsgesetz als anspruchsberechtigt bezeichnet, noch in weit brutalerer Weise ergreifen, als es die NSDAP getan hat; denn beide Parteien sind des gleichen Geistes Kinder«.[32]

Das Berliner Kammergericht sah es ähnlich und behauptete, die Motive kommunistischer Widerstandskämpfer hätten sich nicht »aus bewährter, anzuerkennender lauterer Grundeinstellung« gespeist. Es sei ihnen nicht darum gegangen, das totalitäre System als solches zu bekämpfen, sondern lediglich durch ein anderes zu ersetzen.[33]

Indem man kommunistischen Hitler-Gegnern die Legitimität ihres Handelns absprach, bezweifelte man zugleich ihre Vertrauenswürdigkeit in der Gegenwart. Entschädigung und Anerkennung von Opfern des Nationalsozialismus wurden so auf fatale Weise in den Dienst politischer Auseinandersetzungen gestellt. Zwar mahnte der Bundesgerichtshof 1955, die Gewaltherrschaft, auf die sich ein Gericht bei der Ablehnung eines Antrags berufe, müsse tatsächlich zustande gekommen sein, und der Betroffene müsse außerdem mehr dafür getan haben, als bloßes Parteimitglied zu sein. An der Staatsfeindlichkeit, die Kommunistinnen und Kommunisten unterstellt wurde, rüttelte jedoch auch der BGH nicht.[34] Zu dieser Zeit setzte er sich zu 79 Prozent aus ehemaligen NS-Richtern zusammen.[35]

Die gesinnungspolitische Entschädigungspraxis wirft ein Schlaglicht auf die Mechanismen der gesellschaftlichen Abwehr und Verdrängung: Wer glauben wollte, dass der Nationalsozialismus, abgesehen vom bedauerlicherweise etwas zu massiv ausgefallenen Antisemitismus, im Großen und Ganzen in Ordnung gewesen sei, fand hier die Bestätigung. Auch diejenigen, die im Russlandfeldzug den Bolschewismus bekämpft hatten, durften sich nachträglich entlastet fühlen – das Böse kam schließlich weiterhin aus dem Osten. Der »Abwehrkampf« war damals so legitim wie heute, an den Frontlinien hatte sich nichts verändert.

Bundespräsident Heuss wagt die erste Würdigung

Zehn Jahre nach dem gescheiterten Staatsstreich vom 20. Juli 1944 war die Bundesrepublik immer noch nicht bereit, sich offiziell zum Widerstand zu bekennen. Seit der von den Alliierten erzwungenen Ehrenerklärung, für die Adenauer Minister Jakob Kaiser vorgeschoben hatte, war von Regierungsseite zu diesem Thema nichts mehr zu hören gewesen. Im Mai 1954 nahm Erich Kästner das Schweigen zum Anlass für eine wütende Rede in den Münchner Kammerspielen: Die Frauen und Männer des Widerstands hätten mit ihrem Gewissen, »das zwischen Gehorsam und Verantwortung schwankte, um den Sieg des sittlicheren Wertes« gekämpft. Sie hätten den »physischen und moralischen Untergang« Deutschlands verhindern wollen und seien »im Namen des Volkes« dafür »gequält und ermordet« worden. Als »der Albtraum vorüber war«, wäre es darum »nur selbstverständlich gewesen, diese Nothelfer des deutschen Wesens gegen das deutsche Unwesen« zu Vorbildern für die Jugend zu machen, sagte Kästner. »Hier wäre Heldenverehrung ›zukunftspolitisch wertvoll‹« gewesen. Doch diese Art Helden sei nicht erwünscht beim »Marsch in die Vergangenheit, die unsere Politiker mit der Zukunft verwechseln«. Für diesen Marsch brauche man keine »Wegweiser« – »Pflichterfüllung bis zur überletzten Minute« gehöre ohnehin zum »deutschen ABC«.[36]

Von einer Kanonisierung, wie Kästner sie forderte, konnte tatsächlich keine Rede sein. Adenauer hielt sich – ganz im Gegensatz zu seinem Engagement für die inhaftierten Kriegsverbrecher oder seinen deutlichen Worten an die ehemaligen Angehörigen der Wehrmacht – beim Thema Widerstand auffallend bedeckt. Selbst sein Parteikollege, Bundestagspräsident Eugen Gerstenmaier, war bei ihm mit der Bitte, sich öffentlich zum »anderen

Deutschland« zu bekennen, bereits mehrfach auf taube Ohren gestoßen. Gerstenmaier hatte als Mitglied des Kreisauer Kreises zu den Verschwörern des 20. Juli gehört,[37] war beim Kanzler aber ebenso wenig durchgedrungen wie andere Überlebende und Angehörige. Auch von den Plänen des Berliner Senats für eine »repräsentative Saalveranstaltung« zum zehnten Jahrestag hatte Adenauer nichts wissen wollen. Erst recht wollte er nicht die »hochgestellte politische Persönlichkeit« sein, die dort eine Rede halten sollte.[38]

Noch im Juni 1954 wies er Gerstenmaiers Vorschlag ab, die Gedenkfeier zu einem Staatsakt vor der Bundesversammlung zu machen, die am 17. Juli ohnehin zur Wahl des Bundespräsidenten zusammenkommen würde. Gerstenmaier hatte argumentiert, der Umsturzversuch sei kein lokales Ereignis gewesen, das Gedenken könne darum nicht allein die Sache Berlins sein. Indem sich die Regierung mit einer offiziellen Würdigung des Widerstands zum »anderen Deutschland« bekenne, würde die Bundesrepublik im Ausland an Vertrauen und Ansehen gewinnen.[39] Doch der Kanzler ließ sich nicht umstimmen, und auch das Kabinett sprach sich gegen den Vorschlag aus.[40]

Dass der zehnte Jahrestag trotzdem zum Meilenstein wurde, ist Bundespräsident Heuss zu verdanken. Er war zwei Tage zuvor im Amt bestätigt worden und schon lange entschlossen gewesen, »eine bedeutsame politische Rede« zu halten. Mit dem Berliner Senat hatte er vereinbart, das im Rahmen der bevorstehenden Gedenkfeier zu tun, die am Abend des 19. Juli im Auditorium Maximum der Freien Universität stattfand. In letzter Minute war es Gerstenmaier noch gelungen, Adenauer zu überzeugen, die Feier im Namen der Bundesregierung ausrichten zu lassen und persönlich daran teilzunehmen.[41] Nachmittags gab der Senat für die Überlebenden und Hinterbliebenen einen feierlichen Empfang im Schlosshotel Gehrhus im Grunewald, zu dem auch

Heuss erschien. Die Post hatte zum Jahrestag eine eigene Briefmarke herausgebracht, auf der das Denkmal im Bendlerblock abgebildet war, und verteilte in einem mobilen Postamt Sonderstempel.[42] Und das Staatsoberhaupt der Bundesrepublik Deutschland würde eine Ansprache zum 20. Juli halten. Etwas schien in Bewegung gekommen zu sein.

Für die Familien der Widerständler, die immer wieder Abfälliges über ihre ermordeten Angehörigen lesen mussten und Anfeindungen erlebten, war diese erste offizielle Würdigung ein wichtiges Signal. Viele rechneten es Heuss hoch an, dass er es sich entgegen dem Protokoll ausdrücklich verbat, dass die Gäste bei seinem Erscheinen im Audimax aufstanden oder klatschten. Auch als Reporter ihn fotografieren wollten, winkte er energisch ab – die Aufmerksamkeit sollte ausschließlich den »Männern des 20. Juli« gehören.[43]

Heuss' Rede gilt bis heute als eine der bedeutendsten in der Rezeptionsgeschichte des 20. Juli 1944 und des Widerstands insgesamt. Und doch ist ihr anzumerken, dass selbst er aus der Defensive heraus sprach: Es konnte kein Loblied auf jene kleine Gruppe mutiger Menschen werden, die ihr Leben riskiert hatten, um das NS-Regime zu stürzen. Keine Kanonisierung, wie Kästner sie gefordert hatte, allenfalls ein hoffnungsvolles Plädoyer, ein Deutungsangebot für ein Volk, das von diesen Heldinnen und Helden nichts wissen wollte, weil sie es an seine eigenen Versäumnisse erinnerten. So stellte auch Heuss es so dar, als seien die Deutschen unverschuldet von einer nicht näher definierten, düsteren Gewalt heimgesucht wurden – »in einer Zeit, da die Ehrlosigkeit und der kleine, feige und darum brutale Machtsinn den deutschen Namen besudelt und verschmiert hatte«. Der 20. Juli sei der Versuch gewesen, »den Staat der mörderischen Bosheit zu entreißen«.[44]

Systematisch widerlegte Heuss alle Vorwürfe, die noch immer

gegen die Verschwörer vorgebracht wurden: Wie schon Fritz Bauer im Remer-Prozess zitierte er dafür Hitler, der in *Mein Kampf* selbst ein Recht auf Widerstand postuliert hatte, wenn durch die Regierungsgewalt »ein Volkstum dem Untergang entgegengeführt wird«. Der Vorwurf des Eidbruchs sei unberechtigt, argumentierte Heuss, da Hitler von den Soldaten in blasphemischer Weise verlangt habe, den Eid auf ihn persönlich abzulegen, und er der gegenseitigen Treueverpflichtung, die solch ein Eid bedeute, außerdem selbst nicht nachgekommen sei. Verrat könne man den Widerständlern ebenfalls nicht vorwerfen, denn »Hitlers Krieg gegen die Welt« sei 1944 bereits verloren gewesen.

Heuss war bewusst, dass sein umfassender Freispruch bei vielen die alten Abwehrreaktionen provozieren würde. Auch jenen, »die bis zur Schlusskatastrophe weiterkämpften«, sei kein Vorwurf zu machen, fügte er darum hinzu. Unter ihnen seien viele gewesen, »die den Nationalsozialismus hassten, aber hofften, dass ihr Kämpfen Deutschland« doch noch »vor dem Äußersten« retten würde. »Und der gute Truppenoffizier dachte an seine Leute!«

Umfassende Absolution durch den Bundespräsidenten also. Schuldig fühlen musste sich eigentlich niemand. Und dank des »Opferganges« der Widerstandskämpfer vom 20. Juli 1944 noch nicht einmal schämen, denn: »Die Scham, in die Hitler uns Deutsche gezwungen hatte, wurde durch ihr Blut vom besudelten deutschen Namen wieder weggewischt.«

Wie viele Deutsche sich tatsächlich schämten, ist allerdings fraglich. Die meisten hatten ihre Scham wohl längst verdrängt und fühlten sich darum auch von Heuss' mahnendem Schlusssatz nicht angesprochen: »Das Vermächtnis ist noch in Wirksamkeit, die Verpflichtung noch nicht eingelöst.«[45]

Heuss wusste nur allzu gut, dass sich die Mehrheit der Deutschen um dieses Vermächtnis nicht scherte. Schon vor der Gedenkfeier hatten ihn Briefe von Bürgerinnen und Bürgern erreicht, die empört darüber waren, dass er seine erste große Rede als wiedergewähltes Staatsoberhaupt ausgerechnet zum 20. Juli halten wollte: Mit einer solchen Veranstaltung wolle das »deutsche Volk als Ganzes … nichts zu tun haben«, hieß es in einem der Briefe. In einem anderen, es sei ein »politisches Unglück«, dass durch den Bundespräsidenten nun »wieder alte Wunden aufgerissen« würden. Auch nach der Rede nahm der Strom der Protestschreiben nicht ab. Anfang August sah sich das Bundespräsidialamt gezwungen, eine Erklärung abzugeben, der zufolge Heuss als Privatmann gesprochen habe: Seine Ansprache sei als »menschliche Rede« zu verstehen, nicht als »bundespräsidentielle«. Die Kritiker besänftigte das nicht.[46]

»Selbst Heuss fühlte sich gezwungen, zu rechtfertigen, was eigentlich hätte gefeiert werden müssen«, schrieb der jüdische Historiker Fritz Stern resigniert.[47] Trotzdem war die Rede des Bundespräsidenten ein Wendepunkt, denn mit ihr begann die offizielle Anerkennung des 20. Juli 1944 auf großer Bühne – und seine politische Instrumentalisierung und Vereinnahmung für die unterschiedlichsten Zwecke. Aus Verrätern waren Helden geworden.

* * *

Die Erinnerung an den 20. Juli 1944 dürfe im deutschen Volk keine Kluft mehr aufreißen, sondern müsse zum Kristallisationspunkt für ein gemeinsames nationales Bewusstsein werden, hieß es 1954 in einer Presseerklärung des Innenministeriums.[48] Doch das Gegenteil war der Fall, denn auf beiden Seiten des immer eiserneren Vorhangs waren Politiker bereits dabei, die Geschichte so zu interpretieren, dass sie sich ins jeweilige ideologische Raster fügte: In Westdeutschland gewann das Hitler-Attentat vor allem als Abgrenzung zur DDR an Bedeutung. Das führte mit der Zeit zu einer Überhöhung und Verklärung des militärischen und national-konservativen Widerstands, der mit der Zeit zu einer Art Gründungsmythos der Bundesrepublik stilisiert wurde. Dabei blieben nicht nur die historische Wahrheit und die anderen Beteiligten des 20. Juli auf der Strecke, sondern auch jede andere Form der NS-Gegnerschaft.

Beim Ausblenden und Verklären standen sich Ost- und Westdeutschland allerdings in nichts nach, wie der Umgang mit der Vereinigung der Verfolgten des Naziregimes (VVN) zeigt: Die Organisation war 1947 mit dem Ziel gegründet worden, mit der »vereinten Kraft aller Überlebenden des aktiven Kampfes« die Geschichte des deutschen Widerstands zu schreiben. In ganz Deutschland hatten lokale Stellen dafür systematisch Unterlagen, Quellen und Überlieferungen zusammengetragen, um zu dokumentieren, wie vielfältig die Opposition gegen Hitler gewesen war, und Material für die Forschung zu sichern. Schon in den ersten Jahren widmeten sich die von Laien verfassten Publikationen der VVN vielen Fragestellungen, mit denen sich die Forschung erst Jahrzehnte später befassen würde.[49] Obwohl der Vereinigung viele Kommunisten angehörten, verstand sie sich als politisch übergeordnet.[50]

Mit dem pluralen Ansatz war es jedoch schnell vorbei, als die SED begann, sich in die Arbeit einzumischen, denn eine Widerstandsforschung, die außer Kommunisten auch andere Hitler-Gegner würdigte, gefährdete ihre Vormacht als Partei der angeblich einzig wahren Antifaschisten. Mehr und mehr wurde die VVN darum den Interessen der Partei unterworfen und 1953 schließlich ganz aufgelöst.[51]

Die universitäre Geschichtsforschung musste sich in der DDR ebenfalls den ideologischen Vorgaben anpassen und Ergebnisse liefern, die ins gewünschte Bild passten: Ein Beschluss des ZK der SED vom Herbst 1951 verdonnerte Historiker dazu, die »wissenschaftliche Ausarbeitung der deutschen Geschichte vom Standpunkt des Marxismus-Leninismus« aus vorzunehmen. 1955 legte das Politbüro noch einmal nach und verfügte, die Geschichtswissenschaft der DDR müsse sich der »Erforschung und Darstellung der revolutionären Traditionen der deutschen Arbeiterbewegung« widmen, insbesondere »der Partei der deutschen Arbeiterklasse«.[52] Gefordert war die selektive Suche nach Legitimationsquellen, keine objektive Forschung.[53]

Auf diese Weise entwickelte sich auch in der DDR eine »Zweiklassengesellschaft des Widerstands«, allerdings mit umgekehrten Vorzeichen: Maßstab zur Beurteilung von NS-Gegnern war deren Haltung zur Sowjetunion und zum Marxismus. Entsprechend wurden sie als »fortschrittlich« oder »reaktionär« eingestuft – ein Schema, das sich noch bis in die 80er-Jahre halten sollte.[54] Der 20. Juli 1944 galt als Aufstand einer reaktionären, imperialistischen und sowjetfeindlichen Elite, die angesichts der drohenden Kriegsniederlage versucht hatte, ihre Haut zu retten. Der Putsch sei gescheitert, weil den Beteiligten die Verbindung zum Volk gefehlt habe;[55] manche Autoren sprachen sogar von »Volksfeindlichkeit«.[56] Auch den bürgerlichen Regimegegnern sei es lediglich darum gegangen, die alte Ordnung zu bewahren und die Arbeiterschaft am unteren Ende der sozialen Leiter zu halten.[57]

Dieser Deutung des Widerstands als Klassenkampf lag die stalinistische Faschismustheorie nach Georgi Dimitroff zugrunde, die von der Kommunistischen Internationalen schon 1933 zur offiziellen Doktrin erhoben worden war. Sie beschreibt den Faschismus als eine Ausprägung des Kapitalismus.[58] Widerständiges Verhalten in der Diktatur ließ sich mit ihr nur unzureichend erklären. Viele Beteiligte und Entwicklungen blieben in der DDR darum lange ausgeblendet, als hätte es sie nie gegeben: die frühe Militäropposition und die sogenannte Septemberverschwörung von 1937/38 etwa oder die personellen Verschiebungen innerhalb der Widerstandskreise. Und wer »nicht gekämpft« hatte, wie es hieß, fiel fast automatisch durchs Raster, was wiederum viele Opfergruppen vom Gedenken ausschloss oder auf die Opferrolle reduzierte, was insbesondere die Juden betraf.[59]

Während sich westdeutsche Historiker und Historikerinnen über Definitionen hinwegsetzten und im Laufe der Zeit immer wieder Ergebnisse zutage förderten, die das politisch oder gesellschaftlich gewünschte Bild des Widerstands infrage stellten, blieb die historische Forschung der DDR jahrzehntelang im Systemgegensatz gefangen und reproduzierte die immer gleichen, politisch gewollten Schlussfolgerungen.[60] Mehr noch als in der BRD war die Beschäftigung mit der Geschichte vor allem auf die Gegenwart fokussiert, denn in erster Linie ging es darum, die Politik der »braunen« Bundesrepublik als »reaktionär« und »antisowjetisch« zu brandmarken und den Mythos der DDR als Hort des Antifaschismus zu nähren.[61]

Durch die Diskreditierung des konservativen und bürgerlichen Widerstands hoffte die SED, dessen Erbe und den Einfluss dieser Strömungen auf die DDR-Gesellschaft zu schwächen. Schon vor der Staatsgründung hieß es daher aus dem ZK, die am 20. Juli beteiligten Sozialdemokraten seien an »profaschistisch-imperialistischen« Plänen beteiligt gewesen, Julius Leber habe als Agent im Dienst des US-amerikanischen Imperialismus gestanden.[62]

Je mehr die Bundesrepublik den 20. Juli 1944 für sich beanspruchte und zur eigenen Vorgeschichte erklärte, desto polemischer wurde die Kritik der DDR an den Beteiligten. Doch nicht nur im Osten empfanden es viele Überlebende als Provokation, dass sich die einstigen Eliten des »Dritten Reichs« in der BRD rehabilitiert fühlen konnten, während der frühe Widerstand der Linken, namentlich der Kommunisten, diffamiert und an den Rand gedrängt wurde. Greta Kuckhoff, die zur Roten Kapelle gehört und nur mit Glück überlebt hatte,[63] warnte schon 1947, dass durch die Konzentration auf das Attentat all jene in Vergessenheit gerieten, »die sich nicht erst dann für den Widerstand entschieden, nachdem Hitlers Pläne in einen erfolglosen Krieg geführt hatten«.[64]

Die Kritik war berechtigt, doch der Kalte Krieg verhinderte eine differenzierte Betrachtung: Je mehr sich die Fronten in der Gegenwart verhärteten, desto rigider hielten beide Seiten an ihrer jeweiligen Deutung der Vergangenheit fest. Als hätten die Widerständler nicht nur gegen die Nationalsozialisten, sondern zugleich für einen der beiden Teilstaaten gekämpft, mussten sie nun dafür herhalten, den Gegner zu diskreditieren und das eigene System zum Sieger der Geschichte zu erklären.

»Einmal Verräter, immer Verräter« – der Skandal um Otto John

Mit den Toten war das allerdings leichter zu bewerkstelligen als mit den Überlebenden, denn diese konnten sich der Vereinnahmung entziehen. Einer von ihnen – Otto John – wurde zum Mittelpunkt eines der größten Politskandale der Nachkriegszeit, als er am Abend des 20. Juli 1954 verschwand, zwei Tage später in Ostberlin wieder auftauchte und öffentlich zur Fundamentalkritik an der Bundesregierung ausholte: Unter Adenauer sei die Deutschlandpolitik »in eine Sackgasse geraten«,[65] und das Land laufe Gefahr, »durch die Auseinandersetzung zwischen Ost und West auf ewig zerrissen zu werden«. Er habe sich deshalb am Jahrestag des 20. Juli entschlossen, »Verbindung mit den Deutschen im Osten« aufzunehmen.[66]

Für die Bundesregierung war die Angelegenheit mehr als peinlich, denn John war nicht irgendwer, sondern der Präsident des Verfassungsschutzes. Wie sein Bruder Hans war er intensiv an den Vorbereitungen für den Umsturzversuch beteiligt gewesen, hatte aber im letzten Moment nach England fliehen können. Sein Bruder wurde verhaftet, vom Volksgerichtshof zum Tode verurteilt und im April 1945 von einem SS-Sonderkommando hingerichtet.[67]

Wie viele überlebende Regimegegner hatte sich Otto John nach dem Krieg am Aufbau eines demokratischen Deutschlands beteiligen wollen. Nach seiner Rückkehr aus dem Exil machten ihn die Briten 1950 zum Leiter des neu geschaffenen Bundesamtes für Verfassungsschutz (BfV), das ein Gegengewicht zum US-gesteuerten Nachrichtendienst »Organisation Gehlen« darstellen sollte. An deren Spitze stand schon seit 1946 Generalmajor a. D. Reinhard Gehlen, der im Gegensatz zu John das Vertrauen Adenauers und seines engsten Mitarbeiters Hans Globke genoss. Bei der Wehrmacht war Gehlen Leiter der »Abteilung Fremde Heere Ost« gewesen und als solcher zuständig für die Feindaufklärung mit allen Mitteln. Weil mit den Amerikanern bereits vereinbart worden war, sein Amt zum zentralen Nachrichtendienst der BRD auszubauen, sah Gehlen in John einen Konkurrenten, den es zu bekämpfen galt. Auch Adenauer wäre es lieber gewesen, den Inlandsgeheimdienst ebenfalls Gehlen anzuvertrauen. »Ich mag den Mann nicht«, soll er über John gesagt haben.[68]

Aus Sicht des Kanzlers war John tatsächlich eine Nervensäge: Beharrlich prangerte er die Wiedereinstellung ehemaliger Nationalsozialisten an, warnte vor der damit verbundenen Gefahr für die noch nicht gefestigte Demokratie und kritisierte die Pläne zur Westintegration und Remilitarisierung,[69] die eine Wiedervereinigung Deutschlands auf absehbare Zeit unmöglich machen würden.[70] Als John 1950 die Leitung des BfV übernahm, ahnte er vermutlich schon, dass sich seine Hoffnung auf einen echten Neuanfang nicht erfüllen würde: In den Behörden saßen wieder die Verfolger und Schreibtischtäter von damals, und selbst in seinem eigenen Haus begegneten viele dem ehemaligen Widerstandskämpfer mit unverhohlener Ablehnung. Dass er den Briten beim Aufspüren und Verurteilen von NS-Tätern half, hatte ihm ebenfalls Feinde gemacht.[71] Besonders verübelte man ihm, dass er 1949 im Prozess gegen General Erich von Manstein als Zeuge der Anklage aufgetreten war.[72]

Als John 1950 seinen Dienst antrat, waren die personellen und inhaltlichen Weichen bereits gestellt, denn Gehlen war es gelungen, seinen engen Vertrauten Albert Radke als Vizepräsidenten des BfV durchzusetzen. Der hatte die Überwachung kommunistischer Gruppierungen und der KPD als eine der vordringlichsten Aufgaben der neuen Behörde definiert. Rechtsradikale und ihre Organisationen kamen in seiner Ausarbeitung nur am Rande vor.[73]

Das war kein Zufall: Radke war als ehemaliger Wehrmachtverbindungsoffizier zur Gestapo in der »Abwehr« an den Ermittlungen gegen die Verschwörer beteiligt gewesen. Als Vize des BfV verschaffte er nun ehemaligen Kameraden Jobs als »freie Mitarbeiter« und sorgte für steten Informationsfluss in Richtung Gehlen. Der war auf diese Weise über sämtliche Schritte des Inlandsgeheimdienstes auf dem Laufenden und konnte intervenieren, sobald es einem seiner Schützlinge an den Kragen zu gehen drohte – Alois Brunner zum Beispiel, die rechte Hand Adolf Eichmanns und wie dieser einer der meistgesuchten Naziverbrecher weltweit.

Brunner hatte als SS-Hauptsturmführer unter anderem in Frankreich persönlich jüdische Kinder aus ihren Verstecken geholt, die Deportation der gesamten jüdischen Gemeinde Thessalonikis in die Vernichtungslager geleitet und sich gebrüstet, Wien »judenrein« gemacht zu haben. Nach dem Krieg konnte er unter wechselnden Namen in der Bundesrepublik untertauchen. Als ihn 1954 französische Gerichte in Abwesenheit zum Tode verurteilten und er kurz vor der Enttarnung stand, half ihm Gehlen bei der Flucht nach Syrien.[74]

Das also war das Setting, mit dem Otto John es zu tun hatte – und der Hintergrund, vor dem die »Affäre John« nun ihren Lauf nahm, denn das war sie in den Augen der Regierung und der meisten Bundesbürger. Nicht das, was John zu sagen hatte, war der Skandal, sondern die Tatsache, dass er es von Ostberlin aus sagte. Denn wenn sich ausgerechnet Deutschlands oberster Verfassungsschützer freiwillig in die Arme des Feindes begab, schien klar zu sein, wer hier der Böse war. »Einmal Verräter, immer Verräter«, kommentierte Gehlen. Ein rechtes Blatt forderte, nach der Entnazifizierung müsse nun die »Entjohnifizierung« kommen.[75]

Adenauer demonstrierte Gelassenheit und lehnte es ab, die »dumme Angelegenheit« zum Anlass zu nehmen,[76] seinen Schwarzwaldurlaub zu unterbrechen,[77] und Innenminister Gerhard Schröder fuhr demonstrativ zu den Wagner-Festspielen nach Bayreuth.[78] In Wirklichkeit war Johns Schritt über die Zonengrenze für Bonn eine peinliche Niederlage im Kampf der Systeme. Hinter den Kulissen sprach Schröder von einer »Schlappe im Kalten Krieg« und der tiefsten Krise seit Bestehen der Bundesrepublik.[79]

John hatte den Finger tatsächlich in manche Wunde gelegt: Von der Wiedervereinigung als politischem Ziel hatte sich Adenauer insgeheim längst zugunsten der Westintegration verabschiedet, und eine Annäherung an die Sowjetunion kam schon deshalb nicht infrage, weil der Antikommunismus inzwischen das Rückgrat des westdeutschen Selbstverständnisses bildete. Dass John Ostberlin zum Schauplatz seiner Angriffe gegen die BRD wählte, war darum ein diplomatischer GAU, der sich auch innenpolitisch nicht schönreden ließ.[80] Da halfen nur Abwiegeln und Rückkehr zur Tagesordnung: Der »Übergang« des BfV-Präsidenten sei »erschreckend«, gab Adenauer am 6. August schließlich zu, er versichere aber, »dass der Schaden, den er anrichten kann, nicht so groß ist, wie es sich mancher zunächst gedacht hat«.[81]

Tatsächlich hatte John der Bundesrepublik gar nicht schaden wollen. Und anders als es den Anschein hatte, war es auch nicht seine Absicht gewesen, zu den östlichen Geheimdiensten überzulaufen. Er hatte vielmehr gehofft – wie damals, als Auslandsunterhändler der Verschwörer –, über inoffizielle Gesprächskanäle Einfluss auf die politische Entwicklung nehmen zu können.[82] Es sei die Erinnerung an seine letzte Begegnung mit Julius Leber gewesen, die ihn zu seinem Entschluss gebracht habe, schrieb John einem Freund: Für Leber sei es selbstverständlich gewesen, »dass nach der Beseitigung Hitlers eine ›Entnazifizierung‹« kommen müsse und »ebenso selbstverständlich«, dass auch die Kommunisten in den »Wiederaufbau eines neuen Deutschlands« einbezogen werden müssten. Dass Leber bei der Kontaktaufnahme mit den KP-Führern am 22. Juni 1944 auf einen Gestapospitzel getroffen war, sei »eine erschütternde Tragödie«, die »politische Absicht, die er damit verfolgte«, sei aber richtig gewesen.[83]

Nur waren die Fronten inzwischen längst verhärtet und Johns riskante Entscheidung politisch zumindest naiv. Für ihn selbst sollte sie sich als verheerender Fehler erweisen. Während die westlichen Geheimdienste noch rätselten, was von dem Vorfall zu halten war, hatte die Staats- und Parteiführung der DDR bereits begonnen, propagandistisches Kapital aus der Sache zu schlagen. Schon Johns erste Rundfunkerklärung hatte zwar dem Sinn nach seiner Haltung entsprochen, war ihm aber Wort für Wort vom KGB in die Feder diktiert worden.[84] In den folgenden Wochen absolvierte John nun unter ständiger Bewachung Dutzende von Auftritten als »Wanderprediger der Wiedervereinigung«, wie er es selbst nannte, bevor man ihn für mehrere Monate zu Verhören in die UdSSR flog.

In der Bundesrepublik bahne sich eine »Wiederbelebung des Nationalsozialismus« an, erklärte John auf einem dieser Termine vor 300 Journalisten aus dem In- und Ausland. Politik und Behörden seien von ehemaligen Parteigenossen durchsetzt, wer im Widerstand gewesen sei, werde diffamiert. Im Verteidigungsministerium, dem Geheimdienst und beim Verfassungsschutz seien SS-Führer und andere ehemalige Nationalsozialisten beschäftigt, »die über deutsche Widerstandskämpfer zu Gericht gesessen« oder diese umgebracht hätten.[85] Ihm selbst sei die »Grundlage für eine politische Aktivität« entzogen worden, nachdem er in seinem Amt von den sich überall »wieder regenden Nazis angeprangert« worden sei. Mit seinem »demonstrativen Schritt nach Osten« habe er darauf aufmerksam machen und seine westdeutschen Mitbürger auffordern wollen, sich von alten Feindbildern zu lösen. Indem er sich »mitten in diese gefürchtete bolschewistische Welt« begeben habe, hoffe er, ihnen zeigen zu können, »dass man auch mit dem Osten zusammenleben kann«.[86]

Im Westen wollte das allerdings kaum jemand wissen: Eine Umfrage im August 1954 ergab, dass nicht einmal die Hälfte derjenigen, die überhaupt von Johns Verschwinden wussten, den Kern seiner Äußerungen wiedergeben konnten. Dass wieder ehemalige Nationalsozialisten in der Regierung sitzen, kümmere allenfalls noch die SPD und ein paar Idealisten, analysierte die amerikanische Hochkommission. Heiß diskutiert wurden lediglich Johns Seitenwechsel und dessen mögliche Folgen – was er zu sagen hatte, ließ die meisten Bundesbürger kalt.[87]

Die Westalliierten hielten von Johns Vorstoß ebenfalls wenig. Die Amerikaner fürchteten, die Affäre könne die Rechten stärken, und bei den Briten sah man die junge Demokratie nicht durch ehemaliges NS-Personal in Gefahr, sondern durch Leute wie John, die darauf hinwiesen. Die weltpolitische Lage hatte die Einbindung der Bundesrepublik ins westliche Lager – als Partnerin und Militärstützpunkt – vordringlicher gemacht als die weitere politische Säuberung. Warum solle man verschweigen, hieß es in einem internen Vermerk der Deutschlandabteilung im britischen Außenministerium, »weshalb wir es für wenig wünschenswert halten, dass die Asche der Vergangenheit durchwühlt wird«. Es gehe schließlich um die »Wiedergeburt eines freien Deutschlands auf demokratischer Grundlage«, und die müsse »gegen den wachsenden Chor von Nazi-Jägern und Miesmachern« durchgesetzt werden.[88]

Auch im »Hilfswerk 20. Juli 1944« waren viele entsetzt über John. Für die Leiterin Renate Gräfin von Hardenberg war die Affäre »so unverständlich und katastrophal wie ein böser Traum«. Einige Mitglieder verlangten eine öffentliche Distanzierung von John, um weiteren Schaden abzuwenden. Im Kuratorium kam man jedoch überein, darauf zu verzichten: John habe sich »durch seinen Übergang in das Lager eines autoritären Regimes selber gerichtet«, schrieb Ernst Wirmer. Die »anständigen Leute … des 20. Juli 1944 bleiben anständig, auch wenn einer von ihnen fehlt«.[89]

John muss schnell klar geworden sein, dass er einen Fehler gemacht hatte. Obwohl die Umstände seines Übertritts bis heute mysteriös sind und John später behauptete, entführt worden zu sein, spricht alles dafür, dass er freiwillig in die DDR ging – aber nicht freiwillig blieb. Als ihm klar wurde, dass er politisch auch im Osten nichts ausrichten konnte, sondern nur vor den Karren der Partei gespannt wurde, war es schon zu spät, denn für Ostberlin und Moskau war der prominente Westdeutsche, der ihnen so unverhofft ins Netz gegangen war, zu wertvoll, um ihn einfach wieder laufen zu lassen. In der BRD aber drohte ihm die Verhaftung wegen Landesverrats[90] – John saß zwischen den Fronten des Kalten Krieges in der Falle.

Mithilfe eines dänischen Journalisten, der ihn über die Sektorengrenze schmuggelte, wagte John am 12. Dezember 1955 trotzdem die Flucht zurück in den Westen. Kurz darauf wurde er verhaftet, kam in Untersuchungshaft und wurde nach monatelangen Ermittlungen Ende Dezember 1956 vom Bundesgerichtshof wegen »landesverräterischer Konspiration« zu vier Jahren Gefängnis verurteilt.[91]

Oberbundesanwalt Max Güde hatte zu Beginn des Prozesses zugegeben, dass man kaum etwas gegen John in der Hand habe.[92] Die Anklage hatte sich darum mit Mutmaßungen über Johns Charakter, seine angebliche Unreife, Feigheit und fehlende Männlichkeit beholfen. Die Tatsache, dass Johns Ehefrau zehn Jahre älter war als er, wurde durch einen psychologischen Gutachter als Beleg dafür gewertet, dass John entweder eine Mutterfigur suche oder homosexuell sei, wie gerüchteweise schon früher gemunkelt worden war.[93]

In der Anklageschrift hieß es, mit seiner Aussage, in der Bundesrepublik drohe eine Renazifizierung, habe John allein seiner Eitelkeit dienen wollen und außerdem »eine sowjetische Propagandathese vertreten«. Er neige grundsätzlich dazu, »jeden als ›Nazi‹ anzusehen, der nicht dem Widerstand angehört« habe.[94] In seinem fünfstündigen Plädoyer sprach Oberbundesanwalt Güde John sogar das Recht ab, sich in die Reihen des 20. Juli 1944 zu stellen: »Vor den Toten des 20. Juli sage ich: ›Welche Ehre, zu den Gehenkten zu gehören und nicht zu den Henkern.‹« Die Überlebenden aber sollten sich »der Tat nicht rühmen«, dozierte Güde. »Die Ehre einer so äußerst verzweifelten Tat gebührt nur den Toten.« Seinen Antrag auf zwei Jahre Gefängnis verband er mit einem Appell an die »Großzügigkeit des Gerichts«.[95]

Damit war aber nicht zu rechnen: Sämtliche Staatsanwälte und Richter, die sich seit 1954 mit dem Fall John befasst hatten, waren schon während der NS-Zeit als Juristen tätig und mit wenigen Ausnahmen Parteimitglieder gewesen. Das galt auch für die Richter des Dritten Senats des BGH, die den ehemaligen Verfassungsschützer am 22. Dezember 1956 zu vier Jahren Haft verurteilten und die harte Strafe damit begründeten, man könne nicht die Kleinen hängen und die Großen laufen lassen.[96] Bezeichnenderweise erwähnten sie in der Urteilsbegründung ausdrücklich Johns Beteiligung am Prozess gegen General Manstein.[97]

John kam also hinter Gitter. Zwar erließ ihm Bundespräsident Heuss später einen Teil der Haftzeit, rehabilitiert wurde John aber nie. Bis zu seinem Tod kämpfte er vergeblich um die Wiederaufnahme seines Verfahrens.[98] Er starb 1991 als verurteilter Landesverräter.

Im selben Jahr, in dem der BGH Johns Schicksal entschied, rehabilitierte er die Mörder von Dietrich Bonhoeffer, Hans Oster, Wilhelm Canaris und Hans von Dohnanyi: Nach dem Freispruch des NS-Juristen Walter Huppenkothen und seines Mitangeklagten Otto Thorbeck 1952 war die Staatsanwaltschaft München in Revision gegangen, hatte im zweiten Verfahren zunächst eine Verurteilung erreicht, gegen die aber dann die Angeklagten Widerspruch vor dem BGH eingelegt hatten. Der sprach 1956 Thorbeck schließlich endgültig frei. Huppenkothen wurde zwar verurteilt, jedoch nicht wegen Beihilfe zum Mord, sondern aus formalen Gründen: Er habe es versäumt, sich die Todesurteile vor der Vollstreckung vom obersten Gerichtsherrn genehmigen zu lassen, lautete die höchstrichterliche Begründung. Die »Erhängung in völlig entkleidetem Zustand« stelle außerdem eine Verletzung der Menschenwürde dar. Gegen die Urteile selbst aber sei nichts einzuwenden: »In einem Kampf um Sein oder Nichtsein sind bei allen Völkern von jeher strenge Gesetze zum Staatsschutz erlassen worden.«[99]

Mit Wehrmachtsgenerälen zur neuen Armee

Die Bundesrepublik war zu diesem Zeitpunkt seit anderthalb Jahren ein souveräner Staat, der sich als alleiniger Rechtsnachfolger des Deutschen Reiches verstand. Die KPD war vom Bundesverfassungsgericht verboten worden, die Einbindung in das westliche Verteidigungsbündnis seit dem Beitritt zur NATO am 6. Mai 1955 perfekt. Die Debatte über den in der Bevölkerung lange umstrittenen deutschen »Wehrbeitrag« konnte Adenauer damit als abgeschlossen betrachten. Im November 1955 hatten die ersten Soldaten der Bundeswehr ihre Ernennungsurkunden erhalten[100], im Juli 1956 beschloss der Bundestag die allgemeine Wehrpflicht.[101] Dass die geforderten zwölf Divisionen mit insgesamt 500 000 Mann nicht aufgestellt werden konnten, ohne auf die ehemaligen Wehrmachtssoldaten zurückzugreifen, war logisch und allgemein anerkannt. Bedenken hinsichtlich der Übernahme des einstigen Führungspersonals wurden von Adenauer beiseitegewischt: Auf die Frage eines Journalisten, ob die Armee der Bundesrepublik etwa vom ehemaligen Offizierskorps Adolf Hitlers geführt werden solle, antwortete Adenauer, er glaube nicht, dass er der NATO 18-jährige Generäle anbieten könne.[102]

Damit es dennoch ein Neuanfang werden konnte mit einer Armee, die nun der Demokratie verpflichtet war, hatte der Kanzler schon 1950 Männer aus dem Umkreis des Widerstands auf entscheidende Posten geholt, um die Wiederbewaffnung vorzubereiten: Sein Sicherheitsberater, Gerhard von Schwerin, war in die Pläne vom 20. Juli eingeweiht gewesen; Axel von dem Bussche hatte sich als Selbstmordattentäter zur Verfügung gestellt; Wolf Graf von Baudissin war ein Vertrauter Henning von Tresckows gewesen; Joachim Oster war der Sohn des ermordeten

Hans Oster.[103] Mit diesen Männern sollten die zukünftigen Streitkräfte auch inhaltlich eine neue Prägung bekommen, was bereits in ihrer ersten programmatischen Denkschrift, der »Himmeroder Erklärung«, zum Ausdruck kam: Ziel sei es, »ohne Anlehnung an die Formen der alten Wehrmacht … grundlegend Neues zu schaffen«.[104]

Grundlegend neu war vor allem das von Baudissin entwickelte Konzept der »Inneren Führung«, das selbstverantwortliches Denken an die Stelle blinden Gehorsams setzte und sich dabei ausdrücklich auf die Männer um Stauffenberg bezog. Diese waren aber, wie Umfragen immer wieder aufs Neue zeigten, als angebliche »Eidbrecher« gerade unter ehemaligen Soldaten und Offizieren nicht wohlgelitten. Beim Aufbau der Bundeswehr mussten einerseits die einstigen Wehrmachtsangehörigen für die neu ausgerichtete Armee gewonnen werden, andererseits jedoch musste es einen glaubhaften Bruch mit dem »Dritten Reich« geben, der auch im Ausland als solcher wahrgenommen wurde. Wie schwierig das sein würde, vor allem aber, wie sehr sich die öffentlichen Bekenntnisse von den Vorgängen hinter den Kulissen unterschieden, zeigt die Entlassung Gerhard von Schwerins im Oktober 1950, der Opfer einer Intrige von Offizieren um Reinhard Gehlen wurde, die ihn gezielt diffamiert hatten.[105]

Schwerin ging danach als Berater und Agent zur CIA und warnte im Mai 1951 den SPD-Vorsitzenden Kurt Schumacher über einen Mittelsmann, dass die »Organisation Gehlen«, der Vorgänger des BND, daran arbeite, mögliche Konkurrenten »abzuschießen«. Die Männer des 20. Juli treffe dabei »ein besonderer Hass«. Der CIA berichtete er etwas später, dass Gehlen auch bei der Besetzung von Posten im »Amt Blank«, des späteren Verteidigungsministeriums, seine Finger im Spiel hatte und beispielsweise die Einstellung des ehemaligen Widerstandskämpfers Rudolf-Christoph Freiherr von Gersdorff verhinderte, um einen seiner Offiziere in die »Schlüsselstellung zu bringen«, für die Gersdorff kandidiert hatte.[106]

Offiziell aber und nicht zuletzt mit Blick auf die Wirkung im Ausland galt der 20. Juli 1944 als Richtschnur. Das wurde vor allem durch das Einsetzen eines Gutachterausschusses unterstrichen, der auf Beschluss von Regierung und Parlament ab 1955[107] Offiziersanwärter auf ihre politische und persönliche Eignung überprüfte. Zu dem unabhängigen Gremium gehörten mit Annedore Leber, Fabian von Schlabrendorff und Philipp von Boeselager drei Personen aus dem engsten Umfeld der Verschwörer.[108] Im standardisierten Testverfahren wurde explizit nach der Einstellung zum Widerstand gefragt: »Wie würden Sie den 20. Juli erklären?«, lautete Frage Nummer 26. Je nachdem, wie die Antwort ausfiel, sollte sie Auskunft geben über die Fähigkeit des Bewerbers zum selbstständigen Denken und dem Erfassen des Wesentlichen, sein Verantwortungsbewusstsein, seine Zivilcourage oder eben im Gegenteil seine Minderwertigkeitsgefühle und Ressentiments.[109]

Wie nicht anders zu erwarten, schieden sich an diesem Teil des Aufnahmeverfahrens die Geister. Schnell machten Gerüchte die Runde, wonach Frage 26 die entscheidende Hürde für die Einstellung in die neuen Streitkräfte sei; entsprechend gingen Vorlagen für vermeintlich richtige Antworten von Hand zu Hand. In der Praxis hatte die Frage zwar nicht ganz das Gewicht, das ihr zugeschrieben wurde, trotzdem galt die Bewertung des 20. Juli als wichtiger Gradmesser für die Demokratietreue.[110]

1956 wurde die einstige Allgäuer »Ordensburg Sonthofen«, ehemals Kaderschmiede der NSDAP, in »Generaloberst-Beck-Kaserne« umbenannt und zum Schulungszentrum für die Bundeswehr ausgebaut. Schon beim ersten Lehrgang für höhere Offiziere stand der Vortrag »Der Soldat und der 20. Juli« auf dem Stundenplan. Der dozierende Major wollte jedoch nicht auf eine

Relativierung verzichten und beendete sein Referat mit dem Hinweis, dass man einem Soldaten von heute das Urteil über die Männer des 20. Juli nicht vorschreiben könne.[111]

Ähnlich ambivalent hielten es die Führung der Bundeswehr und das Verteidigungsministerium, indem sie den 20. Juli 1944 zum Traditionsinhalt machten, ohne dessen Akteure zu Vorbildern zu erklären. Hintergrund dieses Balanceakts war zum einen das Bemühen, es sich nicht mit jener Mehrheit zu vergraulen, die dem NS-Regime bis zuletzt loyal gedient hatte, zum anderen die Sorge, der Gehorsam der Soldaten könne darunter leiden, wenn der militärische Widerstand allzu offensiv geehrt würde. So trat die Bundeswehr ihren Dienst 1955 ohne verbindliche Traditionsrichtlinie an, was in den folgenden Jahren zu einem Wildwuchs unterschiedlicher Haltungen führen sollte.[112]

Noch 1958 weigerte sich Bundesverteidigungsminister Franz Josef Strauß (CSU), an der Gedenkfeier zum 20. Juli teilzunehmen, und schob Generalinspekteur Adolf Heusinger vor, der aber selbst zunächst zögerte. Schließlich rang sich das Ministerium in letzter Minute doch noch dazu durch, im Hof des Bendlerblocks einen Kranz der Bundeswehr niederlegen zu lassen. Ein weiterer sollte die ermordeten Offiziere »im Namen der ehemaligen Kameraden« ehren, die Schleife beschriftet mit »Gott – Ehre – Vaterland«. Das Geleitwort sprach Gerhard von Schwerin, der inzwischen sicherheitspolitischer Berater der FDP geworden war:[113] Die Offiziere um Stauffenberg hätten »die Ehre des deutschen Soldaten und des deutschen Volkes« wiederherstellen wollen, »die von Hitler und seinen Leuten in den Schmutz gezerrt war«, erklärte er. »Sie machten im Bewusstsein höchster Verantwortung vor Gott und den Menschen den Versuch, das Vaterland zu retten.«[114]

Dass ihre Männer und Väter zum ersten Mal auf diese Weise eine offizielle Würdigung des Militärs erfuhren, war für die

Hinterbliebenen ein besonders bewegendes Zeichen. Die Witwe von Friedrich Olbricht hatte Tränen in den Augen, als sie sich dafür bedankte; vielen anderen ging es wie ihr. Beim anschließenden Empfang bekräftigte Berlins Regierender Bürgermeister Willy Brandt die Worte Schwerins und richtete den Gästen die Grüße von General Hans Speidel aus, der die Verhandlungen über den NATO-Beitritt geführt hatte und jetzt die Eingliederung der Bundeswehr in das westliche Verteidigungsbündnis vorantrieb. Für die Anerkennung der Widerständler vom 20. Juli standen die Zeichen also auf Zeitenwende – und ausgerechnet von der neuen Armee gingen entscheidende Impulse dafür aus.[115]

Ein Jahr später formulierte Generalinspekteur Heusinger für die Bundeswehr die erste offizielle Würdigung der Widerstandskämpfer des 20. Juli 1944. Er hatte bei der Explosion in der Lagebaracke der »Wolfsschanze« direkt neben Hitler gestanden und war verletzt worden, nun ehrte er die Attentäter mit einem Tagesbefehl: »Die tragische Wahrscheinlichkeit des Scheiterns vor Augen, entschlossen sich freiheitlich gesinnte Kräfte aus allen Lagern, in vorderster Front Männer aus den Reihen der Soldaten, zum Sturz des Tyrannen«, hieß es darin. »Wir Soldaten der Bundeswehr stehen in Ehrfurcht vor dem Opfer dieser Männer … Sie sind die vornehmsten Zeugen gegen die Kollektivschuld des deutschen Volkes. Ihr Geist und ihre Haltung sind uns Vorbild.«[116]

Bis dieses Bekenntnis in der Bundeswehr auf breiter Basis anerkannt wurde, sollten noch viele Jahre vergehen – der Konflikt um die Eidfrage war längst nicht beigelegt. Offiziell aber hatte man sich festgelegt: Stauffenberg und seine Mitstreiter waren keine Verräter mehr, sondern Vorbilder, deren Handlungsweise der Truppe von nun an als Ideale vermittelt werden sollte.

3. Vergessene Anfänge (1933–1938)

Die Nation im Taumel, die Gegner im KZ

Viele Jahre vor dem 20. Juli 1944, noch bevor Adolf Hitler Reichskanzler wurde, machten der sozialdemokratische Innenminister von Hessen, Wilhelm Leuschner, und sein Pressechef Carlo Mierendorff Dokumente öffentlich, die voraussagten, was zwei Jahre später Wirklichkeit werden sollte. Sie waren im Sommer 1931 bei einer Hausdurchsuchung auf dem Boxheimer Hof bei Bürstadt gefunden worden und stammten aus der Feder des NSDAP-Funktionärs Werner Best, der nach 1933 bei der Gründung der Gestapo und dem Aufbau des Reichssicherheitshauptamtes (RSHA) eine entscheidende Rolle spielen sollte. Aus ihnen ging hervor, dass sich die Nationalsozialisten auf einen Putsch vorbereiteten: Sie enthielten detaillierte Pläne, wie der Rechtsstaat nach der Machtübernahme außer Kraft gesetzt, politische Gegner in Konzentrationslager gesperrt und mit legalisierten Mordaktionen aus dem Weg geschafft werden sollten.[1]

Doch der Versuch, die nationalsozialistische Bewegung zu entlarven, schlug fehl: Nach großer öffentlicher Empörung und ausführlichen Presseberichten verlor sich der Schrecken darüber bald schon wieder. Die NSDAP gab sich staatstragend, Regierung und Justizverwaltung wiegelten ab, und der Skandal, der ein Weckruf fürs ganze Land hatte sein sollen, verlief im Sande. Die stärker werdenden Nationalsozialisten aber vergaßen nicht, wem sie die Bloßstellung zu verdanken hatten.

Noch vor der tatsächlichen »Machtergreifung« erhielt Leuschner von einem NSDAP-Parteigenossen die Ankündigung für seine standrechtliche Erschießung: »Die Messer sind bereit zum Schlachtfest.«[2] Auch Mierendorff wusste, dass er sich den Zorn der Hakenkreuzler zugezogen hatte und ihn jederzeit ihre Rache treffen konnte. Trotzdem kehrte er im Frühjahr 1933 von einem Aufenthalt in der Schweiz nach Deutschland zurück, um mit anderen jungen Sozialdemokraten wie Julius Leber, Theodor Haubach, Kurt Schumacher oder Felix Fechenbach die Nazis weiter zu bekämpfen. »Wir können unsere Freunde dort nicht allein lassen«, sagte er zu Bekannten, die ihn zurückhalten wollten.[3]

Mittlerweile sagen diese Namen den meisten Deutschen nichts mehr, genau wie die der vielen anderen Menschen, die sich der nationalsozialistischen Bewegung gleich zu Beginn entgegengestellt und vor ihrer erbarmungslosen Brutalität gewarnt haben. Ihr Beispiel zeigt, dass es sehr wohl möglich war zu sehen, was vor sich ging. Der Nationalsozialismus hat sich zwar im Laufe der Zeit radikalisiert, aber dass es sich um eine menschenverachtende Ideologie handelte, war nie ein Geheimnis. Und selbst wer mit ihr die Hoffnung auf ein neues, besseres Deutschland verband, hätte schon in den ersten Monaten des Jahres 1933 sehen können, dass dieses neue Deutschland entschlossenen Schrittes buchstäblich über Leichen ging.

Fast alle Männer, die später zu den Helden des 20. Juli 1944 wurden, waren elf Jahre vorher noch bereit, darüber hinwegzusehen, oder betrachteten es, wie die Mehrheit ihrer Landsleute, als notwendige Maßnahme auf dem Weg zur »nationalen Wiedergeburt«. Doch Unterdrückung, Verfolgung und Terror begannen nicht erst mit dem Krieg oder den Deportationen – sie waren von Anfang an offenkundiger Teil des Systems. Als es noch möglich gewesen wäre, ihm Einhalt zu gebieten, kam der Widerstand nicht von denen, die man später dafür rühmte, sondern von denen, deren Namen heute kaum noch jemand kennt, weil sie nicht in das Bild passten, das sich die Deutschen nach dem Krieg von sich selbst und von der Vergangenheit machen wollten.

Denn Hitlers früheste, entschiedenste Gegnerinnen und Gegner standen links: Frauen und Männer aus den Reihen der Kommunisten, Sozialisten, Sozialdemokraten und Gewerkschaften, die es nicht hinnehmen wollten, was mit ihrem Land geschah, jüdische ebenso wie nicht jüdische. Und sie kämpften, bis sie mundtot gemacht oder ermordet wurden.

Carlo Mierendorff war seit 1930 neben seiner Arbeit als Journalist auch Reichstagsabgeordneter der SPD. Am 24. März 1933 stimmte er zusammen mit seiner Fraktion gegen das Ermächtigungsgesetz. Hinterher wurde er von der SA durch die Straßen geschleift und verprügelt, konnte zunächst aber entkommen und untertauchen. Am 13. Juni wurde er in Frankfurt am Main verhaftet und in das KZ Osthofen verschleppt – die erste Station einer jahrelangen Tortur durch verschiedene Lager, die schließlich im Gestapogefängnis in der Berliner Prinz-Albrecht-Straße endete, aus dem er im Januar 1938 entlassen wurde.[4] Eine Zeit lang war er im KZ Lichtenburg zusammen mit Leuschner inhaftiert, der schon im Mai 1933 verhaftet und schwer misshandelt worden war. Leuschner wurde im Juni 1934 entlassen und stand von da an unter Polizeiaufsicht.[5]

Claus von Stauffenberg hingegen hatte, wie viele seiner Offizierskollegen im Bamberger Reiter-Regiment, den Aufstieg Hitlers begrüßt und sah den Machtwechsel als Chance für ein großes Deutsches Reich. Viele Gedanken aus dem Kreis um den Dichter Stefan George, die ihn stark beeinflusst hatten, fand er in der Ideologie der Nationalsozialisten wieder: Vor allem der »Gedanke des Führertums« und der »Volksgemeinschaft«, der »Rassegedanke und der Wille zu einer neuen deutschbestimmten Rechtsordnung erscheinen uns gesund und zukunftsträchtig«, notierten er und sein Bruder Berthold.[6] Für Henning von Tresckow, auch er Berufssoldat und seit 1926 im Potsdamer Infanterieregiment 9, waren die Nationalsozialisten schon Anfang der 1930er-Jahre Hoffnungsträger gewesen,[7] für deren Wahl er im Freundeskreis und im Offizierskasino warb. Nach der Machtübernahme war Tresckow beseelt von der nationalen Aufbruchstimmung.[8]

Als sich die beiden zum aktiven Widerstand entschlossen – Tresckow früher als Stauffenberg –, hatten Leuschner, Mierendorff und Leber wegen ihres Kampfes gegen Hitler schon mehrere Jahre in Gefängnissen und Konzentrationslagern verbracht. Wie Tausende andere Mutige, die viele Jahre vor dem 20. Juli 1944 ihr Leben für das riskiert hatten, was sie für richtig hielten. Für diesen Teil der späteren Verschwörung war Hitlers Ernennung zum Reichskanzler ein Schock, für den anderen ein Grund zu feiern. Mehr noch als jener 30. Januar symbolisiert aber der 21. März 1933 den Übergang von einer Welt in die andere: Im »Tag von Potsdam«, an dem mit großem Gepränge die Konstituierung des eben gewählten Reichstags begangen wurde, verdichtet sich das Nebeneinander von Hoffnung und Angst, Terror und Wegsehen, Triumph und Ausgeliefertsein.

Das nationale Großerlebnis

Mittelpunkt des Spektakels war nicht das Parlament oder die neue Regierung, sondern der 85-jährige Reichspräsident Paul von Hindenburg. Ihm vor allem galt der Jubel der Massen, die in der Innenstadt die Straßen säumten, ihm als Statthalter der »guten alten Zeit« – der Zeit *vor* der Republik. Als ehemaliger General der kaiserlich-preußischen Armee stand er selbst für diese Zeit. Die gesamte Dramaturgie des Tages war auf ihn zugeschnitten und folgte zum großen Teil seinen Wünschen, deren Erfüllung er zur Bedingung für seine Teilnahme gemacht hatte:[9] Zum Auftaktgottesdienst in der Nikolaikirche erschien er in preußischer Generalfeldmarschallsuniform. Frenetisch beklatscht von Hunderttausenden Schaulustigen absolvierte er eine Stadtrundfahrt im offenen Wagen, bevor er wie ein Zeremonienmeister des verstorbenen Kaisers den Festakt in der Garnisonkirche leitete.

Zum Abschluss stieg er in die Krypta hinab, zu den Sarkophagen Friedrichs des Großen und dessen Vater Friedrich Wilhelm I., hielt dort Andacht und wandte sich hinterher mit erhobenem Marschallstab den anwesenden Abgeordneten und dem von ihm ernannten Reichskanzler Hitler zu – für damalige Zeitgenossen ein unmissverständliches Symbol: »Der Repräsentant dieser Zeit grüßt die Großen der Vergangenheit und bringt, aus der Gruft wieder emporschreitend, als ehrfurchtgebietender Mittler dem jungen Geschlecht den Segen vergangener Jahrhunderte zurück«, hieß es in der Zeitschrift *Der Tag.*[10]

Ein Artillerieregiment feuerte vom Lustgarten des Potsdamer Schlosses aus 21 Salutschüsse, während Hindenburg vor der Kirche auf das Podest an der Ehrentribüne trat, um die große Militärparade abzunehmen: Angeführt von Eliteeinheiten der Reichswehr marschierten über mehrere Stunden Soldaten im Paradeschritt, SA- und SS-Formationen, Polizeieinheiten und nationale Verbände an ihm vorbei.[11] Kein Zweifel: An diesem Tag war der greise Reichspräsident als Hohepriester der alten Ordnung die unangefochtene Hauptperson.

Für die Nationalsozialisten hingegen war allenfalls eine Nebenrolle vorgesehen. Auch Hitler selbst war eher eine Randfigur. Sein äußerlich devotes Auftreten gegenüber Hindenburg dürfte in erster Linie diesem Umstand geschuldet gewesen sein, keinesfalls jedoch war es Teil einer von Propagandaminister Joseph Goebbels durchorchestrierten Schmierenkomödie, als die der »Tag von Potsdam« bis heute in deutschen Geschichtsbüchern dargestellt wird: Dieser Deutung zufolge hatte Hitler die Deutschen geschickt getäuscht, indem er sich scheinbar den preußischen Traditionen unterordnete, sogar in Frack und Zylinder statt in Parteiuniform erschien und dem Reichspräsidenten mit einer unterwürfigen Verbeugung die Hand gab, wie es ein erst nach 1945 berühmt gewordenes Foto festhielt.

Der Historiker Martin Sabrow hat darauf hingewiesen, dass der Mythos von der großen Inszenierung den Deutschen nach dem Krieg zur Entlastung diente, weil er zu belegen schien, dass sie die Opfer eines dämonischen Verführers geworden seien, der sie mit allen Mitteln getäuscht habe. Historisch ist dieses Narrativ nicht haltbar, erst recht nicht für den »Tag von Potsdam«:[12] Goebbels hatte zwar davon geträumt, den Staatsakt »im Stil nationalsozialistischer Formgebung« auszurichten, musste aber feststellen, dass die wesentlichen Entscheidungen bereits getroffen waren, als er am 13. März sein Amt im neu geschaffenen Ministerium für Volksaufklärung und Propaganda antrat. Ihm blieben nur wenige Tage, um die Gestaltung nicht ganz den Konservativen und Kaisertreuen zu überlassen. So erklärte er den Tag kurzerhand schon vorab zum historischen Ereignis und rief zu »nationalen Feiern« auf: »Beflaggt Eure Häuser und Wohnungen … und legt damit Bekenntnis für die Wiedergeburt der deutschen Nation ab!«[13]

Am Tag selbst dominierten dann aber, trotz der vielen Hitler-Anhänger in brauner Parteiuniform, die Farben und Symbole des Kaiserreichs das Bild, überwogen beim Straßenschmuck die Flaggen in kaiserlichem Schwarz-Weiß-Rot gegenüber den Bannern mit Hakenkreuz.[14] Auch die Garnisonkirche verkörperte eher das alte Preußen und stellte gerade für diejenigen, die das Ende des Ersten Weltkriegs noch immer als Schmach empfanden, eine Ruhmeshalle des preußischen Königshauses und der Siege seiner Armee dar.[15]

Trotzdem gelang es Goebbels mit einer »medialen Mobilmachung der deutschen Gesellschaft«, wie Sabrow es nennt, den

Staatsakt in ein »Gemeinschaftserlebnis nationaler Identitätsstiftung« zu verwandeln:[16] Der Rundfunk sendete live aus der Garnisonkirche und von den girlandengeschmückten Straßen. Reporter berichteten mit Rührungstremolo in der Stimme von der Ankunft der Abgeordneten, dem Aufmarsch der Reichswehr und der SA. Die Salutschüsse, die Reden, das Glockenläuten und das brausende Orgelspiel waren in Hamburg ebenso zu hören wie in Breslau, Stettin oder Nürnberg. Und weil noch nicht jeder ein Radio besaß, versammelten sich die Menschen unter Lautsprechern auf öffentlichen Plätzen, in den Betrieben, Schulen und Büros, um das Geschehen in Potsdam zu verfolgen.[17]

Goebbels' Plan, den »Staatsakt unverlöschlich in das Gedächtnis der lebenden Generation einzuprägen«, wie er es in seinem Tagebuch festhielt, ging auf.[18] Das war allerdings weniger sein Verdienst als der Sehnsucht nach einem nationalen Neubeginn geschuldet, wie sie in großen Teilen der Bevölkerung vorherrschte. Auch unter denen, die später verfolgt wurden oder in den Widerstand gingen, waren viele, die der Faszination dieses Tages erlagen und den umfassenden Herrschaftsanspruch von Hitler und seiner »Bewegung« unterschätzten.[19]

Dabei war die unerbittliche Marschrichtung längst offensichtlich: Fast täglich berichteten die Zeitungen über die fortschreitende Gleichschaltung der Gesellschaft, die Verfolgung und Unterdrückung politischer Gegner und von Juden. Dieselben Blätter, die in den Tagen zuvor die Entlassung jüdischer Richter und Ärzte, die Besetzung von SPD- und KPD-Häusern oder die Verhaftung gewählter Politiker, Stadträte und Regimegegner vermeldet hatten, beschworen nun zum »Tag von Potsdam« die »nationale Erweckung im Lichte von Freiheit und Einheit«.[20] Und kaum jemanden machte es stutzig, dass bei dem Jubelfest gleich zwei Fraktionen des gerade gewählten Reichstags fehlten: Die Abgeordneten der SPD waren dem Staatsakt aus Protest ferngeblieben, die Kommunisten, wie Innenminister Wilhelm Frick süffisant bemerkte, »durch nützliche Arbeiten in den Konzentrationslagern« am Erscheinen gehindert.[21]

Pünktlich zum 21. März war der Berliner Reichskanzlerplatz in Adolf-Hitler-Platz umbenannt worden,[22] und auf vielen Titelseiten war der vollständige Wortlaut des Gesetzes »zur Behebung der Not von Volk und Reich« zu lesen, über das zwei Tage später abgestimmt werden sollte. Es ermächtigte die Regierung, ohne Zustimmung des Reichstags und des Reichsrats Gesetze zu erlassen, und zwar auch dann, wenn diese »von der Reichsverfassung abweichen«.[23] Das Parlament, dessen Eröffnung man gerade mit vaterländischem Pathos beging, war zum Abschuss freigegeben.

All das war aber offenbar kein Grund zur Beunruhigung. »Es war – man kann es nicht anders nennen – ein sehr weit verbreitetes Gefühl der Erlösung und Befreiung von der Demokratie«, schrieb der Journalist und Hitler-Gegner Sebastian Haffner rückblickend.[24] Vielen erschien der »Tag von Potsdam« als ermutigender Schulterschluss zwischen den bewährten Idealen der Vorkriegszeit und dem revolutionären Feuer der NS-Bewegung. Hitler sprach in seiner Regierungserklärung von der »Vermählung zwischen den Symbolen der alten Größe und der jungen Kraft«.[25] Nach Jahren der Krise, der Zerrissenheit und der Demütigungen durch den Versailler Vertrag schien Deutschland wieder auf dem Weg zu einer Volksgemeinschaft zu sein, geeint im Streben nach alter Größe.

Auch Henning von Tresckow war von diesem Gefühl erfüllt, als er mit seinem Regiment an der Garnisonkirche aufmarschierte.[26] Mit seiner Familie war er gegenüber in das Haus an der Breiten Straße 8 gezogen; seine Garnison lag gleich um die Ecke. Dort war das Infanterieregiment 9 stationiert, das die Tradition des legendären preußischen Ersten Garderegiments zu Fuß fortsetzte. Tresckow hatte dort schon als 16-Jähriger gedient und im letzten

Kriegsjahr 1918 als jüngster Kompanieführer in Frankreich gekämpft.[27] Die Kriegsniederlage hatte er wie viele als Kränkung empfunden; den Friedensvertrag von Versailles hielt er für ungerecht und schädlich und hoffte, dass es den Nationalsozialisten gelingen würde, ihn zu überwinden.[28]

Wie Stauffenberg stammte Tresckow aus einer alten Adelsfamilie mit langer militärischer Tradition. Sein Vater war Kavalleriegeneral der kaiserlichen Armee gewesen[29] und über den Thronverzicht Kaiser Wilhelms II. noch immer enttäuscht.[30] Anders als er hatte Henning der Republik zwar nicht ablehnend, aber doch skeptisch gegenübergestanden, denn auch sein Herz schlug eher für die königlich-kaiserlichen Traditionen Preußens.[31] Nach ein paar Semestern Jura und einer Ausbildung zum Bankkaufmann hatte er sich 1926 entschieden, wieder in die Reichswehr einzutreten.[32] Dass sich sein Wunsch trotz der bereits erreichten Aufnahmegrenze von 100 000 Mann erfüllte, verdankte er der persönlichen Fürsprache Hindenburgs.[33] Tresckow heiratete die Tochter des ehemaligen preußischen Kriegsministers, Erika von Falkenhayn, und träumte von einem autoritär geführten Deutschen Reich mit einer schlagkräftigen Armee.[34]

Seinen Soldateneid auf die Verfassung hatte er ohne Überzeugung abgelegt – nach seiner Auffassung diente er dem Land, nicht der Republik.[35] Die hielt er mittlerweile endgültig für erledigt. Er glaubte nicht daran, dass der Parlamentarismus mit der nicht enden wollenden Krise fertig werden könnte.[36] Mit wachsender Begeisterung hatte er darum den Aufstieg der Nationalsozialisten verfolgt, und er gehörte nicht zu denen, die der Ansicht waren, man müsse Hitler einhegen, ihn gar an die Wand quetschen, »bis er quietscht«, wie Franz von Papen es ausgedrückt hatte, als er das Regierungsbündnis schloss. Tresckow gefiel das Revolutionäre an der »Bewegung«. Seiner Ansicht nach musste das Ruder herumgerissen werden, und dafür schien ihm Hitler der richtige Mann zu sein. Dass Hindenburg ihn am Ende doch noch zum Reichskanzler gemacht hatte, war für Tresckow die »Erlösung aus einem unerträglichen Dilemma«.[37]

Die Mehrzahl der späteren Widerständler aus dem konservativbürgerlichen Milieu sah es ähnlich: Für Ludwig Beck war der 30. Januar 1933 der »erste große Lichtblick seit 1918«, den er »seit Jahren erhofft« habe. Hans Oster sah das Ende einer nationalen »Durststrecke« gekommen,[38] Stauffenberg führte am Abend in Bamberg spontan einen Fackelzug an.[39] Carl Goerdeler war schon lange dafür gewesen, die NSDAP an der Regierung zu beteiligen. Nach seiner Überzeugung kam für Deutschland nur eine autoritäre Regierungsform infrage, die als einzige auch die deutsche Vormachtstellung fördern und sichern könne.[40] Fritz-Dietlof von der Schulenburg war seit 1932 Parteimitglied und ebenfalls für ein autoritäres System unter nationalsozialistischer Führung.[41]

Dass viele derer, die später zu entschiedenen Gegnern des Regimes wurden, zunächst begeisterte Nationalsozialisten waren, erklären Historiker mit einer »Teilidentität der Ziele«:[42] Anfangs gab es große Übereinstimmungen zwischen den Vorstellungen der alten Eliten und dem, was Hitler anstrebte und verkündete. Innenpolitisch erhofften sich viele Konservative von der Zusammenarbeit mit ihm die Rückkehr zur alten Ordnung und die Sicherung ihrer Führungspositionen, außenpolitisch den Aufstieg zur Großmacht.

Die Militärs waren ebenso am Erhalt, oder besser: der Wiederherstellung ihrer gesellschaftlichen Bedeutung, interessiert. Sie fühlten sich geschmeichelt durch die allgemeine Aufwertung der Armee und begrüßten die versprochene Aufrüstung. Geschickt ging Hitler auf ihre Erwartungen ein und nannte Reichswehr und Partei »die zwei Säulen«, auf denen das System ruhe – das machte Eindruck. Doch die Begeisterung und die Bereitschaft zur Kooperation der militärischen und zivilen Eliten nahmen in dem Maße ab, in dem ihre Hoffnungen enttäuscht wurden. Zu aktivem Widerstand war trotzdem nur eine kleine Minderheit bereit.[43]

An Tresckow wird die Entwicklung von der Identifikation zur Gegnerschaft beispielhaft deutlich: 1933 glaubte er noch an eine nationale Wiedergeburt und war glücklich, als aufstrebender Offizier dazu beitragen zu können. Hitlers öffentliches Bekenntnis zu den Werten und Traditionen Preußens, zum »Geist von Potsdam«, bestärkten Tresckow darin, Zeuge einer für Deutschland segensreichen Verbindung zu sein.[44] Nichts deutete darauf hin, dass er wenige Jahre später nach Möglichkeiten Ausschau halten würde, Hitler zu töten, und die treibende Kraft hinter dem Umsturzversuch vom 20. Juli 1944 sein sollte – für Henning von Tresckow war der »Tag von Potsdam« einer der schönsten seines Lebens.

Für Julius Leber war es der vorletzte Tag in Freiheit.

Als er am 23. März als Abgeordneter der SPD zur Sitzung des Reichstags erschien, wurde er noch vor der Tür verhaftet und in Handschellen abgeführt.[45] Er war nicht der einzige gewählte Volksvertreter, der an der Abstimmung über das »Ermächtigungsgesetz« nicht teilnehmen konnte, die für diesen Tag angesetzt war: 25 weitere Abgeordnete aus Lebers Fraktion waren bereits verhaftet oder geflohen, die 81 Mandate der KPD schon zehn Tage zuvor[46] verfassungswidrig annulliert worden.[47]

Leber hatte die Nationalsozialisten von Anfang an bekämpft, als Chefredakteur des *Lübecker Volksboten* seit den 1920er-Jahren gegen sie angeschrieben und sich als sozialdemokratischer Abgeordneter ihrem Aufstieg entgegengestellt – in der Lübecker Bürgerschaft ebenso wie im Reichstag, dem er seit 1924 angehörte. Er wusste, wie sehr sie ihn hassten. Ihn, den linken Journalisten, populären Arbeiterführer und Star der Lübecker SPD. Schon im Oktober 1930 hatte ihm ein NSDAP-Mann in der Bürgerschaft gedroht: »Es kommt einmal die Stunde, wo wir an Ihre Tür anklopfen werden mit den Worten: Herr Dr. Leber, es ist so weit.« Anfang 1932 hieß es dann: »Zwei Stunden nach unserem Sieg hängt Doktor Leber auf dem Marktplatz!«[48]

Am Abend des 31. Januar 1933 war Leber mit zwei Parteifreunden von einem SA-Trupp überfallen und schwer verletzt worden. Weil einer seiner Begleiter beim Versuch, sich zu verteidigen, einen der Angreifer tötete, kam Leber wegen Beihilfe zum Totschlag ins Gefängnis. Seine Inhaftierung hatte jedoch eine gewaltige Welle der Empörung ausgelöst: In einem Betrieb gingen die Angestellten spontan in einen Streik, drei Tage später legten sämtliche Arbeiter Lübecks aus Protest für eine Stunde die Arbeit nieder. Die SPD-Fraktion im Reichstag forderte Reichspräsident Hindenburg auf, Leber sofort aus der Haft zu entlassen; von überall kamen wütende Protestbriefe und Solidaritätsbekundungen. Als Leber nach drei Wochen schließlich gegen Kaution freigelassen wurde, erwartete ihn vor dem Gefängnistor eine jubelnde Menschenmenge.[49]

Seitdem hatten Freunde immer wieder versucht, ihn zu überreden, sich im Ausland in Sicherheit zu bringen, doch Flucht kam für Leber nicht infrage. Mehr denn je fühlte er sich den Lübecker Arbeitern verpflichtet, die zu ihm hielten, und hätte es, wie sein Parteifreund Mierendorff, als Verrat empfunden, den Kampf nicht weiterzukämpfen, für den er gewählt worden war. Mit seiner Frau Annedore war er sich immer schon einig gewesen, dass die Nationalsozialisten bekämpft werden mussten, obwohl man der wachsenden Bedrohung im kleinen Lübeck kaum ausweichen konnte.

Schon vor der Machtübernahme hatte Annedore Leber oft Angst um ihren Mann gehabt. Mit dem Angriff der SA Ende Januar hatte der offene Terror begonnen, und seit den Reichstagswahlen am 5. März war die Situation immer bedrückender geworden. Seine zwei kleinen Kinder hatte das Paar schon zu den

Großeltern gebracht, sie selbst blieben in ihrem Haus in der Gertrudenstraße, wo zu ihrem Schutz eine Abordnung des demokratischen Reichsbanners Wache hielt und von der Straße »das drohende Johlen der Nazis« her hallte, wie sich Annedore später erinnerte. Als sie es nicht mehr aushielt, begleitete sie ihren Mann nach Berlin.[50]

Nach seiner Festnahme und mehreren Wochen Untersuchungshaft wurde Julius Leber am 27. Mai 1933 wegen »Beteiligung an einem Raufhandel« zu 20 Monaten Gefängnis verurteilt. Die Strafe selbst interessiere ihn wenig, schrieb er Annedore, für »das bisschen Menschenrecht« hätten viele vor ihm schon »längere Strafen abgesessen«. Traurig mache ihn nur das »Gefühl der Rechtslosigkeit«.[51] Sein Antrag auf Revision wurde als unbegründet abgelehnt: Er selbst habe den Angriff durch sein herausforderndes Verhalten heraufbeschworen, hieß es in der Begründung des Reichsgerichts in Leipzig. »Sühne für die Bluttat in der Burgstraße«, meldete der *Lübecker General-Anzeiger* und ergänzte, als wäre Leber schon tot: »Der Lebensinhalt Dr. Lebers war der Hass gegen alles, was nationalsozialistisch war.«[52]

* * *

Sein Ziel seien die »Beseitigung des Krebsschadens der Demokratie« und die »völlige Umkehrung der gegenwärtigen innenpolitischen Zustände«, erklärte Hitler, als er gleich nach seiner Ernennung zum Reichskanzler den Spitzen der Reichswehr im Bendlerblock seine Aufwartung machte. »Wer sich nicht bekehren lässt, muss gebeugt werden.«[53] Mit der von Hindenburg erlassenen Notverordnung vom 4. Februar konnte man sofort ans Werk gehen: Sie untersagte politische Versammlungen unter freiem Himmel, wenn sie die öffentliche Sicherheit gefährdeten. Ob diese Voraussetzung erfüllt war, lag im Ermessen der Regierung, und die machte reichlich Gebrauch davon. Ab sofort konnten gegnerische Demonstrationen aufgelöst, Teilnehmer und Veranstalter festgenommen werden. Auf Druck und Weitergabe von Plakaten oder Flugblättern, deren Inhalt der Regierung nicht passte, stand Gefängnisstrafe. Politische Gegner ließen sich so, systematisch und völlig legal, ausschalten.[54]

Trotz der Drohkulisse waren in ganz Deutschland Menschen zusammengekommen, um gegen die Einschränkungen zu protestieren. Am 7. Februar etwa versammelten sich im Berliner Lustgarten rund 200 000 Demonstranten und Demonstrantinnen; in manchen Städten kam es sogar zu Generalstreiks. Doch unter der sich ständig verschärfenden Knebelung war offene Opposition schon bald nicht mehr möglich und außerdem zunehmend lebensgefährlich: Am 23. Februar stellte Hermann Göring als preußischer Innenminister 50 000 »Hilfspolizisten« auf, rekrutiert aus den Reihen von SA, SS und dem Frontsoldatenverband »Stahlhelm«. Bewaffnet mit Knüppeln und Pistolen sollten sie die angeblich »zunehmenden Ausschreitungen von linksradikaler, insbesondere kommunistischer Seite« bekämpfen. So konnten NS-treue Schläger von nun an als staatliche Polizisten mit Gewalt gegen Sozialisten, Kommunisten und Sozialdemokraten vorgehen.[55]

Der Brandanschlag auf den Reichstag am 27. Februar, für den die Regierung die Kommunisten verantwortlich machte, bot schließlich den Vorwand für eine regelrechte Menschenjagd, legitimiert durch die nächste Notverordnung »Zum Schutz von Volk und Staat«. Fünf Tage vor den Neuwahlen zum Reichstag am 5. März waren damit wesentliche verfassungsmäßige Grundrechte und Garantien persönlicher Freiheit außer Kraft gesetzt.[56] Der Terror war legal.

Er traf vor allem »die Roten«, die den Nationalsozialisten – und nicht nur ihnen – als Feinde des Vaterlands galten: Gewerkschafter, Kommunisten, Sozialisten, Sozialdemokraten. Wer jetzt noch die Republik verteidigte, sich auf die Weimarer Verfassung berief oder Kritik an der Regierung übte, riskierte Freiheit und Leben. Göring hatte inzwischen leitende Polizeibeamte durch Gefolgsleute ersetzt und mit dem Aufbau einer Geheimen Staatspolizei (Gestapo) begonnen. Ihre Schlagrichtung war kein Geheimnis: »Meine Maßnahmen werden nicht angekränkelt sein durch irgendwelche juristischen Bedenken«, erklärte er. »Hier habe ich keine Gerechtigkeit zu üben, hier habe ich nur zu vernichten und auszurotten, weiter nichts!«[57]

Bis zum »Tag von Potsdam« waren Zehntausende politische Gegner verhaftet[58] und allein in Berlin mehr als 240 Menschen erschossen, erstochen oder zu Tode geprügelt worden.[59] Der Terror fand auf offener Straße statt, Zeitungen berichteten darüber. Manche Beisetzung eines Opfers wurde zur öffentlichen Demonstration, bis auch das zu gefährlich wurde.[60] Folterkeller und improvisierte Konzentrationslager entstanden – das erste Preußens just an jenem 21. März in einer ehemaligen Berliner-Kindl-Brauerei mitten in Oranienburg.[61]

Während in Potsdam an diesem 21. März die Glocken läuteten, Marschkapellen aufmarschierten und beseelte Menschenmassen unter »Gott-mit-uns« und »Seid-einig«-Bannern Spalier standen, wurden in Berlin Dutzende NS-Gegner in das neue KZ verschleppt, die Körper und Gesichter gezeichnet von Prügeln und Folter.[62]

»Inzwischen wird es Ihnen klar sein, dass wir großen Katastrophen zutreiben … Ich gebe keinen Heller mehr für unser Leben«, schrieb Joseph Roth an seinen Freund und Schriftstellerkollegen Stefan Zweig. »Es ist gelungen, die Barbarei regieren zu lassen. Machen Sie sich keine Illusionen. Die Hölle regiert.«[63]

Der Reichstag entmachtet sich selbst

Als der durch Terror und Verhaftungen dezimierte Reichstag zur Abstimmung über das Ermächtigungsgesetz am 23. März in der umfunktionierten Krolloper zusammentrat, war der traditionelle Reichsadler an der Stirnseite des Plenarsaals bereits gegen eine Hakenkreuzfahne ausgetauscht worden.[64] Hinter den Sitzreihen waren SA- und SS-Milizen aufmarschiert.[65] Immer wieder unterbrochen von hasserfüllten Zwischenrufen, formulierte der SPD-Fraktionsvorsitzende Otto Wels den letzten parlamentarischen Widerspruch: »Freiheit und Leben kann man uns nehmen, die Ehre nicht. Nach den Verfolgungen, die die Sozialdemokratische Partei in der letzten Zeit erfahren hat, wird … niemand von ihr verlangen oder erwarten können, dass sie für das hier eingebrachte Ermächtigungsgesetz stimmt.«

Ausführlich begründete er die Entscheidung und rief die Abgeordneten der bürgerlichen Parteien dazu auf, sich ihr anzuschließen. »Wir deutschen Sozialdemokraten bekennen uns in dieser geschichtlichen Stunde feierlich zu den Grundsätzen der Menschlichkeit und der Gerechtigkeit, der Freiheit und des Sozialismus.« Von den Abgeordneten der NSDAP kam höhnisches Gelächter,[66] Hitler brüllte: »Ich will auch gar nicht, dass Sie dafür stimmen! Deutschland soll frei werden, aber nicht durch Sie!«[67]

Am Ende stimmte allein die SPD gegen das Gesetz. Alle anderen, einschließlich der Vertreter der bürgerlichen Parteien, dafür. Jetzt gab es keine demokratischen Hürden mehr, die den Umbau der Republik zum Führerstaat verhindern konnten. Mit 444 zu 94 Stimmen hatte das Parlament seine eigene Entmachtung beschlossen.

Eine Woche später organisierte die NSDAP-Führung den ersten reichsweiten Boykott jüdischer Geschäfte, Rechtsanwälte und Ärzte. Eine weitere Woche später trat das »Gesetz zur Wiederherstellung des Berufsbeamtentums« in Kraft, mit dem »Nichtarier« aus dem öffentlichen Dienst entlassen wurden – dafür genügte schon ein Großelternteil jüdischen Glaubens. Es folgten in immer kürzeren Abständen: der Ausschluss »nichtarischer« und marxistischer Lehrerinnen und Lehrer, die Auflösung der Gewerkschaften, öffentliche Verbrennungen »entarteten Schrifttums«, das Verbot jedweder politischen Tätigkeit und schließlich sämtlicher Parteien mit Ausnahme der NSDAP.

Viele Demokraten glaubten selbst im Frühjahr 1933 noch daran, Hitler mit den Mitteln des Rechtsstaats die Stirn bieten zu können, und verkannten dabei, dass sich die Machtverhältnisse längst zu seinen Gunsten gedreht hatten[68] – auf legalem Weg war gegen das Regime nichts mehr auszurichten. Sozialdemokraten und Kommunisten hatten es versäumt, sich im Kampf gegen Hitler zusammenzutun, jetzt war es dafür zu spät. Und durch die Verhaftungen Tausender Parteiführer gab es niemanden mehr, der noch versuchen konnte, die Gegensätze und gegenseitigen Vorbehalte zu überbrücken.[69]

So ging man getrennt in die Illegalität. Im Gegensatz zur SPD hatte sich die KPD bereits vor 1933 darauf vorbereitet und konnte die politische Arbeit im Untergrund jetzt dezentral über kleine Zellen organisieren.[70] Doch die Verfolgungswellen und der permanente Terror dezimierten die Reihen in solchem Tempo, dass die Gruppen kaum noch aktiv werden konnten. Immer häufiger mussten Führungspositionen neu besetzt werden, weil Funktionäre in Gefängnissen und Konzentrationslagern verschwanden. Parteiführer Ernst Thälmann war noch vor den Reichstagswahlen im März 1933 verhaftet worden, sein Vertreter Wilhelm Pieck ging auf Beschluss des ZK ins Exil nach Paris, um die Parteiarbeit von dort aus fortzusetzen. Bald mussten auch die letzten führenden Köpfe emigrieren, unter ihnen der ehemalige Reichstagsabgeordnete Walter Ulbricht.[71]

Die Parteiführung der SPD war bis zuletzt davon ausgegangen, als stärkste Opposition den Kurs der Regierung korrigieren und sie eines Tages ablösen zu können. Auf den illegalen Kampf war sie nicht vorbereitet und hatte ihn, zum Ärger eines großen Teils der Basis, lange kategorisch abgelehnt, nun blieb ihr nichts anderes übrig. Nach dem Parteiverbot im Juni 1933 musste sie einsehen, dass auch ihr nur der Weg ins Exil blieb. Als »Sopade« (Sozialdemokratische Partei Deutschlands im Exil) setzte ein Teil des Vorstands seine Arbeit erst von Prag, später dann von Paris aus fort und hielt die Verbindung zu den Mitgliedern in Deutschland, wo es zunächst noch einige getarnte Parteibüros und eine rudimentäre Reichsleitung gab.[72]

Über grenznahe Stützpunkte schmuggelten Kuriere unter Lebensgefahr Flugblätter, Zeitungen und Informationsmaterial ins Reich und brachten von dort Nachrichten und Berichte aus den KZs, die von der Sopade gesammelt und in den sogenannten Deutschland-Berichten zusammengefasst wurden, ins Exil. Die Berichte erschienen bis April 1940 und dienten dazu, den Widerstand zu unterstützen, über die tatsächliche Lage im Land zu informieren und das Ausland, insbesondere die Nachbarländer, vor Hitlers Terrorregime zu warnen.[73]

Im Januar 1934 gab der Exilvorstand das »Prager Manifest« heraus – eine Positionsbestimmung der Partei und der erste Entwurf für eine neue demokratisch-sozialistische Ordnung nach Hitler. In Deutschland als harmlose Zeitschrift getarnt, rief es die Arbeiter dazu auf, die »Ketten der Knechtschaft« abzuschütteln und für die Rückeroberung demokratischer Rechte einzustehen. Der »Kampf um die Demokratie« werde zum »Kampf um die völlige Niederringung der nationalsozialistischen Staatsmacht«.[74] Doch mit jedem weiteren Schlag des Regimes und jeder neuen Verhaftungswelle rückte dieses Ziel in immer weitere Ferne.[75]

Hitler wusste, dass er auf die Unterstützung der Militärs angewiesen war.[76] Sein radikaler Aufrüstungskurs lag in beiderseitigem Interesse und überzeugte auch diejenigen, die sich mit dem revolutionären Habitus der Nationalsozialisten zunächst schwergetan hatten. Jeder Truppenteil bekam mehr Rekruten zugeteilt, als zulässig waren. Die Armee wuchs – an Personal und an Selbstbewusstsein.[77] Dass sie dabei Stück für Stück ihre eigentlich traditionell unpolitische Rolle[78] aufgab und sich auf Gedeih und Verderb an das NS-Regime band, nahm man in Kauf oder blendete es aus. Reichswehrminister Generaloberst Werner von Blomberg etwa forderte, kaum im Amt, eine »Stärkung der Wehrmacht durch Wehrhaftmachung des breiten Volkes« und versuchte, wo immer möglich, seine Loyalität durch vorauseilenden Gehorsam unter Beweis zu stellen. Auch Ludwig Beck, ab 1935 Chef des Generalstabs des Heeres, trieb die Aufrüstung mit Nachdruck voran.[79] Tresckow profitierte von den besseren Aufstiegsmöglichkeiten für Offiziere und wurde schon nach kurzer Zeit zum Hauptmann befördert.[80]

Gleichzeitig versetzte man ihn zur Ausbildung an die renommierte Kriegsakademie in Berlin, denn beim Personalamt des Heeres sah man in Tresckow eine kommende Führungskraft. Er selbst hatte ebenfalls große Pläne, wollte eines Tages General und Chef der Heeresleitung werden. Die Bedingungen für eine Karriere in der Armee hätten tatsächlich kaum besser sein können: Hitler hatte wie versprochen alles in den Dienst der »Wehrhaftmachung« gestellt, die Budgetkontrolle aufgehoben und die Reichsbank veranlasst, für den Ausbau der Reichswehr einen Kredit von 35 Milliarden Reichsmark zur Verfügung zu stellen.[81]

Von der Kritik seines Bruders Gerd, der den Nationalsozialisten »elende undeutsche und ganz und gar unpreußische … Großmäuligkeit« attestierte, wollte Tresckow nichts wissen. Seit dem

»Tag von Potsdam« schien ihm auch Gerds Vorwurf zum »antichristlichen Grundton« der Bewegung und zu ihrem Mangel an »Demut vor dem Höheren« widerlegt.[82] Erst als sich Hitler am 30. Juni 1934 mit einer von langer Hand geplanten Mordaktion des SA-Chefs Ernst Röhm und anderer interner Konkurrenten entledigte, kamen Tresckow die ersten ernsthaften Zweifel. Dabei wäre zunächst auch er bereit gewesen, Reich und Armee mit Waffengewalt gegen den angeblich bevorstehenden Putsch der SA zu verteidigen, und machte als Adjutant in Potsdam an jenem Frühsommertag das 1. Bataillon bereit zum Aufmarsch.[83]

Die SA hatte der Bewegung seit 1921 die Treue gehalten und sich in unzähligen Saal- und Straßenschlachten bewährt. Im Namen ihrer vier Millionen Mitglieder forderte Röhm daher schon seit der Machtübernahme eine »zweite Revolution«,[84] wobei er seine Schlägertrupps als Kern einer zukünftigen Volksmiliz sah, die eines Tages die Reichswehr ersetzen sollte.[85] Dass diese Konkurrenz nun aus dem Weg geräumt worden war, kam vielen Militärs daher nicht ungelegen, selbst wenn manche über die ungezügelte Brutalität erschraken: Insgesamt fielen der großen Säuberung rund 200 Menschen zum Opfer. Außer Röhm, 50 höheren SA-Führern und ehemaligen Weggefährten wie Gregor Strasser ließ Hitler eine Reihe von Regimegegnern und die in Misskredit geratenen Generäle Ferdinand von Bredow und Kurt von Schleicher ermorden.[86] Kurz darauf erließ die Regierung ein Gesetz, mit dem sie ihr blutiges Werk als »Staatsnotwehr« nachträglich für rechtens erklärte. Er sei verantwortlich für das Schicksal der Nation, erklärte Hitler unter dem Beifall der Reichstagsabgeordneten, »und damit des deutschen Volkes oberster Gerichtsherr«.[87]

Für die meisten Deutschen war es plausibel, dass Späne fielen, wo gehobelt wurde – die NSDAP habe sich eben von ihrem radikalen Flügel befreien müssen. In einer Befehlshaberbesprechung sagte Blomberg, die Aktion sei auch im Interesse der Armee »unumgänglich nötig« gewesen,[88] und sprach damit aus, was die meisten dachten. Schließlich hatte Hitler demonstriert, dass er der Reichswehr den Vorzug gab.[89] Tresckow aber fiel es schwer, in den Ereignissen etwas Positives zu sehen, je mehr er über die Hintergründe erfuhr. Am meisten erschütterte ihn die Passivität der Reichswehrführung, bei der sich kein Widerstand regte, obwohl zwei verdiente Generäle im Namen angeblicher Staatsräson erschossen worden waren.[90]

Als knapp einen Monat später, am 2. August 1934, Reichspräsident Paul von Hindenburg starb, wurde Hitler gemäß einem Gesetz, das die Regierung am Tag zuvor erlassen hatte, automatisch zum neuen Staatsoberhaupt.[91] Noch am selben Tag ließ er die gesamte Reichswehr auf sich persönlich vereidigen:[92] »Ich schwöre bei Gott diesen heiligen Eid«, hieß es nun in der neuen Formel, »dass ich dem Führer des Deutschen Reiches und Volkes, Adolf Hitler, dem Oberbefehlshaber der Wehrmacht, unbedingten Gehorsam leisten und als tapferer Soldat bereit sein will, jederzeit für diesen Eid mein Leben einzusetzen.«[93]

Dass der Schwur nicht dem Land oder der Verfassung, sondern einem Menschen galt, hatte es in der deutschen Militärgeschichte zuletzt während des Absolutismus gegeben. Damals war der Eid aber durch die gegenseitige Treuepflicht eingeschränkt gewesen, jetzt machte ihn die Forderung nach unbedingtem Gehorsam zur einseitigen Verpflichtung und zum Instrument eines umfassenden Herrschaftsanspruchs, dem sich jeder Soldat auf Gedeih und Verderb unterzuordnen hatte.[94] Jahre später sollte sich der Eid als eine der größten Hürden erweisen, mit denen die Verschwörer vom 20. Juli 1944 zu kämpfen hatten.

Hitler war es gelungen, an zwei Fronten auf einmal zu siegen, die ihm bald gefährlich geworden wären: Die SA war ausgeschaltet, die Reichswehr ruhiggestellt.[95] Und mit der Übernahme des Reichspräsidentenamtes war er mit einem Schlag Staatsoberhaupt geworden. »Der vollkommene Staatsstreich wird vom Volk kaum gemerkt«, schrieb Victor Klemperer in sein Tagebuch. »Ich möchte schwören, dass Millionen gar nicht ahnen, was für Ungeheures geschehen ist.«[96]

Entweder ahnten sie es nicht, oder – weit wahrscheinlicher – sie sahen darin nichts »Ungeheures«: Als sich Hitler zwei Wochen später per Volksabstimmung seinen Status als absolutistischer Herrscher bestätigen ließ, bekam er 89,9 Prozent Jastimmen, bei einer Wahlbeteiligung von 95,7 Prozent.[97]

* * *

Im April 1935 hatte Julius Leber seine Haftstrafe verbüßt. Seiner Frau war es gelungen, eine Ölfirma in Rotterdam davon zu überzeugen, ihn zu beschäftigen, da er weder als Politiker noch als Journalist weiterarbeiten konnte. Hoffnungsvoll hatte Leber im Gefängnis Niederländisch gelernt.[98] Doch statt entlassen zu werden, wurde er ins Konzentrationslager Esterwegen transportiert, wo die Gefangenen unter unmenschlichen Bedingungen zur Trockenlegung des emsländischen Moores gezwungen wurden. Viele bekannte Gegner des NS-Regimes wie der Journalist Carl von Ossietzky, die KPD-Politiker Bernhard Bästlein oder Kurt Bennewitz waren hier inhaftiert. Lebers Parteigenosse Fritz Husemann, ehemals Reichstagsabgeordneter wie er, wurde bei einem angeblichen Fluchtversuch erschossen. Schikanen und Misshandlungen durch die SS gehörten zum Lageralltag.

Im Deutschland-Bericht der Sopade vom Juni 1936 berichtete ein Mithäftling, der inzwischen entlassen worden war, dass Leber von SS-Wachmännern verprügelt worden sei, weil er sich geweigert habe, sich in Fäkalien zu wälzen. Einer der Männer »verrichtete seine Notdurft auf ihn, zog einen Rohrstock dadurch und steckte Leber den beschmierten Stock in den Mund«.[99]

Aus dem Prager Exil schrieb Otto Wels entsetzt: »Unter all den Scheußlichkeiten, die dieser Bericht enthält, hat uns die Schilderung von der unmenschlichen Behandlung unseres Genossen Dr. Julius Leber am tiefsten erschüttert.« Erst habe man überlegt, den Bericht zu veröffentlichen, um »der Welt erneut zu sagen, wie es heute im Lande der Olympiade in Wirklichkeit um Menschenrechte und Menschenwürde bestellt ist«. Doch die Öffentlichkeit sei so abgestumpft, »dass keine noch so beredte Schilderung ein nachhaltiges Echo hervorzurufen vermag«.[100]

Die Öffentlichkeit war tatsächlich mit Angenehmerem beschäftigt: Am 1. August begannen die Olympischen Spiele, und die Welt fand sich in Berlin ein – entschlossen, an das Märchen vom geläuterten, weltoffenen Deutschen Reich zu glauben. Kurz vorher waren noch 1200 Roma und Sinti in ein Lager bei Marzahn geschafft worden, und in der märkischen Heide, 30 Kilometer Luftlinie vom Olympiastadion entfernt, war gerade das neue KZ Sachsenhausen fertig geworden. Ein, wie Heinrich Himmler lobte, »jederzeit erweiterungsfähiges, modernes Konzentrationslager«, mit dem nun »die Sicherung des Reiches gegen Staatsfeinde und Staatsschädlinge in vollem Umfang« gewährleistet sei.[101]

Am 16. August schrieb Julius Leber zum letzten Mal aus Esterwegen: Zur »Entlastung« werde jetzt »überflüssiges Gepäck« nach Hause geschickt. Es war der letzte Tag der Olympischen Spiele, die Welt reiste wieder ab. Danach hörte Annedore lange nichts mehr von ihrem Mann und konnte auch nichts über ihn in Erfahrung bringen. Das erste Lebenszeichen kam erst vier Wochen später: aus dem KZ Sachsenhausen. Es gehe ihm »nach wie vor sehr gut«, schrieb Leber. »Körperlich und seelisch.«[102] Auch in den nächsten Wochen las Annedore immer wieder von »unerschütterlicher Zuversicht« oder der »Arbeit im Freien in der schönen Herbstsonne«, die eine »Wohltat für Körper und Seele« sei.[103] Wie es in Wirklichkeit war, konnte sie der zunehmend zittrigen Handschrift ihres Mannes ansehen.[104] Was es jedoch mit der von ihm beiläufig erwähnten Adressänderung auf sich hatte, konnte sie nicht wissen: Er sitze nun in »Abteilung Z«, alles andere bleibe unverändert, schrieb er drei Tage vor Weihnachten.[105]

Tatsächlich stand das »Z« für den »Zellenbau«, der vom übrigen Lagergelände durch eine Mauer abgeschottet war. Hier ließ die Gestapo prominente Häftlinge verschwinden, und die SS vollstreckte willkürlich verhängte Strafen wegen angeblicher Verstöße gegen die Lagerordnung.[106] Leber verbrachte dort fast drei Monate in »verschärftem Arrest« allein in der Dunkelzelle. Sie war völlig leer – kein Bett, kein Tisch, kein Stuhl. Tagsüber durfte sich Leber weder setzen noch hinlegen; nachts musste er, wie er später Otto John erzählte, auf nacktem Boden liegen, ohne Decke, ohne warmes Essen, auch bei 18 Grad unter null.[107] Im Mai 1937 wurde er entlassen.[108]

Ist der Krieg noch aufzuhalten?

Tresckow hatte unterdessen die Kriegsakademie als Jahrgangsbester abgeschlossen und war direkt in die Operationsabteilung des Generalstabes im Reichskriegsministerium versetzt worden. Hier arbeitete er jetzt Befehlshabern wie Ludwig Beck, Erich von Manstein oder Werner von Fritsch zu und bekam erstmals Einblick ins Innere der Armee. Im Juni 1937 betraute ihn Beck damit, einen Aufmarschplan für den Fall eines Angriffs der Tschechoslowakei zu erstellen.[109] Dabei kam Tresckow zu dem Ergebnis, dass die deutsche Armee nicht stark genug war, um sich auch nur gegen einen einzigen Gegner wirkungsvoll verteidigen zu können. Trotz der massiven Aufrüstung und der zwei Jahre zuvor wiedereingeführten Wehrpflicht[110] war das Deutsche Reich noch Jahre davon entfernt, in kriegerischen Auseinandersetzungen bestehen zu können. Schon im eigenen Interesse war es zu einer Politik des Friedens verpflichtet.[111]

Doch nur ein halbes Jahr später erging eine neue Direktive, in der es hieß: »Hat Deutschland seine volle Kriegsbereitschaft auf allen Gebieten erreicht, so wird die militärische Voraussetzung geschaffen sein, einen Angriffskrieg gegen die Tschechoslowakei und damit die Lösung des deutschen Raumproblems auch dann zu einem siegreichen Ende zu führen, wenn die eine oder andere Großmacht gegen uns eingreift.«[112] Die »eine oder andere Großmacht« – das klang nach gefährlicher Hybris. Und trotz der vagen Zeitangabe war die Weisung sonnenklar: Die Reichswehr, die seit Kurzem Wehrmacht hieß, sollte nicht zuallererst der Sicherheit des Reiches dienen, sondern einer gewaltsamen Expansion.

Im Frühjahr 1938 war Tresckow entschlossen, der Armee den Rücken zu kehren. Den Ausschlag hatte aber nicht Hitlers offensichtlicher Kriegskurs gegeben, sondern die Entlassung des Generals Werner von Fritsch: Der Oberbefehlshaber des Heeres hatte zusammen mit Kriegsminister Blomberg vorsichtig auf die Risiken der aggressiven Außenpolitik hingewiesen, mit der Hitler das »Raumproblem« lösen wollte,[113] nun mussten beide unter fadenscheinigen Vorwänden gehen: Blomberg, weil er in zweiter Ehe eine ehemalige Prostituierte geheiratet hatte, Fritsch wegen angeblich bewiesener Homosexualität. Dass sich diese »Beweise« schnell als gefälscht herausstellten, änderte nichts an der Entlassung des verdienten und eigentlich loyalen Generals.[114] Hitler setzte ihn nicht wieder ein und sorgte dafür, dass nicht bekannt wurde, als Fritsch in einem von ihm selbst angestrengten Ehrenverfahren freigesprochen wurde.[115]

Hitler ging aus dem wochenlang schwelenden Konflikt am Ende als Sieger hervor. Unmittelbar nach den Entlassungen, die er mit weiteren personellen Veränderungen verbunden hatte, löste er das Kriegsministerium auf und erklärte sich selbst zum Oberbefehlshaber der Wehrmacht. An die Spitze des neu geschaffenen Oberkommandos der Wehrmacht (OKW), das lediglich seine Befehle auszuführen hatte, setzte er mit Wilhelm Keitel einen ihm voll ergebenen General – die Armee war gleichgeschaltet.[116]

Die Tragweite dieser Charade wurde dem Offizierskorps und der Generalität erst allmählich bewusst. Zunächst überwog die nahezu einhellige Empörung über die Demütigung des beliebten, preußisch-korrekten Generals Fritsch. Der Fall habe, bemerkte Beck einige Monate später, »zwischen Führer und Offizierskorps der Wehrmacht eine Kluft gerissen«, die nie wieder zu überbrücken sei.[117] Sein Vertrauen war ebenfalls nachhaltig erschüttert. Als Beck dann aber von verschiedenen Seiten gedrängt wurde, einen Protest der Armeeführung zu organisieren, um von Hitler die Aufklärung der Ereignisse zu fordern, lehnte er das entschieden ab: »Meuterei und Revolution sind Worte, die es im Lexikon eines deutschen Offiziers nicht gibt.«[118]

Diese Haltung hatte Hitler längst als Schwäche der Wehrmachtsführung erkannt und wusste sie für sich zu nutzen – nicht einmal gegen ihre faktische Entmachtung hatte sie sich gewährt.[119] Selbst Beck beschäftigte nicht so sehr die Stellung, die der Diktator sich anmaßte, sondern dessen offenkundige Ignoranz gegenüber militärischen Zwängen: Grundsätzlich hatte Beck gegen die von Hitler gewollte Expansion Richtung Österreich und Tschechoslowakei nichts einzuwenden – eine deutsche Dominanz in Mitteleuropa hielt auch er für erstrebenswert. Was ihn beunruhigte, war die Eile, mit der Hitler dieses Ziel erreichen wollte, denn beim derzeitigen Stand der Aufrüstung konnte es sich Deutschland nicht leisten, einen Konflikt mit Großbritannien oder Frankreich zu provozieren. »Niederschmetternd« nannte Beck Hitlers Pläne.[120]

Kriegsminister Blomberg war bei der Armee als allzu treuer Gefolgsmann Hitlers nicht ernst genommen worden, ihm weinte keiner eine Träne nach.[121] Der demütigende Umgang mit dem beliebten General Fritsch hingegen hatte in der Truppe viele zutiefst verstört. Nur wenige sahen den eigentlichen Skandal in Hitlers Schachzug, sich selbst zum Oberbefehlshaber zu ernennen und sich damit eine Fachkompetenz anzumaßen, die er nicht besaß. Auch bei Tresckows Entscheidung, die Offizierslaufbahn abzubrechen, stand die Empörung über Fritschs ehrlose Demission im Vordergrund. Besonders erschüttert hatte ihn aber die Passivität, mit der die Generalität diese Ungeheuerlichkeit hinnahm. Zusammen mit seinem Regimentskollegen Wolf Graf von Baudissin bat Tresckow deshalb im März 1937 General Erwin von Witzleben, Befehlshaber des Wehrkreises Berlin, um die Entlassung.[122]

Witzleben war schon nach Hitlers Blutrache an der SA zum Gegner des Regimes geworden. Vergeblich hatte er eine kriegsgerichtliche Aufklärung der Morde verlangt und sah, wie ein Augenzeuge notierte, bei der Vereidigung auf Hitler im August 1934 aus »wie der Tod«.[123] Die Umstände von Fritschs Entlassung hatten ihn in seinem Urteil nur bestätigt, und so hatte er begonnen, sich mit Gleichgesinnten zusammenzutun. Tresckow und Baudissin fragte er darum rundheraus, ob sie der Meinung seien, dass die Armeeführung revoltieren solle. Als beide das bejahten und zu erkennen gaben, dass sie »Schritte gegen das Regime« für richtig hielten, bat sie Witzleben, in der Armee zu bleiben: Es seien bereits Aktionen geplant, bald werde man Männer wie sie brauchen.[124]

Tatsächlich war die Fritsch-Affäre für viele der späteren Verschwörer vom 20. Juli ein entscheidendes Schlüsselerlebnis auf ihrem Weg in den Widerstand, selbst für Zivilisten wie Carl Goerdeler.[125] Noch richtete sich die Opposition, die sich allmählich sammelte, aber nicht gegen das System an sich. Noch glaubte man, das Unglück abwenden zu können, wenn die Macht der Streitkräfte wiederhergestellt wäre. Erst als im Laufe der nächsten Monate immer deutlicher zutage trat, dass Hitler tatsächlich bereit war, einen Krieg zu riskieren, bekam der militärische Widerstand eine neue Qualität.[126]

General Beck hatte seit der Annexion Österreichs im März 1938 unermüdlich Denkschriften verfasst, von denen er hoffte, dass sie Hitler von seinen weiteren Eroberungsplänen abbringen würden. Vergeblich appellierte er an seine Generalskollegen, sich der aggressiven Politik zu verweigern: Ein Angriff auf die Tschechoslowakei werde mit einer »Katastrophe für Deutschland« enden.[127] Die Militärführer würden sich darum »mit einer Blutschuld belasten«, wenn sie jetzt nicht »nach ihrem fachlichen und staatspolitischen Wissen und Gewissen« handelten.[128] Im August trat er schließlich aus Protest gegen den Kriegskurs zurück, immer noch in der Hoffnung, sein Beispiel möge Schule machen.[129]

Bei anderen hatte sich zu diesem Zeitpunkt längst die Einsicht durchgesetzt, dass mit Appellen nichts mehr zu erreichen war: Im Amt Ausland/Abwehr (kurz: »Abwehr«) unter Wilhelm Canaris und seinem Stabschef Hans Oster war man bereits dabei, einen Staatsstreich auszuarbeiten, und plante, Hitler festnehmen zu lassen, sobald er den Angriffsbefehl geben würde. Auch der Vizepräsident der Berliner Polizei, Fritz-Dietlof von der Schulenburg, und General Witzleben gehörten zu den Verschwörern.[130] Ein Attentat schlossen die meisten aus. Noch schien ein Umsturz ohne Gewalt möglich und der Zeitpunkt günstig: In der Wehrmacht überwog die Skepsis gegenüber Hitlers aggressiver Außenpolitik, und in der Bevölkerung war die Mehrheit gegen einen neuen Krieg.[131]

Als Anfang September 1938 Franz Halder als Nachfolger von Beck neuer Chef des Generalstabs des Heeres wurde, waren die Pläne für einen Staatsstreich schon fortgeschritten, und Halder machte sich sofort daran, sie weiter voranzutreiben. Auf ziviler Seite waren an den Vorbereitungen unter anderem Ewald von

Kleist-Schmenzin und die Diplomaten Erich und Theo Kordt aus dem Auswärtigen Amt beteiligt, die mehrfach in der Hoffnung nach London reisten, Premierminister Neville Chamberlain vor Hitlers Absichten zu warnen und ihn zu einer entschiedenen Haltung bewegen zu können.[132]

Carl Goerdeler, der 1937 aus Protest gegen die NSDAP von seinem Amt als Bürgermeister von Leipzig zurückgetreten war,[133] entwarf bereits Pläne für eine neue Ordnung nach Hitler. Durch seine neue Beratertätigkeit für die Firma Bosch und als ehemaliger Politiker verfügte er über viele Kontakte im In- und Ausland und zählte bald wie Schulenburg[134] und Leuschner zu den großen Netzwerkern des Widerstands. Über einen Mittelsmann versuchte Goerdeler, den amerikanischen Außenminister Cordell Hull dafür zu gewinnen, Hitler mit der Androhung eines Weltkriegs in die Schranken zu weisen. Hermann Göring berichtete er von seinen Eindrücken über die antideutsche Stimmung in der britischen Regierung und der militärischen Stärke Russlands, weil er hoffte, Göring würde als enger Vertrauter Hitlers seinen Einfluss geltend machen.[135]

Bei aller Verschiedenheit der Beteiligten war man sich einig, dass ein Putsch erst dann infrage kam, wenn Hitler selbst dafür den Anlass gab, indem er gegen jede Vernunft den Angriff auf die Tschechoslowakei befehlen würde. Eine Kriegserklärung, so die Überlegung, würde ihn endgültig als das entlarven, was er war: ein machtbesessener Geisteskranker, der dabei war, Deutschland ins Unglück zu stürzen. Aus Angst vor einer zweiten »Dolchstoßlegende« entstand so die paradoxe Situation, auf den Angriffsbefehl hoffen zu müssen, um den Krieg verhindern zu können.[136] Mitte September war alles vorbereitet für Hitlers Sturz, und die Aussichten auf Erfolg waren so groß, wie sie danach nie wieder sein würden.[137] Doch das Münchner Abkommen vom 29. September 1938 machte alle Pläne zunichte: Großbritannien,

Frankreich und Italien akzeptierten die deutsche Annexion des Sudetengebiets. Hitler ließ sich als Staatsmann feiern, die Warner schienen widerlegt, der Frieden in Europa gerettet.[138]

Wenige Wochen später inszenierte die NS-Führung einen vermeintlich spontanen Ausbruch des »Volkszorns«: Angeführt von SA und SS zog am 9. November 1938 ein gewalttätiger Mob durch Städte und Dörfer, legte Feuer an Synagogen, zerstörte und plünderte jüdische Geschäfte. Unter den Augen der Bevölkerung wurden Jüdinnen und Juden durch die Straßen gehetzt, geprügelt und vergewaltigt. Die Forschung geht heute von mehr als 1500 Todesopfern aus. Belege für Proteste oder Bemühungen aus der Bevölkerung, den Verfolgten zu Hilfe zu kommen, gibt es kaum.[139]

Im März 1939 besetzte die Wehrmacht Prag und die bis dahin noch freien Landesteile Böhmen und Mähren. Damit war die von Hitler gewollte »Zerschlagung der Rest-Tschechei« gelungen, ohne dass Frankreich oder Großbritannien eingegriffen hatten. Anders als im Jahr zuvor hatte sein aggressives Vorgehen nicht einmal zu einer außenpolitischen Krise geführt. Wieder einmal hatte Hitler recht behalten, wieder einmal konnte er entgegen allen Unkenrufen einen unblutigen Erfolg verbuchen.[140]

Sein 50. Geburtstag am 20. April 1939 wurde kurz darauf zum »Nationalfeiertag des Großdeutschen Reiches«: Noch nie habe »die Bevölkerung die Häuser und Geschäfte mit so viel Liebe und Hingabe geschmückt«, heißt es in einem Bericht aus Bayern, wie sie in diesem Frühjahr aus dem ganzen Land kamen. Straßen und Plätze standen »im reichsten Flaggenschmuck«, in nahezu jedem Schaufenster war »ein Führerbild mit den sieghaften Symbolen des neuen Reiches aufgebaut«. Überall sei ein »frohes Fest von Menschen« im Gange, »die die Aufregung der verhetzten Völker ringsum nicht im geringsten beunruhigte, weil sie ihr Schicksal geborgen wissen in der Hand des Führers«.[141]

Angesichts dieser Begeisterung war an einen Staatsstreich

nicht zu denken. Ohne Rückhalt in der Bevölkerung könnte er zum Bürgerkrieg führen, und in der Wehrmacht fehlte es seit dem Münchner Abkommen an hohen Offizieren, die bereit waren, dafür ihr Leben zu riskieren. In der »Abwehr« vernichtete Oster darum vorsorglich einen Teil der ausgearbeiteten Umsturzpläne.[142] Die Opposition war gelähmt.[143] »Was sollen wir nun noch tun?«, seufzte Halder angesichts von Hitlers wachsender Popularität. »Es gelingt ihm ja alles!«[144]

Hoffen auf ein Machtwort des Auslands

Die Pogromnacht war für Tresckow seinem Biografen Bodo Scheurig zufolge das Ereignis, das ihn endgültig zum Regimegegner werden ließ.[145] Wie Hans Oster machte er sich keine Illusionen, dass Hitler sich mit den bisherigen Gebietsgewinnen zufriedengeben würde. Tatsächlich standen schon Anfang 1939 wieder alle Zeichen auf Krieg, und Tresckow wurde im Zuge eines Mobilmachungsplans als Erster Generalstabsoffizier einer Division in Ostpreußen aufgestellt – der Angriff auf Polen würde nur noch eine Frage der Zeit sein. Er bat darum seinen Bruder, ihm den Rechtsanwalt Fabian von Schlabrendorff vorzustellen, von dem er wusste, dass er Kontakte zu Oppositionellen hatte. Die beiden waren sich vorher noch nie begegnet, obwohl sie Cousins waren, nun fanden sie sich als Gleichgesinnte. Nach dem Krieg erzählte Schlabrendorff, Tresckow habe schon bei jenem ersten Gespräch im Juli 1939 gesagt, dass Hitler durch ein Attentat zu Fall gebracht werden müsse. Er sei das Unheil und werde Deutschland unweigerlich in einen Weltkrieg und damit in den Untergang führen.[146]

Schlabrendorff war von Tresckows radikaler Haltung überrascht – unter den Regimegegnern, die er kannte, dachten nur wenige so kompromisslos. Die meisten hofften noch immer auf eine Möglichkeit, das Regime gewaltlos stürzen oder zumindest den Krieg verhindern zu können. Goerdeler zum Beispiel hatte mit unerschöpflichem Optimismus in den vergangenen Monaten eine Denkschrift nach der anderen verfasst und an die verschiedensten Stellen in Paris, London, Rom und Washington geschickt. Im Mai war er selbst nach England gefahren, um Winston Churchill dafür zu gewinnen, die britische Regierung zu einer härteren Gangart gegenüber Hitler zu bewegen. Doch obwohl Churchill zu den Kritikern der Appeasement-Politik gehörte, hatte Goerdeler ohne die erhoffte Zusage wieder abreisen müssen. Adam von Trott zu Solz, der in Oxford Jura studiert hatte, gelang es, zu Außenminister Lord Halifax und sogar bis zu Chamberlain vorzudringen, konnte aber ebenso wenig erreichen.[147]

Nicht einmal die Nachricht von dem sich anbahnenden Abkommen zwischen Hitler und Stalin, mit der »Abwehr«-Chef Canaris Fabian von Schlabrendorff nach England schickte, schien die britischen Gesprächspartner zu beunruhigen. Obwohl der Pakt einen deutschen Angriff auf Polen wahrscheinlicher machen würde, zeigte sich auch Churchill nicht sonderlich beeindruckt. Er hielt ohnehin nicht viel von der deutschen Opposition, die seiner Meinung nach »weder den Willen zum Handeln noch den Mut zum offenen Hervortreten gezeigt« habe.[148]

In Wirklichkeit fehlten den zivilen Verschwörern, die im Ausland um Unterstützung baten, weder das eine noch das andere. Sie taten, was in ihrer Macht stand, um den Krieg zu verhindern, und riskierten mit ihren Missionen nicht weniger als ihr Leben. Ihr Spielraum war aber begrenzt. Weder konnten sie ihren Gesprächspartnern garantieren, dass eine Intervention des Auslands tatsächlich etwas ausrichten, noch dass eine Aktion der Verschwörer in jedem Fall Erfolg haben würde.

Solange die Mehrheit der Generäle stillhielt, war ohnehin nichts auszurichten. Es blieb nur die Hoffnung auf ein Machtwort aus dem Ausland, dass es »kein zweites München« geben werde, jede Aggression Deutschlands also zu einem Weltkrieg führen würde. Vielleicht hätten die Befehlshaber mit dieser Aussicht dann doch den nötigen Mut, Hitler den Gehorsam zu verweigern. Eine andere Hoffnung bestand darin, die Westmächte von einem Bündnis mit der Sowjetunion zu überzeugen, bevor Hitler es tat. Doch trotz aller Warnungen glaubte man weder in London noch in Paris, dass es je dazu kommen würde, und sah daher keinen Grund zur Eile.[149]

Als Deutschland und die Sowjetunion am 23. August einen gegenseitigen Nichtangriffspakt schlossen, war es zu spät: Jetzt musste Hitler nicht mehr fürchten, dass ihm Stalin in den Arm fiel, wenn er den Angriff auf Polen befahl. Großbritannien und Frankreich würden ihm höchstens formal den Krieg erklären, Polen aber nicht aktiv zu Hilfe kommen, um keinen Weltkrieg zu riskieren. Für das Deutsche Reich bestand also keine unmittelbare Kriegsgefahr mehr – selbst dann nicht, wenn Hitler seinen Wahn vom »Lebensraum im Osten« weiterverfolgte. Für einen Putsch fehlte darum erneut der Anlass. Die Lage war aussichtslos.[150]

* * *

Die »pazifistische Platte« habe sich abgespielt, hatte Hitler vor Vertretern der gleichgeschalteten Presse verkündet. Seitdem waren die Zeitungen, im Chor mit der NS-Propaganda, auf aggressive Töne umgeschwenkt, mit denen das Volk auf den Krieg vorbereitet werden sollte. Nach mehreren Monaten ging jedoch aus den Berichten der Gestapo und des Sicherheitsdienstes hervor, dass es bisher nicht gelungen war, in der Bevölkerung die gleiche Begeisterung wie 1914 zu entfachen. Zwar hatte sich die Einsicht in die angebliche Bedrohung durch Polen durchgesetzt, doch die Stimmung war eher bedrückt. An einen bevorstehenden Weltkrieg glaubten allerdings nur wenige.[151]

Die NS-Führung befürchtete offensichtlich die Formierung einer Gegenbewegung gerade im Falle eines Krieges. Die Gestapo führte deshalb seit 1936 eine Kartei mit den Namen politischer Gegner, die »als Führer von staatsfeindlichen Gruppen in Betracht kommen würden« und darum bei einer Mobilmachung in »Schutzhaft« genommen werden sollten. Mithilfe regionaler Polizeistellen wurde sie laufend ergänzt und verfeinert, um möglichst alle Personen zu erfassen, die dem Regime potenziell gefährlich werden könnten oder von denen anzunehmen war, dass sie sich »als Hetzer oder Aufwiegler, als Saboteure oder Nachrichtenagenten« betätigen würden, sobald es zum Krieg kam.[152]

Aus Sicht der Gestapo zählten dazu beispielsweise Julius Leber, Carlo Mierendorff, Paul Löbe, Gustav Noske, Theodor Haubach und der ehemalige Gewerkschaftsführer und hessische Innenminister Wilhelm Leuschner. Sie alle wussten, dass sie seit ihrer Entlassung aus KZs und Gefängnissen unter ständiger Beobachtung standen und jederzeit mit einer erneuten Verhaftung rechnen mussten.[153] »Ich fürchte, dass es in diesem Herbst zum Krieg kommen wird und dass dieser Jahre dauern wird«, schrieb Leuschner im August 1939 an einen Freund im Ausland. »Wir sind, was wir waren. Aber wir sind gänzlich unfähig, die Katastrophe zu verhindern. Wir sind Gefangene in einem großen Zuchthaus.«[154]

Im August gelang es der Gruppe um Oster, den Chef des Wehrwirtschaftsamtes beim Oberkommando der Wehrmacht zu einem Vortrag zu überreden, mit dem Hitler vor Augen geführt werden sollte, dass Deutschland nicht über ausreichend Rohstoff- und Lebensmittelressourcen verfügte, um einen Krieg gegen die Westmächte durchzuhalten. Doch auch dieser Vorstoß lief ins Leere: Es sei unwahrscheinlich, dass die Briten oder Franzosen Polen zu Hilfe kommen würden, erwiderte Hitler. Mit der Sowjetunion als Bündnispartner sei ein Weltkrieg nicht zu befürchten, und die fehlenden Ressourcen würde man mittelfristig aus den besetzten Gebieten gewinnen.[155]

Am 25. August 1939, der Befehl zur Mobilmachung war bereits erteilt, schien Hitler doch noch die Nerven zu verlieren und sagte den Krieg in letzter Sekunde ab. Der Aufmarsch an der polnischen Grenze wurde gestoppt. Tresckow musste als Generalstabsoffizier die eben erteilten Befehle wieder rückgängig machen und sich mit ausgebreiteten Armen auf die Straßen stellen, um die anrückenden Einheiten aufzuhalten. Die neuen Befehle lauteten auf Grenzsicherung. Er war erleichtert, der Krieg schien gebannt: Die Mobilisierung eines ganzen Heeres ließ sich nicht beliebig anordnen und widerrufen.[156]

Das glaubten auch die Verschwörer in Berlin: Mit dieser Aktion habe sich Hitler endgültig als militärischer Laie erwiesen und den Respekt der Generäle verloren, vermuteten sie. Für die nächsten Jahre, wenn nicht Jahrzehnte, sei der Frieden gesichert. Canaris hielt Hitler für »erledigt«, ein Sturz erübrige sich. Auch die anderen meinten, ein Staatsstreich könne der Sache in dieser Situation möglicherweise sogar schaden, weil man nicht wisse, wie die Generäle reagieren würden.

Als Hitler sechs Tage später schließlich doch noch den Angriffsbefehl gab, hatte kaum jemand mehr damit gerechnet. »Seit 5.45 Uhr wird jetzt zurückgeschossen!«, verkündete er am 1. September im Reichstag. Ohne Kriegserklärung hatte er die Wehrmacht in Polen einmarschieren lassen und begründete den Schritt mit einem von der SS fingierten Anschlag auf einen deutschen Radiosender.[157] Es war der Beginn eines Krieges, der fast 60 Millionen Menschen das Leben kosten würde.[158] »Das ist das Ende Deutschlands«, sagte Canaris mit Tränen in den Augen.[159]

4. Das gescheiterte Wunder (1939–1944)

Der lange Weg zum 20. Juli 1944

Man kann sie heute noch hören, original und in vollem Wortlaut, als wäre es live – jene erste und nachhaltigste Lüge über den 20. Juli 1944. Hitler verbreitete sie noch in der Nacht in einer Rundfunkansprache an die deutschen »Volksgenossen und -genossinnen«, die, wie er sagte, seine Stimme hören und dadurch erfahren sollten, dass er das Attentat unverletzt überlebt hatte: »Eine ganz kleine Clique ehrgeiziger, gewissenloser und zugleich unvernünftiger, verbrecherisch-dummer Offiziere hat ein Komplott geschmiedet, um mich zu beseitigen.«[1] Dieser »Klüngel verbrecherischer Elemente« werde jetzt »unbarmherzig ausgerottet werden«.

Nachdem der Anschlag das Regime völlig unvorbereitet getroffen hatte, war es wichtig, die Deutungshoheit zurückzugewinnen. Unter keinen Umständen durfte die Öffentlichkeit erfahren, welches Ausmaß die Verschwörung wirklich hatte, wie viele Menschen der verschiedensten Schichten, Berufe und Weltanschauungen beteiligt gewesen waren. Noch war die tatsächliche Größe nicht bekannt, aber dass es keine »ganz kleine Clique« von Offizieren gewesen sein konnte, zeichnete sich schon jetzt ab – dafür waren die Ereignisse zwischen Rastenburg und Berlin zu komplex gewesen.

Die Gestapo hatte sofort mit den Ermittlungen begonnen, eine 400 Mann starke[2] »Sonderkommission 20.7.« unter Leitung des Juristen und SS-Obersturmbannführers Georg Kießel nahm ihre Arbeit auf, und in einer gewaltigen Verhaftungswelle wurden mehr als 5000 Personen festgenommen, die als regimekritisch galten. Gut 700 von ihnen standen in Verbindung mit dem Umsturzversuch.[3] Schnell wurde den Beamten des Reichssicherheitshauptamtes (RSHA) bewusst, dass die Verschwörung bei Weitem nicht nur von Militärs getragen worden war: Schon am 26. Juli war in dem Ermittlungsbericht, der täglich an Hitlers Privatsekretär Martin Bormann ging, von der zivilen Seite der Verschwörung die Rede. Bekannt war außerdem, dass es bereits konkrete Pläne für eine Zivilregierung gegeben hatte. Namen wie Adam von Trott zu Solz oder Johannes Popitz zeigten außerdem, dass das Komplott bis in die Institutionen des Systems reichte.[4]

Trotzdem ging an sämtliche Verbändeführer, Gauleiter und Dienststellen des RSHA der Befehl, vom Putschversuch eines kleinen Offiziersklüngels zu sprechen. Auch die Namen, die in diesem Zusammenhang genannt werden durften, gehörten ausschließlich Militärs. Reichsweit wurden Formulierungsrichtlinien ausgegeben, die vorschrieben, was über den 20. Juli an die Öffentlichkeit gelangen sollte: Es habe sich um »eine kleinste Clique von Verrätern« gehandelt, »die ohne jede Anhängerschaft im Reich dastanden«. Ziel dieser »Verbrecher« sei es gewesen, »den Volksstaat Adolf Hitler« zu beseitigen und »das Volk in Abhängigkeit einer kleinen Clique reaktionärer, verkalkter Volksfeinde zu bringen«.[5]

Die wider besseres Wissen in den nächsten Wochen und Monaten stetig wiederholten Lügen taten ihre Wirkung und hielten sich bis weit über das Ende des Krieges hinaus. Heute wissen wir, dass der Kreis der Beteiligten sogar noch größer war, als es den NS-Verfolgern bewusst gewesen ist: Weil die meisten Verhafteten selbst unter schwerster Folter keine Namen preisgaben oder höchstens tote Mitstreiter belasteten, entgingen den Beamten viele Zusammenhänge. Manchen Beteiligten rettete es das

Leben. Etliche Verbindungen, die für den Widerstand elementar gewesen waren, konnten von der Gestapo bis zuletzt nicht aufgedeckt werden.[6]

Bis zum 20. Juli 1944 war es den Verschwörern gelungen, ihre Arbeit und ihr weitverzweigtes Netzwerk geheim zu halten, was angesichts der jahrelangen Vorbereitung unter Lebensgefahr und widrigsten Bedingungen absolut bemerkenswert ist. Denn von den ersten Umsturzplänen 1938 bis zum Attentat 1944 musste sich der Widerstand immer wieder neu formieren – weil sich die äußeren Bedingungen veränderten, wichtige Personen verhaftet oder versetzt wurden, zentrale Verbindungen abbrachen oder von der Gestapo aufgedeckt wurden. Unter den Bedingungen der Diktatur, des Krieges und angesichts einer großen Denunziationsbereitschaft der Bevölkerung Kontakte zu knüpfen und zu halten, Vorbereitungen und verbindliche Absprachen zu treffen, stellte die Beteiligten stets aufs Neue vor kaum lösbare Schwierigkeiten. Jeder von ihnen ging ein hohes Risiko für sich und seine Familie ein, war sich dessen bewusst und handelte trotzdem.

Im Laufe der Zeit wurde das Netzwerk immer größer. Manche, wie etwa Franz Halder, die 1938 noch zu den treibenden Kräften gehört hatten, stiegen aus, andere, die lange loyal zum System gestanden hatten, kamen hinzu, als sie seinen mörderischen Charakter nicht mehr übersehen konnten. Gerade Claus von Stauffenberg ist dafür das beste Beispiel: Der Mann, der später zu *der* zentralen Figur des Umsturzversuchs werden sollte, nahm im September 1939 noch in voller Überzeugung, das Richtige zu tun, am Feldzug gegen Polen teil. Als Zweiter Generalstabsoffizier der 1. leichten Division war er beim Vorstoß auf Warschau dabei und zeigte sich beeindruckt vom unerwartet hohen Tempo der Eroberungen, mit denen er als verantwortlicher Quartiersmeister für Versorgung und Unterbringung der Truppe kaum mithalten konnte.[7]

Ob er selbst Zeuge von Verbrechen gegen die Zivilbevölkerung wurde, ist unklar. Die rohe Gewalt, mit der Wehrmacht und – in ihrem Windschatten – Polizei und Einsatzgruppen der SS gegen ein Land vorgingen, das sich kaum wehrte, ist ihm aber offensichtlich nicht entgangen: »Die Spuren des Krieges, gerade in einem so primitiven und trostlosen Land sind recht beeindruckend«, schrieb er am 10. September an seine Frau Nina. »Ungezählte völlig abgebrannte Dörfer, die Flüchtlinge, die aus den Wäldern zurückkehren, wenn die Gefechte weitergeschritten sind, ein tolles Pack.«[8] Mitleid oder gar Scham lösten diese Verheerungen bei ihm jedoch nicht aus, im Gegenteil: »Die Bevölkerung ist ein unglaublicher Pöbel, sehr viele Juden und sehr viel Mischvolk. Ein Volk, welches sich sicher nur unter der Knute wohlfühlt.«[9]

Mit der Kapitulation Warschaus am 28. September 1939 war der Feldzug bereits beendet, sodass die Deutschen mit dem Aufbau der zivilen Besatzungsverwaltung beginnen konnten. Auch das ganz im Sinne Stauffenbergs, der es für »wesentlich« hielt, in Polen »nunmehr eine planmäßige Kolonisation« anzufangen. Der »Zuwachs an bäuerlich nutzbarem Land« werde sich für Deutschland lohnen und die »Tausenden von Gefangenen … unserer Landwirtschaft recht gut tun«. Sie seien »arbeitsam, willig und genügsam«.[10]

Andere Offiziere waren über die brutale Art der Kriegsführung empört. Viele beschwerten sich über die Verbrechen von Polizei und SS, deren Zeuge sie geworden waren, der Opposition schlossen sie sich aber nicht an. Die Befehlshaber der Wehrmacht, die Einzigen also, die tatsächlich etwas hätten bewirken können, zogen sich entweder auf ihren Eid und die Pflicht zum Gehorsam zurück oder beließen es bei Appellen. Mitgefühl für die Ermordeten war dabei aber nicht das Motiv – die meisten sorgten sich mehr um die Sicherheit und Disziplin der Truppe.

Generaloberst Johannes Blaskowitz etwa, Oberbefehlshaber Ost und damit Chef des Besatzungsheeres in Polen, reichte aus diesem Grund in den folgenden Monaten mehrfach Beschwerde beim Oberkommando des Heeres (OKH) ein und warnte, die Brutalität könnte zu Aufständen der polnischen Bevölkerung führen. »Es ist abwegig, einige Tausend Juden und Polen abzuschlachten«, heißt es in einer seiner Denkschriften, »denn damit werden angesichts der Masse der Bevölkerung weder die polnische Staatsidee totgeschlagen noch die Juden beseitigt.«[11]

Bei einigen der jüngeren Offiziere aber führte das Grauen, das sie in Polen zu sehen bekamen, dazu, dass in ihnen die Bereitschaft zum Widerstand wuchs.[12] Die Erschütterung ist beispielsweise in den Briefen spürbar, die Hellmuth Stieff an seine Frau geschrieben hat: Was er auf einer Dienstreise nach Warschau Mitte November 1939 erlebte, nannte er »eine unsagbare Tragödie«. Man bewege sich »nicht als Sieger, sondern als Schuldbewusster«. Hinzu komme »all das Unglaubliche, was dort am Rande passiert«, die »Ausrottung ganzer Geschlechter mit Frauen und Kindern ist nur von einem Untermenschentum möglich, das den Namen Deutsch nicht mehr verdient. Ich schäme mich, ein Deutscher zu sein!«[13]

Hans Oster bestärkten die Berichte aus Polen, die ihn in der »Abwehr« erreichten, in seiner Entschlossenheit, das NS-Regime zu stürzen. Sein Vorgesetzter Wilhelm Canaris hatte ihn inzwischen zum Leiter der Zentralabteilung gemacht und mit weitreichenden Kompetenzen ausgestattet. Auf diese Weise konnte Oster Kontakte zu Mitverschwörern halten, neue Verbindungen knüpfen und es als dienstliche Arbeit tarnen.[14] Der Kriegsbeginn erlaubte es ihm, gleichgesinnte Zivilisten wie den Juristen Hans von Dohnanyi und den Pfarrer Dietrich Bonhoeffer als Reserveoffiziere in seine Abteilung zu holen. Gedeckt durch Amtschef Canaris entstand so eine Widerstandszelle im Bendlerblock, die

Beweise für nationalsozialistische Verbrechen zusammentrug, Juden bei der Flucht aus Deutschland half und später zu einem zentralen Knotenpunkt des Umsturzversuchs werden sollte. Osters ehemaliger Mitarbeiter Helmuth Groscurth, der mit dem Angriff auf Polen Verbindungsoffizier zwischen »Abwehr« und Heeresführung geworden war, arbeitete der Gruppe von Zossen aus zu, dem verbunkerten Hauptquartier des OKH ein paar Kilometer südlich von Berlin.[15]

Die zaudernden Befehlshaber

Nachdem es der Opposition nicht gelungen war, den Krieg zu verhindern, schien sich im Herbst 1939 eine neue Chance aufzutun: Noch am Tag vor der Einnahme Warschaus hatte Hitler seinen Entschluss für eine Offensive im Westen bekannt gegeben, nun war der Angriffstermin für den 12. November angesetzt. Der Plan war nicht nur völkerrechtswidrig, sondern auch halsbrecherisch, weil er die Gefahr des Zweifrontenkrieges barg, dem die Wehrmacht vermutlich nicht gewachsen wäre. Selbst bei Hermann Göring und Hitler-treuen Generälen stieß die Westoffensive auf entschiedene Ablehnung. Viele Befehlshaber reichten ihre Bedenken schriftlich ein, doch Hitler ließ sich durch nichts von seinem Vorhaben abbringen.

Angesichts seines Starrsinns kam nun auch Franz Halder, Generalstabschef des Heeres, zu der Erkenntnis, dass der Diktator gestürzt werden müsste: Durch Groscurth war ihm eine detaillierte Analyse der außenpolitischen und militärstrategischen Situation des Reiches zugespielt worden, die dieser zusammen mit zwei Diplomaten des Auswärtigen Amtes erarbeitet hatte.[16] So gab Halder Ende Oktober dem Drängen der Gruppe um Oster nach und befahl Groscurth, die Vorbereitungen für einen Umsturzversuch anlaufen zu lassen.[17] Dohnanyi entwarf die Aufrufe, mit denen die Bevölkerung nach dem Putsch darüber informiert werden sollte, dass Hitler unter Missachtung der Neutralität der Beneluxstaaten eine Offensive im Westen befohlen habe, was für Deutschland großes Leid nach sich gezogen hätte. Beck und Oster redigierten die Texte, alles schien bereit.[18]

Oster hatte allerdings Zweifel – völlig zu Recht, wie sich zeigen sollte –, ob Halder im entscheidenden Moment die nötige Entschlossenheit haben würde. Vorsichtshalber warnte er darum zusätzlich den niederländischen Militärattaché in Berlin, Bert Sas, vor dem geplanten Einmarsch in die neutralen Benelux-Staaten.[19] »Man kann nun sagen, dass ich Landesverräter bin, aber das bin ich in Wirklichkeit nicht«, sagte er in dem Gespräch. »Mein Plan und meine Pflicht ist es, Deutschland und die Welt von dieser Pest zu befreien.«[20]

Während der Angriffstermin näher rückte, intensivierte die Gruppe ihre Verbindung zu zivilen Regimegegnern, denn mit dem Staatsstreich allein war es nicht getan: Die Übergangsregierung würde die Akzeptanz einer kritischen Masse der Bevölkerung brauchen. Zudem würden die Gauleitungen und andere Schlüsselpositionen neu besetzt werden müssen, um den Wechsel abzusichern. Im Auftrag von General a. D. Ludwig Beck schickte der ehemalige Gewerkschaftsführer Wilhelm Leuschner darum Boten zu seinen Vertrauensleuten in allen Winkeln des Reiches und reiste selbst unermüdlich durch Deutschland, um Gleichgesinnte für den Aufbau eines neuen Staates zu gewinnen.[21]

Seit seiner Entlassung aus dem KZ führte Leuschner eine Metallfabrik in Berlin, die es ihm erlaubte, seine Fahrten als Dienstreisen zu tarnen. Auf diese Weise baute er über die Jahre ein weitverzweigtes Netz von mehreren tausend Regimegegnern[22] auf, zu dem auch die Sozialdemokraten Carlo Mierendorff, Julius Leber, Theodor Haubach und Adolf Reichwein zählten.[23]

Durch Ernst von Harnack, einst sozialdemokratischer Regierungspräsident von Merseburg, bestanden außerdem Verbindungen zur Widerstandsgruppe um Harro Schulze-Boysen und Harnacks Vetter Arvid, von der Gestapo später als »Rote Kapelle« bezeichnet.[24]

Bei allen Bemühungen und Vorbereitungen blieb Hitlers Sturz die Voraussetzung für jeden weiteren Schritt. Der aber konnte nur vom Militär ausgehen und musste per Befehl von oben durch entsprechende Truppen abgesichert werden. Ohne entschlossene Verbündete unter den Generälen war die beste Planung also nutzlos, aber gerade an ihnen fehlte es: Der Oberbefehlshaber des Heeres Walther von Brauchitsch hatte jede Beteiligung an einem Putsch abgelehnt, obwohl er dem Angriff im Westen mit größter Sorge entgegensah.

Als Brauchitsch am 5. November 1939 erneut versuchte, Hitler davon abzubringen, bekam dieser einen Wutanfall, beschimpfte Brauchitsch, warf der Wehrmacht mangelnden Kampfgeist und ihrer Führung Feigheit vor. Er kenne den »Geist von Zossen«, erklärte er zornesrot, was Halder, dem der zutiefst erschütterte Brauchitsch von der Unterredung berichtete, als Drohung verstand, dass Hitler von der Verschwörung wusste. In Zossen, dem Kriegsquartier des OKH, gab es schließlich die Oppositionszelle um Groscurth. Außerdem war ein Teil der Staatsstreichpläne dort versteckt. Halder untersagte daraufhin jede weitere Aktion und schmetterte alle Bitten seiner einstigen Mitverschwörer ab.[25]

Sein Verhalten ist typisch für die gesamte Riege der Befehlshaber, deren bestenfalls abwartende Haltung die Ereignisse der kommenden Jahre maßgeblich prägen sollte. Wären sie Becks Beispiel gefolgt und aus Protest gegen die – selbst unter rein militärischen Gesichtspunkten wahnsinnige – Kriegspolitik zurückgetreten, hätte Hitler den Krieg nicht fortführen können. Die Geschichte vom 20. Juli 1944 und seinem Scheitern ist darum auch die Geschichte vom verzweifelten und vergeblichen Werben der Opposition um die Befehlshaber der Wehrmacht.

* * *

Seit seiner Rückkehr aus Polen stand Henning von Tresckow in engem Austausch mit Oster und wusste über die Pläne der Berliner Verschwörer Bescheid. Auch ihn hatten die Mordaktionen der Einsatzgruppen in seiner Abscheu vor dem Regime nur bestärkt. Nach dem Ende des Feldzugs war er zur Heeresgruppe A nach Koblenz verlegt worden. Dadurch war er zwar fern von Berlin und Zossen, hatte als Generalstabsoffizier aber Zugang zu wichtigen Informationen und Entscheidungsträgern. So begann er, bei den Generälen Rundstedt und Manstein vorzufühlen, ob sie für einen Umsturz zu gewinnen seien, und drängte auch seinen Onkel, Generaloberst Fedor von Bock, sich dem Widerstand anzuschließen.[26]

Mit seinem früheren Regimentskameraden Rudolf Schmundt, der inzwischen Hitlers Chefadjutant geworden war, zog er einen Tag lang durch das französische Grenzgebiet über rutschige Berghänge und nahezu unpassierbare Wege, um ihn davon zu überzeugen, dass ein Feldzug schon allein wegen des einbrechenden Herbstes Wahnsinn sei. Schmundt müsse seinen Einfluss beim Führer geltend machen, um das Unheil abzuwenden, bat Tresckow, die zu erwartenden Verluste könnten Wehrmacht und Reich nicht kompensieren. Doch Schmundt ließ sich nicht überzeugen, und Tresckows Appelle an die Befehlshaber verhallten ebenfalls wirkungslos.[27] »Diese unentschlossenen Führer ekeln einen an. Grauenvoll!«, notierte Groscurth in seinem Tagebuch.[28]

Im größtmöglichen Gegensatz zu diesen Zauderern stand der schwäbische Schreiner Georg Elser. Er hatte sich schon nach dem Münchner Abkommen 1938 entschlossen, Hitler zu töten, um den Weltkrieg zu verhindern, mit dem er fest rechnete. Seitdem hatte er alles darangesetzt, sein Vorhaben umzusetzen. Durch einen Zeitungsbericht erfuhr er, dass die NSDAP jeden 8. November im Münchner Bürgerbräukeller des gescheiterten Putschversuchs von 1923 gedachte und Hitler am Vorabend des Jahrestages immer eine Rede hielt. Elser ließ sich in einem Steinbruch nahe seines Heimatorts Königsbronn anstellen, um unauffällig an Sprengstoff zu kommen. Die Bombe baute er selbst und konstruierte dafür einen ausgefeilten Zeitzünder, der sich mehrere Tage im Voraus scharfstellen ließ.

Im Spätsommer 1939 zog er nach München, um im Saal des Bürgerbräukellers ein Versteck für die Bombe vorzubereiten. Jeden Abend nahm er dort eine einfache Mahlzeit ein, versteckte sich anschließend in der Besenkammer und wartete, bis das Gasthaus geschlossen und die letzten Angestellten gegangen waren. Dann arbeitete er die ganze Nacht daran, einen Hohlraum in eine der Säulen am Bühnenrand zu meißeln, den er hinterher wieder mit der Verkleidung verbarg. Den Schutt sammelte er in einem kleinen Koffer und schüttete ihn am nächsten Tag in die Isar.[29] Wochenlang schuftete er so weiter, auf Knien und mit blutenden Händen. Die Verletzungen und die entzündeten Knie trugen später mit dazu bei, dass er als Attentäter überführt wurde.[30]

Am 5. November, dem Tag, als in Berlin gerade die Verschwörung zusammenbrach, weil Halder nach Hitlers Standpauke der Mut verlassen hatte, musste Elser noch einmal den Kasten des Uhrwerks verkleinern, damit die Bombe in den Hohlraum passte. Zwei Tage später überprüfte Elser zum letzten Mal die Zündvorrichtung, floh nach Konstanz und wurde am Abend des 8. November an der Grenze zur Schweiz festgenommen.

Eine halbe Stunde später detonierte die Bombe – wie von Elser geplant um 21.20 Uhr und doch zu spät,[31] denn Hitler hatte seine Rede, weil er wegen schlechten Wetters mit dem Zug statt mit dem Flugzeug nach Berlin zurückkehren musste, früher als sonst beendet und den Bürgerbräukeller schon um 21.10 Uhr verlassen.[32] Die Explosion sprengte die Säule und brachte die Saaldecke über der Bühne samt mehrerer Eisenträger zum Einsturz.[33] Hitler hätte sie nicht überlebt. Statt seiner starben acht andere Menschen, mehr als 50 wurden verletzt.

Elser verfehlte sein Ziel, die Welt vor dem Diktator zu bewahren, nur um wenige Minuten und kam ihm doch so nahe wie keiner nach ihm. Die nächste für Hitler bestimmte Bombe detonierte erst fast fünf Kriegsjahre später.

Obwohl Elser früh überführt wurde und sich in den Verhören zu der Tat bekannte, konnten weder die Ermittler noch Hitler oder Goebbels glauben, dass er den Anschlag allein verübt hatte. Man ließ ihn die Bombe darum unter Aufsicht der Gestapo noch einmal nachbauen und detaillierte Zeichnungen dazu anfertigen. Trotzdem verbreitete die NS-Propaganda die Behauptung, das Attentat sei im Auftrag und mithilfe des britischen Geheimdienstes durchgeführt worden. Im Ausland und unter den Oppositionellen wiederum vermutete man, die Nazis selbst hätten den Anschlag fingiert, um die Bevölkerung hinter sich zu bringen und, ähnlich wie beim Reichstagsbrand, einen Vorwand für neue militärische Schläge zu haben.[34]

Tatsächlich nahmen die Nationalsozialisten das Ereignis zum Anlass für zahlreiche Verhaftungen, insbesondere von Juden. RSHA-Chef Reinhard Heydrich wies alle Dienststellen an, bekannte Staatsfeinde und Verdächtige besonders gründlich unter die Lupe zu nehmen und auf Verbindungen zum Attentat zu überprüfen.[35] Elser selbst wurde wochenlang verhört und gefoltert und ab 1941 im KZ Sachsenhausen inhaftiert, wo er fast fünf Jahre in Isolationshaft gefangen gehalten wurde. Im Februar 1945 wurde er in das KZ Dachau verlegt und dort am 9. April 1945 ermordet.[36]

Wie später der 20. Juli 1944 führte Elsers Attentat in der Bevölkerung nicht zum erhofften Fanal, sondern zu einer Welle der Solidarität mit dem »Führer«,[37] der sein wundersames Überleben als Werk der »Vorsehung« betrachtete, die ihn dazu bestimmt habe, seine Mission zu erfüllen.[38] Die Verleumdungen, die das NS-Regime über Elser verbreitete, hielten sich noch jahrzehntelang – länger und hartnäckiger als die Verratsvorwürfe gegen die Beteiligten vom 20. Juli – und wurden noch um zahlreiche Gerüchte und Verfälschungen ergänzt. Nach dem Krieg musste Marie Elser erleben, wie ihr Sohn sogar als SS-Mann verunglimpft wurde, der im Auftrage Hitlers gehandelt habe.[39]

* * *

Trotz der verbreiteten Kriegsangst gelang es Hitler und Goebbels, den alten Hass gegen Großbritannien zu schüren und die Deutschen darauf vorzubereiten, dass weitere Auseinandersetzungen bevorstünden.[40] Bei den Verschwörern hatte sich Erich Kordt bereit erklärt, ein Bombenattentat auf Hitler zu verüben. Als Legationsrat im Auswärtigen Amt hatte er jederzeit Zugang zur Reichskanzlei und konnte abwarten, bis Hitler dort erschien. Durch dessen Tod, so die Hoffnung der Gruppe, wären die Generäle von ihrem Eid befreit, würden ihre Skrupel überwinden und den Putsch wagen. Oster setzte alle Hebel in Bewegung, um an Sprengstoff zu gelangen, doch die Sicherheitsvorkehrungen waren seit dem Elser-Attentat massiv verschärft worden, sodass er nach einigen Wochen resigniert aufgeben musste.[41]

Danach sahen die Verschwörer ihre ohnehin schwachen Erfolgsaussichten weiter schwinden. Bei Hitlers nun wieder wachsender Popularität war es noch unwahrscheinlicher geworden, dass es ihnen gelingen würde, Entscheidungsträger von einem Staatsstreich zu überzeugen. Oster, Groscurth, Beck und Goerdeler versuchten dennoch weiter, Halder zum Handeln zu bewegen. Der aber zog sich umso weiter zurück, je mehr seine ehemaligen Mitstreiter ihn bestürmten. Er sehe keine Basis zum Losschlagen, erklärte er schließlich Anfang 1940, die Wehrmacht könne nichts unternehmen, da nun erst einmal Krieg geführt werden müsse.[42] Gegenüber Beck ließ er durchblicken, dass er die Erfolgsaussichten einer Westoffensive inzwischen viel optimistischer beurteile. »Grauenvolle Einstellung. Kaum noch zu ertragen«, notierte Groscurth. »Eine grenzenlose Würdelosigkeit!«[43]

Der Generalstabschef, so viel war klar, fiel als Verbündeter bis auf Weiteres aus. Im Februar 1940 verlor die Gruppe auch noch Groscurth, der auf Weisung von Oberbefehlshaber Brauchitsch aus dem OKH in die Truppe strafversetzt wurde: Er war mit Berichten über die Verbrechen in Polen eigenmächtig zu den Heerführern im Westen gereist, in der vergeblichen Hoffnung, sie für den Widerstand zu gewinnen. Sein Versuch war schon deshalb zum Scheitern verurteilt gewesen, weil Brauchitsch gerade erst in einer grundsätzlichen Stellungnahme zu »Heer und SS« erklärt hatte, die »notwendige und vom Führer angeordnete Lösung volkspolitischer Aufgaben« führe »zwangsläufig« zu »harten Maßnahmen gegenüber der polnischen Bevölkerung«.[44]

Einen weiteren Anlass zu seiner Degradierung hatte Groscurth gegeben, als er sich öffentlich über Himmlers Befehl an SS-Männer und Polizisten empörte, im Krieg möglichst viele Kinder »auch außerhalb der Ehe«[45] zu zeugen, was Hitler ausdrücklich befürwortete.[46] Als am 10. Mai 1940 die mehrfach verschobene Westoffensive begann, nahm Groscurth daher notgedrungen als Kommandeur eines Infanterieregiments daran teil.[47]

Innerhalb weniger Tage überrollte die Wehrmacht die Niederlande und Belgien, die der Schlag zwar nicht überraschend, aber völlig unzureichend gerüstet traf: Dass Oster seine Warnungen wegen des mehrfach verschobenen Angriffstermins seit Oktober mehr als 20-mal korrigieren musste, hatte ihnen einen großen Teil ihrer Wirkung genommen.[48] Auch der von den Verschwörern erhoffte Rückschlag für Hitler blieb aus: Ende Mai standen die deutschen Truppen bereits an der Kanalküste, am 14. Juni fiel Paris, am 22. Juni unterzeichneten die Franzosen im Wald von Compiègne die Kapitulationserklärung. Ein mit Bedacht gewählter Ort, denn genau dort hatten 1918 einst die siegreichen Franzosen die Bedingungen für den Waffenstillstand diktiert.[49]

Der Wehrmacht war also in kürzester Zeit gelungen, woran die kaiserliche Armee trotz jahrelangem Stellungskrieg gescheitert war. In Deutschland läuteten die Glocken,[50] Hitler stand als Oberster Befehlshaber im Zenit seiner Macht und seines Ansehens. Das Volk sei innerlich geschlossen, hieß es in den Lageberichten des Sicherheitsdienstes (SD). Es gebe eine »enge Verbundenheit von Front und Heimat«, alles schaue »dankbar und mit Vertrauen auf den Führer und seine von Sieg zu Sieg eilende Wehrmacht«.[51]

Tresckow, der an vorderster Front mit dabei war, erfüllte der Triumph über den alten »Erbfeind« Frankreich ebenfalls mit Begeisterung: »Aller Kleinmut, dessen ich mich freudig schuldig bekenne, ist angesichts unserer ungeheuren Erfolge verflogen.« Nun werde »hoffentlich ein guter Frieden folgen«, schrieb er auf einer Karte nach Hause. Auf der Vorderseite: ein Bild von der Unterzeichnung der Kapitulation 1918.[52] Selbst in linken Arbeiterkreisen feierte man die rasch aufeinanderfolgenden Siege.[53]

Bei den meisten Regimegegnern führten die Erfolgsmeldungen jedoch zu tiefer Resignation, weil sie jede Hoffnung auf einen Umschwung der Stimmung im Land oder eine Verständigung mit Großbritannien begruben. Man könne schier verzweifeln unter der »Last der Tragik, sich an den größten nationalen Erfolgen nicht freuen zu können«, schrieb der ehemalige Diplomat Ulrich von Hassel in sein Tagebuch. Seine Gesinnungsgenossen in Berlin seien »erschüttert«.[54] Man dürfe jetzt aber »die Flinte nicht ins Korn werfen«, sondern müsse auf »neue Kampfmöglichkeiten« gegen das Regime warten.[55]

Später sollte die Serie militärischer Niederlagen jedoch eine ähnlich lähmende Wirkung auf die Umsturzpläne haben wie die jetzigen Triumphe.[56]

Der Widerstand und die Verbrechen im Osten

Hitler hatte die siegreichen Befehlshaber des Polen- und des Westfeldzugs gerade erst geehrt und befördert,[57] als er die Wehrmachtsführung im Juli 1940 bereits darüber in Kenntnis setzte, dass es als Nächstes gegen die Sowjetunion gehen solle. Obwohl Brauchitsch und Halder der Sinn dieses Vorhabens nicht einleuchtete, zogen sie sich diesbezüglich auf die Position soldatischer Befehlsempfänger zurück und machten sich an die operative Planung. Als Helfer für einen Sturz des Regimes fielen die beiden endgültig aus. »Technische Handlanger« nannte sie Hassel bitter.[58]

Am 18. Dezember 1940 befahl Hitler, den Angriff auf die Sowjetunion bis Mitte Mai 1941 abschließend vorzubereiten, wogegen sich unter den führenden Militärs weiterhin kaum Widerspruch regte. Noch immer blind von der Siegeseuphorie, übersahen die meisten die zahlreichen Risiken, die mit dem »Unternehmen Barbarossa« verbunden waren. Wegen der antikommunistischen Grundhaltung des Nationalsozialismus erschien es ihnen sogar sinnvoll, obwohl die strategischen und wirtschaftlichen Möglichkeiten Deutschlands unbedingt dagegensprachen und die Gefahr eines Zweifrontenkrieges wuchs, solange Großbritannien nicht besiegt war.[59] Nur wenige kamen zu einer realistischeren Einschätzung und warnten vor den möglichen Folgen wie etwa General Carl-Heinrich von Stülpnagel oder General Friedrich Olbricht. Ihre Mahnungen blieben jedoch wirkungslos.[60]

Am 30. März 1941 hielt Hitler in der Reichskanzlei vor mehr als 200 Befehlshabern eine Rede und erklärte klipp und klar, dass der Feldzug dazu dienen werde, Lebensraum im Osten zu gewinnen und die sowjetische Intelligenz auszurotten. Seine Zuhörer forderte er auf, ihre Bedenken zu überwinden und vom »Standpunkt des soldatischen Kameradentums« abzurücken. Der Kommunist sei kein Kamerad, es handle sich »um einen Vernichtungskampf«.

Brauchitsch behauptete nach dem Krieg, er sei hinterher von schockierten Generälen umringt gewesen. Falls es tatsächlich so gewesen sein sollte, hatte es zumindest keinerlei Folgen, denn weder Brauchitsch noch sonst jemand protestierte oder verlangte auch nur eine Diskussion über Hitlers Pläne vom Weltanschauungs- und Vernichtungskrieg.[61] Stattdessen übersetzten die Führungen von OKH und OKW (Oberkommando der Wehrmacht) diese bereitwillig in Richtlinien und Befehle, die im Mai und Juni ausgegeben wurden.

Sie trafen nun ihrerseits auf beflissene Generäle und Truppenführer, von denen kaum einer sie infrage stellte oder sich weigerte, sie weiterzugeben. Dabei waren die Befehle offensichtlich völkerrechtswidrig: Der sogenannte Kommissarbefehl bezeichnete die politischen Offiziere der Roten Armee als »Urheber barbarisch asiatischer Kampfmethoden«, die eine Gefahr für »die schnelle Befriedung der eroberten Gebiete« darstellten. Sie dürften nicht als Kriegsgefangene behandelt werden, sondern seien sofort »mit der Waffe zu erledigen«.[62] Diese Aufforderung zum Mord wurde flankiert vom »Kriegsgerichtsbarkeitserlass«, der Wehrmachtsangehörigen Straffreiheit zusicherte für alle an den Bewohnern der besetzten Gebiete begangenen Verbrechen.[63]

Der Historiker Felix Römer hat anhand von Militärakten akribisch nachgewiesen, wie »gehorsam und routiniert«[64] die Weisungen weitergegeben wurden, sodass am Angriffstag, dem 22. Juni 1941, bis zum letzten Mann alle Bescheid wussten.[65] Im laufenden

Feldzug wurden dann auch neu eintreffende Reserveverbände von den jeweiligen Kommandeuren entsprechend informiert, was belegt, wie groß das Interesse an einer reibungslosen Umsetzung war.[66] Bedenken wurden allenfalls vereinzelt laut und entsprangen, wie bereits in Polen, in der Regel nicht der Empörung über die Barbarei, sondern der Sorge um die soldatische Disziplin.[67] So protestierte zum Beispiel Tresckows Onkel und Vorgesetzter Generalfeldmarschall Fedor von Bock gegen die Befehle, weil sie in letzter Konsequenz jedem Soldaten das Recht gaben, eigenmächtig zu handeln und ohne Absprache Hinrichtungen vorzunehmen. Als aber Brauchitsch ihn davon überzeugte, dass die »Manneszucht« nach wie vor oberste Prämisse habe, erklärte Bock sich mit allem einverstanden.[68]

Tresckow war seit Dezember 1940[69] Erster Generalstabsoffizier in der Heeresgruppe Mitte,[70] die das Zentrum des Aufmarsches gegen die Sowjetunion bilden sollte. Sein Vertrauter Rudolf-Christoph Freiherr von Gersdorff, ab April 1941 Nachrichten- und Abwehroffizier in Tresckows Stab, berichtete nach dem Krieg über die Arbeit der Militäropposition. Seine Erinnerungen gehören zu den raren Quellen zum 20. Juli 1944 und wurden von der Forschung daher jahrzehntelang kaum hinterfragt.[71] Aus ihnen stammen viele Äußerungen Tresckows. So auch das, was er gesagt haben soll, als er mit ihm auf dem Weg zu Bock war, um diesen dazu zu bringen, sich für die Rücknahme der Befehle einzusetzen: Wenn das nicht gelinge, soll Tresckow gesagt haben, »hat Deutschland endgültig seine Ehre verloren«. Das werde sich »in Hunderten von Jahren noch auswirken«, und man werde dafür »nicht Hitler allein die Schuld geben«, sondern ausnahmslos allen Deutschen.[72]

Laut Gersdorff sei man sich mit den Generalstabsoffizieren der anderen Heeresgruppen einig gewesen, die Befehle nicht auszuführen, und habe sie bewusst sabotiert, als der Protest bei den Befehlshabern nicht fruchtete.[73] Römers Studie sorgte 2008 auch deshalb für Wirbel, weil sie zeigte, dass diese Darstellung ins Reich der Legenden gehört.[74] In Wirklichkeit nämlich wurden der »Kommissarbefehl« und der »Kriegsgerichtsbarkeitserlass« auch in der Heeresgruppe Mitte ohne nennenswerte Abstriche umgesetzt,[75] obwohl es sehr wohl einen Handlungsspielraum gab, mit dem sich die Erlasse spürbar hätten abschwächen lassen. Dass davon im gesamten Ostheer kaum Gebrauch gemacht wurde, zeigt die große Übereinstimmung mit den von Hitler vorgegebenen Kriegszielen und der rassistisch-antisemitischen Haltung, die ihnen zugrunde lag.[76]

Über die angebliche Notwendigkeit eines Angriffs auf die UdSSR herrschte ohnehin weitgehend Einigkeit.[77] Selbst der kritisch eingestellte Stieff war überzeugt, »dass die Auseinandersetzung mit dem Bolschewismus kommen musste« und es »höchste Zeit« sei, »diese ganz Europa bedrohende Gefahr auszuräumen«.[78] Evangelische Geistliche sahen den Angriff als Kreuzzug zur Beseitigung des »Pestherdes im Osten«;[79] die katholische Kirche entsandte Feldpfarrer, die »gegen den gottlosen Bolschewismus« predigten.[80] Schon nach dem Sieg über Polen hatte es im Berliner Dom einen großen Dankgottesdienst gegeben[81] – mit dem »Lebensraum«-Konzept konnten die Nationalsozialisten also an eine weitverbreitete antislawische und vor allem antibolschewistische Haltung anknüpfen.[82]

Auch Generaloberst Erich Hoepner, der seit 1938 zur Militäropposition zählte, schwor die ihm unterstellte Panzergruppe im Mai 1941 auf den »alten Kampf der Germanen gegen das Slawentum« ein. Es gehe um »die Verteidigung europäischer Kultur gegen moskowitisch-asiatische Überschwemmung« und »die Abwehr des jüdischen Bolschewismus«. Der Krieg müsse darum »mit unerhörter Härte geführt werden« und zur »erbarmungslosen, völligen Vernichtung des Feindes« führen.[83] Nichts spricht dafür, dass die übrigen Hitler-Gegner im Offizierskorps es wesentlich anders sahen.[84]

Vom ersten Tag des Feldzugs an begleiteten also die Massenexekutionen der Einsatzgruppen den Vormarsch der Wehrmacht. Innerhalb weniger Wochen wurden erst Angehörige der »jüdisch-bolschewistischen Intelligenz« ermordet, dann alle jüdischen Männer in wehrfähigem Alter, kurz darauf auch Frauen, Kinder und Alte. Entsprechende Berichte und Opferzahlen gingen nachweislich über Tresckows und Gersdorffs Schreibtisch und wurden von ihnen abgezeichnet. In Meldungen von Mitte Juli, die ebenfalls ihre Kürzel tragen, ist von mehreren Vergeltungsmaßnahmen an Juden in Minsk und Wilna die Rede, bei denen allein innerhalb einer Woche mehr als 1300 Menschen »liquidiert« wurden.[85]

Im Generalstab der Heeresgruppe Mitte sei seinen »Maßnahmen das vollste Verständnis entgegengebracht« worden, lobte Einsatzgruppenchef Arthur Nebe in einem Schreiben an das RSHA. Er könne mit seinem Stab »nach eigenem taktischem Ermessen freizügig im Bereich der Heeresgruppe operieren«. Die Geheime Feldpolizei stelle »sogar Trupps zur Unterstützung bei den Liquidierungen ab«.[86]

Mindestens eine halbe Million Russen fiel außerdem der deutschen Partisanenbekämpfung zum Opfer,[87] wobei gerade hier die Grenze zum Völkermord fließend war, da »Jude« und »Agent« häufig synonym verwendet oder in einem Atemzug genannt wurden. Noch 1959 sagte Gersdorff aus, dass es nach seiner Erfahrung »unter der jüdischen Bevölkerung eine größere und aktivere Kriminalität« gegeben habe »als bei der übrigen russischen Bevölkerung«. »Judenliquidierungen«, wie sie aus Nebes Berichten hervorgingen, hätten sich in einer Größenordnung gehalten, die angesichts des Operationsgebietes »begreiflich waren«, sodass man davon ausgehen konnte, es habe sich um »kriegsbedingte Erschießungen« gehandelt.[88]

Solche und andere Formen der »Bandenbekämpfung« galten nicht nur als legitime Gegenwehr, sondern zugleich als notwendige Maßnahmen für einen schnellen Sieg, den man – getragen von der Euphorie der bisherigen Erfolge – auch in der Sowjetunion erwartete. Je abschreckender die Gewalt, so die Logik, desto schneller würde der Widerstand in die Knie gehen, und desto schneller ließen sich die besetzten Gebiete »befrieden«.[89] Bis dahin strebte man den Zustand »vorn Kampf, hinten Ruhe« an, wie es in einem Besprechungsprotokoll heißt.[90] Auch für Tresckow gehörte die Bekämpfung der sowjetischen Partisanen zum täglichen Kriegsgeschäft.[91]

Gleichwohl hatte er damit begonnen, Gleichgesinnte in seinen Stab zu berufen, darunter etliche Reserveoffiziere, also Zivilisten – allen voran seinen Vetter, den Rechtsanwalt Fabian von Schlabrendorff, der in der Opposition zu seinem engsten Vertrauten wurde. Außerdem Carl-Hans Graf von Hardenberg und Heinrich Graf von Lehndorff-Steinort. Später kamen noch die Offiziere Berndt von Kleist und Georg Schulze-Büttger hinzu. Auch Gersdorff hatte Tresckow gezielt zu sich geholt.[92]

So entstand in der Heeresgruppe Mitte eine Widerstandszelle, die für den weiteren Verlauf von größter Bedeutung sein würde: Ende September 1941 reiste Schlabrendorff nach Berlin, um in Tresckows Auftrag »brauchbare Kristallisationspunkte« für einen Umsturz zu suchen. Durch einen Mittelsmann kam er dort mit Ulrich von Hassel zusammen, der schon an der »Septemberverschwörung« von 1938 beteiligt gewesen war. Er berichtete ihm von der Widerstandszelle um Tresckow und überbrachte die Nachricht, dass man dort zu allem bereit sei. Zum ersten Mal, schrieb Hassel hinterher erleichtert in sein Tagebuch, scheine »eine Art Initiative von *dort* her vorzuliegen«.[93]

Mit dem »*dort*« meinte Hassel das Militär, auf das die zivile Opposition schon vor dem Krieg vergeblich gehofft hatte und ohne dessen Hilfe ein Sturz des Regimes inzwischen noch unwahrscheinlicher war als damals. Durch die Kontaktaufnahme aus der Heeresgruppe Mitte schöpften die Berliner Verschwörer wieder neuen Mut. Tatsächlich würde sich diese Achse mit der Zeit zum Motor des Putschversuchs entwickeln.[94]

* * *

Noch aber gab es nur wenige Anknüpfungspunkte zwischen den verschiedenen Regimegegnern im Reich: Der Terror der ersten Jahre hatte die Opposition fast gänzlich verstummen lassen. Viele Gruppen waren zerschlagen, die Mitglieder eingeschüchtert, verschleppt oder ermordet. Julius Leber war nach seiner Entlassung aus dem KZ mithilfe seines Parteifreunds Gustav Dahrendorf Teilhaber einer Kohlenhandlung in Berlin-Schöneberg geworden. Er wusste, dass unter den derzeitigen Bedingungen an eine aktive Widerstandsarbeit nicht zu denken war und er sich darauf beschränken musste, die alten Kontakte wiederherzustellen.[95]

Carlo Mierendorff, Ernst von Harnack, Wilhelm Leuschner und er hatten kurzzeitig erwogen, eine alle politischen Richtungen umspannende Einheitsfront gegen Hitler ins Leben zu rufen, mussten sich dann aber eingestehen, dass diese Idee schlicht nicht umsetzbar war.[96] Eine Initiative aus der Arbeiterschaft, etwa über einen Generalstreik, war zu gefährlich und die Aussicht auf Erfolg äußerst zweifelhaft – ein Staatsstreich konnte nur vom Militär ausgehen und musste auch von diesem durchgeführt werden.

Die Arbeiter hätten Hitler »nicht in den Sattel gehoben und auch diesen Krieg, der über kurz oder lang zu einer Katastrophe führen muss, nicht angefangen«, meinte Leuschner. Es sei daher jetzt Sache des Militärs, Hitler zu beseitigen.[97] Am Ende werde die Opposition sonst wieder unverschuldet für die Kriegsniederlage verantwortlich gemacht, wie damals 1918. Außerdem sei nicht auszuschließen, dass sich das Militär gegen die Arbeiter stellen würde.[98] Nach einem Umsturz, davon war Leuschner überzeugt, würde sich die gewerkschaftliche Solidarität wiederbeleben lassen und die Arbeiterschaft hinter einer neuen Regierung stehen.[99]

Für den oppositionellen Freundeskreis waren die Büros in den Firmen von Leuschner, Leber und Harnack wichtige Treffpunkte. Theodor Heuss, der ebenfalls dazugehörte, beschrieb es später so: »Die zwei kleinen Zimmer in dem fragwürdigen Häuschen nahe dem Bahnhof Schöneberg zwischen den Kohlebergen der Firma Meyer und Co. waren eine rechte Verschwörerbude. Manchmal klingelte es an der äußeren Tür, und Leber musste dann wohl in den vorderen Raum, um einen Kunden zu vertrösten. Aber in der Hinterstube, auf verhockten Sesseln, hatte die politische Leidenschaft ihre Herberge.«[100]

* * *

400 Kilometer weiter südöstlich, im niederschlesischen Kreisau, kam seit Ende 1938 ein Gesprächskreis zusammen, den der Jurist Helmuth James Graf von Moltke mit initiiert hatte und zusammen mit seiner Frau Freya regelmäßig auf das Gut seiner Familie einlud. Im Laufe der Zeit erweiterte sich der »Kreisauer Kreis« um Oppositionelle aus den unterschiedlichsten Gesellschaftsschichten, geistigen und politischen Hintergründen – Linke und Konservative, Geistliche und Christen beider Konfessionen, Staatsrechtler, Wirtschaftswissenschafter, Beamte.[101]

Durch die Bandbreite des Netzwerks, zu dem laufend weitere Personen hinzustießen, kamen viele verschiedene Perspektiven und großes Fachwissen über soziale, religiöse, völker- und staatsrechtliche Fragen zusammen. Sämtliche Mitglieder – vom preußischen Adligen bis zum Arbeiterführer – waren sich einig, dass es nach dem Sturz des Systems keine Rückkehr zu früheren Verhältnissen geben dürfe, sondern der Staat von Grund auf erneuert werden müsse.[102]

Moltke selbst arbeitete seit Kriegsbeginn als Verwaltungsrat für Völkerrecht im Amt Ausland/Abwehr und stand dadurch in Verbindung mit der Widerstandszelle um Canaris und Oster. Sein Freund Peter Graf Yorck von Wartenburg, der in Breslau und Berlin als Verwaltungsjurist arbeitete, gehörte mit seiner Frau Marion seit 1940 zum engsten Kreis und wurde zusammen mit Moltke die treibende Kraft hinter den konspirativen Treffen, bei denen über eine neue rechtsstaatliche Ordnung nach Hitler diskutiert wurde.

Zu den Kernmitgliedern des Kreises zählte außerdem der Jurist Adam von Trott zu Solz. Er arbeitete seit 1940 in der Informationsabteilung des Auswärtigen Amtes und nutzte seine Dienstreisen, um Verbindungen zu Widerstandskämpfern im Ausland herzustellen und nach Möglichkeiten zu versuchen, einen Staatsstreich außenpolitisch abzusichern. Trott hatte sich 1933 bewusst dafür entschieden, in Deutschland zu bleiben, um das System von innen heraus zu stürzen, und sich schon 1938 bemüht, britische Diplomaten und Politiker vor dem drohenden Krieg zu warnen. Zur Tarnung war er 1940 in die NSDAP eingetreten.[103]

Fritz-Dietlof Graf von der Schulenburg, der wie Trott bereits an den Staatsstreichplänen von 1938 beteiligt gewesen war, stieß später ebenfalls zu den Kreisauern. Er entwickelte sich zu einem der umtriebigsten Netzwerker der Verschwörung, warb unermüdlich neue Mitstreiter an, verband militärische und zivile Widerstandskämpfer und hielt die Verbindung zu den verschiedenen Kreisen.[104]

Ein neuer, kühner Plan: Walküre

Nach dem Angriff auf die Sowjetunion waren die drei Heeresgruppen zunächst schnell vorangekommen, im Dezember 1941 aber begann die Rote Armee mit der Gegenoffensive. Der Vormarsch auf Moskau wurde gestoppt, die Heeresgruppe Mitte fast geschlagen. Erst Wochen später konnte sie sich wieder sammeln und die Front, weitab von Moskau, neu aufbauen. Die deutschen Truppen waren auf den gewohnten »Blitzkrieg« eingestellt gewesen und für die bittere Kälte des russischen Winters nicht annähernd vorbereitet. Durch die Besetzung der eroberten Länder und die anderen Kriegsschauplätze waren außerdem erhebliche Kräfte gebunden, sodass der Nachschub an Soldaten nicht genügte, um die Verluste auszugleichen.[105] Dennoch führte auch diese sogenannte Winterkrise 1941/42 nicht dazu, dass Befehlshaber sich Hitler und seiner dilettantischen Kriegsführung widersetzten.[106]

Die Opposition in Berlin schwankte zwischen Resignation und Hoffnung: Stellte die angespannte Lage einen Katalysator oder eine Bremse für den Umsturz dar? Für Ludwig Beck scheint sie der Anlass gewesen zu sein, nun aktiv darauf hinzuarbeiten.[107] Seit er 1938 aus Protest gegen Hitlers Kriegskurs als Generalstabschef des Heeres zurückgetreten war, hatte er keine dienstliche Machtposition mehr inne, die der Opposition von Nutzen sein konnte. Seine Versuche, mit Denkschriften und persönlichen Appellen an Hitler und seine ehemaligen Kollegen in der Wehrmachtsführung Einfluss zu nehmen, waren sämtlich gescheitert. Jetzt stieg er aktiv in die laufende Verschwörung ein und entwickelte sich, dank seines ungebrochen hohen Ansehens in militärischen und zivilen Kreisen, zu ihrem informellen Oberhaupt, bei dem alle Fäden zusammenliefen.[108]

In General Friedrich Olbricht, der seit März 1940 an der Spitze des Allgemeinen Heeresamtes im OKW stand, hatte die Gruppe einen weiteren wichtigen Verbündeten, der das NS-Regime schon lange ablehnte und in seiner neuen Dienstposition zu dessen Sturz beitragen wollte. Er stand in engem Austausch mit Oster, dessen Dienststelle ebenfalls im Bendlerblock untergebracht war, und entwickelte eine geniale Idee, die zum Herzstück des Umsturzversuchs werden sollte: Sie bestand darin, die offiziellen »Walküre«-Befehle umzuarbeiten, die eigentlich dafür gedacht waren, Unruhen im Innern oder Aufstände von Zwangsarbeitern niederzuschlagen, sodass sie sich als Instrument für einen Staatsstreich nutzen ließen.[109]

Das Codewort »Walküre« startete nämlich eine Kette von Geheimbefehlen, mit der im Falle einer Bedrohung von innen das zwei Millionen Mann starke Ersatzheer in Marsch gesetzt werden würde, um das Regime zu beschützen. Gleichzeitig würden die vollziehende Gewalt und die militärische Führung auf den Befehlshaber des Ersatzheeres übergehen: auf Olbrichts Vorgesetzten General Friedrich Fromm.

Das Ersatzheer bestand aus den Soldaten der Wachtrupps, Heeresschulen, Kommando- und Verwaltungsbehörden und war als einziges bewaffnetes Organ nicht direkt dem Regime unterstellt. Gelänge es, die Notfallpläne so zu modifizieren, dass die Truppen den Umsturz absicherten, bis die Verschwörer an allen entscheidenden Stellen die Gewalt übernommen haben würden, wäre »Walküre« Waffe und Tarnung zugleich.

Unter den jungen Offizieren im Stab der Heeresgruppe Mitte war inzwischen die Erkenntnis gewachsen, an einem verbrecherischen Krieg teilzunehmen, dessen eigentliches Ziel ein erbarmungsloser Völkermord war. Einige von ihnen waren Augenzeuge des Massakers von Borissow geworden, bei dem Einsatzgruppen und SD am 20. Oktober 1941 die gesamte jüdische Bevölkerung der Stadt ermordet hatten: mehr als 7000 Frauen,

Männer und Kinder. Von diesem Tag an, so berichtete es Gersdorff später, gab es in der Gruppe keine Zweifel mehr, dass Hitler und sein Regime beseitigt werden müssten – notfalls mit Gewalt.[110] Die Verschwörer wussten aber auch, dass dieser Plan ohne Unterstützung aus den oberen Rängen nicht umzusetzen wäre. Seit Dezember hatte die Heeresgruppe mit Generalfeldmarschall Günther von Kluge immerhin einen Oberbefehlshaber, der ihren Ansichten näher stand als sein Vorgänger, Tresckows Onkel Fedor von Bock.[111]

Kluge wurde bereits seit 1938 von Regimegegnern umworben, sich dem aktiven Widerstand anzuschließen.[112] Bisher hatte er sich nicht dazu durchringen können, war aber durchaus empfänglich für Argumente. Vor allem Tresckow bearbeitete ihn daher nach Kräften. Gerade jetzt, wo die deutsche Siegesserie abgerissen war, schien es wieder Hoffnung zu geben, dass Befehlshaber wie er endlich die Aussichtslosigkeit des Krieges sehen würden.

Generaloberst Hoepner machte im Januar 1942 den Anfang, indem er sich dem Durchhaltebefehl widersetzte, der von ihm geführten Panzergruppe 4 eigenmächtig den Rückzug befahl und so Hunderten von Soldaten das Leben rettete. Aber keiner seiner Kollegen folgte Hoepners Beispiel, und keiner solidarisierte sich mit ihm, als Hitler ihn zur Strafe mit sofortiger Wirkung absetzte und unehrenhaft aus der Wehrmacht entließ.[113]

»Unsere Verbündeten sind nicht Halder oder Keitel, sondern die militärische Notlage und Rückschläge, die vielleicht der Vernunft dienlich sind … bevor es zu spät ist«, sagte Stauffenberg im April 1942.[114] Er war inzwischen zum Leiter einer Organisationsabteilung des OKH im Führerhauptquartier »Mauerwald« befördert worden. Dank der tieferen Einblicke in die tatsächliche Situation hatte er die Niederlage bereits früh kommen sehen, aber dennoch bis kurz zuvor daran geglaubt, dass ein Sieg noch möglich sei.[115] Inzwischen war seine Skepsis gewachsen – und seine

Empörung über die unmenschliche Behandlung der russischen Zivilbevölkerung und die Massenmorde an Juden, über die ihm von verschiedenen Seiten berichtet wurde, oft aus unmittelbarer Zeugenschaft.[116]

Von Tresckow ist der Satz überliefert: »Wir sind die Erfüllungsgehilfen eines Kapitalverbrechers.«[117] Stauffenberg brauchte länger für die Erkenntnis der eigenen schuldhaften Verstrickung. Zwei Jahre später aber sollte er dafür umso konsequenter handeln und zur Schlüsselfigur des versuchten Staatsstreichs werden. Schon jetzt war er überzeugt, dass Hitler getötet werden musste, meinte aber, dass es jemand tun müsse, der in der Lage wäre, danach sofort die Befehlsgewalt an sich zu ziehen und die gesamte Führungsriege der Partei auszuschalten.[118]

Tresckow war mit seinen Überlegungen schon weiter: Wenn von den Generälen nichts zu erwarten war, musste der entscheidende Schlag eben von den jungen Offizieren in den unteren Rängen ausgehen. Eine bloße Verhaftung Hitlers, wie sie den zivilen Verschwörern vorschwebte, war in seinen Augen keine Lösung, weil dadurch die Eidbindung nicht aufgehoben wäre, der sich die meisten Soldaten nach wie vor verpflichtet fühlten.[119]

Früher oder später würde Hitler die Ostfront besuchen – das wollte Tresckow für ein Attentat nutzen. Zusammengerollte Landkarten boten, wie er herausfand, einen passablen Schallschutz für einen Schuss aus nächster Nähe. Sicherer schien ihm aber ein Bombenanschlag, denn Hitler ließ sich auf Schritt und Tritt von einer bewaffneten Garde beschützen. Durch Schmundt wusste Tresckow, dass Hitler ein Panzerhemd unter der Uniform trug und seine Mütze durch Stahlplatten verstärkt worden war:[120] Ihn tödlich zu treffen, wäre selbst für einen geübten Schützen wie Tresckow schwierig. Im Juli 1942, eine neue Offensive Richtung Stalingrad und Kaukasus war bereits angelaufen, beauftragte er Gersdorff, ihm über die Abteilung »Sabotage« handlichen Sprengstoff mit geräuscharmem Zeitzünder zu besorgen.

In den folgenden Wochen experimentierte er zusammen mit Schlabrendorff in den Dnjepr-Wiesen, testete die Wucht verschiedener Stoffe mal im Freien, mal in leer stehenden Gebäuden, notierte Verzögerungen, Temperatur und Zündzeiten. Schließlich fiel die Wahl auf erbeutete britische Haftminen mit Plastiksprengstoff von der Größe und Form eines Buches. Zwei Stück, so das Fazit nach endlosen Versuchsreihen, würden genügen, um in einem geschlossenen Raum die nötige Wirkung zu erzielen. Dank eines Säurezünders ließen sie sich außerdem lautlos scharf machen.[121]

Parallel bemühte er sich weiter um Kluge, denn selbst wenn das Attentat glückte, musste der anschließende Staatsstreich militärisch abgesichert werden, wozu nur die Befehlshaber in der Lage wären. Im Oktober 1942 gelang es ihm, ein Treffen zwischen Kluge und Goerdeler zu arrangieren,[122] der dafür mit falschen Papieren und auf gefährlichen Wegen zum Stab der Heeresgruppe nach Smolensk reiste. Tresckows Attentatspläne lehnte der ehemalige Leipziger Bürgermeister entschieden ab; er hoffte noch immer auf eine gewaltlose Lösung. Aber er schaffte es, Kluge zu überzeugen und für den Putsch zu gewinnen.[123]

Zurück in Berlin, konnte Goerdeler seinen Mitstreitern also berichten, dass Generalfeldmarschall Kluge Hitler verhaften lassen würde, sobald dieser zu Besuch an die Front käme. Auch der Befehlshaber der Heeresgruppe Nord in Königsberg, mit dem sich Goerdeler ebenfalls getroffen hatte, schien den Plänen der Verschwörer nicht abgeneigt zu sein. Jetzt war es, wie sie hofften, nur noch eine Frage der Zeit bis zum Sturz des Regimes.[124]

Zum Jahreswechsel deutete vieles darauf hin, dass er tatsächlich kurz bevorstand: Bei der Schlacht um Stalingrad war die sechste Armee Ende November von sowjetischen Truppen eingekesselt worden, Ende Januar musste sie kapitulieren, rund 91 000 Soldaten gerieten in sowjetische Gefangenschaft. Fast doppelt so viele waren zuvor schon getötet worden oder Frost und Hunger zum Opfer gefallen. Die NS-Propaganda machte aus der Katastrophe eine Heldensaga, und Goebbels proklamierte am 18. Februar 1943 im Berliner Sportpalast unter frenetischem Beifall den »totalen Krieg«. Von nun an konnten Männer ab 16 und Frauen ab 17 Jahren für den Kampf um den »Endsieg« zum Kriegsdienst herangezogen werden.[125]

Am selben Tag wurden die Geschwister Sophie und Hans Scholl verhaftet: Jakob Schmid, der Hausmeister der Münchner Universität, ein SA-Mann, hatte sie dabei beobachtet, wie sie auf den Fluren neue Flugblätter der »Weißen Rose« verteilten, in denen sie zum Widerstand gegen den Krieg und den Mord an den Juden aufriefen. Schmid verriet sie an die Gestapo, vier Tage später wurden die Geschwister vom eigens dafür angereisten Volksgerichtshofpräsidenten Roland Freisler zum Tode verurteilt und starben wenige Stunden später unter dem Fallbeil.

Moltke spielte das letzte Flugblatt über Kontaktleute in Schweden und Norwegen der britischen Regierung zu, die es hunderttausendfach vervielfältigen und als »Manifest der Münchner Studenten« von der Royal Air Force über Deutschland abwerfen ließ.[126]

Die Gestapo im Nacken

Am 13. März 1943 besuchte Hitler den Generalstab in Smolensk, und Tresckow gelang es dafür zu sorgen, dass zwei als Geschenk getarnte Minen mit aktiviertem Zünder an Bord der »Führer-Condor« genommen wurden. Im Frachtraum der Maschine war es jedoch zu kalt – die Bombe explodierte nicht. Nur mit Glück und größter Mühe gelang es Schlabrendorff unter einem Vorwand, sie am nächsten Tag in Berlin wieder in die Hände zu bekommen.[127]

Eine Woche später wollte Gersdorff Hitler bei einer Ausstellung erbeuteter Waffen mit einem Selbstmordattentat töten. Der aber eilte mit solchem Tempo durch die Räume, dass Gersdorff nicht nah genug an ihn herankam. Erst in letzter Sekunde konnte er sich verstecken, um die bereits aktivierte Sprengladung zu entschärfen, die er am Körper trug.[128]

Die Rückschläge rissen nicht ab: Beck musste operiert werden und fiel für unbestimmte Zeit aus; Schulenburg war verhaftet worden, weil jemandem zu Ohren gekommen war, dass er nach »zuverlässigen Offizieren« für einen Umsturz suchte. Mit Mühe konnte er sich rausreden und wurde wieder freigelassen.[129] Am 5. April 1943 erschien Kriegsgerichtsrat Manfred Roeder in der »Abwehr«, um Dohnanyi zu verhaften: Gedeckt durch Canaris und Oster hatte er seit Jahren Jüdinnen und Juden als Agenten getarnt bei der Flucht ins Ausland geholfen und Berichte seines Schwagers Dietrich Bonhoeffer über Deportationen an hohe Offiziere weitergegeben, um sie zum Einschreiten zu bewegen. Den Ermittlern war die Dienststelle schon lange verdächtig gewesen – Moltke, der ebenfalls dort arbeitete, hatte Dohnanyi erst kürzlich gewarnt.

Bei der Durchsuchung der Büros versuchte Oster, verräterische Papiere verschwinden zu lassen, wurde dabei aber von einem Gestapomann beobachtet und unter Hausarrest gestellt. Am selben Tag verhaftete die Gestapo Bonhoeffer und dessen Schwester, Dohnanyis Frau Christine. Auch der »Abwehr«-Mitarbeiter Josef Müller kam ins KZ. Er war 1940 im Auftrag von Canaris in Rom gewesen, wo es ihm gelungen war, über Kontakte im Vatikan mit der britischen und der amerikanischen Regierung in Verbindung zu treten, um deren Haltung zu Deutschland auszuloten. Seine Informationen hatten die Verschwörer an die Oberste Heeresleitung weitergegeben – in der vergeblichen Hoffnung, sie damit für den Widerstand zu gewinnen.[130]

Mit diesem vernichtenden Schlag des Reichssicherheitshauptamtes (RSHA) gegen das Amt Ausland/Abwehr war der Opposition an einem einzigen Tag eines ihrer wichtigsten Schaltzentren verloren gegangen. Niemand konnte sagen, wie viel die Gestapo bereits wusste und ob die Verhafteten unter Folter nicht weitere Verbindungen preisgeben würden.[131]

Schon im Sommer 1942 war die Widerstandsgruppe Rote Kapelle enttarnt worden, seitdem fällte das Reichskriegsgericht unter Roeder Todesurteile wie am Fließband. Arvid Harnack, Hans Coppi, Harro Schulze-Boysen und seine Frau Libertas waren schon im Dezember hingerichtet worden, Mildred Harnack im Februar, Hilde Coppi und Liane Berkowitz, nachdem sie in Haft ihre Kinder zur Welt gebracht hatten.[132] Seit der Hinrichtung seines Vetters war auch Ernst von Harnack in Gefahr. Leber, Mierendorff und Leuschner hielten trotzdem weiter Kontakt zu ihm.

Die Zeit drängte, aber Vorsicht blieb das oberste Gebot. Jede neue Kontaktaufnahme musste gut überlegt sein. Jeder Eingeweihte durfte nur gerade so viel wissen wie unbedingt nötig, um die anderen nicht zu gefährden, falls er verhaftet und gefoltert werden würde. Schriftliches musste verschlüsselt sein oder am besten ganz vermieden werden. In Tresckows Taschenkalender von 1943 findet sich nicht der kleinste Hinweis, obwohl er allein in diesem Jahr mindestens drei Attentate initiierte. Auch in den Feldpostbriefen an seine Frau lässt sich höchstens zwischen den Zeilen erahnen, was in ihm vorging und wie sehr es ihn belastete, sich verstellen zu müssen: Er sei »nun mal verflucht zu einem doppelten Amt«, und diese Aufgabe verlange »in bestimmten Momenten Deutlichkeit, nicht nur Gewandtheit«, schrieb er Erika. »Die Sehnsucht, von diesem Posten einmal befreit zu sein, ist groß.«[133] Im Frühjahr 1943 weihte er sie in die Umsturzpläne ein.

Kurz darauf wurde Tresckow in die Führerreserve nach Berlin versetzt,[134] sodass er die Umsturzvorbereitungen vorantreiben und im Allgemeinen Heeresamt (AHA) mit Olbricht weiter an den »Walküre«-Befehlen arbeiten konnte.[135] Damit diese auch bei Militärs, die noch loyal zum NS-Regime standen, keinen Verdacht weckten, stellten sie den Anweisungen einen Geheimbefehl voran, der als Grund für die Maßnahmen den Tod des »Führers« und den Putschversuch einer »gewissenlosen Clique frontfremder Parteiführer« angab.[136]

Hitlers Tod war nur die Voraussetzung für alles andere, und selbst wenn es gelang, ihn zu töten, gab es immer noch Hunderte von Unwägbarkeiten. Eine davon war die, dass der Befehl für die Auslösung von »Walküre« nicht von Olbricht, sondern von Generaloberst Fromm kommen musste. Er gehörte zwar zu den Eingeweihten und deckte die Verschwörung, wie er im Ernstfall reagieren würde, war aber unklar.[137] Sollte er seine Unterschrift verweigern, musste ihn zumindest ein möglichst reibungsloser Ablauf davon überzeugen, dass alles seine Richtigkeit hatte und Hitler tatsächlich tot war.[138] Viel Zeit für die Vorbereitung blieb Tresckow nicht – im Oktober musste er wieder zurück an die Ostfront.[139]

Im September 1943 aber stieß Stauffenberg, den Olbricht als neuen Stabschef angefordert hatte, zu den Verschwörern. Er war schon ein Jahr zuvor vergeblich bei Heerführern der Ostfront vorstellig geworden, um sie zu überreden, gegen Hitler vorzugehen. General Erich von Manstein hatte empört reagiert und das Vorhaben als Meuterei bezeichnet. Ende 1942 hatte Stauffenberg darum bitten müssen, an die Front versetzt zu werden, um nicht weiter Verdacht auf sich zu ziehen.[140]

Als im März 1943 gerade die Anschläge aus der Tresckow-Gruppe scheiterten, war Stauffenberg als Erster Generalstabsoffizier zur 10. Panzerdivision nach Tunesien gekommen, die den Rückzug der von General Erwin Rommel geführten Truppen decken sollte. Am 7. April war Stauffenberg beim Angriff eines britischen Jagdbombers schwer verwundet worden, hatte sein linkes Auge verloren, seine rechte Hand und zwei Finger der linken.[141] Nach mehreren Operationen in einem Münchner Lazarett kaum genesen, hatte er darauf gebrannt, etwas zu unternehmen, und sofort zugesagt, als Olbrichts Anfrage kam, weil er sich von dem Posten im Allgemeinen Heeresamt »Möglichkeiten zu entscheidendem Eingreifen« erhoffte, wie er einem Freund anvertraute.[142]

Noch vor dem offiziellen Dienstbeginn fuhr er nach Berlin und gab sich gegenüber Olbricht als Regimegegner zu erkennen. Mit Tresckow arbeitete er nun die nächsten Wochen bis zu dessen Abreise an den »Walküre«-Plänen. Zur Besprechung trafen sie sich an wechselnden Orten im Grunewald, immer wieder unterbrochen von Luftangriffen. Ehrengard Gräfin von der Schulenburg, Erika von Tresckow und ihre Freundin Margarethe von Oven tippten die Texte auf mitgebrachten Schreibmaschinen ins Reine. Um auf den Papieren keine Fingerabdrücke zu hinterlassen, trugen sie Handschuhe. Die Schreibmaschinen mussten jedes Mal versteckt, überholte Entwürfe unauffällig vernichtet werden, was gerade bei größeren Mengen nicht einfach war. Nina von Stauffenberg nahm einmal einen ganzen Rucksack voller Papiere zum Verbrennen mit, als sie zurück nach Lautlingen fuhr.[143]

Schon diese wenigen Details machen deutlich, wie viel Aufwand und Umsicht nötig waren, um unter widrigsten Bedingungen und der ständigen Gefahr, entdeckt zu werden, einen so komplexen Plan umzusetzen: Damit er aufging und am Tag X alles ineinandergriff, mussten Hunderte von Nachrichten persönlich überbracht, unzählige Einzelheiten und mögliche Fallstricke bedacht werden. Dutzende von Menschen mussten Bescheid wissen oder zumindest so weit informiert sein, dass sie im entscheidenden Moment das Richtige tun würden. Zugleich musste die Zahl der Eingeweihten aber so klein wie möglich gehalten werden – die Quadratur des Kreises.

Versuche, im Ausland für Unterstützung zu werben, waren hoch riskant. Trotzdem nahmen Trott, Moltke, John, Bonhoeffer, Goerdeler und viele andere Widerständler dieses Risiko bis zuletzt immer wieder auf sich. Ohne Erfolg.[144]

In ständiger Gefahr, ebenfalls Opfer der Flächenbombardements zu werden, mit denen die Alliierten den Durchhaltewillen der Zivilbevölkerung zu brechen versuchten, gleichzeitig bedroht von der Gestapo und der Denunziationsbereitschaft ihrer Mitmenschen, standen die Frauen und Männer des Widerstands an mehreren Fronten gleichzeitig. Wer wie Tresckow, Olbricht oder Canaris zugleich Funktionen innerhalb des Systems erfüllen musste, hatte außerdem mit dem Dilemma zu tun, im Interesse der Staatsstreichpläne in dieser Position bleiben zu müssen, dabei aber unweigerlich mitschuldig zu werden.

* * *

Die Kreisauer um Helmuth von Moltke waren unterdessen durch Schulenburg über den Stand der Staatsstreichvorbereitungen informiert worden und rechneten im Sommer 1943 damit, dass es nicht mehr lange dauern würde. Sie versuchten darum unter Hochdruck, das »Kreisauer Programm« fertigzustellen – der gemeinsame Entwurf für eine rechtsstaatliche Ordnung nach Hitler. Seit dem zurückliegenden Jahr hatten dafür in Kreisau drei Tagungen stattgefunden, die jeweils mit Besprechungen in Berlin vorbereitet worden waren. Aufgeteilt nach drei großen Themenbereichen waren die jeweiligen Expertinnen und Experten zusammengekommen, um die Grundzüge eines neuen Gemeinwesens herauszuarbeiten.[145] Im Mai 1942 war es in Kreisau um eine zukünftige Erziehungs- und Bildungspolitik gegangen, wobei insbesondere die pädagogischen Reformideen Adolf Reichweins in die abschließenden Thesen Eingang gefunden hatten.

Bei der zweiten Tagung, im Oktober 1942, hatten Pläne für einen umfassenden Wandel in Staat, Wirtschaft und Gesellschaft im Mittelpunkt gestanden, das zentralistische NS-System sollte durch eine demokratische Ordnung bürgerlicher Mitbestimmung ersetzt werden. Bei der Erarbeitung spielten insbesondere Sozialdemokraten wie Mierendorff, Haubach und Leber eine Rolle. Auch Leuschner vertrat dort die Belange der Arbeiterschaft. Im Juni 1943 war es dann, unter anderem mit Yorck und Trott, um die Grundsätze einer neuen deutschen Außenpolitik gegangen, bei der auch die möglichen Auswirkungen deutscher Kriegsverbrechen und die Bestrafung der Verantwortlichen erörtert wurden.[146]

Moltke fasste die Ergebnisse der drei Tagungen Anfang August 1943 in den »Grundsätzen für die Neuordnung« zusammen. Sie waren weit mehr als nur Ideen, sondern enthielten bereits präzise Ausarbeitungen für die Umsetzung – sowohl für den Fall, dass der Staatsstreich glücken, als auch für den, dass Deutschland besetzt werden sollte.[147] Die Kreisauer waren sich einig, dass der Umgang mit den NS-Verbrechern der Gradmesser dafür sein würde, inwieweit die Deutschen bereit sein würden, sich von der nationalsozialistischen Ideologie zu lösen[148] – ein prophetischer Gedanke.

Auf die Frage, wie der Sturz des Systems herbeizuführen sei, hatten sie jedoch keine Antwort: Von den Generälen waren nach wie vor keine Aktionen zu erwarten, und ein Attentäter, der das Militär von der Eidbindung hätte befreien können, war immer noch nicht gefunden. Kurzzeitig war es Tresckow gelungen, Stieff dafür zu gewinnen, der als Chef der Organisationsabteilung im OKH gelegentlich an Lagebesprechungen mit Hitler teilnehmen durfte. Er war unter dem Eindruck der Verbrechen in Polen zum Regimegegner geworden und gehörte zum Kreis der Verschwörer. Nach langem Zaudern lehnte Stieff es dann schließlich doch ab, einen Anschlag zu verüben, organisierte aber Sprengstoff und versteckte in den folgenden Monaten mehrfach Minen und Zünder bei sich zu Hause.[149]

Über Schulenburg stellte sich jedoch bald der junge Soldat Axel von dem Bussche als Attentäter zur Verfügung: Er war in der Ukraine zufällig Augenzeuge einer Massenerschießung von jüdischen Frauen, Männern und Kindern geworden. Zu Stauffenberg sagte er, er bereue es zutiefst, sich nicht selbst an den Rand jener Grube gestellt zu haben. Gemeinsam entwickelten sie den Plan, dass Bussche sich mit Hitler während der Vorführung neu entwickelter Kampfanzüge in die Luft sprengen würde. Sie sollte im Dezember 1943 stattfinden, musste dann aber kurzfristig abgesagt werden, weil der Zug mit den Uniformen bei einem Luftangriff ausbrannte. Während sich Stieff noch um Ersatz bemühte, musste Bussche zurück an die Ostfront, nahm den Sprengstoff aber mit und hielt sich weiter bereit. Im Januar 1944 wurde er schwer verwundet und verlor ein Bein. Erst im Herbst sollte es ihm mithilfe eines Freundes gelingen, die Bombe in einem See zu versenken.[150]

In den nächsten Wochen scheiterten mehrere geplante Pistolenattentate. Zuletzt am 11. März 1944, als Eberhard von Breitenbuch als Ordonnanzoffizier Generalfeldmarschall Ernst Busch auf den Obersalzberg begleiten konnte, es ihm dort aber in letzter Minute doch nicht erlaubt wurde, bei der Besprechung mit Hitler dabei zu sein.[151] Tresckow versuchte, mithilfe seines – nicht eingeweihten – ehemaligen Regimentskollegen und jetzigen Chefadjutanten Hitlers, Rudolf Schmundt, in eine Stellung versetzt zu werden, in der er Zugang zu Hitler gehabt hätte, doch auch das schlug fehl.[152]

Inzwischen war es April 1944. Im Osten rückte die Rote Armee unaufhaltsam vor, die Westalliierten bombardierten deutsche Städte, in Ungarn begann die Deportation ungarischer Juden in die Vernichtungslager, und Hitler war immer noch nicht tot. Ob Attentat und Staatsstreich noch gelingen würden oder nicht:

Es war in jedem Fall mehr als unwahrscheinlich, dass Deutschland noch Einfluss auf die Nachkriegsordnung nehmen könnte, denn Amerikaner und Briten bestanden inzwischen auf *unconditional surrender* – bedingungsloser Kapitulation.

Schon im Dezember war Carlo Mierendorff bei der Bombardierung Leipzigs ums Leben gekommen, im Januar 1944 wurde Moltke überraschend verhaftet, nachdem er den Widerstandskreis um Johanna Solf vor einer bevorstehenden Aktion der Gestapo gewarnt hatte. Der Kreisauer Kreis wurde zwar nicht enttarnt, hatte aber seine zentrale Integrationsfigur verloren und zerfiel. Die Arbeit wurde dennoch fortgesetzt, da inzwischen eine feste Verbindung zur zivil-militärischen »Zentrale« entstanden war und Kreisauer wie Reichwein, Trott, Leuschner, Maaß, Leber oder Yorck in regelmäßigem Austausch mit Olbricht, Stauffenberg und der Gruppe um Goerdeler und Kaiser standen.[153] Zwischen Leber und Stauffenberg hatte sich über die Zusammenarbeit sogar eine enge Freundschaft entwickelt, obwohl sie sich durch Herkunft und politische Sozialisation diametral unterschieden.

Die beiden Männer stehen exemplarisch dafür, wie im Widerstand gegen den Nationalsozialismus Menschen zusammenkamen, deren biografische und weltanschauliche Unterschiede zu anderen Zeiten ein gemeinsames Ziel unvorstellbar gemacht hätten. Das ging nicht immer ohne Spannungen, manchmal auch handfesten Streit, letztlich aber waren alle Beteiligten um Kooperation und Kompromisse bemüht – auch bei der Ausarbeitung der Kabinettsliste für eine Übergangsregierung nach Hitler. Denn in der Auffassung, dass das Militär den Sturz herbeiführen, danach jedoch die zivile Opposition das Ruder übernehmen musste, waren sich die Verschwörer einig.[154]

Manche der Zivilisten, allen voran Moltke und Goerdeler, waren noch immer gegen ein Attentat, die meisten aber betrachteten den »Tyrannenmord« als legitim, und unter den gegebenen Umständen gab es ohnehin keine Alternative.[155] Doch die vielen fehlgeschlagenen Versuche hatten mehr als deutlich gezeigt, was den Verschwörern seit Langem klar war: Ein kalkulierbarer Anschlag konnte nur da stattfinden, wo er Hitler mit absoluter Sicherheit treffen würde: während einer Lagebesprechung auf dem Obersalzberg oder im Führerhauptquartier. Nur hatte keiner von ihnen Zugang zu dieser exklusiven Runde, abgesehen von Stieff, und es sah nicht so aus, als würde dieser sich noch umentscheiden.

Es blieb noch die Hoffnung auf ein baldiges Ende des Krieges, das im Sommer 1944 so greifbar schien wie nie zuvor, nachdem die Alliierten am 6. Juni in der Normandie gelandet waren. Wie lange die Kämpfe aber tatsächlich noch gehen würden, war völlig offen – die Generäle setzten sie unvermindert fort und waren ersichtlich nicht bereit, ein vorzeitiges Ende herbeizuführen. Als Tresckow einen Vertrauten aus seinem Stab mit dem Vorschlag zu General Kluge schickte, die Front im Westen zu öffnen, lehnte der ab, obwohl er als neuer Oberbefehlshaber West die Möglichkeit dazu gehabt hätte.[156]

Alles auf eine Karte

Dann aber machte der Befehlshaber des Ersatzheeres, Generaloberst Fromm, Stauffenberg am 1. Juli überraschend zum Chef seines Stabes – eine Position, in der dieser nun Zugang zur Lagebesprechung im Führerhauptquartier hatte. Stauffenberg war schon seit Langem bereit, Hitler zu töten und hatte sich wiederholt dafür angeboten. Seine Mitverschwörer hatten das bisher aber abgelehnt, weil er bei der Koordinierung des anschließenden Putsches eine entscheidende Rolle spielen würde, für die er durch niemanden zu ersetzen war. Jetzt aber stellte er sich darauf ein, den Anschlag trotz allem selbst auszuführen.[157] Olbricht gelang es, als Stauffenbergs Nachfolger dessen Freund Albrecht Ritter Mertz von Quirnheim in seinen Stab holen, der seit einiger Zeit zum Kreis der Verschwörer gehörte. Zum ersten Mal waren die Widerständler in einer Situation, die Aussicht auf Erfolg versprach.

Um den Staatsstreich innenpolitisch abzusichern, bemühten sie sich nun um eine Basis in der Bevölkerung: Durch Leuschner und Leber konnten sie auf die Unterstützung eines Großteils der Arbeiter und Gewerkschafter zählen. Beck, der als neues Staatsoberhaupt vorgesehen war, wäre eine Integrationsfigur für Konservative und Militärs, wegen seines Rücktritts 1938 aber ebenso für Menschen, die das NS-Regime von Anfang an abgelehnt hatten. Moltke hatte vor seiner Verhaftung immer dafür plädiert, auch Kommunisten mit ins Boot zu holen, um jene breite Volksbewegung zu schaffen, für die sich auch Mierendorff bis zu seinem Tod eingesetzt hatte. Inzwischen hielten es auch Leber, Stauffenberg und Beck für richtig.[158]

Mit dem kommunistischen Untergrund in Kontakt zu treten, der seit Jahren unter Gestapobeobachtung stand, war hochgefährlich. Doch Leber hatte im KZ Sachsenhausen den Kommunisten Franz Jacob kennengelernt und wollte sich zusammen mit Reichwein zumindest anhören, was er zu sagen hatte. Wilhelm Leuschner und Jakob Kaiser waren strikt dagegen. Sie hielten die Gefahr für zu groß und versuchten vergeblich, die beiden von ihrem Vorhaben abzubringen.[159]

Im Einverständnis mit Stauffenberg, Yorck, Beck und Schulenburg fand das Treffen schließlich am 22. Juni 1944 statt. Entgegen der Abmachung hatten die KP-Vertreter Franz Jacob und Anton Saefkow aber noch einen dritten Mann dabei: ein V-Mann der Gestapo, wie sich später herausstellen sollte. Leber wurde misstrauisch und erschien zum nächsten vereinbarten Treffen am 4. Juli nicht mehr. Reichwein aber ging hin und wurde auf der

Stelle verhaftet, Leber einen Tag später in seiner Schöneberger Kohlenhandlung – der nächste schwere Rückschlag.[160]

Die Verhaftung seines Freundes bestärkte Stauffenberg darin, nicht länger auf den rechten Moment oder den geeigneten Attentäter zu warten, sondern die Dinge selbst in die Hand zu nehmen. »Wir brauchen Leber«, sagte er zu Trott, »ich hole ihn raus.«[161] Schon als er am 6. Juli Fromm zum ersten Mal auf den Obersalzberg begleiten konnte, hatte er eine Bombe in der Tasche, zündete sie aber nicht, weil Himmler und Göring bei der Lagebesprechung nicht dabei waren: Die meisten seiner Mitverschwörer waren der Ansicht, ein Anschlag müsse mindestens auch Himmler töten.[162] Am 11. Juli musste Stauffenberg einen weiteren Anlauf in letzter Minute aus denselben Gründen abbrechen.

Eine zusätzliche Schwierigkeit ergab sich daraus, dass Stauffenberg in Berlin unabdingbar war und das Attentat daher unter allen Umständen überleben musste. Er konnte also den Zeitzünder nicht schon vor einer Lagebesprechung in Gang setzen, solange er nicht wusste, wann Hitler den Raum betreten würde. Es unauffällig vor Ort zu tun, war ausgeschlossen, weil dafür mit einer Zange eine Säureampulle zerdrückt werden musste, was mit den drei Fingern, die er noch hatte, ohnehin schwierig genug war.[163] Für die nächste Gelegenheit, am 15. Juli, nahm Stauffenberg sich darum vor, den Raum unter einem Vorwand erst dann zu betreten, wenn Hitler bereits dort war, die Aktentasche mit der aktivierten Bombe abzustellen und unter einem weiteren Vorwand den Raum wieder zu verlassen.

Als Stauffenberg mit Fromm an diesem Tag im Führerhauptquartier »Wolfschanze« eintraf, hatte Olbricht in Berlin bereits die ersten »Walküre«-Befehle ausgegeben, und Reichskriminaldirektor Nebe hielt Beamte für die Verhaftung von Parteigrößen bereit.[164] Vor Ort erfuhr Stauffenberg aber, dass Himmler und Göring auch diesmal nicht an der Besprechung teilnehmen würden, woraufhin seine Mitstreiter in Berlin, mit denen er sich am Telefon beriet, nach längerer Diskussion meinten, er solle nichts unternehmen. Sein Freund Mertz hingegen plädierte für den Anschlag. Als Stauffenberg anschließend, entschlossen zum Attentat, in die Lagebaracke zurückkehren wollte, war Hitler aber bereits gegangen.[165]

In aller Eile ließ Olbricht die bereits in Marsch gesetzten Truppen wieder in die Kasernen beordern und gab das Ganze als Übung aus. Noch einmal würde das nicht gelingen – der nächste Versuch musste auf Anhieb sitzen.[166] »Wir sind uns unserer Pflicht bewusst«, ließ Stauffenberg Annedore Leber am 18. Juli als Nachricht zukommen.[167] Zwei Tage später explodierte in der »Wolfsschanze« die für Hitler bestimmte Bombe.

* * *

Für das Scheitern des Putschversuchs am 20. Juli 1944 gibt es eine Vielzahl von Gründen: Da wäre die Tatsache, dass ausgerechnet der schwerbehinderte Stauffenberg den Anschlag durchführen musste, der außerdem zur selben Zeit dringend in Berlin gebraucht wurde. Dass er gestört wurde, während er den Zünder scharf machte, es darum nicht mehr schaffte, die zweite Mine zu aktivieren, in der Hektik aber auch nicht daran dachte, sie einfach mit dazuzulegen; dass die Fenster in der Lagebaracke geöffnet waren und dies der Explosion einen Teil ihrer Wucht nahm – natürlich spielte all das eine Rolle, weil es dazu führte, dass Hitler das Attentat überlebte.

Wäre Hitler getötet worden, wovon Stauffenberg und sein Adjutant Werner von Haeften ausgingen, als sie den Sperrkreis des Führerhauptquartiers verließen – vielleicht hätte es dann nicht jene verhängnisvollen Verzögerungen im Ablauf gegeben, die dazu führten, dass in den zwei Stunden ihres Rückflugs von Rastenburg in Berlin nichts passierte. Der Mitverschworene General Erich Fellgiebel hatte in der »Wolfsschanze« nach der Detonation zwar wie vereinbart alle Nachrichtenverbindungen gekappt, doch seine Meldung, dass Hitler das Attentat überlebt hatte, irritierte General Fritz Thiele, Stabschef im Nachrichtenwesen des Heeres in der Bendlerstraße so, dass er Olbricht lange nicht informierte.[168] Der gab die »Walküre«-Befehle darum erst aus, als Haeften nach der Landung in Berlin bei ihm anrief. Von da an kämpften die Verschwörer gegen die verlorene Zeit – und die anlaufenden Gegenbefehle.

Trotzdem hätte der Umsturz noch gelingen können, wie die Ereignisse in Paris zeigen, wo General Carl-Heinrich von Stülpnagel und Cäsar von Hofacker beherzt den vereinbarten Plan umsetzten. Denn letztlich war es eben nicht die Verkettung unglücklicher Zufälle und Unwägbarkeiten, die das Unternehmen »Walküre« scheitern ließen, und erst recht kein Dilettantismus, wie er den Akteuren des 20. Juli 1944 manchmal heute noch nachgesagt wird.

Entscheidend war vielmehr, dass die mutigen Männer und Frauen, die an jenem Tag ihr Leben aufs Spiel setzten, von Anfang an auf verlorenem Posten standen, weil zu wenige Menschen bereit gewesen waren, sie zu unterstützen, und diejenigen, auf die sie sich verlassen hatten, menschlich im entscheidenden Moment versagten. Das gilt insbesondere für die hohen Offiziere der Wehrmacht. Sie hätten trotz Hitlers Überleben dafür sorgen können, dass der Staatsstreich gelingt, zogen sich aber auf ihren Eid und die vermeintlich moralische Pflicht des soldatischen Gehorsams zurück.

»Sie haben mich ja alle im Stich gelassen!«,[169] erkannte Stauffenberg resigniert am späten Abend des 20. Juli 1944, nachdem er den ganzen Tag über versucht hatte, die Kommandeure der Wehrkreiskommandos zum Befolgen der »Walküre«-Befehle zu bewegen. Ein paar Stunden später war er tot. Mit ihm starben im Hof des Bendlerblocks kurz nach Mitternacht Olbricht, Haeften und Mertz durch die Kugeln eines Erschießungskommandos.

Beck hatte versucht, sich mit einer Pistole das Leben zu nehmen, verletzte sich dabei aber nur schwer und wurde schließlich von einem Feldwebel des Wachbataillons erschossen.[170] Er war am Nachmittag im Anzug in der Bendlerstraße erschienen, um zu zeigen, dass es sich nicht um einen Militärputsch handelte und er einer neuen, zivilen Regierung vorstand.[171] In der Tasche hatte er eine Regierungserklärung bei sich, die er nach geglücktem Putsch im Rundfunk verlesen hätte.

Sie enthielt die Quintessenz jener Ziele, auf die sich die Widerstandskämpfer und -kämpferinnen, allen Unterschieden zum Trotz, geeinigt hatten, und benannte gleich zu Beginn das Wichtigste: die »Wiederherstellung der vollkommenen Majestät des Rechts«.[172] Weiter hieß es, die Verfolgung der Juden, die sich »in den unmenschlichsten und unbarmherzigsten, tief beschämenden und gar nicht wieder gutzumachenden Formen vollzogen« habe, werde eingestellt; alle Schuldigen kämen vor Gericht, die Konzentrationslager würden aufgelöst. Glaubens-, Presse- und Meinungsfreiheit seien garantiert.

Zu alledem kam es nicht: Statt Becks Regierungserklärung ging in dieser Nacht Hitlers Racheschwur über den Rundfunk. Es folgte eine gewaltige Verhaftungswelle und eine Serie von Prozessen am Volksgerichtshof. Der erste fand am 7. und 8. August 1944 statt. Die Urteile – Tod durch Erhängen am Drahtseil – wurden noch am selben Tag vollstreckt.[173] Für die Angehörigen der Verschwörer war Sippenhaft angeordnet worden. Sie kamen in Gefängnisse oder KZs, die Kinder in Heime, unter anderem nach Bad Sachsa im Harz, wo man ihnen zum Teil sogar neue Namen gab.[174]

Goebbels hatte befohlen, die Verhandlungen filmen zu lassen, um die Aufnahmen für Propagandazwecke verwenden zu können. Teile davon sind erhalten geblieben. Sie zeigen sichtlich gezeichnete Männer, die aufrecht und klar das aussprechen, was sie zu sagen haben, und so selbst zu Anklägern des NS-Regimes werden. Die Filme wurden nie öffentlich gezeigt – man befürchtete offenbar die gegenteilige Wirkung.[175]

Ob diese Sorge berechtigt war, ist allerdings fraglich, denn das Volk stand mehrheitlich weiterhin loyal zu Hitler: Nachdem ihn wieder einmal die »Vorsehung« beschützt zu haben schien, steigerte sich die Begeisterung sogar noch einmal gewaltig. Im ganzen Reich kamen Menschen zu großen Treuekundgebungen zusammen,[176] deren Ausmaße selbst Goebbels' Erwartungen um ein Vielfaches übertrafen.[177] Zahlreiche Generäle und Befehlshaber sandten Hitler Ergebenheitserklärungen und schworen, noch entschiedener für den »Endsieg« zu kämpfen.[178] Nie zuvor war der »Führer« so verehrt und geliebt worden wie nach dem 20. Juli 1944.[179]

Der Aufstand habe »wie eine Reinigungskur« gewirkt und »uns mehr Nutzen als Schaden gebracht«, stellte Goebbels zufrieden fest.[180] Tatsächlich konsolidierte sich die NS-Herrschaft nach dem gescheiterten Staatsstreich auf allen Ebenen – trotz des längst verlorenen Krieges. Hitler machte Himmler zum Oberbefehlshaber des Ersatzheeres, was dieser bis zuletzt für rücksichtlose Rekrutierungen, selbst Minderjähriger, nutzte. In den knapp zehn Monaten bis zur Kapitulation forderte der Krieg noch einmal so viele Todesopfer wie in allen vorangegangenen Kriegsjahren zusammen.[181]

Tresckow nahm sich am 21. Juli mit einer Handgranate das Leben. Leuschner, Trott, Moltke, Yorck, Reichwein, Schulenburg und viele andere wurden in Plötzensee gehängt, Bonhoeffer, Dohnanyi, Oster und Canaris noch in den letzten Kriegstagen ermordet. Annedore Leber gelang es, zunächst einen Aufschub der Hinrichtung ihres Mannes zu erwirken: Ein Kriminalrat, der sich davon Vorteile für die Zeit nach dem nahenden Zusammenbruch erhoffte, hielt Lebers Akte eine Zeit lang zurück, gab sie schließlich aber doch weiter.[182]

Am 5. Januar 1945 starb darum auch Julius Leber, der im Schattenkabinett der Verschwörer als Innenminister oder Reichskanzler vorgesehen war, in Plötzensee am Fleischerhaken. »Für eine so gute und gerechte Sache ist der Einsatz des eigenen Lebens der angemessene Preis«, schrieb er in einem Brief. »Wir haben getan, was in unserer Macht gestanden hat. Es ist nicht unser Verschulden, dass alles so und nicht anders ausgegangen ist.«[183]

5. Erinnerungskampf (1960–1969)

Das Ende der Seelenruhe

Im November 1960 wurde bei Räumarbeiten auf dem Gelände des ehemaligen Volksgerichtshofs (VGH) in einem Panzerschrank ein Bündel mit Dokumenten gefunden. Eine erste Sichtung des Berliner Landesarchivs ergab, dass es sich um Durchschriften von mehreren hundert Urteilen und Anklagen aus den Jahren 1940 bis 1944 handelte, darunter rund 1000 Todesurteile – unter anderem die gegen Sophie und Hans Scholl. Die Zeitung *Der Tag*, die über den Fund berichtete, mahnte, dass im Tiergartenviertel viele »wichtige Dienststellen der NS-Hierarchie« ihren Sitz gehabt hatten und die Räumung von Ruinen darum gerade dort mit größerer Sorgfalt vonstattengehen sollte – »dann würde sich vielleicht manches Vergehen schneller klären lassen«.[1]

Weil die Siegermächte nach dem Krieg viele Unterlagen beschlagnahmt hatten, war die Quellenlage tatsächlich nicht ideal. An fehlenden Beweisen lag es jedoch nicht, dass NS-belastete Juristen und Beamte in der Bundesrepublik nicht zur Rechenschaft gezogen wurden. Die Adenauer-Regierung hatte sie zu Tausenden wieder in den Staatsapparat integriert, abgesegnet vom Bundestag und im Einvernehmen mit der überwältigenden Mehrheit der Deutschen. Der Aktenschrank aus dem VGH, der achtlos auf einem Kreuzberger Schrottplatz landete, ist ein Sinnbild für diesen Umgang mit der Vergangenheit.

Bei näherer Untersuchung erwiesen sich die Dokumente als

Handakte des ehemaligen Kammergerichtsrats Hans-Joachim Rehse,[2] der einst die rechte Hand Roland Freislers gewesen war[3] und bei den Prozessen gegen die Verschwörer des 20. Juli 1944 mit auf der Richterbank gesessen hatte. Seit 1956 war er in Schleswig-Holstein wieder als Richter tätig.[4] Freislers Nachfolger Harry Haffner lebte ebenfalls unbehelligt in einer hessischen Kleinstadt.[5]

»Eine geistige Revolution der Deutschen wäre erforderlich«, schrieb der hessische Generalstaatsanwalt Fritz Bauer 1960. »Sie war 1945 fällig, ist aber ausgeblieben.«[6] Fast alles sprach dafür, dass sie auch weiterhin ausbleiben würde: Im Remer-Prozess hatte Bauer acht Jahre zuvor zwar die Rehabilitierung der Widerstandskämpfer vom 20. Juli 1944 erstritten, die seitdem zumindest auf politischer Ebene gewürdigt wurden, an der ablehnenden Haltung der Bevölkerung aber hatte sich nichts verändert. Der Journalist Johannes von Dohnanyi erinnert sich noch heute, wie ihn eine Lehrerin Anfang der 60er-Jahre mit den Worten »So sieht der Enkel eines Verräters aus!« vor die Klasse zerrte:[7] Sein Großvater Hans von Dohnanyi hatte erst als Mitarbeiter des Justizministeriums, später im Amt Ausland/Abwehr Informationen über die Verbrechen des NS-Regimes gesammelt und zusammen mit seinem Schwager Dietrich Bonhoeffer bis zur Verhaftung der beiden zum aktiven Kreis der Verschwörer gehört.[8] Johannes von Dohnanyi erfuhr das erst viel später: In seiner Familie wurde, zumindest den Kindern gegenüber, kaum über die Vergangenheit gesprochen.[9]

Dieses Schweigen gab es in vielen Widerstandsfamilien. Auch Uta von Aretin, die Tochter Henning von Tresckows, berichtet davon. Sie war 13 Jahre alt, als ihr Vater sich das Leben nahm, um unter der zu erwartenden Folter keine Namen von Mitverschwörern preisgeben zu müssen. Ihre Mutter Erika, die in die Putschpläne eingeweiht gewesen war und zusammen mit Margarethe von Oven die manipulierten »Walküre«-Befehle getippt hatte, habe nach dem Krieg Wert darauf gelegt, dass sein Andenken in der Familie einen festen Platz behielt, erzählt Uta. Ihr sei es immer wichtig gewesen, sie zu den offiziellen Gedenkfeiern in Berlin zu begleiten, zumal es kein Grab gab, an dem man des Vaters hätte gedenken können. Die Geschwister hätten sich damit aber schwer getan.

Tresckows Leichnam war zunächst im Familiengrab in Wartenberg (heute Polen: Chełm Dolny) beigesetzt worden. Als die Gestapo kurz darauf erkannte, dass er bei der Verschwörung eine Schlüsselrolle gespielt hatte, ließ Himmler ihn exhumieren und im KZ Sachsenhausen vor den Augen seines Vertrauten Schlabrendorff verbrennen.[10] Uta und ihre fünfjährige Schwester kamen, getrennt voneinander, nach Bad Sachsa ins Heim, ihre Mutter ins Gefängnis. Die beiden Brüder waren noch im Krieg; einer von ihnen blieb vermisst. Über all das sei hinterher nie gesprochen worden, sagt Uta. »Das war in den anderen Familien aber genauso, und es war eben auch diese Zeit: Man sprach einfach nicht über solche Dinge, schon gar nicht mit Kindern.«[11]

Viele Nachkommen erlebten in ihren Familien die schwierige Ambivalenz zwischen dem Andenken an die manchmal überlebensgroß erscheinende Tat des Vaters und dem Beschweigen ihrer Folgen. Bei fast allen standen zu Hause an prominenter Stelle Fotos des Vaters, zum Teil sogar aus dem Volksgerichtshof. Als Erwachsene wurden viele Kinder zu Gralshütern des Andenkens – das stets präsente Trauma 20. Juli wurde bis in die dritte und vierte Generation weitergetragen.[12]

Manche Witwen wie Annedore Leber, Rosemarie Reichwein oder Cläre Fellgiebel gingen offensiv an die Öffentlichkeit, um für das Ansehen ihrer ermordeten Männer zu kämpfen und die Erinnerung an den Widerstand wachzuhalten. Doch das Gefühl, nicht wirklich dazuzugehören, ließ sich nicht abschütteln. Umso wichtiger waren für die Familien die Treffen mit anderen Hinterbliebenen im Rahmen der alljährlichen Gedenkfeiern, und dem »Hilfswerk 20. Juli 1944« kam zentrale Bedeutung als Anlaufstelle und Netzwerk zu. Bei allen – auch politischen – Unterschieden fühlten sich die Mitglieder gegenüber dem Rest der Bevölkerung wider Willen als Schicksalsgemeinschaft.

Bei den Gedenkveranstaltungen zeigte sich »fast immer das gleiche Bild«, beschrieb der Widerstandskämpfer und Mitbegründer der CSU, Josef Müller, dieses Gefühl: »Wir waren unter uns. Die Redner sprachen zu Erfahrenen, nicht aber zu Menschen, die erfahren wollten. Hier standen Frauen und Männer, deren Gewissen bereits entschieden hatte, nicht aber jene, die sich … bis heute weigern, zumindest ihr Wissen um das Geschehen jener Zeit zu vervollständigen.«[13]

Daran waren tatsächlich nur wenige Deutsche interessiert, und die Bundesregierung machte es ihnen leicht, der Gewissensforschung aus dem Weg zu gehen: Wozu »Gerichtstag halten über uns selbst«,[14] wie Fritz Bauer es forderte, wo doch selbst am Kabinettstisch Männer mit tiefbrauner Vergangenheit saßen? Theodor Oberländer etwa, Bundesminister für Vertriebene, Flüchtlinge und Kriegsgeschädigte, war schon 1923 mit Hitler zur Münchner Feldherrnhalle marschiert und gehörte während des Feldzugs gegen die Sowjetunion zur Führung des Abwehrverbands »Nachtigall«, der in Lemberg (Lwów) Massenerschießungen durchführte.[15] Innenminister Gerhard Schröder (CDU) hatte bei seinem Entnazifizierungsverfahren unterschlagen, dass er Mitglied in der SA gewesen war[16], und Verkehrsminister Hans-Christoph Seebohm (DP) hatte vor 1945 als Leiter eines sudetendeutschen Bergbauunternehmens von den dortigen »Arisierungsmaßnahmen« profitiert.[17]

Mit Signalen zur Würdigung des Widerstands tat man sich in Bonn immer noch schwer – es sei denn, es ließ sich damit außenpolitisch punkten. 1960 lehnte es die Regierung gegen den Protest der SPD-Opposition ab, für den 20. Juli eine bundesweite Beflaggung der Amtsgebäude anzuordnen, da es, so die Begründung, schon genug »Beflaggungstage« gebe. »Die Frage, welcher davon würdiger sei als der 20. Juli, dürfte kaum befriedigend beantwortet werden«, kommentierte die *Frankfurter Rundschau*. »Die Bonner Entscheidung passt aber zu der geistigen und politischen Entwicklung der Bundesrepublik. Das Attentat ist misslungen, der Widerstand eine unangenehme Erinnerung für viele längst wieder wichtige Männer. Fahnen wehen bei weniger eindeutigem Anlass.«[18]

Den Einfluss jener »längst wieder wichtigen« Männer bekamen Überlebende und Hinterbliebene nach wie vor in westdeutschen Amtsstuben zu spüren: Der Witwe von Hellmuth Stieff wurde erst nach neun Jahren Rechtsstreit die ihr zustehende Rente zugesprochen. Das 1960 schließlich unterlegene Versorgungsamt München hatte sie Ili Stieff mit der Begründung verweigert, ihr Mann sei wegen seiner Beteiligung an der Verschwörung zu Recht zum Tode verurteilt worden. Selbst nachdem das Bundesverwaltungsgericht in dritter Instanz entschieden hatte, dass es sich um »offensichtliches Unrecht« gehandelt habe, blieben die Münchner Beamten dabei, dass das Todesurteil dem heutigen Rechtsempfinden entspreche.[19]

Das Hilfswerk war darum weiterhin hauptsächlich damit beschäftigt, die Familien finanziell und juristisch zu unterstützen. Beispielhaft für Dutzende solcher Fälle steht Cläre Fellgiebel: Ihr Mann Erich, als Chef des Heeresnachrichtenwesens an den Umsturzplänen beteiligt, war vom VGH zum Tode verurteilt und in Plötzensee gehängt worden. Seine Frau und die drei Kinder kamen in Sippenhaft, alles Hab und Gut der Familie wurde von der Gestapo beschlagnahmt. Nach dem Krieg kämpfte Cläre Fellgiebel um Witwenrente und Entschädigung. Für den Antrag auf Rückerstattung ihres Besitzes musste sie unter anderem eine eidesstattliche, notariell beglaubigte Aufstellung der Vermögenswerte einreichen, mit allen Objekten, die sich zum Zeitpunkt der Beschlagnahmung in der Wohnung befunden hatten. Es dauerte 17 Jahre, bis es dafür im Mai 1961 schließlich zum Vergleich kam und sie 7210,70 DM erhielt – einen Bruchteil der Schadenssumme.[20]

Die Gegenseite hatte es da in der Regel leichter: Marion Freisler bekam ihre Rente schon seit 1955[21] – die der Witwe eines Staatssekretärs wohlgemerkt, denn als solcher war ihr Mann im Reichsjustizministerium tätig gewesen, bevor er Präsident des VGH wurde.[22] Ab 1974 konnte sie sich über eine deutliche Rentenerhöhung als »Schadenausgleich« freuen, die ihr das Versorgungsamt mit dem Argument gewährte, ihr Mann hätte nach dem Krieg in der Privatwirtschaft Karriere machen können, wenn er nicht am 3. Februar 1945 bei einem Bombenangriff ums Leben gekommen wäre. Immerhin hielt man es in der Behörde nicht für denkbar, dass Freisler in der Bundesrepublik als Anwalt oder Verwaltungsjurist hätte arbeiten können.[23] Völlig abwegig war das aber nicht.

Für die SED war die Weiterbeschäftigung von NS-Beamten und -Juristen in der Bundesrepublik ein gefundenes Fressen, um den Westen zu diskreditieren: Seit Ende der 50er-Jahre trommelte der »Ausschuss für Deutsche Einheit« unter ZK-Mitglied Albert Norden gegen »Hitlers Blutrichter« im Dienste Bonns.[24] Im Frühjahr 1960 reisten zwei DDR-Staatsanwälte in die BRD, um der Bundesregierung Kopien von mehr als 500 NS-Urteilen zu übergeben, die von Juristen gefällt worden waren, die im Westen weiterhin tätig waren. Bonn reagierte betont desinteressiert und ließ die Delegation nicht im Justizministerium, sondern vom Generalbundesanwalt empfangen, was in Ostberlin für erhebliche Verärgerung sorgte.[25]

Doch hinter der vorgeblichen Gelassenheit verbarg sich Nervosität, denn neuerdings musste sich der Kanzler auch von den westlichen Verbündeten immer öfter unbequeme Fragen anhören, nachdem eine Reihe antisemitischer Vorfälle die internationale Aufmerksamkeit auf die bundesdeutsche Vergangenheitspolitik gelenkt hatte: In Hessen waren ein Lehrer und ein Mitarbeiter der Wiedergutmachungsbehörde durch judenfeindliche Äußerungen aufgefallen; der deutsche Konsul in New York hatte einen Journalisten als »dreckigen Juden« beschimpft; in Hamburg war ein Mann, der Pamphlete gegen die »jüdische Weltverschwörung« verbreitet hatte, von einem Gericht mit der Begründung freigesprochen worden, er habe nicht die »jüdische Rasse«, sondern »das internationale Judentum« beleidigt. Und in der Weihnachtsnacht 1959 war die eben erst eingeweihte Kölner Synagoge mit Hakenkreuzen und »Juden-raus!«-Schriftzügen beschmiert worden.[26] Im Polizeiverhör sagten die zwei jungen Täter aus, sie hätten gegen die »Selbstbesudelung des deutschen Volkes« protestieren und darauf aufmerksam machen wollen, dass man die »im Dritten Reich vorhandenen positiven Seiten« ignoriere.[27] Ihr Beispiel machte Schule: Innerhalb der folgenden vier Wochen registrierten die Behörden bundesweit 470 weitere Fälle.[28]

Adenauer bemühte sich, die Ereignisse als Einzelfälle hinzustellen. Die Schändung der Kölner Synagoge sei »ein Verbrechen«, betonte er in einer Fernsehansprache. Die anderen Vorfälle aber seien »fast ausschließlich Flegeleien … ohne politische Grundlage«, deren Ahndung die Bürger in Zukunft ruhig selbst in die Hand nehmen sollten: »Wenn ihr irgendwo einen Lümmel erwischt, vollzieht die Strafe auf der Stelle und gebt ihm eine Tracht Prügel.« Die »gute Seite dieser abscheulichen Vorgänge« sei die »Verurteilung des Antisemitismus und des Nationalsozialismus, die sich im deutschen Volke jetzt so spontan und einmütig offenbart hat«.[29]

Das war gut gebrüllt, aber nicht unbedingt wahr: Zwar verurteilten einer Umfrage zufolge 79 Prozent der Westdeutschen die Vorfälle, doch das konnte ebenso gut als Ablehnung jeglichen »Rowdytums« interpretiert werden und sagte wenig über vorhandene antisemitische Einstellungen aus. Für die hatte sich bei der letzten Umfrage nämlich immerhin noch ein Drittel der Befragten anfällig gezeigt.[30] Adenauer ging es aber zuallererst darum, den Imageschaden auszubügeln, denn wer tatsächlich schuld war an der »Schmierwelle«, stand für ihn sowieso fest: Ostberlin. Diese »antisemitischen Sachen« würden von Kommunisten gemacht und »dann in der gesamten Welt verbreitet als ein Beweis dafür, dass die Deutschen noch so wären wie die Nazis«, sagte er vor Journalisten.[31] Ein paar Wochen später gab er seine Überzeugung, unterstützt von Verteidigungsminister Franz Josef Strauß (CSU), auch im Kabinett zu Protokoll. Beweise für seine Theorie blieb er schuldig, erklärte das aber damit, dass den Tätern vermutlich nicht bewusst sei, Teil einer gelenkten Aktion zu sein.[32]

Im Ausland verfing die Verschwörungsthese nicht: »In der überwiegenden Mehrzahl der Länder haben die Vorfälle der Bundesrepublik erheblich geschadet«, meldete das Auswärtige Amt.[33] Der »Vertrauenskredit gegenüber der Bundesregierung« erschöpfe sich. Vor allem »das offizielle Stillschweigen zum Problem der nationalsozialistischen Vergangenheit prominenter Persönlichkeiten« wirke »in zunehmendem Maße belastend«.[34] Bei den Verbündeten fürchte man, dass die »›unbewältigte Vergangenheit‹ auch nach den antisemitischen Ausschreitungen weiterhin unbewältigt bleiben könnte«.[35]

Die Sorge war berechtigt. Trotz des alarmierenden Befundes der Diplomaten beließ es die Regierung bei Beschwichtigungen, die am eigentlichen Problem vorbeigingen: Innenminister Schröder (CDU) versicherte, es müssten zwar noch »einige dunkle Vorurteile« ausgerottet werden, eine Machtergreifung antisemitischer Gruppen stehe aber nicht bevor. Und Bundestagspräsident Eugen Gerstenmaier (CDU) fand: »Die Hakenkreuzschmierereien beweisen nichts.« Im Übrigen seien die Deutschen nicht erneut »vom Geiste Hitlers« bedroht, sondern »von der Diktatur Moskaus«.[36]

Öffentlichkeitswirksam traf sich Adenauer mit Israels Regierungschef Ben Gurion in New York und versprach ihm hinter den Kulissen die Fortsetzung geheimer deutscher Waffenlieferungen. Kurz darauf, im Februar 1960, besuchte er zusammen mit Verteidigungsminister Franz Josef Strauß (CSU) das ehemalige Konzentrationslager Bergen-Belsen, wo er der Welt versicherte, dass das »jetzige Deutschland« alle Rassen und Völker achte.[37]

In Bergen-Belsen waren im Februar 1945, wenige Wochen vor der Befreiung, auch Anne Frank und ihre Schwester Margot an Hunger und Fleckfieber gestorben.[38] Jetzt, 15 Jahre später, sprach der Kanzler dort nebulös von der »Not, die hier in dieser Gegend jahrelang geherrscht« habe, und dem, »was sich leider Gottes während der nationalsozialistischen Zeit ereignet hat«.[39] Es war sein erster Besuch in einem ehemaligen KZ. In der Vollzugsanstalt Werl, wo die von alliierten Gerichten verurteilten Kriegsverbrecher einsaßen, war er schon 1953 gewesen.[40] Auch während seines Wahlkampfs 1955, kurz vor Gründung der Bundeswehr, hatte er dort für eine Visite Halt gemacht.[41]

Mutige Studenten und ein Generalstaatsanwalt, der alles riskiert

Im Mai 1960 stand die Verjährung von Totschlagsdelikten an – ein von der SPD eingebrachter Gesetzentwurf hätte die Frist noch einmal um vier Jahre verlängert, war aber vom Rechtsausschuss abgelehnt worden. Damit waren erneut Zehntausende Täter amnestiert, ohne je vor Gericht gestanden zu haben.[42] NS-Richter zur Verantwortung zu ziehen – in 99 Prozent der Fälle juristisch ohnehin aussichtslos –, war mit dem Wegfall von Totschlag als Klagegrund nahezu unmöglich, da der für eine Mordanklage nötige Nachweis niederer Beweggründe kaum zu erbringen war.[43] Für Bundesjustizminister Fritz Schäffer (FDP) kein Grund, die Verjährung abzuwenden: Die Verbrechen des »Dritten Reiches« seien weitgehend aufgeklärt, verkündete er im Bundestag, mit weiteren Fällen in nennenswertem Umfang sei nicht mehr zu rechnen. In Wirklichkeit hatte die Zentrale Stelle zur Aufklärung nationalsozialistischer Verbrechen in Ludwigsburg gerade umfangreiches Material aus Polen erhalten, das schon nach grober Sichtung Anlass für die Eröffnung Dutzender Strafverfahren gab.[44]

Die Behörde war erst zwei Jahre zuvor gegründet worden: Durch den Ulmer Einsatzgruppenprozess gegen Mitglieder eines deutschen Kommandos, das in Litauen mindestens 5000 Juden ermordet hatte, war deutlich geworden, dass NS-Verbrechen, die im Ausland begangen worden waren, bisher kaum verfolgt wurden. In Ludwigsburg sollten darum von nun an systematisch Tatkomplexe erforscht und Material für staatsanwaltliche Vorermittlungen zusammengetragen werden.[45] Leiter wurde passenderweise Staatsanwalt Erwin Schüle, der später wegen seiner Mitgliedschaft in SA und NSDAP seinen Posten räumen musste. Mit Justizminister Schäffer war er sich einig, dass man nicht gegen ehemalige NS-Richter ermitteln werde.[46]

Eine Überprüfung prominenter Funktionsträger, wie sie sich das Ausland erhoffte, fand ebenfalls nicht statt. Doch die unbewältigte Vergangenheit holte die Bundesregierung regelmäßig wieder ein, und Adenauer hatte in seinen letzten Amtsjahren trotz vielfältiger Schützenhilfe durch den BND immer größere Mühe, die Vorwürfe abzuwehren:[47] Im Mai 1960 musste er Minister Oberländer entlassen – nachdem die SPD gedroht hatte, einen parlamentarischen Untersuchungsausschuss einzusetzen, war der Druck zu groß geworden. Der Kanzler hatte sich bis zuletzt hinter ihn gestellt und erklärt, die Union dürfe sich nicht zum Hilfsorgan kommunistischer Propaganda machen und einen Parteikollegen opfern, »nur weil die SED es will«. Am Ende stand er damit selbst in der eigenen Partei allein da.[48] Die Minister Schröder und Seebohm aber blieben im Amt, und auf Globke ließ Adenauer ohnehin nichts kommen.

Doch inzwischen war eine neue, unbelastete Generation herangewachsen, die anfing, Fragen zu stellen und immer weniger bereit war, die ausweichenden Antworten ihrer Eltern und Großeltern zu akzeptieren. Anders als diese hatten die jungen Leute keinen Grund, sich die deutsche Vergangenheit schönzureden, und machten sich selbst daran, sie aufzuarbeiten: Ein frühes Beispiel dafür ist die Ausstellung »Ungesühnte Nazijustiz«, die 1959 erst in Karlsruhe, dann bis 1962 in weiteren westdeutschen Städten zu sehen war. Federführend war der Westberliner Student Reinhard Strecker, der beim Bundestag bereits Petitionen eingereicht hatte, in denen Tausende Studierende die Überprüfung NS-belasteter Mediziner und Juristen forderten. Auf eigene Faust war er außerdem zusammen mit Kommilitonen und Kommilitoninnen der Frage nachgegangen, ob die »Blutrichter«-Kampagne der DDR tatsächlich nur Propaganda war, wie es aus Bonn immer hieß.

Als die Gruppe bei ihren Recherchen keine Unterstützung von Bundesbehörden bekam, besorgte sie sich Material aus DDR-Archiven und stellte es mit einfachsten Mitteln zu einer Ausstellung zusammen. Diese bestand dann im Wesentlichen aus einsehbaren Schnellheftern mit Unterlagen der NS-Sondergerichte, in denen 206 Namen von Juristen auftauchten, die in der BRD weiter tätig waren.[49] Wegen der bevorstehenden Verjährung von Totschlagsvergehen hatte Strecker 1959 außerdem 43 Strafanzeigen gegen amtierende Richter eingereicht.[50]

»Ein Student schlug daneben«, höhnte die *Bild*-Zeitung, »Anklage gegen Justiz mit verstaubten Dokumenten.«[51] Die Ausstellungsmacher, allesamt Mitglieder des Sozialistischen Deutschen Studentenbundes (SDS), gerieten sofort ins Visier des Verfassungsschutzes. Globke setzte zusätzlich den BND auf sie an und ließ sich von seinem Vertrauten, BND-Chef Gehlen, laufend über die neuesten Erkenntnisse der »Inlandsaufklärung« informieren.[52] Der Verfassungsschutz schätzte Strecker in einem Bericht ans Kanzleramt als »Michael-Kohlhaas-Typ« ein, warnte aber, dass er von »kommunistischen Hintermännern« deswegen »umso lieber für ihre Zwecke eingespannt« werde.[53]

Der überwiegende Teil der Presse sah es genauso und diskreditierte die Gruppe als »Handlanger von Pankow«.[54] Selbst in ansonsten um Objektivität bemühten Berichten fehlte nie der Hinweis auf Streckers angebliche »Ostkontakte«.[55] Der Parteivorstand der SPD glaubte ebenfalls »unbekannte Hintermänner« aus Ostberlin am Werk,[56] ging vorsichtshalber auf Distanz und schloss die SDS-Studenten aus der Partei aus.[57] Mit dem »Godesberger Programm« hatte sich die SPD gerade eine demonstrativ bürgerliche Ausrichtung gegeben und war vor der 1961 anstehenden Bundestagswahl besonders bemüht, nicht mit Kommunisten in Verbindung gebracht zu werden.[58]

Die Ausstellung sei ein »Akt öffentlicher Agitation zugunsten sowjetzonaler Stellen«, urteilte auch der Berliner Senat. Universitätsleitungen, Kultus- und Justizministerien im ganzen Land stellten die Echtheit der Dokumente infrage und legten den Organisatoren, wo immer es ging, Steine in den Weg.[59] Dabei hatte kein Geringerer als Generalbundesanwalt Max Güde die ausgestellten Dokumente geprüft und offiziell als authentisch bezeichnet.[60]

Nach einiger Zeit begannen Presse und Öffentlichkeit aber schließlich doch noch, sich mehr mit dem Inhalt als mit den Machern der Ausstellung zu befassen. Selbst konservative Zeitungen zitierten aus den Urteilen, in denen sich die Justiz als willfähriges

Instrument des NS-Terrorregimes erwies. Und mehr noch: Die zeigten, dass es sehr wohl Spielräume gegeben hatte, die meisten Richter diese aber nicht zugunsten der Angeklagten genutzt hatten, sondern das Strafmaß voll ausschöpften und selbst bei Bagatelldelikten Todesurteile fällten.[61] Dennoch sprach sich in Umfragen weiterhin eine Mehrheit von rund 54 Prozent gegen die weitere Strafverfolgung von NS-Verbrechen aus.[62]

Daraus wurde aber nichts, denn im Mai 1960 meldete Israel die Verhaftung Adolf Eichmanns: Der Auslandsgeheimdienst Mossad hatte den Organisator der »Endlösung« in Argentinien aufgespürt, nun sollte er in Jerusalem vor Gericht gestellt werden. Für Bonn waren das beunruhigende Neuigkeiten. Es sei möglich, dass im Verlauf des Prozesses »belastendes Material gegen Bedienstete der Verwaltung des Bundes und der Länder bekannt wird«, warnte das Auswärtige Amt. Um außenpolitischen Problemen entgegenzuwirken, müsse die Regierung kurzfristig Gegenmaßnahmen beschließen, natürlich ohne eine neue Entnazifizierung in Gang zu setzen.

Gefährdet war vor allem Kanzleramtschef Globke, da Eichmann ihn möglicherweise selbst belasten könnte. Innenminister Schröder musste ebenfalls mit Enthüllungen rechnen, und wen es noch alles treffen konnte in Wirtschaft, Medizin, Justiz, Verwaltung oder diplomatischem Dienst, war kaum absehbar.[63] Ohnehin stand zu befürchten, dass die Bundesrepublik für ihre zögerliche Vergangenheitsbewältigung indirekt mit auf der Anklagebank sitzen würde.[64] »Wir werden uns aus Anlass dieses schaurigen Prozesses eindeutig von diesen Verbrechen distanzieren müssen«, schrieb Außenminister Heinrich von Brentano an Adenauer.[65]

Ungünstigerweise konnte man sich Eichmanns Ergreifung nicht selbst ans Revers heften: Generalstaatsanwalt Bauer war den Spuren des Massenmörders über Jahre hinweg beharrlich und gegen massive Widerstände nachgegangen und hatte die entscheidenden Hinweise zu dessen Versteck schließlich an den israelischen Geheimdienst weitergegeben. Den deutschen Behörden misstraute er völlig zu Recht: Allein im Bundeskriminalamt waren von den 47 leitenden Beamten 33 als SS-Führer selbst am Holocaust beteiligt gewesen.[66] Auch von der Bundesregierung bekam Bauer keine Unterstützung, und als er sich um Eichmanns Auslieferung nach Deutschland bemühte, lehnte Bonn das mit der Begründung ab, es gebe mit Israel keine entsprechende Vereinbarung.[67] In Wirklichkeit war man froh, dass der SS-Obersturmbannführer nicht in Frankfurt, sondern in Jerusalem vor Gericht stehen würde: Die Beziehungen zu Israel waren inzwischen gefestigt genug, sodass nicht zu befürchten war, dass der Prozess als politische Munition gegen die Bundesrepublik genutzt werden würde.[68]

Bei den USA oder Großbritannien konnte man hingegen nicht so sicher sein. Das Auswärtige Amt wies seine Diplomaten daher an, in Gesprächen den deutschen Widerstand gegen die NS-Diktatur und das gute deutsch-jüdische Verhältnis vor 1933 hervorzuheben. Vor allem müsse man das westliche Ausland »mit allen verfügbaren Mitteln der Öffentlichkeitsarbeit« davon überzeugen, dass deutsche Gerichte »Naziverbrechen nachdrücklich« verfolgten.[69] Als Adenauer im März[70] zum neuen US-Präsidenten John F. Kennedy nach Washington flog, hatte er allerdings wenig vorzuweisen, was diese Behauptung stützen konnte. Das Auswärtige Amt hatte ihm darum einen Sprechzettel mit vorformulierten Antworten für kritische Journalistenfragen ausgearbeitet: Die deutschen Behörden hätten jahrelang nach Eichmann gesucht, hieß es dort. Mit Rücksicht auf Israel verzichte man auf ein Auslieferungsbegehren, sei aber jederzeit bereit, das Verfahren zu übernehmen. Weil die Verfolgung von NS-Tätern bis 1955 Sache der Alliierten gewesen sei, habe man nicht früher tätig werden können. Bisher habe es außerdem »keine Möglichkeit« gegeben,

»diese Verbrecher selbst zu verfolgen«, da sich die nötigen Akten im Ausland befänden.[71]

Nichts von alledem entsprach der Wahrheit. Und der Umstand, dass der Kommentator der Nürnberger Rassegesetze ausgerechnet im Kanzleramt saß, nahm den Beteuerungen ohnehin einen Großteil ihrer Wirkung. In dieser Hinsicht sah aber weder die Bundesregierung noch die Unionsfraktion Handlungsbedarf. Im Gegenteil: Am 18. Juli 1961, der Prozess gegen Eichmann lief bereits, nahm Rainer Barzel (CDU) ausgerechnet den nahenden Jahrestag des Hitler-Attentats zum Anlass, seinen umstrittenen Parteikollegen vor »kommunistischen Rufmord-Versuchen« in Schutz zu nehmen, indem er ihn kurzerhand zum Widerstandskämpfer erklärte: Globke habe zum Kreis um Carl Goerdeler gehört und sei für eine Regierung nach Hitler als Staatssekretär vorgesehen gewesen. Barzel schloss seine Ausführungen mit dem Wunsch, »in der roten Diktatur der Zone« mögen »viele Männer so wirken, wie Hans Globke es in der braunen Diktatur« getan habe.[72] Die meisten Zeitungen übernahmen Barzels Behauptung, ohne sie zu hinterfragen: »Globke gehörte zu den Männern des 20. Juli«, titelte etwa die *Aachener Volkszeitung*. Und als die Opposition Barzels Äußerungen kritisierte, hieß es: »SPD hetzt weiter gegen Globke.«[73]

Für den Kanzleramtschef fielen im Eichmann-Prozess persönliche und dienstliche Interessen zusammen. Adenauer und er betrauten daher den BND mit einer, wie es der Historiker Klaus-Dietmar Henke ausdrückt, »Operation der Vergangenheitsabwehr«, die diesmal »ein politisch-operatives Meisterstück« werden musste.[74] Um jederzeit über den Stand des Prozesses informiert zu sein und ihn möglichst auch beeinflussen zu können, wurden unter anderem V-Männer in den Umkreis von Eichmanns Verteidiger geschleust. Auf diese Weise lagen dem Kanzleramt beispielsweise gleich nach Anklageerhebung alle 3564 Seiten mit Eichmanns Aussagen aus sieben Monaten Polizeiverhör vor.[75]

Die BND-Operation »Gleisdreieck« wurde tatsächlich zum »Meisterstück«: Als der Prozess im Dezember 1961 mit einem Todesurteil endete, waren der Bundesregierung die befürchteten Enthüllungen erspart geblieben, und Adenauer konnte gegenüber Israels stellvertretendem Verteidigungsminister Schimon Peres seine »tiefe Dankbarkeit über die honorige Führung des Eichmann-Prozesses« ausdrücken.[76]

Die Einflussnahme und Ausspähung durch Bonn sind offenbar noch heute ein Politikum: Der Abschlussbericht der unabhängigen Historikerkommission zur Erforschung der Nachkriegsgeschichte des BND durfte 2022 nur mit Einschränkungen veröffentlicht werden: Zwar ist ihm zu entnehmen, dass Adenauer die gesamte SPD jahrelang vom BND rechtswidrig ausspionieren ließ, im Abschnitt aber, der sich mit dem Eichmann-Prozess befasst, sind umfangreiche Passagen geschwärzt.[77]

Die Diffamierung des linken Widerstands

Nach Kurt Schumacher und Erich Ollenhauer stellte die SPD 1961 mit Berlins Regierendem Bürgermeister Willy Brandt erneut einen Mann aus dem Widerstand als Kanzlerkandidaten auf; für die CDU trat der 84-jährige Adenauer zum vierten Mal an. »Keine Experimente!«, lautete der zentrale Slogan der Union.[78] »Setzt Deutschland nicht aufs Spiel«, hieß es auf Plakaten mit rot unterlegtem Stacheldraht[79]– nur mit der Regierung Adenauer, so die Botschaft, sei die BRD vor dem Kommunismus gefeit und könne weiter ihren Wohlstand mehren.

Mit Brandt hatte die SPD einen Mann ins Rennen geschickt, der dem Kanzler ernsthaft gefährlich werden konnte: Brandt war beliebt, galt als eine Art deutscher Kennedy, stand wie Adenauer für die Verankerung der BRD im westlichen Bündnis und genoss international hohes Ansehen. Er setzte sich für eine Annäherung an den Osten ein, hatte angesichts des Mauerbaus am 13. August 1961 aber nicht gezögert, die DDR-Führung zu kritisieren.[80] Um ihn schlagen zu können, würde Adenauer mehr brauchen als ein »Weiter so!«. Der Wahlkampf der CDU setzte darum alles daran, Brandt als unzuverlässig und zwielichtig hinzustellen.

Das ging am besten über seine Zeit im Exil, denn Emigration galt in der BRD noch immer als Makel. Ob Politiker oder Stars wie Marlene Dietrich oder Thomas Mann – wer vor 1945 im Ausland gewesen war, stand im Verdacht, »sein Vaterland preisgegeben zu haben«.[81] Das Psychoanalytikerehepaar Margarete und Alexander Mitscherlich deutete diese Haltung als eine weitere Form der »Schuldabwehr«: Sollte Brandt etwa »schon 1933 mehr gesehen, richtiger entschieden haben als wir alle? Falls der Gedanke überhaupt zugelassen wird, weckt er Neid auf die größere Schuldlosigkeit«. Diese »wird sofort abgewertet: Emigration war Feigheit, Fahnenflucht ist unentschuldbar«.[82] Die Unionsparteien bedienten sich also eines wirksamen Gifts.

Adenauer war sich sehr wohl bewusst, welche Assoziationen er bei seinen Zuhörern weckte, wenn er von seinem Herausforderer als »Herr Brandt alias Frahm« sprach – eine Anspielung auf dessen Geburtsnamen Herbert Frahm, den er 1933 bei der Flucht nach Norwegen abgelegt hatte. »Brandt-Frahm« war auf CDU-Wahlplakaten und Flugblättern zu lesen, dazu weitere Andeutungen zur Vergangenheit des SPD-Kandidaten: »Bürgerkrieg in Spanien, Partisanenfibel in Norwegen – Bundeskanzler von morgen? NEIN! Wählt darum CDU!«[83] Die konservative Presse sekundierte, und CSU-Chef Strauß bemerkte süffisant: »Eines wird man doch aber Herrn Brandt fragen dürfen: Was haben Sie zwölf Jahre lang draußen gemacht? Wir wissen, was wir drinnen gemacht haben.«[84]

Die Strategie verfing: Am Ende konnte die Union die Wahl für sich entscheiden, obwohl sie ihre absolute Mehrheit einbüßte. Sie ging eine Koalition mit der FDP ein, Adenauer blieb Kanzler, wenn auch auf Abruf. Das Thema Exil, bisher eher totgeschwiegen, etablierte sich als Munition gegen politische Gegner. Vier Jahre später sollte es Brandt noch einmal den Sieg kosten.

Wer Todesurteile gesprochen oder an der Vernichtung der Juden Europas mitgewirkt hatte, konnte in der BRD hingegen bis in höchste Staatsämter aufsteigen – nicht die Täter waren in der Defensive, sondern die Opfer.

* * *

Am 20. Juli 1963[85] wehten in der Bundesrepublik zum ersten Mal auf allen öffentlichen Gebäuden die Fahnen: Die Regierung hatte sich doch noch dazu durchgerungen, den Tag des Hitler-Attentats in die Liste der »Beflaggungstage« aufzunehmen, und wollte das als Zeichen dafür verstanden wissen, »dass das Denken, Wollen und Tun, das Aufbegehren und Sterben all derer, die den verschiedenen Widerstandskreisen angehörten, heute in das Bewusstsein des deutschen Volkes eingedrungen sind«.[86]

Davon konnte eigentlich nicht die Rede sein. Inzwischen war zwar immerhin die Hälfte der Bundesbürger der Meinung, dass die Verschwörer keine Verräter gewesen waren, jeder Vierte sah das aber nach wie vor anders, 27 Prozent enthielten sich. Von den unter 20-Jährigen hatte die Hälfte keine Ahnung, was es mit dem Datum überhaupt auf sich hatte.[87] Und von einem Bewusstsein für die verschiedenen Widerstandskreise waren die Deutschen erst recht weit entfernt: Obwohl es anlässlich des Jahrestags üblich geworden war, darauf hinzuweisen, dass es schon vor 1933 eine Opposition gegen das NS-Regime gegeben habe, vermieden es die meisten Redner, zu sagen, wer diese Menschen gewesen waren.[88]

Vor allem der Widerstand von Kommunisten wurde, wenn überhaupt, meist nur in abwertender Weise erwähnt und stets säuberlich vom 20. Juli 1944 getrennt: Den Verschwörern sei »ein Paktieren mit dem Kommunismus keine Sekunde in den Sinn« gekommen, betonte etwa der Generalinspekteur der Bundeswehr, Friedrich Foertsch, im Juli 1961. Darum überhäufe »der Osten« diese Männer jetzt mit Verleumdungen. Eine Beschleunigung der militärischen Niederlage habe ihnen ferngelegen, weil sie gewusst hätten, dass es an der Ostfront darum ging, »mit aller Kraft einen erbarmungslosen Feind von der Heimat abzuwehren«.[89]

Drei Wochen später bekam das alte Feindbild durch den Mauerbau neue Nahrung. Wie schon nach dem 17. Juni 1953 galt in den Ansprachen, Stellungnahmen und Zeitungskommentaren das Thema Freiheit als unvereinbar mit dem politischen System der DDR. Ein häufiges Motiv war außerdem die Gleichsetzung von Nationalsozialismus und Kommunismus: Die Freiheit sei heute »im selben Maße gefährdet, wie in den Tagen des 20. Juli 1944«, sagte Hanns-Joachim Unger, Präsident des Zentralverbandes Demokratischer Widerstandskämpfer- und Verfolgtenorganisationen (ZDWV) 1962. Wie der Nationalsozialismus versucht habe, »die Menschen in Mitteleuropa zu versklaven«, so verfolge »der Kommunismus in unseren Tagen dasselbe Ziel«.[90]

Berlins Innensenator Heinrich Albertz (SPD) verglich die Widerstandskämpfer mit den Fluchthelfern an der innerdeutschen Grenze: Auch diese verdienten »dereinst« eine Tafel in Plötzensee, weil auch sie »ihr Leben für andere zum Opfer gebracht« hätten – »vor den Stacheldrähten der grausamen Zwangsherrschaft, die sich in nichts von der Diktatur Adolf Hitlers unterscheidet«.[91] Der Bundesminister für gesamtdeutsche Fragen, Ernst Lemmer (CDU), sprach von den Kommunisten, die »in dieser schwarzen Epoche unseres Lebens … für ihre Gesinnung in den Tod gegangen« seien, und fragte rhetorisch, ob sie wohl geahnt hätten, dass ihre »Nachfahren [sic!] … jenseits der traurigen Trennungslinie« später »die gleiche Missachtung des Menschen und seines Wertes zeigen würden« wie die Nationalsozialisten.[92]

Lemmer selbst hatte sich in jener »schwarzen Epoche« als Journalist aufs Beste mit den damaligen Machthabern arrangiert: Schon 1935 demonstrierte er seine Vertrauenswürdigkeit, indem er einen Kollegen bei der Gestapo denunzierte. Das Auswärtige Amt und Goebbels persönlich betrauten ihn mit geheimen Aktionen im Ausland, die er stets zur Zufriedenheit ausführte, weshalb er sich einer in jeder Hinsicht privilegierten Stellung erfreute.[93] Der 1970 verstorbene Mitbegründer der CDU gilt noch heute als integrer Demokrat, der gegenüber dem NS-Regime seine linksliberale Einstellung behauptet habe.[94]

Als die DDR-Führung anhand von NS-Akten Lemmers Verstrickung offenlegte, tat die Bundesregierung es als antiwestliche Propaganda ab.[95] Doch wer auf die unbearbeitete Vergangenheit hinwies, hatte auch im Westen einen schweren Stand – die studentischen Ausstellungsmacher hatten es deutlich zu spüren bekommen, und für den hessischen Generalstaatsanwalt Fritz Bauer war es das tägliche Brot. Besonders zornigen Widerspruch erregte Bauer jedes Mal, wenn er in einer Debatte oder einem Vortrag sagte, das »Dritte Reich« könne sich unter bestimmten Bedingungen wiederholen. Für viele kam diese Einschätzung Landesverrat gleich, zumal Bauer immer wieder darlegte, dass der Gefahrenherd seiner Meinung nach nicht so sehr bei den jungen Hakenkreuzschmierern lag, sondern bei jenen großen Teilen der älteren Generation, die ihr Denken von damals noch immer nicht abgelegt hatten.[96]

Viele andere jüdische Emigranten und Remigranten teilten diese Überzeugung, unter ihnen Prominente wie Hannah Arendt, Theodor Adorno oder Max Horkheimer, die wie Bauer mit Sorge die Rückkehr ehemaliger Nationalsozialisten in Politik, Justiz und Verwaltung beobachteten. Dass ausgerechnet Exilanten Bauers Thesen unterstützten, war für seine Gegner aber nur ein Grund mehr, diese zu bekämpfen: 1962 versuchte der rheinland-pfälzische Kultusminister Eduard Orth (CDU) mit Zustimmung seiner Partei und der Fraktion der FDP, zu verhindern, dass Bauers Vortrag »Die Ursachen faschistischen Handelns« als gedruckte Broschüre für den Unterricht an Schulen zur Verfügung gestellt wurde.[97] Es sei »noch zu früh« für ein abschließendes Urteil über das »Dritte Reich«, pflichtete ihm ein junger CDU-Landtagsabgeordneter bei, der es mit der Vergangenheitsbewältigung später ähnlich halten sollte: Helmut Kohl.[98]

Erinnerung als Staatsroutine

Mit der Zeit waren die Gedenkfeiern zum festen Bestandteil des politischen Kalenders geworden, und für viele Politiker gehörte es inzwischen zum guten Ton, mit dabei zu sein: In Berlin organisierte der Senat seit 1952 an jedem Jahrestag des 20. Juli 1944 eine Feier am Ort des Geschehens, bei der das Hilfswerk als Gastgeberin auftrat. Jeweils am Vortag veranstaltete der Senat außerdem eine Gedenkstunde im ehemaligen Gefängnis Plötzensee, wo zahlreiche Frauen und Männer des Widerstands hingerichtet worden waren.[99]

In Bonn luden, ebenfalls seit 1952, der Bund der Verfolgten des Naziregimes (BVN) – eine Abspaltung des eher kommunistisch orientierten Verbandes der Verfolgten des Naziregimes (VVN) – und der ZDWV zur Gedenkfeier in den Sitzungssaal des Stadthauses. Während der ersten Jahre war der Saal höchstens knapp gefüllt gewesen, doch im Laufe der Zeit waren die Teilnehmerzahlen so gewachsen, dass die Feier ab 1962 in der Beethovenhalle stattfand, wo selbst die 2000 Plätze oft nicht für den großen Besucherandrang ausreichten. Die Bundesregierung unterstützte die Feier finanziell und schickte namhafte Vertreter.[100]

Bundeskanzler Adenauer legte inzwischen jedes Jahr am 20. Juli persönlich einen Kranz am Bonner Ehrenmal für die Opfer der nationalsozialistischen Verfolgung und des Widerstands nieder. An der morgendlichen Zeremonie im Hofgarten, die ebenfalls von BVN und ZDWV organisiert wurde, hatte er 1959 zum ersten Mal teilgenommen und sollte es bis zu seinem Tod 1967 weiter tun.[101]

Politische Impulse gingen von den Feierlichkeiten nicht aus – sie waren offizielle Routine geworden: »Dieses Ereignis des Widerstandes, selten genug in der deutschen Geschichte, wird Jahr für Jahr feierlich zu Grabe getragen«, kritisierte der *Kölner Stadtanzeiger* 1963. »Beethovens Symphonien sind der Ablass, mit denen man sich von seinen Pflichten in der Gegenwart loskauft. Feierliche Gesichter in ernste Falten gelegt, jubilierende Chöre, die Sieg verheißen, Festreden, die ewiges Gedenken schwören, und dann ist alles wieder vorbei.«[102]

Tatsächlich glichen sich die Reden ebenso wie die Feiern. Zum 20. Jahrestag marschierte am Bonner Rheinufer die Bundeswehr zum Großen Zapfenstreich auf, in Berlin sprach Bundespräsident Heinrich Lübke[103] – den Verrätern von einst wurde ohne Zweifel große Ehre zuteil. Und doch verschwand auch in diesem Jahr das viel beschworene »Vermächtnis« des Widerstands wieder in allgemeinen Phrasen und Formeln der nationalen Selbstvergewisserung. Im »Denken und Handeln« der Widerstandsbewegung offenbare sich »die christlich-abendländische Tradition von der Würde des Menschen«, sagte beispielsweise Lübke am Vorabend des Jahrestags 1964. Wer die »Dokumente zum 20. Juli, die Aufrufe und vor allem die erschütternden Abschiedsbriefe der zum Tode Verurteilten« lese, könne spüren, »wie rein dort die Quellen fließen, aus denen wir die Tradition für unsere freiheitliche, soziale und rechtsstaatliche Lebensordnung schöpfen können«.[104]

Kommunisten und Kommunistinnen wurde eine solche Würdigung nie zuteil. Lübke ging mit keinem Wort darauf ein, wie früh und auf welche Weise sich diese dem Terrorregime entgegengestellt hatten. Stattdessen sagte er lediglich, viele »undoktrinäre Kommunisten« seien ebenfalls »Opfer politischer Verfolgung« geworden, darunter auch »innerlich unabhängige Idealisten«, denen man nicht vorwerfen könne »nur als Handlanger einer fremden Macht gehandelt« zu haben.

So explizit Lübke und viele andere Redner die Männer des 20. Juli 1944 zu Wegbereitern der Bundesrepublik erklärten, so nebulös wurden sie bei dem, wogegen sich der Widerstand gerichtet hatte: Dann war wie schon in den 50er-Jahren von »Untaten« die Rede, die »im Namen Deutschlands« begangen wurden, von »Tyrannei« und »Dämonie« oder »einer wahnsinnigen Bestie, die Volk und Menschheit in das Verderben stürzte«. Die Opfer wurden selten explizit genannt, und wer die Täter waren, blieb ebenfalls im Dunkeln. Menschen schienen es jedenfalls nicht gewesen sein, erst recht keine Deutschen.[105]

Lübke nannte, wie viele andere, nur einen einzigen Schuldigen: »Hitler bedeckte den deutschen Namen mit einem Unmaß von Unrecht und Schande. Er trat die Freiheit und Würde unseres Volkes und unserer Nachbarn mit Füßen.«[106] Der 20. Juli 1944 aber habe die Verdammung der Deutschen abgewendet und den Wiederaufstieg in den Kreis der freien Nationen ermöglicht – dieses nahezu religiöse Erlösungsmotiv findet sich in fast jeder Gedenkansprache jener Zeit. Lübkes Formulierung machten viele Zeitungen am nächsten Tag zur Schlagzeile: »Der Aufstand … ist zum Symbol der Selbstachtung unseres Volkes und zum Beginn seiner Rehabilitierung in der Völkerfamilie geworden.«[107] Kein Festredner – bis 1976 übrigens ausschließlich Männer[108] – ging auf die bizarre Tatsache ein, dass man Menschen zu Kronzeugen der freiheitlichen Grundordnung erhob und gleichzeitig nichts dafür tat, diejenigen zur Verantwortung zu ziehen, die sie an die Fleischerhaken von Plötzensee gebracht hatten.

»Sobald ich mein Büro verlasse, befinde ich mich im feindlichen Ausland«, beschrieb Fritz Bauer einmal sein Lebensgefühl.[109] Mit seiner Kritik am deutschen Untertanengeist und dem Kampf für die Bestrafung von NS-Verbrechen war er in der von ehemaligen NSDAP-Parteigängern durchsetzten bundesdeutschen Justiz und Verwaltung von Gegnern umzingelt. Auch viele Politiker hätten es am liebsten gesehen, wenn der hessische Generalstaatsanwalt, der sich so renitent den »Schlussstrich«-Forderungen widersetzte, sein Amt geräumt hätte.

Zu Bauers größten Feinden zählte der Vorsitzende der hessischen FDP, Erich Schwinge, der regelmäßig gegen ihn polemisierte und Dienstaufsichtsbeschwerden einreichte, um ihn zu Fall zu bringen.[110] Während des Krieges hatte Schwinge erst als Staatsanwalt, dann als Militärrichter Dutzende Todesurteile gefordert und verhängt, auch gegen Jugendliche.[111] Nach 1945 war er 20 Jahre lang Dekan der juristischen Fakultät Marburg. Seine Schriften beeinflussten die bundesrepublikanische Rechtsprechung bis weit in die 80er-Jahre hinein, seine verharmlosende Darstellung der NS-Militärjustiz, die 1977 erschien, galt lange als Standardwerk und trug maßgeblich dazu, die Rehabilitierung ihrer Opfer zu verhindern.[112]

In der Bundesrepublik waren es aber nicht Männer wie er, die sich rechtfertigen und erklären mussten: Als Bauer in einem Interview mit einer dänischen Zeitung seine Besorgnis darüber äußerte, dass die Wurzeln des Nationalsozialismus und des Antisemitismus in Deutschland noch nicht beseitigt seien, nahmen die Fraktionen von CDU und FDP im hessischen Landtag das erneut zum Anlass, seine Entlassung zu fordern: Bauer schade dem

Ansehen der Bundesrepublik und ihrer Justiz, der Ministerpräsident habe schon zu viel Geduld mit ihm gehabt.[113]

Zwar stellte sich die SPD-geführte Landesregierung hinter Bauer, doch die Angriffe hörten nicht auf: »Bonn empört über Äußerungen Bauers«, titelte die *Frankfurter Allgemeine Zeitung*. Der *Rheinische Merkur* mokierte sich über den »merkwürdigen Generalstaatsanwalt«, der »erst 1948«[114] aus dem Exil zurückgekehrt sei. Man müsse ihm zwar zugutehalten, »dass er ein rassisch Verfolgter« gewesen sei, der »KZ und Emigration zu tragen hatte«, mit seinen Äußerungen aber leiste er einer »fast krankhaften Vaterlandslosigkeit« Vorschub, gebe Kommunisten Narrenfreiheit und der SPD Auftrieb für ihre »Kampagne gegen Dr. Globke«.[115]

Globke verließ das Kanzleramt erst, als Adenauer im Oktober 1963 zurücktrat und Ludwig Erhard (CDU) dessen Amt übergab. Mehr als ein Jahrzehnt hatte der einstige NS-Jurist die Politik der Bundesrepublik mitgeprägt – eine Zumutung, gerade für die heranwachsende Nachkriegsgeneration, urteilte der Schriftsteller Günter Grass. »Dem angeblichen politischen Genie Konrad Adenauer wurde von den sich christlich nennenden Parteien freie Hand gegeben: Das Verbrechen von Auschwitz verlängerte sich bis in unsere Tage, es wurden ihm Amt und Würden zuteil.«[116]

Dass Auschwitz überhaupt ins Bewusstsein der Öffentlichkeit gelangte, war wieder Fritz Bauer zu verdanken, der zusammen mit der Zentralstelle in Ludwigsburg über Jahre Belastungsmaterial zusammengetragen hatte und ab Dezember 1963 in Frankfurt einem Teil des KZ-Personals den Prozess machte: Erstmals schilderten dort weit über 300 Überlebende[117] als Zeugen die unvorstellbaren Grausamkeiten, die ihnen angetan worden waren, während sich die Täter auf den Befehlsnotstand beriefen. Die »Untaten« wurden konkret und offenbarten sich, dank der von Bauer in Auftrag gegebenen Gutachten, als Teil einer gewaltigen

Mordmaschinerie, für deren reibungsloses Funktionieren unzählige Menschen gesorgt hatten.[118]

Der Prozess lief noch, als der Bundestag im März 1965 über die Verjährung von Mord debattierte. Die Verjährungsfrist betrug damals 20 Jahre, was bedeutet hätte, dass alle in der Zeit des Nationalsozialismus begangenen Morde kurz darauf verjährt gewesen wären. Anders als die DDR-Führung, die schon im Vorjahr festgelegt hatte, dass Kriegs- und NS-Verbrechen nicht verjähren, hatte die Bundesregierung zunächst entschieden, die Strafverfolgung auslaufen zu lassen. Sie wusste sich dabei, wie Umfragen zeigten, auf einer Linie mit der Mehrheit der Bevölkerung. Erst als die Empörung im Ausland und der Druck jüdischer Organisationen nicht nachließen, hatte sie schließlich eingelenkt und ließ nun wenige Wochen vor Ablauf der Frist den Bundestag entscheiden.[119]

In der Debatte argumentierten die Gegner der Verjährung mit der Verantwortung gegenüber den Opfern und ihren Nachkommen, die Befürworter damit, dass es verfassungswidrig sei, rückwirkend Gesetze zu erlassen. Doch letztlich ging es um die Frage, ob man um des gesellschaftlichen Friedens willen 20 Jahre nach Kriegsende nicht aufhören sollte mit der Verfolgung nationalsozialistischer Verbrechen, wie es neben vielen anderen CSU-Chef Strauß forderte: Die Deutschen müssten endlich wieder »ohne Komplexe« handeln, es sei Zeit für einen »Schlussstrich unter die Vergangenheit« und ein Ende der »Nestbeschmutzung«.[120] Justizminister Ewald Bucher (FDP) äußerte Verständnis dafür, dass die Überlebenden »Sühne für die Gräueltaten verlangen«, fand aber, man könne von ihnen erwarten, dass sie sich »unseren Schwierigkeiten nicht … verschließen und sich um ein objektives Urteil … bemühen«.[121]

Am Ende konnten sich die Abgeordneten nur auf einen Kompromiss einigen: Der Beginn der Verjährungsfrist wurde auf den

1. Januar 1950 verschoben. Damit war die Entscheidung über den Umgang mit NS-Verbrechen um weitere fünf Jahre vertagt.[122]

1968 – der schonungslose Blick

In diesen fünf Jahren sollte sich die Bundesrepublik allerdings in einer Weise verändern, die damals kaum jemand für möglich hielt. Noch aber konnte man Wählerstimmen mit dem Schüren alter Ressentiments gewinnen. Im Bundestagswahlkampf 1965 setzte die CDU darum auf dieselbe Kampagne, die sich schon beim letzten Mal bewährt hatte. Die CDU-Wahlzeitung *Es geht um Deutschland* machte wieder Brandts Zeit im Exil zum Thema und attestierte ihm politische Unfähigkeit. »Wer Brandt kennt, wählt Erhard«, lautete ein Wahlslogan, und über dem Ruhrgebiet zogen drei Flugzeuge Banner hinter sich her: »Wo war Brandt 1938?« – »In Sicherheit!« – »Unsere Sicherheit – CDU«. Die im Jahr zuvor gegründete NPD war ebenfalls darauf aus, Brandt zu Fall zu bringen, und bezeichnete ihn als »russischen Offizier«, der »gegen Deutschland gekämpft« und »auf deutsche Soldaten geschossen« habe.[123]

Die Diffamierungskampagne fand quer durch alle Bevölkerungsschichten großen Anklang,[124] und am Wahltag lag die SPD mit 39,3 Prozent der Stimmen deutlich hinter der CDU/CSU (47,6 Prozent). Brandt gestand seine Niederlage ein und erklärte, nicht noch einmal für das Amt des Bundeskanzlers antreten zu wollen: »Ich bekenne mich zu meinem Lebensweg. Ich bekenne mich zu dem Stück freiheitlicher Tradition dieses Landes, in der ich stehe«, sagte er. »Aber ich gebe es zu, ich bin nicht unversehrt aus dieser Kampagne herausgekommen.«[125]

Ein knappes Jahr später aber endeten die Wahlen in Nordrhein-Westfalen mit einem Erdrutschsieg für die SPD; im November 1966 stürzte Kanzler Erhard über ein Misstrauensvotum, und die Unionsfraktion wählte Kurt Georg Kiesinger zum Nachfolger. Um ihre Regierungsfähigkeit unter Beweis zu stellen, ließ sich die SPD auf eine Große Koalition ein.[126] Bei der SPD-Basis war die Entscheidung umstritten, für die Bundesrepublik markierte sie einen fundamentalen Einschnitt: Der Hitler-Gegner Brandt reichte dem ehemaligen NSDAP-Mitglied Kiesinger die Hand.[127]

Gerade damit aber wollten sich vor allem die jüngere Generation und viele Intellektuelle nicht abfinden: Ein Mann, der im Februar 1933 in die Partei eingetreten und bis 1945 in der Leitung der Rundfunkabteilung des Reichsaußenministeriums unter dem in Nürnberg zum Tode verurteilten Joachim von Ribbentrop tätig gewesen war, konnte in ihren Augen nicht Kanzler der Bundesrepublik sein. Das fatale Signal, das von dieser Personalie ausging, wurde für sie nicht dadurch gemildert, dass Brandt Außenminister und Vizekanzler und der einstige Kommunist und Widerstandskämpfer Herbert Wehner (SPD) Minister für gesamtdeutsche Fragen wurden.

Das zunehmende Unbehagen über die politischen Verhältnisse in der BRD mischte sich mit dem Protest, der von den Universitäten ausging, und formierte sich mit der Zeit zu einer Bewegung, die später unter dem Begriff »1968« subsumiert werden würde. Getragen wurde sie hauptsächlich von Studierenden, vor allem dem Sozialistischen Deutschen Studentenbund (SDS), und verstand sich als Außerparlamentarische Opposition (APO). Mit verschiedenen Protestaktionen demonstrierte sie – außer gegen den Krieg der USA in Vietnam – gegen die Verdrängung der nationalsozialistischen Vergangenheit, forderte Chancengleichheit in der Bildung, neue Lehrinhalte an Universitäten und Schulen und die Entlassung NS-belasteter Professoren, Beamten und Richter.

Eine neue Generation von Historikern begann, sich der verdrängten Themen der deutschen Geschichte anzunehmen. Bald gab es Ringvorlesungen zum Nationalsozialismus und systematische Forschungen zum Widerstand, die politische Motive und soziale Hintergründe der Regimegegner und -gegnerinnen untersuchten und auch den Arbeiterwiderstand miteinbezogen. Hans Mommsen, Klaus-Jürgen Müller und Hermann Graml nahmen die politischen und gesellschaftlichen Vorstellungen der Verschwörer vom 20. Juli unter die Lupe und zeigten, dass sich von ihnen keineswegs eine direkte Verbindung zur Demokratie der Bundesrepublik ziehen ließ.[128]

Was an den Universitäten begonnen hatte, setzte sich in den Familien fort – alles kam auf den Prüfstand. Im Hilfswerk 20. Juli machte sich der neue kritische Geist ebenfalls bemerkbar. Dort meldeten sich nun vehement die Töchter und Söhne zu Wort, verlangten Mitspracherecht, hinterfragten die Ausrichtung der Stiftung und den Sinn der zur Routine erstarrten Gedenkfeiern, manchmal sogar die Widerstandskämpfer selbst. Einige meinten, das offizielle Gedenken fördere die Verdrängung der Vergangenheit, indem es von den Verbrechen der NS-Zeit ablenke, und verlangten, die Stiftung müsse politisch Stellung beziehen.[129]

Auch die Auseinandersetzung mit der Elterngeneration fiel in den Familien der Widerständler nicht weniger rigoros aus als im Rest der Bevölkerung: Christoph Graf von Schwerin von Schwanenfeld erinnerte sich später rückblickend, mit wie viel Widerwillen und Scham er damals den Filmausschnitt sah, der seinen Vater beim Verhör vor dem »Volksgerichtshof« zeigte: Ulrich Wilhelm Graf von Schwerin von Schwanenfeld hatte die Verbrechen im Osten mit eigenen Augen gesehen und nannte vor dem geifernden Freisler am 21. August 1944 als Grund für seine Teilnahme an der Verschwörung »die vielen Morde … im In- und Ausland«. »Morde?«, schrie Freisler daraufhin. »Sie sind ja ein schäbiger Lump. Zerbrechen Sie unter der Gemeinheit?«

»Herr Präsident …«

»Zerbrechen Sie unter der Gemeinheit? Ja oder nein?«

»Nein.«[130]

Schwerins Aussage war eine der mutigsten des gesamten Prozesses. Sein Sohn Christoph sah ein Vierteljahrhundert später aber vor allem die Todesangst in den Augen des Vaters und störte sich daran, dass dieser Freisler mit »Herr Präsident« angeredet und ihn nach seiner Verurteilung, den Tod durch Erhängen vor Augen, vergeblich darum gebeten hatte, weiter seine »vaterländische Pflicht« an der Front erfüllen zu dürfen.

Mit dem schonungslosen Blick der Nachgeborenen, die keine Vorstellung davon hatten, was es bedeutete, gegen eine Diktatur zu kämpfen, erschien der Vater plötzlich unterwürfig, kleinlaut und eben nicht als Held des Widerstands, auf den man stolz sein konnte. Seine Generation habe »keinerlei Autorität« mehr anerkannt, schreibt Christoph von Schwerin. »Wir identifizierten uns später vielmehr mit dem Verhalten der Baader-Meinhof-Gruppe im Prozess von Stammheim.« Deren radikale Ablehnung »einer Gesellschaft, von der weder Gerechtigkeit noch Gnade zu erwarten war«, sei ihnen als legitime Haltung erschienen.[131]

* * *

Auf der Straße radikalisierten sich die Proteste, nachdem die Polizei am 2. Juni 1967 auf Studierende eingeprügelt hatte, die in Berlin friedlich gegen den Besuch des Schahs von Persien protestiert hatten. Dabei war der Student Benno Ohnesorg aus nächster Nähe von einem Polizisten erschossen worden. Berlins Regierender Bürgermeister Heinrich Albertz (SPD) hatte Polizeipräsident Erich Duensing ausdrücklich aufgefordert, die Demonstration aufzulösen, und verteidigte das Vorgehen der Polizei selbst im Nachhinein noch als angemessen – trotz des Toten und Hunderter Verletzter.

Als bekannt wurde, dass Albertz ungeachtet dessen als Redner für die Gedenkfeier in Plötzensee eingeplant war, verfasste eine Gruppe junger Nachkommen 1967 einen wütenden Brief an den Vorstand des Hilfswerks: Mit Albertz als Gedenkredner werde »ein vorläufiger Höhepunkt politischer Instinktlosigkeit im Zusammenhang mit dem 20. Juli erreicht«, hieß es darin. Der Tag sei zu »einem Alibi für die herrschenden politischen Kräfte« geworden, die Gedenkfeiern drohten zur Farce zu werden. Es gehe nicht an, dass »die Opfer des deutschen Widerstandes mit Duldung ihrer Hinterbliebenen« immer wieder von Politikern für sich in Anspruch genommen werden.

Zu den Unterzeichnern gehörten unter anderem die Söhne der beiden Verschwörer Hermann Maaß und Roland Reichwein und die Tochter Adam von Trott zu Solz. Sie schrieben, der Teil des Widerstandes, dem sie sich verpflichtet fühlten, habe ein »friedfertiges und liberales Deutschland« gewollt, »in dem gegen Minoritäten aller Art Toleranz geübt« werde. Dieser »verpflichtende Auftrag« sei bis heute nicht erfüllt, sondern »von denselben Männern missachtet« worden, »die sich heute auf den Widerstand berufen«. Wenn die Hinterbliebenen schon nicht in der Lage seien, »ihrer eigenen Stimme Gehör zu verschaffen«, sollten sie »endlich den Mut aufbringen, vorläufig auf alle offiziellen Feiern zu verzichten und stattdessen des 20. Juli auf ihre Weise zu gedenken«.[132]

Eine derart grundsätzliche Kritik hatte es im Hilfswerk so noch nie gegeben, und sie schlug hohe Wogen. Der Vorstandsvorsitzende Emil Henk fühlte sich persönlich angegriffen und setzte sofort zum Gegenschlag an: »Unsere Toten hätten dieses Pamphlet nicht verstanden«, schrieb er an Michael Maaß. In einem Rundbrief, den alle Mitglieder zusammen mit dem Protestschreiben erhielten, warf er der Gruppe »Verleumdung« vor und widersprach dem Vorwurf, dass sich das Hilfswerk politisch instrumentalisieren lasse. Auf die Gedenkfeiern zu verzichten, komme nicht infrage, das Erbe des 20. Juli sei eine Verpflichtung. »Wir fürchten, die junge Generation ist dabei, es zu verlassen.«[133]

Während der NS-Zeit hatte der ehemalige Pastor Albertz zur Bekennenden Kirche gehört, war also selbst ein Mann des Widerstands und hatte schon mehrmals auf den Gedenkfeiern gesprochen. So hielt der Vorstand auch jetzt an ihm fest, trotz seiner unrühmlichen Rolle beim Polizeieinsatz am 2. Juni. Albertz hielt also wie geplant seine Rede in Plötzensee und nutzte sie, wie von den Protestschreibern befürchtet, in erster Linie zu seiner eigenen Rechtfertigung.

Mit Verweis auf seine Erfahrungen als Gegner des NS-Regimes warf er den demonstrierenden Studenten vor, die Freiheit der Bundesrepublik nicht zu schätzen zu wissen. Vergleiche mit dem Widerstand nannte er »anmaßend und eitel«: Kritik in einem demokratischen Staat habe mit dem Widerstand in einer Diktatur so wenig zu tun »wie ein Tropfen in der Wasserleitung mit den Niagarafällen«. Die jungen Demonstranten forderte er auf, Recht und Gesetz zu achten, da nur so die freiheitliche Ordnung weiterbestehen könne.[134] Die Ehrung des Widerstands kam bei Albertz nur am Rande vor, den 20. Juli erwähnte er gar nicht. Für die tagespolitische Mahnung am Schluss durften »die geliebten Toten« aber wieder herhalten: Sie hätten, erklärte er, »die Freiheit in rechter Ordnung und rechte Ordnung in Freiheit« gewollt »und diesen Wunsch mit ihrem Leben« bezahlt.[135]

Die Protesterklärung und Henks Reaktion darauf führten noch viele Wochen lang zu hitzigen Diskussionen zwischen den Mitgliedern des Hilfswerks. Am Ende des Jahres konstatierte der Vorstand, dass »das Generationenproblem, das die letzten Monate die Gesellschaft bewegt, auch bei uns eingebrochen ist«.[136] Das war es in der Tat. Und wie in der Gesellschaft wurde die Kritik der jungen Generation auch dort von vielen Älteren nicht als bereichernd wahrgenommen, sondern als Zumutung. Fabian von Schlabrendorff etwa drohte, aus dem Kuratorium der Stiftung auszusteigen, falls sich eine Mehrheit dem Protest anschließen sollte: Er habe nicht die Absicht, »noch in meinem Alter zu den nützlichen kleinen Idioten des Herrn Lenin gerechnet zu werden«. Wie Albertz sprach auch er dem Protest auf der Straße die Berechtigung ab: »Das ist kein Widerstand, wir leben in einem freien demokratischen Staat!«[137]

Tatsächlich waren es aber gerade jenes Unverständnis und die rigiden Reaktionen des Staates, die den Zorn der Demonstrierenden befeuerten. Längst schon gingen nicht mehr nur junge Menschen auf die Straße. So konnte Fritz Bauer, der 1968 starb, noch erleben, dass ein wachsender Teil der Öffentlichkeit ein Recht auf Widerstand einforderte, für das er sein Leben lang gekämpft hatte. Die Opposition gegen Hitler wurde dabei zum Bezugspunkt für die Kritik an den Verhältnissen und Entwicklungen in der Bundesrepublik. So störten am 23. Februar 1968 in München Studierende vom SDS die offizielle Gedenkfeier zum 25. Todestag der Scholl-Geschwister, indem sie Flugblätter in den Lichthof der Ludwig-Maximilians-Universität warfen. Schon mit der Geste gleichsam die »Weiße Rose« zitierend, riefen sie in den Flugblättern zum Kampf gegen den »Neofaschismus« in der BRD auf.[138]

Kurz zuvor hatte der Bundestag erstmals über die »Studentenunruhen« debattiert, die in Wirklichkeit längst mehr waren als das. In einer gemeinsam verabschiedeten Erklärung bekräftigten die Abgeordneten ihre Entschlossenheit, »die rechtsstaatliche Ordnung gegen rechtswidrige Gewalttätigkeiten von Minderheiten zu schützen«.[139] Das Gros der Deutschen fand das harte Vorgehen richtig. Die *Bild*-Zeitung verlangte, Berlin vom »immatrikulierten mobilisierten Mob« zu befreien,[140] und der Parteivorstand der CDU schlug vor, »alle akademischen Jungbürger«, die mit dem Gesetz in Konflikt gekommen seien, zu exmatrikulieren oder ihnen »wenigstens« die Studienbeihilfe zu streichen.[141] Zwei »schlimme Vorschläge«, urteilte die *Süddeutsche Zeitung* und warnte vor »einer Tendenz, die dieser Gesellschaft im Blute zu liegen scheint: immer dann, wenn man nicht weiter weiß, Sündenböcke zu finden – Juden, Kommunisten, Homosexuelle, Studenten…«.[142]

Ihren Höhepunkt erreichten die Proteste, als die Große Koalition die Verabschiedung der Notstandsgesetze vorbereitete, die es dem Staat in bestimmten Situationen erlauben sollten, die Grundrechte einzuschränken, wofür eine Änderung der Verfassung nötig war. Gegen die Pläne erhob sich ein breiter Widerstand, dem sich auch die Gewerkschaften und zahlreiche Bürgerinitiativen anschlossen, die schon in den 50er-Jahren gegen erste Entwürfe und Vorläufergesetze gekämpft hatten. Bei einem Sternmarsch auf Bonn demonstrierten Zehntausende Menschen aus ganz Deutschland gegen die »NS-Gesetze«, als die sie die geplante Grundgesetzänderung sahen – unter ihnen viele ehemalige KZ-Häftlinge mit Sträflingsanzügen oder gelbem Judenstern.[143]

Verabschiedet wurden die Gesetze dennoch. Der bürgerliche Protest war aber nicht vergebens gewesen, denn die finale Fassung enthielt am Ende wesentliche Modifikationen – und vor allem: das garantierte Recht auf Streik und Widerstand. Seitdem heißt es in Artikel 20 des Grundgesetzes: »Die Gesetzgebung ist an die verfassungsmäßige Ordnung, die vollziehende Gewalt und die Rechtsprechung sind an Gesetz und Recht gebunden. Gegen jeden, der es unternimmt, diese Ordnung zu beseitigen, haben alle Deutschen das Recht zum Widerstand, wenn andere Abhilfe nicht möglich ist.«[144]

Im November 1968 ohrfeigte Beate Klarsfeld Bundeskanzler Kiesinger auf offener Bühne, um auf dessen nationalsozialistische Vergangenheit aufmerksam zu machen. An der nahmen die meisten Bundesbürger jedoch weniger Anstoß als an der Aktion der jungen Journalistin, die mit Serge Klarsfeld verheiratet war, dessen Vater in Auschwitz ermordet worden war: Umfragen zufolge hielt noch mehr als die Hälfte der Deutschen den Nationalsozialismus für eine gute Idee. 74 Prozent fanden, »man sollte endlich aufhören, danach zu fragen, ob jemand während des Dritten Reiches einen führenden Posten hatte«.[145]

Klarsfeld wurde noch am selben Tag zu einem Jahr Gefängnis verurteilt und von vielen Medien als »Exhibitionistin« geschmäht. Bis heute gilt ihre Ohrfeige aber als Symbol für den Bruch der jungen Nachkriegsgeneration mit dem damals vorherrschenden obrigkeitshörigen Staatsverständnis.[146] Aller Gegenwehr zum Trotz: Die »68er« hatten die Republik verändert, und die nächste Regierung würde dem Rechnung tragen müssen.

Wie stark die Beharrungskräfte des Alten noch immer waren, zeigte jedoch ein paar Wochen später der Ausgang des Verfahrens gegen den ehemaligen Kammergerichtsrat Hans-Joachim Rehse, der als Freislers Beisitzer im Volksgerichtshof mehr als 200 Todesurteile unterzeichnet hatte. Auf Anordnung der Generalstaatsanwaltschaft war 1965 gegen ihn Anklage auf Mord in 44 Fällen erhoben worden, was wegen der schwierigen Beweislage noch weiter reduziert werden musste. Schließlich hatte die Staatsanwaltschaft den Tatvorwurf auf vollendeten Mord in drei und versuchten Mord in vier Fällen beschränkt und eine lebenslange Freiheitsstrafe gefordert. Es war das erste Mal, dass sich überhaupt ein ehemaliger Richter des VGH vor einem bundesdeutschen Gericht verantworten musste. Im Juni 1967 hatte vor dem Landgericht Berlin der Prozess begonnen. »Ab 1943 ließen der Wehrwille sowie die Disziplin unseres Volkes erheblich nach«, erklärte Rehse bei der Befragung. »Es musste einfach stark durchgegriffen werden.« Seine Rolle als Richter im VGH habe er »als seelische Belastung« empfunden.[147]

Fünf Jahre Gefängnis wegen Beihilfe zum Mord und Mordversuch, lautete das Urteil am Ende. Dagegen hatten sowohl die Staatsanwaltschaft als auch die Verteidigung Revision eingelegt – die einen hofften auf eine härtere Strafe, die anderen auf Freispruch. Im April 1968 hob der Bundesgerichtshof das Urteil auf und verwies den Fall zurück ans Landgericht: Rehse könne nicht als Freislers Gehilfe gelten, da er als Berufsrichter gleichberechtigt und bei seinen Entscheidungen »nur dem Gesetz unterworfen und seinem Gewissen verantwortlich gewesen« sei. Ob er aus niederen Beweggründen für die Todesstrafe gestimmt habe, so die Karlsruher Richter weiter, könne ihm nicht nachgewiesen werden.[148]

Mit dieser höchstrichterlichen Entscheidung war Rehses Rehabilitierung fast nur noch Formsache: Nach erneuter Verhandlung sprach ihn das Landgericht Berlin am 6. Dezember 1968 von allen Anklagepunkten frei und verwies in seiner Begründung auf das Urteil des BGH, wonach es sich beim Volksgerichtshof »um ein unabhängiges, nur dem Gesetz unterworfenes Gericht« gehandelt habe. Eine Rechtsbeugung »zum Nachteil der Betroffenen« könne Rehse nicht nachgewiesen werden.[149]

Als drei Monate später, im März 1969, die Wahl des Bundespräsidenten anstand, wollte die CDU ihren Kandidaten, Verteidigungsminister Gerhard Schröder, mit den Stimmen der NPD ins höchste Staatsamt wählen lassen: Die Neonazipartei war zwar nicht im Bundestag, inzwischen aber in sechs Landtagen vertreten und stellte darum in der Bundesversammlung 22 Delegierte. Wie vereinbart stimmten diese in allen drei Wahlgängen geschlossen für das ehemalige NSDAP-Mitglied Schröder, und der fand nichts dabei: Die Abgeordneten seien »schließlich auch demokratisch gewählt«. Am Ende reichte es trotzdem nicht – im dritten Wahlgang, für den keine absolute Mehrheit nötig ist, siegte der Kandidat der SPD, Gustav Heinemann, knapp mit sechs Stimmen Vorsprung.[150]

»Wir stehen erst am Anfang der ersten wirklich freiheitlichen Periode unserer Geschichte«, sagte Heinemann bei seiner Antrittsrede. »Freiheitliche Demokratie muss endlich das Lebenselement unserer Gesellschaft werden.« Außenminister Willy Brandt, der sich entschloss, doch noch einmal für das Amt des Bundeskanzlers zu kandidieren, brachte es im Wahlkampf ein paar Wochen später auf die Formel »Mehr Demokratie wagen«. Wie Heinemann sprach er sich dafür aus, die kritische Jugend in politische Entscheidungen miteinzubeziehen, und plädierte für eine Absenkung des Wahlalters.[151]

Bei der Bundestagswahl am 19. September 1969 holte die SPD 42,7 Prozent der Stimmen; die CDU lag mit 46,1 Prozent vorn. Doch Brandt ging noch in der Wahlnacht eine Koalition mit der FDP ein, die ihn am 21. Oktober schließlich zum Bundeskanzler wählte – es war der erste Machtwechsel nach 20 Jahren Bundesrepublik, der erste sozialdemokratische Regierungschef seit 1930. »Jetzt hat Hitler endgültig den Krieg verloren«, kommentierte Brandt das Ergebnis.[152]

6. Aufbruch (1969–1979)

Der Mut, Verantwortung zu übernehmen

Fritz – genannt Fiete – Schulze war Kommunist und Nieter auf einer Hamburger Schiffswerft. Bei Veranstaltungen für die Arbeiter hatte er mitreißende Reden gegen den aufkommenden Terror von SA und SS gehalten und den Kampf auch nach der »Machtergreifung« fortgesetzt. Im April 1933 wurde er festgenommen und nach zwei Jahren Einzelhaft und Folter vom Hanseatischen Oberlandesgericht zum Tode verurteilt. »Seine Zunge ist gefährlicher als Kugeln«, befand der Staatsanwalt. »Es wäre eine schreiende Ungerechtigkeit, wenn dieser Mann mit dem Leben davonkäme.« Am 6. Juni 1935 starb Fiete Schulze im Innenhof des Hamburger Untersuchungsgefängnisses unter dem Handbeil des Scharfrichters.[1]

34 Jahre später erinnerte Bundespräsident Gustav Heinemann (SPD) in seiner Rede am 20. Juli 1969 an diesen vergessenen Widerstandskämpfer und zitierte aus dem Abschiedsbrief, den Schulze damals an seine Schwester schrieb: »Du haderst mit den Verhältnissen, die Dir den Bruder nehmen. Warum willst Du nicht verstehen, dass ich dafür sterbe, dass viele nicht mehr einen frühen und gewaltsamen Tod zu sterben brauchen? Noch ist es nicht so, doch hilft mein Leben und Sterben es bessern.«[2]

In der Bundesrepublik wäre der Kommunist Fiete Schulze, hätte er überlebt, aller Wahrscheinlichkeit nach nicht entschädigt und erst recht nicht geehrt worden. Schon die Tatsache, dass

Heinemann gerade ihn herausgriff, macht seine Rede bemerkenswert und zeigt, dass der kurz zuvor gewählte Bundespräsident das Gedenken nicht auf den 20. Juli 1944 beschränkt wissen wollte. Überhaupt schlug er bei der Gedenkstunde in Plötzensee ungewöhnliche Töne an und verzichtete völlig auf nationales Erbauungspathos. Stattdessen konfrontierte er seine Zuhörer und Zuhörerinnen mit der unbequemen Wahrheit, dass selbst ein geglückter Anschlag vermutlich nicht das Ende des Terrors bedeutet und weder den »Hitler-Mythos« noch den »Wahn« des Nationalismus beendet hätte: »Geblieben wäre eine wütende Anklage, dass die Attentäter uns um den Sieg und um die Herrlichkeit des großdeutschen Reiches gebracht hätten.«

Das war harter Tobak und das Gegenteil des Erlösungsmotivs, wie es Redner normalerweise zu diesem Anlass bemühten. Heinemann entließ die Deutschen nicht aus ihrer Verantwortung und nahm sich selbst nicht davon aus: »Mich lässt die Frage nicht los, warum ich im Dritten Reich nicht mehr widerstanden habe«, sagte er. Das nationalsozialistische Terrorregime sei »kein Betriebsunfall« gewesen. Es dürfe nicht verschwiegen werden, »dass wir auch schon vor dem Auftreten Hitlers für einen gewalttätigen Nationalismus anfällig waren« und »nicht aus eigener Kraft zu einer freiheitlichen Demokratie durchgebrochen sind«. An der »bis in unsere Zeit geübten Erziehung unseres Volkes zur folgsamen Untertänigkeit« könne man ebenso wenig vorbeisehen. Die Gefahr eines neuen Nationalismus sei nicht gebannt, warnte Heinemann. Ein »guter Deutscher« könne aber »kein Nationalist« sein. »Ein nationalbewusster Deutscher kann heute nur Europäer sein.«[3]

Die Begleitumstände der Feier bestätigten seine mahnenden Worte: Unbekannte hatten das Innere der früheren Hinrichtungsstätte am Tag zuvor mit anderthalb Meter großen Hakenkreuzen beschmiert, auf den Treppen Öl ausgegossen und das Haupttor mit Stahlkette, Drahtseil und Vorhängeschloss versperrt. Auf dem Pflaster im Hof stand der Satz: »Und ich gab weiter den Befehl, die Geschwüre unserer inneren Brunnenvergiftung und der Vergiftung des Auslandes auszubrennen bis auf das rohe Fleisch.« Fast alle Zeitungen berichteten zwar darüber, hielten es aber nicht für kommentierungswürdig.[4] Über die ungewöhnliche Rede des Bundespräsidenten schwiegen sich die meisten ebenfalls aus.[5]

Kein Zufall, heißt es in einer Promotion über die Berichterstattung regionaler und überregionaler Blätter zwischen 1945 und 1986. Die Autorin Regina Holler stellt darin fest, dass sozialdemokratische Gedenkredner deutlich schlechtere Chancen hatten, die Öffentlichkeit zu erreichen, als konservative, weil die Zeitungen diese Ansprachen in der Regel weder auszugsweise abdruckten noch kommentierten.[6] Grund dafür sei der ausgeprägte Konservativismus der meisten Journalisten und Chefredakteure, die sich in der Regel die jeweils konservative Sicht zu eigen machten.[7] Häufig klangen sie dabei nicht weniger drastisch als die ultrarechte *Deutsche Nationalzeitung*, die Heinemann nach seiner Rede »verbrecherische Vorbilder« attestierte und betonte, von Graf Stauffenberg zu Fiete Schulze gäbe es »keine Brücke«.[8]

Heinemann hatte vor dem Krieg der Bekennenden Kirche angehört und sich gegen die Gleichschaltung engagiert. 1945 verfasste er zusammen mit dem Widerstandskämpfer Martin Niemöller und anderen Ratsvertretern der neu gegründeten Organisation Evangelische Kirche in Deutschland (EKD) das Stuttgarter Schuldbekenntnis, mit dem die Protestanten ihre Mitverantwortung für die nationalsozialistischen Verbrechen eingestanden. 1950 hatte der überzeugte Pazifist aus Protest gegen die von Adenauer betriebene Wiederbewaffnung sein Amt als Innenminister niedergelegt und bald darauf die von ihm mitbegründete CDU verlassen. 1957 war er in die SPD eingetreten. »Wie war es möglich, dass bürgerliche Freiheit, Menschenwürde und Selbstbestimmung so barbarisch missachtet werden konnten?«, fragte er nun in Plötzensee. »Aus dieser Frage dürfen wir uns nicht davonstehlen, wenn wir mit uns selber zurechtkommen wollen.«

So schonungslos hatte noch kein Politiker die Dinge beim Namen genannt: Die Schuld der Deutschen war nicht revidierbar und wurde auch nicht dadurch geringer, dass es den 20. Juli 1944 gegeben hatte. Eine Erlösung gab es nicht – wohl aber ein »Angebot«, wie Heinemann es nannte. Die »freiheitliche demokratische Ordnung eines weltanschaulich neutralen Staates« nämlich. Dieses Angebot »wahrzunehmen, zu leben und zu verwirklichen« gehöre zum Vermächtnis des Widerstands.[9]

»Dann kniet er da für Deutschland«

Freiheit und Demokratie als Einladung, nicht als gesicherter Status quo – dieses Politikverständnis teilte Heinemann mit seinem Parteikollegen Willy Brandt,[10] der einige Wochen nach Heinemanns Rede Bundeskanzler wurde. Für Brandt war Demokratie mehr als nur die Staatsform der Bundesrepublik. Er war der Meinung, dass sie alle Lebensbereiche »beeinflussen und durchdringen« müsse. »Wir stehen nicht am Ende unserer Demokratie, wir fangen erst richtig an«, sagte er in seiner Regierungserklärung am 28. Oktober 1969.[11] Ein größerer Bruch mit der »Keine-Experimente!«-Linie von CDU/CSU war nicht denkbar, und die Zeit schien reif dafür zu sein: 70 Prozent der Westdeutschen hielten Reformen auf vielen Gebieten für dringend erforderlich, 42 Prozent befanden die BRD sogar als so rückständig, dass ein grundlegender Wandel nötig sei,[12] und die Studentenbewegung hatte gezeigt, dass sich vor allem junge Leute mehr Mitsprache und Gestaltungsmöglichkeiten wünschten.

Dem innenpolitischen Aufbruch entsprach der außenpolitische: Im November 1969 unterzeichneten Brandt und Bundesaußenminister Walter Scheel (FDP) den Atomwaffensperrvertrag, im Jahr darauf nach zähen Verhandlungen das Gewaltverzichtsabkommen mit der Sowjetunion. Im März 1970 traf der Kanzler in Erfurt mit DDR-Ministerpräsident Willi Stoph zusammen, um einen deutsch-deutschen Grundlagenvertrag zu erarbeiten, der Spannungen abbauen und Erleichterungen im Grenzverkehr schaffen sollte.

Für Brandt war die Verständigung mit dem Osten eines der wichtigsten Ziele seiner Regierung. »Das deutsche Volk braucht den Frieden im vollen Sinne dieses Wortes auch mit den Völkern der Sowjetunion und allen Völkern des europäischen Ostens«, erklärte er schon bei seinem Amtsantritt. »Zu einem ehrlichen Versuch der Verständigung sind wir bereit, damit die Folgen des Unheils überwunden werden können, das eine verbrecherische Clique über Europa gebracht hat.«[13] Das bereits 1963 zusammen mit Egon Bahr entwickelte Konzept »Wandel durch Annäherung« wurde zum Kern sozialliberaler Außenpolitik. Auch sie stand in klarem Kontrast zur unnachgiebigen Position der Union, die weder die DDR noch die Oder-Neiße-Grenze anerkannte.[14] Entsprechend heftig fielen die Reaktionen aus.

Als sich Brandt im Mai 1970, diesmal in Kassel, erneut mit DDR-Ministerpräsident Stoph traf, marschierten Neonazis auf und skandierten: »Volksverräter Hand in Hand – Willi Stoph und Willy Brandt.«[15] Vertriebenenverbände und weite Teile der Union sahen es genauso: Eine Verständigung mit dem kommunistischen Nachbarn war ein No-Go; der Verzicht auf die verlorenen Ostgebiete blanker Verrat. »Ich weigere mich, den Untergang des Deutschen Reiches durch eine Politik des Ausverkaufs ohne Gegenleistungen zu besiegeln«, wetterte Franz Josef Strauß (CSU). Der *Bayernkurier* warf der Regierung vor, Deutschland »verkleinern und in möglichst viele Staaten« aufteilen zu wollen. Die *Berliner Morgenpost* meinte, der Kanzler habe »die Rechte der Ostdeutschen auf Heimat und Selbstbestimmung auf den Müllhaufen der Geschichte« befördert.[16]

Besonders kontrovers wurde Brandts Polenbesuch diskutiert – der erste eines Bundeskanzlers überhaupt: Brandt war am 7. Dezember 1970 nach Warschau gereist, um ein Abkommen zu unterzeichnen, das die Unverletzlichkeit der Westgrenze Polens festschrieb. Vorher legte er am Mahnmal für die Opfer des Aufstands im Warschauer Ghetto einen Kranz nieder und fiel dort spontan auf die Knie. »Dann kniet er da, der das nicht nötig hat, da für alle, die es nötig haben, aber nicht da knien«, beschrieb ein mitgereister *Spiegel*-Reporter den Moment. »Dann kniet er da für Deutschland.«[17]

Das Bild vom knienden deutschen Kanzler ging um die Welt und wurde als wichtige Geste der Versöhnung wahrgenommen. Nur in Deutschland stieß sie auf Unverständnis. »Durfte Brandt knien?«, fragte der *Spiegel*. 48 Prozent der Befragten hielten es für »übertrieben«, nur 41 Prozent fanden es »angemessen«.[18] Im Bundestag schlug Brandt besonders vehemente Kritik entgegen, die selbst dann nicht verstummte, als er im Jahr darauf für seine Ostpolitik mit dem Friedensnobelpreis ausgezeichnet wurde. Als die Nachricht während einer Bundestagssitzung bekannt wurde, erhob sich nur ein Teil der Abgeordneten zum Applaus – auf den Bänken der CDU/CSU blieben die meisten demonstrativ sitzen.[19]

Monatelang verweigerte die Opposition Anfang 1972 ihre Zustimmung zur Ratifizierung der sogenannten Ostverträge mit der Sowjetunion und Polen, gegen die in Bonn und vielen anderen Städten Konservative und Rechtsradikale auf die Straße gingen. »Widerstand« war auf Transparenten und Häuserwänden zu lesen – oder einfach nur ein großes »W«.[20] »Brandt geh heim nach Moskau«, »Brandt an die Wand« und »Wehrt euch gegen die rote Gefahr«.[21] Mehrere Abgeordnete der FDP und der SPD liefen zur CDU über, die Koalitionsmehrheit bröckelte. Unionsfraktionsführer Rainer Barzel nutzte die Gelegenheit am 27. April 1972 für den Versuch, Brandt über ein konstruktives Misstrauensvotum zu stürzen und selbst Kanzler zu werden, doch am Ende fehlte ihm dafür knapp die nötige Mehrheit. Brandt blieb im Amt.[22]

Nach weitreichenden Zugeständnissen an die Union passierten die Ostverträge am 17. Mai schließlich den Bundestag,[23] und nach den vorgezogenen Neuwahlen im November konnte sich Brandt mit seiner Entspannungspolitik gegenüber dem Osten, die ihn fast das Amt gekostet hätte, bestätigt fühlen: Bei einer Wahlbeteiligung von 91 Prozent wurde die SPD erstmals stärkste Fraktion. Kurz darauf unterzeichneten Bonn und Ostberlin im Dezember 1972 den gemeinsam erarbeiteten Grundlagenvertrag, in dem sich beide Seiten zu »gutnachbarlichen Beziehungen«, Abrüstung und dem Verzicht auf gegeneinander gerichtete Gewalt verpflichteten.

Das Abkommen erleichterte es Ost- und Westdeutschen, Kontakt zu Freunden und Verwandten zu halten, und entspannte die deutsch-deutschen Beziehungen auch politisch, weil die BRD ihren Alleinvertretungsanspruch aufgab. Im Jahr darauf wurden beide deutsche Staaten in die Vereinten Nationen aufgenommen. Vier Fünftel der Westdeutschen sprachen sich in Umfragen damals für die Unterzeichnung aus. CDU und CSU blieben trotzdem bei ihrer Ablehnung, warfen der Regierung vor, zu nachgiebig gewesen zu sein, und klagten beim Bundesverfassungsgericht, weil die sozialliberale Regierung gegen das Wiedervereinigungsgebot des Grundgesetzes verstoßen habe. Die Karlsruher Richter sahen das jedoch anders und bestätigten Brandts Politik.[24]

Letztlich war es gerade jener, von der Union erbittert bekämpfte Grundlagenvertrag, der die internationalen Voraussetzungen für die Wiedervereinigung 1990 schuf.

* * *

Am 20. Juli hielten nun öfter Sozialdemokraten die Gedenkansprachen, und auch sie nutzten diese Möglichkeit, um ihre politischen Botschaften zu platzieren. Bundesjustizminister Gerhard Jahn (SPD) beispielsweise nannte den 20. Juli 1944 in einem Atemzug mit dem 8. Mai 1945 und dem 19. März 1970 – und zog damit eine Linie vom Umsturzversuch über den Tag der Befreiung bis zum ersten deutsch-deutschen Gipfeltreffen.[25] Häufig fielen in den Reden neuerdings Begriffe wie »Versöhnung«, »Völkerverständigung« und »friedliche Zusammenarbeit«,[26] besonders oft das Wort »Demokratie«.[27] Der Ton blieb dennoch staatstragend, und obwohl auch die Redner der SPD historische Bezüge herstellten, scheuten sich die meisten, auch den linken Widerstand zu würdigen, und erwähnten oft nicht einmal den sozialdemokratischen. Der Widerstand aus dem Exil blieb ohnehin außen vor.

Dabei hatte der SPD-Parteivorstand nach dem Krieg zu zwei Dritteln aus Männern und (!) Frauen bestanden, die wegen ihrer Regimegegnerschaft lange in Haft gewesen waren oder ins Exil fliehen mussten.[28] Als einzige Partei hatte 1952 die SPD Verfolgte ausdrücklich darum gebeten, nach Deutschland zurückzukehren:[29] Er bedauere es, diese Einladung nicht im Namen des gesamten Bundestages aussprechen zu können, hatte der Abgeordnete Adolf Arndt damals gesagt.[30] So offensiv traten SPD-Politiker später kaum noch auf. Selbst innerparteilich tat man sich schwer, die eigene Widerstandsgeschichte aufzuarbeiten, obwohl Kurt Schumacher und andere Parteipolitiker und -politikerinnen der ersten Generation nach dem Krieg noch mit dem Selbstverständnis angetreten waren, für das »andere Deutschland« zu stehen und beim Aufbau eines neuen, demokratischen Staates darum eine führende Rolle übernehmen zu können.[31]

Durch das schnelle Wiedererstarken restaurativer Kräfte, die fortwährende Diffamierung der Exilanten und Exilantinnen und 17 Jahre in der Opposition hatte sich dieses Feuer aber verloren und einer seltsam ängstlichen Zurückhaltung Platz gemacht. Eigentlich aber hätte die Partei mit Fug und Recht auf die zahlreichen Hitler-Gegner und -Gegnerinnen in ihren Reihen verweisen können – einschließlich des Kanzlers selbst und seines politischen Ziehvaters Julius Leber. Gerade der 20. Juli bot alljährlich die Möglichkeit, daran zu erinnern, dass neben den Kommunisten Sozialdemokraten und Sozialisten zu den Ersten gehört hatten, die sich den Nazis widersetzten und 1944 zusammen mit Gewerkschaftern am Umsturzversuch beteiligt gewesen waren.

Man hätte aus Otto Wels' flammender Rede vom März 1933 zitieren, von der Arbeit der Sopade berichten oder wenigstens erwähnen können, dass Leber auf der Kabinettsliste der Verschwörer gestanden hat. Als Sozialdemokraten, der die eigenen Bedenken überwand und zur Zusammenarbeit mit den Kommunisten bereit gewesen war, hätte man ihn als leuchtendes Beispiel demokratischer Tugenden herausstellen können. Aber die SPD zog es vor, sich in dieser Hinsicht möglichst unauffällig zu verhalten, und trug so selbst dazu bei, dass das Gedenken an den linken Widerstand ins Hintertreffen geriet und sich stattdessen jene konservative Deutung etablierte, hinter der sich so mancher verstecken konnte, der eigentlich allen Grund gehabt hätte, sich zu schämen.

Selbst Brandt hatte nur einmal, 1965, in Plötzensee eine Rede zum 20. Juli gehalten, damals noch als Regierender Bürgermeister von Berlin. Als Kanzler ergriff er zu diesem Tag kein einziges Mal das Wort.[32] Möglicherweise wollte er sich wegen der anhaltenden Kritik an seiner Ostpolitik nicht noch mehr exponieren, zumal die Schmähung »Kommunistenfreund« ohnehin ständig im Raum stand – wie einst im Kaiserreich der Vorwurf, bei der SPD handle es sich um »vaterlandslose Gesellen«.

Dass die SPD 1972 dem »Radikalenerlass« zustimmte, obwohl er ihrer Auffassung von freiheitlicher Demokratie widersprach, dürfte denselben Befürchtungen geschuldet gewesen sein: Als wollte sie, gleichsam als Ausgleich zur Ostpolitik, ihre rechtsstaatliche Zuverlässigkeit unter Beweis stellen, machte ausgerechnet die Regierung Brandt den Weg frei für die gesinnungspolitische Durchleuchtung von Millionen Bundesbürgern. Denn mit Inkrafttreten des Gesetzespakets im Januar 1972 wurde von nun an jeder, der im öffentlichen Dienst tätig war oder sich dort bewarb, auf seine Verfassungstreue hin überprüft.

Der Erlass war eine Reaktion auf die – von der Union seit den Studentenprotesten postulierte – vermeintliche Gefahr einer »linken Unterwanderung« des Staates und traf darum, obwohl er offiziell gleichermaßen Links- und Rechtsextremen galt, in erster Linie Linke, vor allem Anhänger und Mitglieder der DKP und anderer kommunistischer Organisationen. Was als verfassungsfeindlich galt und darum zur Ablehnung eines Bewerbers oder zur Entlassung aus dem öffentlichen Dienst führte, lag im Ermessen der einstellenden Behörden.

Brandt bezeichnete den Erlass später als Fehler. 1976 stiegen die SPD-geführten Länder aus der Verordnung aus. Zu diesem Zeitpunkt waren aber bereits eine halbe Million Bewerber überprüft und 430 von ihnen abgelehnt worden. Bis 1991 sollen Schätzungen zufolge 3,5 Millionen Anfragen an die Verfassungsschutzbehörden ergangen sein. Ob im Schuldienst, in der Justiz, an Universitäten, bei der Krankenpflege, der Post oder der Bahn – wer »links« dachte, geschweige denn kommunistisch, stand unter Generalverdacht und sollte im Staatsdienst der Bundesrepublik nichts zu suchen haben.[33]

* * *

An der Haltung der Westdeutschen zum 20. Juli 1944 hatte sich seit den 50er-Jahren kaum etwas verändert: 1970 beurteilten weiterhin nur 39 Prozent die daran Beteiligten positiv.[34] Nur knapp die Hälfte (47 Prozent) wusste überhaupt, wofür das Datum stand; 1964 waren es noch 71 Prozent gewesen.[35] In den Zeitungen wurde das zwar regelmäßig beklagt, doch die Journalisten taten wenig dafür, an diesem Zustand etwas zu ändern: Pflichtschuldig veröffentlichten sie zu jedem Jahrestag einen Bericht über die Gedenkfeier, der meist aus Agenturmaterial bestand und mit den üblichen Phrasen um »Erbe«, »Vermächtnis« und »Aufstand des Gewissens« ergänzt wurde.[36]

Über die Jahre verfestigte sich so das immer gleiche Muster: Widerstand, das war der 20. Juli 1944. Angeblich zwar, wie es immer wieder hieß, als Ausdruck und »Fanal« der gesamten Regimegegnerschaft, doch andere Widerstandsgruppen kamen bestenfalls in Nebensätzen vor.[37] Die Opfer des Nationalsozialismus blieben ebenfalls nebulös – wenn sie überhaupt genannt wurden –, und von einer Schuld der Deutschen war praktisch nie die Rede. Immer wieder hieß es, dass die Bevölkerung nichts von den Verbrechen wissen konnte oder, wie der *Bonner Generalzeiger* in bizarrer Umkehr der Tatsachen schrieb, dass nur eine Minderheit zur »Gefolgschaft Hitlers« gehört habe und mehr Widerstand geleistet worden sei, »als in einer Diktatur von solcher Lückenlosigkeit erwartet werden kann«.[38]

Folgte man dem Tenor der meisten Artikel oder Gedenkreden, hatten die Deutschen also keinen Grund, sich schuldig zu fühlen. Und schließlich waren auch sie, wie nun immer vehementer betont wurde, vor allem selber Opfer gewesen: Selbst wer »die Tyrannei« erlebt habe, mache sich von ihrer Stärke heute keine Vorstellung mehr, schrieb etwa die *Hannoversche Allgemeine Zeitung*. »Und wer sie nur vom Hörensagen kennt, der besitzt nicht das Recht, dem deutschen Volke auch heute noch immer wieder vorzuwerfen, es habe sich mitschuldig gemacht, indem es keinen Widerstand geleistet und nur einen einzigen ›Stauffenberg‹ hervorgebracht habe.«[39]

Dass Historiker inzwischen zu ganz anderen Ergebnissen gekommen waren, erfuhren die Leser in der Regel nicht aus Zeitungen. Dabei gelangte die Geschichtswissenschaft gerade in den 70er-Jahren zu wichtigen Erkenntnissen, zum Beispiel über die Funktionsweise des NS-Regimes, was ein tieferes Verständnis des Widerstands ermöglichte. Seit einiger Zeit nahmen Historiker verstärkt auch soziologische und wirtschaftliche Bedingungen in den Blick und analysierten regionale und gesellschaftliche Unterschiede.[40] Dadurch ergab sich allmählich eine differenziertere Perspektive auf den Widerstand, der in der öffentlichen Wahrnehmung seit vielen Jahren in erster Linie aus dem 20. Juli 1944 bestand.

Zu diesem verengten Blick hatte neben der offiziellen Erinnerungskultur die politisch gefärbte Gesetzgebung zur Entschädigung beigetragen, die bestimmte Opfergruppen ausschloss und so implizit auch deren Widerstand gegen das NS-Regime als irrelevant verwarf. In diesem Zusammenhang war im Juli 1961 ein wichtiges Urteil des BGH ergangen, der entschieden hatte, dass eine Widerstandshandlung nur dann als »rechtmäßig« gelten könne, wenn sie »auf einer einigermaßen sinnvollen Planung« beruht habe, die geeignet gewesen wäre, »der NS-Gewaltherrschaft Abbruch zu tun oder wenigstens ihre schlimmen Folgen in beachtenswerter Weise zu mildern«.

Entsprechend könnten die Strafmaßnahmen, die der NS-Staat zur Ahndung verhängte, auch nur in solchen Fällen als »Unrecht im Rechtssinne« gelten, bei denen die Widerstandshandlung zumindest »eine gewisse Aussicht« gehabt hätte, eine »Wende zum Besseren herbeizuführen«. Von dieser Art sei »der Widerstand der Männer des 20. Juli 1944« gewesen, den der Gesetzgeber als »den beispielhaften Fall eines rechtmäßigen Widerstandes« betrachte.[41]

Gemessen an diesen Kriterien war jedoch jenseits des 20. Juli allenfalls noch der Bombenanschlag von Georg Elser »rechtmäßig« gewesen und seine Ermordung »Unrecht im Rechtssinne«. Menschen, die Flugblätter verteilt, Juden bei sich versteckt oder politisch Verfolgten bei der Flucht ins Ausland geholfen hatten, fielen aus dieser Definition automatisch heraus. Genau wie der Widerstand von Arbeitern, Kommunisten, Sozialdemokraten und anderen politisch Verfolgten, der aus dem Untergrund hatte kommen müssen und schon allein deswegen nicht die vom BGH geforderte Aussicht auf Erfolg haben konnte.

Das Urteil ist ein eindrucksvolles Beispiel dafür, wie durch Entscheidungen von Juristen, die außerdem meist NS-belastet waren, ein Bild vom Widerstand zementiert wurde, das den »Aufstand des Gewissens« aus dem Offizierskorps zum Maß aller Dinge machte. Die Abwertung des Widerstands »von unten«, die damit einherging, hatte nicht nur Folgen für die Erinnerungskultur, sondern verstellte zugleich den Blick für die Spielräume der Mitmenschlichkeit und Selbstbehauptung, die es allem Terror zum Trotz gegeben hatte, aber nur von wenigen genutzt wurden. Indem sie begann, diese Spielräume auszuloten, lieferte die historische Forschung darum wichtige Anstöße für eine tiefergehende Auseinandersetzung mit der NS-Zeit.

Eine wichtige Rolle spielte dabei zum Beispiel die 1973 gestartete Studie des Instituts für Zeitgeschichte in München zum Verhalten der bayerischen Bevölkerung während der NS-Zeit: Bei der breit angelegten Untersuchung berücksichtigte das Team um den Historiker Martin Broszat auch solche Handlungen, die weit davon entfernt waren, den Sturz des Regimes herbeiführen zu können, in denen aber dennoch eine Ablehnung des Nationalsozialismus zum Ausdruck kam. Die Forscher und Forscherinnen schlugen dafür den Begriff »Resistenz« vor und fassten darunter alles, was der »Abwehr, Eindämmung oder Begrenzung von nationalsozialistischer Herrschaft oder Ideologie« gedient habe.[42]

Der Bochumer Historiker Hans Mommsen kritisierte schon

seit Längerem die verbreitete Tendenz, nur den Widerstand »von den Kommandohöhen« zu würdigen. Schließlich habe es auch weit unterhalb von Putsch- und Attentatsplänen zahllose »Impulse« gegeben, »die gegen das Regime oder einzelne seiner Träger gerichtet waren«, wegen des fehlenden Rückhalts in der Bevölkerung aber nie zu einer geschlossenen Bewegung werden konnten. Der deutsche Widerstand, so Mommsens Fazit, sei ein »Widerstand ohne Volk« gewesen, getragen »von einer quantitativ bemerkenswerten Minderheit«.[43]

Mit dieser unbequemen These stieß Mommsen in den folgenden Jahren immer wieder auf Kritik. Heute ist sie unumstritten und gehört zum historisch und empirisch vielfach abgesicherten Allgemeingut. Unbequem ist sie nach wie vor.

Unbequem und entsprechend umstritten waren auch Mommsens Untersuchungen zu den sozialen Hintergründen der Akteure vom 20. Juli und seine Analyse ihrer politischen und gesellschaftlichen Haltungen: Mommsen konnte zeigen, dass gerade Stauffenberg, Beck oder andere der nationalkonservativen Verschwörer ein recht elitäres Selbstverständnis pflegten und als Vorbilder einer freiheitlich-demokratischen Gesellschaft eigentlich denkbar ungeeignet waren. Bei näherer Betrachtung ließen sich ihre teilweise autoritären politischen Ziele und Verfassungspläne auch nicht als Vorläufer des Grundgesetzes interpretieren, wie es Politiker immer wieder taten.

Klaus-Jürgen Müller und Hermann Graml kamen mit ihren Forschungen zu ähnlichen Ergebnissen. Nicht länger zu übersehen war außerdem, dass gerade unter den »Männern des 20. Juli« viele ehemals überzeugte Nationalsozialisten gewesen waren, die das Regime lange gestützt und seine Ideologie geteilt hatten, bevor sie ihm schließlich den Kampf ansagten. Diese Historisierung machte die zu Lichtgestalten monumentalisierten Verschwörer wieder zu Menschen ihrer Zeit – der Mythos bekam Risse.[44]

Manche empfanden das als ehrenrührig und sagten der Erweiterung des Widerstandsbegriffs den Kampf an. Ein Versuch, dem vermeintlichen Geltungsverlust des 20. Juli entgegenzuwirken, war der ARD-Zweiteiler *Operation Walküre – die wahre Geschichte über das Attentat auf Hitler*, der im Juli 1971 ausgestrahlt wurde.[45] In einer Mischung aus nachgespielten Szenen, Interviews und einordnenden Kommentaren rekonstruierte er den Ablauf des Putschversuchs und einen Teil seiner Vorgeschichte. Der aus der Sendung *Panorama* bekannte Historiker und Journalist Joachim Fest trat als erzählender Moderator auf, der die verschiedenen Teile miteinander verband.

Der Film beginnt mit einer fiktiven, aber authentisch wirkenden *Wochenschau*, die zeigt, wie die Geschichte, nach Meinung der Autoren, hätte weitergehen können, wenn die Verschwörer trotz des gescheiterten Attentats an die Macht gekommen wären: Anstelle des verletzten Hitlers stünde Ludwig Beck an der Spitze des Reiches, die Wirtschaft wäre von Krieg auf Frieden umgestellt, die Hochschulen hätten ihren Lehrbetrieb wiederaufgenommen, in der Heimat wäre der Wiederaufbau angelaufen. »Unerschüttert« stünde derweil »der deutsche Soldat in todesmutigem Einsatz gegen eine gewaltige Übermacht der Feinde in Ost und West«, so die *Wochenschau*-Stimme aus dem Off. »Seit Jahren wurde er von einer verlogenen Propaganda über den Ernst der militärischen Lage hinweggetäuscht … Jetzt hat er die Gewissheit, dass seine Befehle von einer zielbewussten militärischen Führung kommen.«[46]

Dieses Szenario ist in vielerlei Hinsicht unwahrscheinlich und zeigt, dass es den Filmemachern nicht darum ging, die tatsächlichen historischen Möglichkeiten auszuloten, sondern darum, den 20. Juli 1944 noch heller erstrahlen zu lassen. Um den Kontrast zu erhöhen, folgt der *Wochenschau* mit dem »Was wäre wenn …?« eine Straßenumfrage, bei der die Geschichtsvergessenheit der Deutschen offenbar wird: Von Fest nach dem 20. Juli befragt, äußern die Passanten fast ausschließlich Halb- oder Unwissen. Bei einer für den Film in Auftrag gegebenen repräsentativen Umfrage, berichtet Fest anschließend, wussten nur 60 Prozent der Bundesbürger mit dem Datum etwas anzufangen; lediglich 40 Prozent standen dem Attentat positiv gegenüber. Mehr als die Hälfte der Befragten kannten keinen einzigen Beteiligten beim Namen.

Trotz der fiktiven *Wochenschau* und der nachgestellten Szenen vermittelt das Dokudrama stets den Eindruck, sich auf dem Boden der Fakten zu bewegen.[47] Der einordnende Moderator Fest, der Auftritt zahlreicher Zeitzeugen wie Rudolf-Christoph von Gersdorff, Hans Bernd Gisevius, Adolf Heusinger oder Stauffenbergs Fahrer Karl Schweizer scheinen die Authentizität der Darstellung ebenso zu belegen wie die Tatsache, dass größtenteils an Originalschauplätzen gedreht worden war.

Immer wieder gehen die O-Töne der Interviews in die nachgestellten Szenen über, als handle es sich um neutrale Kommentare und nachweisliche Fakten. Selbst Otto Ernst Remer darf seine Sicht zum Besten geben – jener Mann also, der an der Niederschlagung des Putschversuchs beteiligt gewesen war und die Widerstandskämpfer in den 50er-Jahren öffentlich als Hoch- und Landesverräter verleumdet hatte. Im zackigen Duktus des einstigen Wehrmachtsmajors berichtet er vor der Kamera von den Ereignissen jenes Tages und darüber, wie es dazu kam, dass ihm – so Remer wörtlich – »der Führer« persönlich den Befehl erteilte, gegen die Putschisten vorzugehen. Später lassen ihn die Filmemacher unwidersprochen behaupten, er habe versucht, das Standgericht gegen Stauffenberg, Beck, Olbricht, Mertz und Haeften zu verhindern.[48]

Der Film wurde als »Pioniertat« gefeiert, mit dem Grimme-Preis und der Goldenen Kamera ausgezeichnet.[49] Auch die

Hinterbliebenen waren mit dem Projekt zufrieden und bemängelten lediglich ein paar Ausstattungsfehler an Uniformen und Fahrzeugen.[50] Für die Rezeptionsgeschichte des Widerstands ist der Film insofern von Bedeutung, als er maßgeblich dazu beitrug, die »Männer des 20. Juli 1944« zu heroisieren und gegenüber anderen Gruppen herauszuheben.[51] Durch die Fokussierung auf das Attentat kommt zudem der zivile Teil der Verschwörung im Film praktisch nicht vor; auch Frauen werden nicht erwähnt.

Wie sehr diese eingeschränkte Sicht inzwischen im Mainstream angekommen ist, zeigt eine Besprechung der *Frankfurter Allgemeinen Zeitung*, die den Zweiteiler noch 2009 als »filmische Aufklärung im besten Sinn« bezeichnete: Die Uniformen wirkten zwar aus heutiger Sicht künstlich, die Gesichter maskenhaft und manche Darsteller »übertrieben steif und zackig«, doch diese Mängel würden durch »die überwältigende Qualität der Originalinterviews« aufgehoben. »Heutige Fernsehhistoriker können von Fest manches lernen.«[52]

Lieber nicht, möchte man sagen, denn gerade die Interviews sind aus journalistischer Sicht eine Katastrophe: Fest verzichtete konsequent auf Rückfragen und kritische Einordnungen, was vor allem deswegen so fatal ist, weil die Verfolger von damals ebenso zu Wort kommen wie die überlebenden Widerstandskämpfer und mangels Einordnung jede Aussage den gleichen dokumentarischen Wert erhält, egal, von wem sie stammt. In dem Film, der laut Untertitel den Anspruch erhebt, »die wahre Geschichte über das Attentat« zu erzählen, durfte sich sogar einer der bekanntesten NS-Verbrecher als harmloser Zeitzeuge präsentieren und in die Nähe der Widerstandskämpfer rücken: Albert Speer.

Hitlers Lieblingsarchitekt und Rüstungsminister war bei den Nürnberger Kriegsverbrecherprozessen 1946 zu 20 Jahren Haft verurteilt worden, zum Zeitpunkt der Dreharbeiten aber seit fünf Jahren wieder auf freiem Fuß. Seine 1969 unter dem Titel

Erinnerungen erschienenen Memoiren waren aus dem Stand zum Bestseller geworden, was nicht zuletzt Joachim Fest und Propyläen-Verlagschef Wolf Jobst Siedler zu verdanken gewesen war, die aus den umfangreichen Notizen, die Speer heimlich im Gefängnis verfasst hatte, ein wohlkomponiertes Buch machten. Speers Auftritt als Zeitzeuge in *Operation Walküre* waren also bereits mehrere Jahre enger Zusammenarbeit vorausgegangen, die sich für beide Seiten als vorteilhaft erwies: Speer konnte seine Mär vom reumütigen, aber gänzlich unpolitischen Ex-Nazi unters Volk bringen, versehen mit dem Stempel der Glaubwürdigkeit dank der Mitarbeit des als kritisch geltenden Publizisten Fest. Der wiederum bekam exklusive Informationen von einem Mann, der zum engsten Zirkel des Diktators gezählt hatte – und machte für seine Hitler-Biografie reichlich Gebrauch davon. Sie erschien 1973 und wurde ebenfalls zum Bestseller.[53]

Schon in Nürnberg hatte Speer behauptet, von der Ermordung der europäischen Juden nicht das Geringste gewusst zu haben. Geschickt gab er als einziger Angeklagter vor, die Berechtigung des Tribunals anzuerkennen und sich für die Verbrechen mitverantwortlich zu fühlen, die er aber trotzdem allesamt Hitler zuschob. Mithilfe seines Verteidigers gelang es ihm, sich als politisch Unbeteiligter darzustellen, der Kontakte zum Widerstand gehabt und sich angeblich selbst mit Attentatsplänen getragen habe.[54]

Beides war schamlos gelogen – genau wie alle anderen Aussagen, mit denen Speer seinen Kopf aus der Schlinge zog. Hätten die Alliierten gewusst, was man heute weiß, wäre Hitlers Vertrauter zweifellos gehängt worden. Doch schon das, was damals bekannt war, genügte für eine Verurteilung – seine Lügen konnten Speer nicht vor 20 Jahren Gefängnis bewahren. Als Fest ihn 1971 für den Zweiteiler vor die Kamera holte, wären also mindestens Zweifel an Speers Glaubwürdigkeit angebracht gewesen. Doch die hatte damals kaum jemand: Der *Spiegel* hatte Speer gleich nach seiner

Entlassung aus dem Spandauer Gefängnis eine Titelgeschichte gewidmet (»Hitlers Freund und Gegner«)[55], später druckte er ein viele Seiten langes Interview, der *Stern* eine Homestory. Alle Journalisten, denen Speer – gegen ein Honorar von mehreren zehntausend Mark – die Gunst eines Gesprächs gewährte, fühlten sich geschmeichelt und sekundierten bereitwillig bei der Verbreitung seiner Legenden. Die Handvoll Kritiker, die Zweifel am Märchen vom anständig gebliebenen Nationalsozialisten äußerten, blieben ohne öffentliche Wirkung.[56]

»Speer ist ein Mann von hoher Intelligenz«, schwärmte der *Stern* und verlieh ihm die Weihen, die sonst nur den »Männern des 20. Juli« zuteilwurden: »Er erkannte zu spät, wohin Hitler Deutschland führt. Dann aber zog er die Konsequenzen: Sein Widerstand gegen die Zerstörungswut Hitlers bewahrte die Grundlagen, auf denen das Wirtschaftswunder der Bundesrepublik entstehen konnte.«[57] Der *Spiegel* lobte, Speer sei einer der wenigen Deutschen, »die ihre Vergangenheit zu bewältigen suchten, als diese noch Gegenwart war«. Mit »offener Bravour« habe er sich gegen den Diktator aufgelehnt und »die deutsche Industrie vor dem selbstzerstörerischen Zugriff Hitlers« gerettet.[58]

Joachim Fest hatte kräftig mitgeholfen, Speers Image auf Hochglanz zu bringen, obwohl er sich zuvor als kritischer Journalist profiliert und immer wieder den ausweichenden Umgang der Deutschen mit ihrer Vergangenheit angeprangert hatte.[59] Zum Erscheinen der – ohnehin gemeinsam erarbeiteten – *Erinnerungen* interviewte er Speer 1969 fürs Fernsehen und rückte den ehemaligen Rüstungsminister durch die geschickte Formulierung seiner Fragen in die Reihen der Widerstandskämpfer, was Speer nur allzu gern aufgriff. Auch in *Operation Walküre* stellt Fest Speer die Frage, ob er für eine Regierung nach Hitler zur Verfügung gestanden hätte. Ganz so, als hätte sein Name auf den erhalten gebliebenen Listen der Verschwörer für ein Schattenkabinett gestanden.

Über die Jahre etablierte sich Speer als beliebter Entlastungszeuge, der den Deutschen genau das lieferte, was sie hören wollten: Sensationelle Details mit Gruselfaktor aus dem unmittelbaren Umfeld des »Führers«, wohldosierte Betroffenheit angesichts der Verbrechen und vor allem die beruhigende Gewissheit, dass eine kleine dämonische Clique dafür verantwortlich gewesen sei, nicht die Deutschen selbst. Die waren nämlich, genau wie Speer, von Hitler verführt und getäuscht worden und hatten nichts von dem gewusst, was in ihrem Namen geschah.

Bis zu seinem Tod 1981 war Speer ein gefragter Zeitzeuge im In- und Ausland, was ihm ein Leben als Millionär bescherte: In den USA wurden die *Erinnerungen* fürs Fernsehen verfilmt. Seine *Spandauer Tagebücher*, die 1975 erschienen, wieder in Zusammenarbeit mit Fest, übertrafen den Erfolg des ersten Buches um ein Vielfaches. Allein *Die Welt* zahlte 600 000 Mark für einen Vorabdruck.[60] Und ganz nebenbei besserte Speer seine Kasse durch den heimlichen Verkauf von NS-Raubkunst auf, die er sich während der NS-Zeit hatte sichern können.[61]

Dass seine Märchen allmählich aufflogen, musste Speer nicht mehr erleben: Er war schon tot, als der junge Doktorand Matthias Schmidt 1982 mit Forschungsergebnissen an die Öffentlichkeit ging, die bewiesen, dass Speer keineswegs »nur« Architekt gewesen war, sondern aktiv an der Judenvernichtung teilgenommen hatte. In den folgenden Jahren kamen immer weitere Belege hinzu, die zeigten, dass Speer nicht nur Mitwisser, sondern auch aktiver Mittäter gewesen war, als Architekt mehrere Konzentrationslager und eine Erweiterung des Vernichtungslagers Auschwitz plante und unter den Häftlingen Zwangsarbeiter rekrutierte. 2002 wies dann die Historikerin Susanne Willems nach, dass Speer ab 1938 Berliner Juden zu Tausenden ihre Wohnungen gekündigt hatte, um Platz für die Neugestaltung der Reichshauptstadt zu gewinnen und begehrte Wohnlagen in »judenreine

Gebiete« umzuwandeln. Dank der systematischen Erfassung der von Jüdinnen und Juden bewohnten Wohnungen war Speers Behörde der Gestapo ab 1941 auch bei der Zusammenstellung der Deportationslisten behilflich.[62]

Seinem Image als guter Nazi und Widerstandskämpfer konnten all diese Enthüllungen wenig anhaben. Noch 2004 bekam das internationale Kinopublikum im deutschen Blockbuster *Der Untergang* Albert Speer als freundlichen Herrn im Dreiteiler zu sehen, der sich durch Distinguiertheit und Bildung von Hitler oder Goebbels abhebt und dem »Führer« in einer Szene mit stockender Stimme gesteht, »seit Monaten« dessen »Zerstörungsbefehle ausgesetzt« zu haben. Buchvorlage und Berater des Produzenten: Joachim Fest.[63]

* * *

Anfang der 70er-Jahre hatte der Blick auf die »Frauen und Männer des 20. Juli 1944« bereits mehrere Wandlungen durchlaufen: Aus den Verrätern waren Helden geworden, die erst für das Bild der Deutschen im Ausland, dann für das der Deutschen von sich selbst bedeutsam waren. Dabei hatte sich auf vielen Ebenen eine bevorzugte Würdigung des konservativ-militärischen Teils der Verschwörung herausgebildet. Während Politiker formelhaft die gesellschaftliche Breite des Widerstands beschworen hatten, um dann doch Arbeiter und Gewerkschaften außen vor zu lassen, war zwischen den Hinterbliebenen mit der Zeit entlang derselben Linie ein Graben entstanden. Dieser vertiefte sich, als die Heroen um Stauffenberg – nicht zuletzt durch Impulse aus der Widerstandsforschung – gewissermaßen Konkurrenz bekamen und sich Überlebende und Angehörige der Militäropposition gegen den vermeintlichen Geltungsverlust zur Wehr setzten.[64]

Fabian von Schlabrendorff, einst enger Vertrauter Tresckows und inzwischen Richter am Bundesverfassungsgericht, nahm den Jahrestag 1972 zum Anlass für eine wütende Generalabrechnung: Zusammen mit Rudolf-Christoph von Gersdorff[65] und anderen Überlebenden aus dem Tresckow-Kreis blieb er der Berliner Gedenkfeier und der alljährlichen Zusammenkunft des Hilfswerks demonstrativ fern und gedachte der toten Freunde stattdessen bei einem Freiluftgottesdienst im Schloss des Mitverschwörers Philipp von Boeselager. Die Gedenkveranstaltungen seien »sinn- und zweckentfremdet« geworden, erklärte er gegenüber Journalisten.[66] Bei den Feierlichkeiten in Berlin versammle sich ein »Sammelsurium von Bürokratie«, in dem diejenigen untergingen, die am 20. Juli 1944 ihren Mann gestanden hätten. Es zeige sich eine »Neigung zur Anarchie« und zum »Linksextremismus«.[67] Bei den Gedenkfeiern des Bundes in Bonn wiederum träten »Leute auf, die wir alle am 20. Juli 1944 weder gesehen noch gehört haben«.[68]

Im Hilfswerk reagierten viele empört. Vor allem die Hinterbliebenen der zivilen Verschwörer fühlten sich vor den Kopf gestoßen: Wieder einmal schienen die Angehörigen der Militärs den 20. Juli für sich zu reklamieren,[69] als sei der Umsturzversuch allein Sache der Männer um Stauffenberg und Tresckow gewesen. Schlabrendorff war immer schon mit dieser Haltung aufgetreten. Mit seinem Buch *Offiziere gegen Hitler*, das gleich nach dem Krieg erschienen war, hatte er zur Heroisierung des militärischen Widerstands beigetragen und diesen schon als Zeuge im Remer-Prozess 1952 deutlich von allen anderen Formen des Widerstands unterschieden.

Nun sah Schlabrendorff mit Sorge, wie sich linke Ideen und Kräfte seit Ende der 60er-Jahre politisch und gesellschaftlich Gehör verschafften und das Ansehen der – aus seiner Sicht – eigentlichen Widerstandskämpfer beschädigten. In einem Interview mit dem Südwestfunk verband er seine Kritik an den Gedenkfeiern daher gleich mit einer Attacke gegen Willy Brandt: »Der jetzige Bundeskanzler ist ein Mann, der das Tischtuch zwischen dem Nationalsozialismus und sich zerschnitten hat. Aber er hat 1933 den Boden unseres Vaterlandes verlassen. Letzten Endes versteht er uns nicht, die wir jahrelang unter der Tyrannis der Nationalsozialisten haben leben müssen.«[70]

Dieser verbale Tiefschlag entsprach der teils immer noch üblichen Diffamierung von Exilanten, bekam aber zusätzlich Gewicht, weil er aus dem Mund eines prominenten Widerstandskämpfers kam. Der Vorstand des Hilfswerks konnte die Angelegenheit schon deswegen nicht unkommentiert lassen, weil es unter den Mitgliedern viele gab, die Schlabrendorffs Äußerungen als Beleidigung gegen sich empfinden mussten: Es sei »außerordentlich schädlich«, den Widerstand »in der Rückschau« in Kategorien einteilen zu wollen, heißt es im offiziellen Brief an Schlabrendorff. Als langjähriger Justiziar der Stiftung wisse er doch selbst von vielen Fällen, »in denen Emigration ein zutiefst bitterer Weg gewesen ist, der Menschen nicht weniger schwer gezeichnet hat als andere, die das Dritte Reich erlebten, unter ihm leiden mussten und Widerstand leisteten«.[71]

Bei einer Mehrheit der Bundesbürger verfing das alte Feindbild ohnehin nicht mehr: Der Remigrant Willy Brandt war zum populärsten Politiker der Bundesrepublik aufgestiegen und sprach mit seiner Ostpolitik und seinem auf Mitwirkung und Diskurs setzenden Demokratieverständnis nicht nur junge Leute an.[72] Viele reagierten betroffen, als er am 6. Mai 1974 zurücktrat, nachdem sein engster Mitarbeiter im Kanzleramt, Günter Guillaume, als Stasispion enttarnt worden war.[73] Der vom Bundestag zu Brandts Nachfolger gewählte Helmut Schmidt (SPD) kündigte an, die bisherige Politik der Koalition zwar fortsetzen, sich aber »auf das Wesentliche« konzentrieren zu wollen.[74]

Mit diesem Pragmatismus kam er der erlahmenden Veränderungsfreudigkeit der Wähler entgegen, von denen sich bei Umfragen zu diesem Zeitpunkt nur noch 27 Prozent für Reformen aussprachen.[75] Die kurze Zeit der Öffnung und des Aufbruchs neigte sich also bereits ihrem Ende zu, und Bundespräsident Heinemann ließ bei seiner Abschiedsrede am 1. Juli 1974 durchblicken, wie sehr er das bedauerte: »Wer nicht verändern will, wird auch das verlieren, was er bewahren möchte«, warnte er. »Ich wollte helfen, Untertanengesinnung und Unterwürfigkeit in staatsbürgerliches Selbstbewusstsein und Mitverantwortung zu verwandeln. Wir alle wissen, dass hier bei uns eine Vergangenheit nachklingt, die sich mit lebendiger Demokratie nicht verträgt.«[76]

Früher NS-Richter, jetzt Ministerpräsident: Hans Filbinger

Ob es wirklich alle wussten oder wissen wollten, ist fraglich. Wie laut die Vergangenheit nachklang, zeigte sich aber schon drei Wochen später bei der Feier zum 30. Jahrestag des Attentats: Für die Gedenkfeier in Berlin hatten der Senat und das Hilfswerk versucht, den neuen Bundespräsidenten Walter Scheel (FDP) oder Kanzler Schmidt als Redner zu gewinnen. Als beide ablehnten, bat man Bundesratspräsident Hans Filbinger (CDU).[77] Von ihm war allerdings seit einer Recherche des *Spiegels* bekannt, dass er noch Ende Mai 1945 als NS-Marinestabsrichter in Norwegen[78] einen Soldaten zu sechs Monaten Gefängnis verurteilt hatte, weil sich dieser geweigert hatte, den Befehlen seiner Vorgesetzten zu gehorchen, und sie als »Nazihunde« beschimpfte. Das Verhalten des Angeklagten stelle »ein hohes Maß von Gesinnungsverfall dar«, hieß es in Filbingers Urteil, das der *Spiegel* zitierte.[79]

Inzwischen war Filbinger seit 1966 Ministerpräsident von Baden-Württemberg, galt als Zugpferd der CDU und Anwärter auf das Amt des Bundespräsidenten. Dass ausgerechnet er die zentrale Gedenkrede halten sollte, der es selbst nach der Kapitulation noch für nötig gehalten hatte, Verurteilungen wegen Gefährdung der »Manneszucht« auszusprechen, brachte zahlreiche Angehörige des 20. Juli dazu, ihre Teilnahme an den Feierlichkeiten abzusagen. Kritik kam auch von der Berliner FDP, deren Fraktionsvorsitzender Hermann Oxfort die Einladung Filbingers als »offene Brüskierung aller aktiven Kämpfer gegen die nationalsozialistische Herrschaft in Deutschland« bezeichnete.[80]

Die Berliner CDU hingegen nannte Filbinger einen »untadeligen Mann«, der SPD-geführte Senat und der Vorstand des Hilfswerks hielten aus protokollarischen Gründen ebenfalls an ihm fest,[81] und Filbinger selbst lehnte es ab, auf seinen Auftritt zu verzichten:[82] Er sei schon früh ein Gegner des Nationalsozialismus gewesen, habe der katholischen Widerstandsgruppe um den Dichter Reinhold Schneider angehört und der Weißen Rose nahegestanden, ließ er über seinen Referenten erklären.[83] Sein damaliges Urteil »gegen einen aufsässigen Marineangehörigen« habe dem »disziplinarrechtlich Üblichen« entsprochen und sei »zur Aufrechterhaltung der Ordnung« nötig gewesen. Außerdem habe er sich persönlich für die Freilassung zahlreicher Verurteilter eingesetzt und Todesurteile verhindert.[84]

Die Öffentlichkeit war auf den Streit also bereits aufmerksam geworden, als am 20. Juli 1974 im gerade wiederhergestellten Reichstagsgebäude die Gedenkfeier begann. Unter den 1500 Gästen waren auch 400 jüdische Deutsche, denen die Flucht nach Israel und in die USA gelungen war.[85] Der *Tagesspiegel* hatte an diesem Tag noch einmal Filbingers Urteil abgedruckt; Inge Aicher-Scholl und andere Hinterbliebene ermordeter Widerstandskämpfer verteilten es als Kopie vor dem Eingang zum Reichstag.[86]

»Heuchler!«, »Lügner!«, »Nazis raus!«, schallte es Filbinger entgegen, als er ans Rednerpult trat. Erwartungsgemäß griff er in seiner Ansprache zu den üblichen Erlösungs- und Entlastungsfloskeln: Den Verschwörern sei es um »die Reinigung des deutschen Namens« gegangen, »der für so Furchtbares missbraucht worden war«. Der 20. Juli 1944 sei eine »Rettungstat für das deutsche Gewissen vor der Geschichte« gewesen, aus der sich im »innerdeutschen Bewusstsein« die »Berechtigung zu einem Neubau herleiten« konnte.

Niemandem fiel auf, dass die Rede über weite Strecken nahezu identisch mit derjenigen war, die der Historiker Hans Rothfels 1962 zum selben Anlass gehalten hatte. Hier und da hatte sich Filbinger auch bei anderen Rednern bedient, ohne diese zu nennen. Seine eigenen Ausführungen waren meist falsch, wie etwa die Aussage, viele der Verschwörer seien noch am selben Tag hingerichtet worden.[87] Vor allem aber war er spürbar bemüht, die Deutschen zu verteidigen: Die »versuchte Charakterisierung« des 20. Juli »als ›Revolution ohne Volk‹« sei »grundfalsch«. Gerade im Attentat habe sich am »sinnfälligsten das ›andere Deutschland‹« offenbart, das »in weiten Kreisen und praktisch allen Schichten des Volkes … lebendig gewesen« sei.

Auch er selbst habe zum Widerstand gehört, behauptete Filbinger erneut, und habe stets aus dieser Gesinnung gehandelt – »unter Inkaufnahme der damit gegebenen Risiken«. Kommunisten sprach er hingegen die Berechtigung ab, sich zum Widerstand zu zählen: Niemand wolle »die Verfolgungen und die Opfer«, die sie »gebracht haben, bagatellisieren«, doch verfolgt zu sein, sei eben »keineswegs … identisch mit Widerstand«.[88]

Noch während Filbinger sprach, verließen mehrere Angehörige aus Protest den Saal, darunter auch Rosemarie Reichwein,[89] deren Mann im Sommer 1944 verhaftet und zum Tode verurteilt worden war, nachdem er zusammen mit Julius Leber für die Verschwörung Kontakt zu kommunistischen Untergrundkämpfern aufgenommen hatte.

Als Filbinger fertig war, stürzte David Heinemann nach vorn: »Ich bin der Enkel von Julius Leber und will eine Rede halten!«, rief er und versuchte, ans Mikrofon zu kommen.[90] Dabei traf er Filbinger versehentlich mit der Mappe am Kopf, die seine vorbereitete Rede enthielt. Sofort wurde Heinemann von Sicherheitskräften überwältigt und mit auf dem Rücken geknebelten Händen aus dem Saal gebracht. »Jetzt führen sie meinen Sohn ab wie dermaleinst meinen Vater!«, rief Katharina Leber.[91] Es kam zu lautstarken Tumulten, die Fernsehübertragung wurde unterbrochen.[92]

»Riesenskandal im Reichstag«, lautete die Schlagzeile der *Bild*-Zeitung am nächsten Morgen.[93] Alle überregionalen Blätter berichteten über den Eklat, doch kaum eines setzte sich kritisch mit Filbinger auseinander. Der erklärte, ganz Staatsmann, die Störungen seien der »hohen Bedeutung und Würde des Ereignisses« nicht angemessen gewesen.[94] Die *Welt* stellte die Demonstranten als bloße Ruhestörer dar. Die *Süddeutsche Zeitung* zeigte Verständnis für beide Seiten.[95] Nur die *Neue Zürcher Zeitung* druckte die nicht gehaltene Rede des Leber-Enkels ab.[96]

An dessen Aktion entzündete sich unter den Mitgliedern des Hilfswerks ein heftiger Streit: Einige lobten seinen Mut, andere äußerten »Besorgnis« über den »Linksrutsch« und bezeichneten sein Verhalten als »unziemlich, verwerflich, ungehörig« und mit dem Geist der Widerstandskämpfer nicht vereinbar. Dem Vorstand war es besonders unangenehm, dass die Störung der Gedenkfeier ausgerechnet aus den Reihen der Hinterbliebenen gekommen war. Die Ereignisse erfüllten sie »mit Trauer und Scham«, schrieb die ehemalige Geschäftsführerin Gertrud Lampe.[97]

* * *

»Freiheit statt Sozialismus«, lautete die Wahlkampfparole der CDU 1976, »Freiheit oder Sozialismus« die der CSU. Damit schien das Wesentliche gesagt und musste lediglich noch mit Geraune von »Sicherheitsrisiko« und dem »Ende der Freiheit« ergänzt werden. »Nur anklagen und warnen, aber keine konkreten Rezepte«, hatte CSU-Chef Strauß als Taktik ausgegeben. Es genüge, »die anderen« damit zu identifizieren, »dass ihre Politik auf die Hegemonie der Sowjetunion über Westeuropa hinausläuft«.[98]

Es hätte tatsächlich fast genügt: Bei der Bundestagswahl im Herbst erreichte die Union ihr zweitbestes Ergebnis seit 1957 – mit der altbewährten Gleichsetzung von Sozialdemokratie, Sozialismus und Kommunismus ließen sich immer noch zuverlässig Stimmen holen. Die sozial-liberale Koalition kam aber auf zehn Mandate mehr. Das war knapp und sprach nicht für Stabilität, doch die Regierung konnte ihre Arbeit fortsetzen. Die Tendenzwende in Richtung Konservativismus, die sich schon seit einiger Zeit abzeichnete, war aber immer deutlicher zu spüren.[99] Schon der Wahlkampf war von der Frage geprägt gewesen, auf welchen ideellen Pfeilern die Bundesrepublik stehe – oder stehen soll – und wie der angeblichen »Orientierungskrise« in der Gesellschaft zu begegnen sei.

Die Debatte nahm zusätzlich Fahrt auf, als Anschläge durch Terroristen der Roten Armee Fraktion (RAF) zunahmen. »Innere Sicherheit« wurde zum Schlagwort, »Sympathisant« zum neuen Feindbild. In Umfragen plädierte eine Mehrheit für die Einschränkung von Freiheitsrechten und die Todesstrafe für Terroristen.[100] Die Union gab der Regierung die Schuld am »Wertezerfall«, der nun im Terror zum Ausdruck komme. Nach der Entführung und Ermordung von Arbeitgeberpräsident Hanns Martin Schleyer im »Deutschen Herbst« 1977 zog Alfred Dregger (CDU) im Bundestag eine Parallele zum Umgang mit der NS-Zeit: Statt »die von Hitler pervertierten und missbrauchten Grundwerte in ihrer Reinheit wiederherzustellen«, habe eine »falsche Vergangenheitsbewältigung« dazu beigetragen, diese »endgültig auszulöschen«. Selbst Lehrpläne und Schulbücher seien dabei »Ansatzpunkte der Agitation« gewesen. Das dadurch entstandene »geistige Vakuum« habe »neuen Irrlehren Raum« geboten, die aufgrund »der braunen Jahre diesmal nur von links kommen konnten«.

Damit hatte Dregger die ersten Töne jener restaurativen Grundmelodie angeschlagen, die sich in den nächsten Jahren zu einer Art konservativer Nationalhymne steigern sollte: Eine »geistige, moralische und … politische Umkehr« sei nötig, dozierte er. »Front zu machen« sei ferner gegen »die Verfälschung unserer Geschichte«, mit der neben »den zwölf schlimmen Jahren unter Hitler« auch »die übrigen 1188 Jahre« unter Anklage gestellt würden. Die Regierung Brandt sei bemüht, »auf der Woge des Zeitgeistes zu schwimmen«, und erkenne »das Notwendige« erst, wenn die »jeweils neueste Woge … über uns zusammengebrochen ist und schwersten Schaden angerichtet hat«.[101]

Vier Monate später, im Februar 1978, rollte eine solche »Woge des Zeitgeistes« auf Baden-Württembergs Ministerpräsidenten Hans Filbinger zu: In der *Zeit* war ein Auszug aus dem neuen Roman des Dramatikers Rolf Hochhuth erschienen, der auf Filbingers Vergangenheit als NS-Marinerichter anspielte. Filbinger sei ein »furchtbarer Jurist« gewesen, der »nur dank des Schweigens derer, die ihn kannten«, noch auf freiem Fuß sei, schrieb Hochhuth.[102] Daraufhin verklagte Filbinger Hochhuth und *Die Zeit* auf Unterlassung und erklärte vor der Presse mit stoischer Gelassenheit seine Unschuld. Noch bevor es zur Hauptverhandlung kam, stieß Hochhuth in einem US-amerikanischen Archiv dann aber auf ein Todesurteil, das Filbingers Unterschrift trug: Drei Monate lang hatte dieser im Frühjahr 1945 alle Register gezogen, um die Hinrichtung des 22-jährigen Matrosen Walter Gröger durchzusetzen, der damals bereits seit mehr als einem Jahr wegen Fahnenflucht inhaftiert gewesen war.[103] Die Vollstreckung am 16. März 1945 wurde von Filbinger persönlich beaufsichtigt und mit deutscher Gründlichkeit dokumentiert. Anschließend ordnete er an, die Akten unter Verschluss zu halten und auch Grögers Familie nicht zu informieren.[104] So erfuhr Anna Gröger erst jetzt, drei Jahrzehnte später, wie ihr Sohn gestorben und wer dafür verantwortlich war.[105]

»Müsste Filbinger nicht zurücktreten oder aber zu Mutter Gröger … fahren und für die eigene Person jenen läuternden Kniefall vor der Vergangenheit tun, den Willy Brandt in Warschau für das ganze deutsche Volk vollzogen hat?«, fragte *Die Zeit.*[106] Filbinger tat weder das eine noch das andere. Er stritt alles ab, sah sich als Opfer einer Kampagne und behauptete: »Während des ganzen Dritten Reiches habe ich meine antinazistische Gesinnung nicht nur in mir getragen, sondern auch sichtbar gelebt.«[107] CDU-Parteichef Helmut Kohl sah in den Vorwürfen gegen Filbinger »eine neue Entnazifizierungskampagne« und schickte Generalsekretär Heiner Geißler mit einer Ehrenerklärung vor die Presse: Filbingers »antinazistische Gesinnung« stehe außer Zweifel. Ihm könne »weder rechtlich noch menschlich« ein Vorwurf gemacht werden.[108]

Obwohl in den folgenden Wochen noch weitere von ihm verhängte Todesurteile auftauchten, blieb Ministerpräsident Filbinger bei seiner Version. »Was damals rechtens war, kann heute nicht Unrecht sein«, sagte er dem *Spiegel.*[109] Diese Äußerung, von Filbinger eigentlich zu seiner Verteidigung vorgebracht, offenbarte sein Verhältnis zur NS-Zeit auf entlarvende Weise. Der baden-württembergische Landesvorsitzende der SPD, Erhard Eppler, bescheinigte Filbinger ein »pathologisch gutes Gewissen«.[110] Am 7. August 1978 musste das einstige Zugpferd der CDU zurücktreten – nach monatelanger Nibelungentreue hatten ihm seine Parteikollegen die Gefolgschaft versagt.[111]

Es war jedoch nicht seine Vergangenheit als Marinerichter, die ihn zu Fall brachte – zum Verhängnis wurde ihm sein ungeschickter Umgang damit:[112] Hätte er nicht geleugnet, was offensichtlich war, sondern ein wenig Reue geschauspielert und sich ansonsten weiter auf das berufen, »was damals rechtens war« – er hätte Ministerpräsident bleiben können, wäre vielleicht tatsächlich noch Bundespräsident geworden. Seine Richterkollegen von damals konnten ihre Karrieren schließlich auch ungestört fortsetzen, und in Speer hatten die Deutschen sogar unter den engsten Hitler-Getreuen ihren Lieblingswiderständler gefunden. Aktiv am Terror des NS-Systems beteiligt gewesen zu sein, war in der Bundesrepublik kein Grund, sich zu verstecken.

* * *

Während Filbinger noch um sein Amt kämpfte und an sein großes Engagement im Widerstand erinnerte, zeigte ein neuerlicher Eklat um die Gedenkfeier zum 20. Juli, welche Art von Vergangenheit die Deutschen nicht verziehen: Nach heftigen Protesten hatte sich Herbert Wehner (SPD) gezwungen gesehen, seine Zusage für die zentrale Ansprache in Berlin zurückzuziehen. Der Respekt gegenüber den Opfern des 20. Juli 1944 gebiete ihm, seine Person »nicht zum Anlass eines Konflikts um das Gedenken an die Opfer« werden zu lassen, schrieb er in seiner Absage.[113]

Der Vorstand des Hilfswerks hatte Wehner gebeten, die Rede zu halten, weil man ihn, wie es in dem Brief hieß, wegen seines Lebenswegs – vom kommunistischen Widerstand übers Exil bis zum demokratischen Politiker – für besonders geeignet hielt, an einem Tag zu sprechen, »der dem Gedenken an Menschen verschiedenster politischer Richtungen gewidmet ist«. Als »Mann des Widerstandes« und »hervorragende Persönlichkeit der Sozialdemokratie« könne er »Schicksal und Tragik vieler Deutscher in den Jahren von 1933 bis 1945 menschlich und politisch« verdeutlichen.[114]

Wie sich herausstellte, sah man das in konservativen Kreisen ganz anders: Wehner einzuladen, sei eine »Instinktlosigkeit«, schrieb der katholische Widerstandskämpfer Odilo Braun an den Vorstand. Wer »während unseres Kampfes gegen die NS-Diktatur« für Moskau gearbeitet habe, »mag ein Demokrat geworden sein«, das qualifiziere ihn jedoch nicht, die Gedenkrede für »die Opfer im Kampf gegen Tyrannei zu halten«.[115] Andere Mitglieder der Stiftung pflichteten ihm bei und argumentierten, dass neben den Nationalsozialisten die Kommunisten schuld am Untergang der Weimarer Republik gewesen seien. Es wäre darum eine »absolute Geschichtsverfälschung«, wenn der ehemalige Kommunist Wehner ausgerechnet im Bendlerhof eine Rede für die Männer halten würde, »die er damals bekämpfte«.[116]

Der Streit hatte sich ausgeweitet, als die *Frankfurter Allgemeine Zeitung* Wehners geplante Teilnahme öffentlich machte. Von Reportern nach seiner Meinung gefragt, antwortete Franz Ludwig von Stauffenberg, Sohn des Attentäters und CSU-Bundestagsabgeordneter, er bedaure die Einladung, da der 20. Juli 1944 »in einer anderen geistigen Tradition« gestanden habe. Mit einer Rede von Wehner bekäme das Gedenken »eine falsche politische Färbung«; Widerstand sei eben nicht gleich Widerstand. Mehrere Unionspolitiker hatten sich ähnlich geäußert. Der Fraktionsvorsitzende der Berliner CDU, Heinrich Lummer, warf der SPD »gegenwartsbezogenen Missbrauch des Gedenktages« vor.[117]

Im Hilfswerk reagierte nicht nur der Vorstand betroffen auf Wehners Absage. Schon lange schwelte zwischen den Familien ein Konflikt darüber, wer für den 20. Juli 1944 die größere Bedeutung für sich in Anspruch nehmen dürfe. Nun riss Wehners erzwungene Absage alte Gräben auf und verstärkte bei vielen einmal mehr den Eindruck, dass die Nachkommen der Militäropposition für sich eine Führungsrolle beanspruchten. Mit einem offenen Brief in der *Zeit* wandte sich darum eine Gruppe von Kritikern direkt an Wehner: Stauffenberg habe keineswegs im Namen aller Angehörigen gesprochen, als er ihm das Rederecht bestritt. »Sein Verständnis vom Widerstand gegen den Faschismus entspricht nicht dem unseren« und sei auch historisch nicht haltbar, da die damaligen Widerstandskämpfer »das gemeinsame Ziel über alle politischen und religiösen Verschiedenheiten« gestellt hätten. Wer »einen Mann wie Filbinger« reden lasse, aber gegen einen »zwar politisch Andersdenkenden, aber bekannten Antifaschisten wie Wehner« Einwände erhebt, verfälsche »das historische Verständnis des 20. Juli«. Im Übrigen könne der Widerstand gegen den Nationalsozialismus kein »Privileg der Verschwörer des 20. Juli« sein.[118]

Die vier Unterzeichner und Unterzeichnerinnen standen selbst für die Vielfalt der NS-Gegnerschaft: Falk Harnack hatte zur studentischen Widerstandsgruppe Weiße Rose gehört und Sophie und Hans Scholl nahegestanden, deren Schwester Inge Aicher-Scholl den offenen Brief ebenfalls unterschrieb. Falks Bruder Arvid Harnack war einer der Köpfe der Roten Kapelle gewesen. Roland Reichwein war der Sohn des sozialdemokratischen Widerstandskämpfers Adolf Reichwein. Peter Finckhs Vater Eberhard Finckh hatte zur Militäropposition gehört und war in Paris am Umsturzversuch im Westen beteiligt gewesen.

Statt Wehner hielt schließlich Berlins Regierender Bürgermeister Dietrich Stobbe (SPD) die Ansprache im Hof des Bendlerblocks. Gleich zu Beginn betonte er, dass er anstelle von Herbert Wehner spreche – einem Mann, »der konsequent gegen Hitler kämpfte« und in der Bundesrepublik »prägend für die Demokratie« eingestanden habe, nachdem er sich »von kommunistischen Überzeugungen gelöst hatte«. Dass Wehner seit 1949 im Bundestag sitze, »müsste jeden, der nachdenkt, überzeugen«.[119] Bei der Feierstunde in Bonn nahm auch Klaus von Dohnanyi (SPD), Staatsminister im Auswärtigen Amt, seinen Parteikollegen in Schutz: Wer Wehners »Irrtümer mit den Perversionen der Faschisten vergleicht«, tue nicht nur ihm Unrecht, sondern fördere zugleich »eine Quelle gefährlicher Fehldeutungen der deutschen Geschichte«.[120]

Klaus von Dohnanyis Vater Hans, Hitler-Gegner von Anfang an, hatte erst als Mitarbeiter des Justizministeriums, später in der Abwehr Informationen über die Verbrechen des NS-Regimes gesammelt und bis zu seiner Verhaftung zum aktiven Kreis der Verschwörer gehört.[121] Klaus von Dohnanyi hatte sich schon einmal gegen eine konservative Vereinnahmung des 20. Juli ausgesprochen, als er 1968, auf dem Höhepunkt der Studentenproteste, daran erinnerte, dass es auch linke Patrioten gegeben habe.[122]

»Der 20. Juli wird weiterhin für den Tagesverbrauch ausgedroschen«, bilanzierte er nun zehn Jahre später. Schon die Wahl dieses Datums als Gedenktag für den gesamten deutschen Widerstand berge die Gefahr, dass dieser »nachträglich eine einseitig konservative Färbung« erhalte. Der »demokratische Widerspruch« sei in der deutschen Geschichte aber schon seit dem 19. Jahrhundert »weitgehend von linken Kräften« getragen worden. Jene Frauen und Männer gelte es fest in die Tradition der Bundesrepublik einzubeziehen, selbst dort, wo sie »in einzelnen politischen Zielen geirrt« hätten.

Das sahen viele nach wie vor anders: Wer dafür eingetreten sei, »die braune Diktatur durch eine rote zu ersetzen, ist auch nach seiner Läuterung nicht der geeignete Redner«, beharrte Heinrich Lummer (CDU).[123] Und die Witwe des Attentäters, Nina Schenk Gräfin von Stauffenberg, schrieb in einem Leserbrief an die *Zeit*: »Wenn jene hochgespielte, unerfreuliche Kontroverse« ein Gutes habe, so sei es die Tatsache, »dass sich das konturlos gewordene

Bild eines allgemeinen ›Anti-Hitler-Widerstands-Breis‹ endlich zu klären beginnt«.[124]

Die Zäsur: *Holocaust* im deutschen Fernsehen

Genötigt durch die Studentenproteste, politische Skandale und NS-Prozesse, hatten die Deutschen mit rund 30-jähriger Verspätung Ende der 70er-Jahre endlich begonnen, sich mit ihrer jüngsten Geschichte auseinanderzusetzen. In den Schulen standen der Nationalsozialismus und der Widerstand verbindlich auf dem Lehrplan – ein deutliches Zeichen für eine gewandelte Einstellung. Die Zeiten, in denen es Proteste gehagelt hatte, wenn eine Schule nach Stauffenberg benannt werden sollte, waren definitiv vorbei.[125] Das Interesse am »Dritten Reich« hatte zugenommen, und das Fernsehen entwickelte sich dabei zu einem wichtigen Wissensvermittler. Zahlreiche Filme, Dokumentationen und Dokudramen bereiteten Themen wie Krieg, Widerstand, Mitläufertum und Verfolgung auf. Der Mord an den europäischen Juden war jedoch immer noch allenfalls ein Randthema, das es nicht ins Bewusstsein der Massen schaffte.[126]

Das änderte sich schlagartig mit der vierteiligen US-Serie *Holocaust* im Januar 1979: Fast 20 Millionen Deutsche[127] jeden Alters sahen die synchronisierte NBC-Produktion mit Meryl Streep und James Woods in den Hauptrollen. Sie schildert das Schicksal der fiktiven jüdischen Arztfamilie Weiss aus Berlin, deren Mitglieder exemplarisch die Stationen der Verfolgung und Vernichtung erleiden müssen – von der Ausgrenzung durch die Nürnberger Gesetze über die Novemberpogrome, das Warschauer Ghetto, verschiedene Konzentrationslager bis zu den Gaskammern von Auschwitz. Kontrastiert wird ihre Geschichte durch die Karriere des, ebenfalls fiktiven, arbeitslosen Juristen Erik Dorf, der auf Drängen seiner Frau in die SS eintritt, an der Wannseekonferenz teilnimmt und sich später an Massenerschießungen und Vergasungen von Jüdinnen und Juden beteiligt.

Schon Monate vor dem Sendetermin hatte es heftige Proteste gegen die Ausstrahlung gegeben. »Für ein solches dubioses Vergnügen blättert der WDR auch noch Millionen hin«, schimpfte *Die Welt*. »Die Verantwortlichen gehören in die Wüste geschickt.«[128] Auch innerhalb der ARD gab es Streit: Eine Ausstrahlung im Hauptprogramm, für die sich die WDR-Direktoren starkgemacht hatten, scheiterte am Veto der anderen Senderchefs. Nach langem Hin und Her einigte man sich schließlich darauf, alle vier Folgen innerhalb einer Woche zeitgleich in den dritten Programmen auszustrahlen.[129] Nach jedem Teil sollte eine Livediskussion mit Experten gesendet werden, an der sich die Zuschauer telefonisch beteiligen konnten.[130] Der WDR bot außerdem ein begleitendes Presseseminar an, auf dem die deutsche Synchronfassung vorgestellt wurde, und produzierte die TV-Dokumentationen *Antisemitismus* und *Endlösung*, die der Serie im Programm vorausgeschickt werden sollten.[131]

Der Kauf der Ausstrahlungsrechte sei eine politische Entscheidung gewesen, erklärte WDR-Programmdirektor Heinz Werner Hübner. Man habe sich nicht dem »allgemeinen Trend« fügen wollen, »der Auseinandersetzung auszuweichen« und die Vergangenheit zu verdrängen. Der WDR sehe es als seine Verpflichtung, vor allem junge Menschen über Ereignisse zu informieren, über die sie nichts oder nur wenig wüssten.[132]

Die Kritiker überzeugte das alles nicht. Die Feuilletons beklagten die Banalisierung und Kommerzialisierung des Themas: »Die Judenvernichtung als amerikanische Seifenoper.«[133] Politiker befürchteten ein Wiederaufleben des Kollektivschuldvorwurfs, Diplomaten warnten vor der Beschädigung des deutschen Ansehens im Ausland.[134] Wieder einmal war von »Nestbeschmutzung« die Rede, und in Koblenz und Münster versuchten Rechtsradikale, die Ausstrahlung durch das Sprengen von Sendemasten zu verhindern.[135]

Als am 22. Januar 1979 schließlich die erste Folge lief, drehte sich die Stimmung, denn das Echo war gewaltig: Zwischen 15 und 20 Millionen Menschen sahen den Film in jener Woche, was Einschaltquoten von bis zu 41 Prozent entsprach.[136] Der emotionale Ansatz, von vielen zuvor als Kitsch abgetan, erwies sich dabei als entscheidender Faktor: Erstmals wurden die Deutschen in die Perspektive der Opfer versetzt, die in der Serie, historisch korrekt, als Teil der damaligen Gesellschaft dargestellt wurden. Der geschilderte Alltag der Familie Weiss konfrontierte die Zuschauer mit der Entrechtung und Misshandlung der jüdischen Deutschen, die sich vor ihren oder den Augen ihrer Eltern und Großeltern abgespielt hatten, die Geschichte von Eric Dorf mit der Tatsache, dass die Erfinder und Vollstrecker der »Endlösung« ganz normale Mitbürger gewesen waren.

Auf diese Weise entlarvte der Film die Trennung zwischen »Juden«, »Nazis« und »Deutschen« als Märchen und machte die maßlose Ungeheuerlichkeit der Verbrechen greifbar. Schon in den ersten Tagen erreichten die Redaktion mehr als 10 000 Anrufe und noch einmal so viele Zuschriften,[137] oft von Menschen, die das »Dritte Reich« noch erlebt hatten.[138] Die überwiegende Mehrheit lobte den WDR für seine mutige Entscheidung, den Film einzukaufen. Nach der massiven Kritik im Vorfeld hatte niemand mit einer solchen Welle von Zustimmung gerechnet.

Noch weniger war man darauf vorbereitet, wie groß das Bedürfnis des Fernsehpublikums sein würde, sich über das Gesehene auszutauschen. In der Telefonzentrale des WDR fanden sich die Mitarbeiter plötzlich in der Rolle von Seelsorgern wieder, die mit der, wie es später in einer Analyse hieß, »überwältigenden Spontaneität« der Reaktionen zurechtkommen mussten: Manche Anrufer waren vor Schluchzen kaum zu verstehen,[139] vor allem junge Leute äußerten sich tief betroffen.[140] Ältere schwankten zwischen Erschütterung und dem Versuch, sich zu rechtfertigen. Viele nahmen Zuflucht zu den eingeübten Verschleierungsformeln, sprachen vage von »Taten«, »jenen Jahren« oder »dieser Zeit«, anstatt den Massenmord beim Namen zu nennen. »Es zeigte sich«, schreibt der Historiker Frank Bajohr, »dass die Deutschen nach 1945 vor allem eines gelernt hatten: um den heißen Brei herumzureden.«[141]

Neben dem üblichen Abwehrreflex kam in den negativen Reaktionen auch der nach wie vor virulente Antisemitismus zum Ausdruck: »Das unablässige Bemühen der Juden, den Schmutz der Vergangenheit nach oben zu kehren, bewirkt in zunehmendem Maße, das deutsche Volk in der ganzen Welt zu verteufeln«, hieß es in einer Zuschrift.[142] Und noch ein Argumentationsmuster trat hervor, das in den nächsten Jahren nicht nur bei den Ultrarechten immer beliebter werden sollte – die Aufrechnung der deutschen Schuld gegen die der anderen: »Die Ermordung von angeblich ›6 Millionen‹ Juden war eine grausame Sache, aber noch grausamer war die Ermordung von Millionen unschuldiger Menschen in Dresden, Hamburg, Berlin und vielen anderen Städten.«[143]

Und doch erreichte der Film, was Historikern, Lehrern und Publizisten bisher nicht gelungen war: Eine breite Öffentlichkeit begann, sich mit der Vernichtung der europäischen Juden auseinanderzusetzen, die bisher hinter abstrakten Formeln wie »Opfer von Krieg und Gewaltherrschaft« und anderen wohlfeilen Gedenkfeierwendungen versteckt worden war. Innerhalb kürzester Zeit ging das Wort »Holocaust« in den Sprachgebrauch über und ersetzte den Täterbegriff der »Endlösung«.

Als der Bundestag im Juli 1979 – nach der mittlerweile dritten Verschiebung seit 1960 – die Verjährungsdebatte fortsetzte, verwendeten fast alle Redner jenen Ausdruck, viele bezogen sich in ihren Redebeiträgen sogar explizit auf die Serie.[144] Am Ende stimmte eine knappe Mehrheit für das, was uns heute selbstverständlich erscheint, fast drei Jahrzehnte lang aber hoch umstritten gewesen war: dass Mord nicht verjähren kann.[145]

7. Rolle rückwärts (1980–1989)

Die entsorgte Vergangenheit

»Grenzüberschreitung«, »grobe Verletzung politischen Anstands«, »Geschmacklosigkeit«, »ungeheuerliche Entgleisung« – noch nie zuvor wurde ein Redner mit derart vernichtender Kritik übergossen wie Berlins stellvertretender Regierender Bürgermeister Wolfgang Lüder (FDP) nach seiner Ansprache in Plötzensee am 20. Juli 1980. Richard von Weizsäcker, Vizepräsident des Deutschen Bundestages, sah das Ansehen der toten Widerstandskämpfer ebenso verletzt wie das der Stadt Berlin. Lüders Vergehen: Er hatte – indirekt zwar und ohne Namen zu nennen, aber dennoch unmissverständlich – den bayerischen Ministerpräsidenten Franz Josef Strauß (CSU) dafür kritisiert, dass dieser linke Intellektuelle wiederholt als »Ratten und Schmeißfliegen« bezeichnet hatte.

In der deutschen Sprachgeschichte habe er diese Kombination, »angewandt auf Menschen«, nur in dem NS-Propagandafilm *Der ewige Jude* gefunden, sagte Lüder. Der Hetzfilm kam 1940 in die Kinos und zeigt Aufnahmen aus dem Warschauer Ghetto mit hungernden, verwahrlosten Juden, die mit Bildern von Ratten und Fliegen gegengeschnitten sind. »Wer sich der antisemitischen Bildersprache der Nationalsozialisten bedient, muss wissen, was er tut«, sagte Lüder. »Und wir sollten wissen, wie wir uns zu ihm stellen.«[1]

Strauß war, nicht erst seit der *Spiegel*-Affäre, selbst in den eigenen Reihen umstritten, wurde aber hinter den Kulissen bereits als Kanzlerkandidat der Union gehandelt, was Lüders Äußerungen kurz vor der heißen Phase des Wahlkampfs besonders brisant machte. An drastischen Äußerungen hatte es Strauß indes nie fehlen lassen: Wehner beschimpfte er als »Mitarbeiter Josef Stalins«, der die Sicherheit und Freiheit Europas demontiere. Die »Demokratisierung der Gesellschaft« nannte er den »Beginn der Anarchie, das Ende der wahren Demokratie«;[2] Kritiker waren für ihn »Schmeißfliegen« oder »rote Ratten«, und die Studentenproteste hatte er mit den Worten kommentiert, es gebe Menschen, »auf die die Anwendung der für Menschen gemachten Gesetze nicht möglich« sei, weil sie sich wie Tiere benähmen.[3] Strauß war also nicht zum ersten Mal ausfallend geworden.

Im Urteil der Medien und eines großen Teils der Öffentlichkeit lag die »Entgleisung« aber bei Lüder, nicht bei Strauß. Stauffenbergs Sohn, der CSU-Bundestagsabgeordnete Franz Ludwig Schenk Graf von Stauffenberg, empörte sich über die »parteiisch-polemische« Rede, die einen »Missbrauch der Gedenkstunde« darstelle, und forderte die Stiftung »Hilfswerk 20. Juli« auf, sich öffentlich davon zu distanzieren. Da das Redemanuskript dort bereits vor den Feierlichkeiten bekannt gewesen war, hatte man tatsächlich erwogen, bei Lüder zu intervenieren, es dann aber bei einer Missfallensäußerung gegenüber dem Vizepräsidenten des Berliner Abgeordnetenhauses belassen. Eine öffentliche Stellungnahme schloss das Kuratorium aus: Es sei nicht Aufgabe der Stiftung, sich parteipolitisch zu positionieren, man werde aber in Zukunft mehr Einfluss auf die Vorbereitungen nehmen, damit »Entgleisungen verhindert werden können«.[4]

Die meisten Zeitungskommentatoren waren sich einig, dass Lüder die Gedenkfeier als Wahlkampfbühne missbraucht hatte, was angesichts des Ortes ein »Tabubruch« sei.[5] Die *Zeit* schrieb, der FDP-Politiker habe sich »nach der politischen Benimm-Fibel danebenbenommen«, räumte allerdings ein, dass die Empörungswelle leichter zu verstehen wäre, wenn es 1974 eine ähnliche Reaktion auf die Rede Hans Filbingers gegeben hätte. Nach Ansicht der *Westdeutschen Zeitung* war es ebenfalls Lüder, der den Skandal provoziert hatte: »In offizieller Eigenschaft als amtierender Bürgermeister ... in Plötzensee Strauß wegen des (gewiss sehr bösen) Ratten-Zitats in Verbindung mit NS-Henkern zu bringen, ist politischer Rufmord übelster Art.«

Dieser Vorwurf war in vielen Zeitungen zu lesen. Dabei hatte Lüder den bayerischen Ministerpräsidenten gar nicht auf eine Stufe mit den Nationalsozialisten gestellt, sondern lediglich kritisiert, dass er antisemitische Sprachbilder aus dem Arsenal der NS-Propaganda verwendete. Auf diese gingen die meisten Zeitungen gar nicht erst weiter ein. Die *Aachener Volkszeitung* drehte den Spieß stattdessen sogar um und bezichtigte Lüder, Nazimethoden anzuwenden: »Schäbiger geht's kaum noch. Woran die schmutzigen Kampagnen erinnern, kann in Archiven nachgeblättert werden. Die Muster stammen just aus jener Zeit, vor der an jedem 20. Juli so beredt gewarnt wird. Sogar von einem Bürgermeister, der seine Hausaufgaben vergessen hat. In Geschichte.«[6]

Ein bayerischer Ministerpräsident aber, der zu Vergleichen aus dem Wortschatz der Nazis griff, um seine Kritiker zu diffamieren, wurde von den Kommentatoren nicht an seine Hausaufgaben in Geschichte erinnert. Beim baden-württembergischen Ministerpräsidenten, der Menschen in den Tod geschickt hatte, sich aber, ohne rot zu werden, als Widerstandskämpfer bezeichnete, hielten sie es ebenso wenig für nötig. Die Vergangenheit Herbert Wehners im kommunistischen Widerstand hingegen war 1978 Grund genug für helle Empörung gewesen, dass es dieser überhaupt in Erwägung gezogen habe, am 20. Juli zu sprechen. Es blieb in der Deutung des Widerstands und seiner öffentlichen Würdigung also beim konservativ gefärbten Blick – und bei zweierlei Maß in der Beurteilung der Vergangenheit.

Ein großer Teil der Deutschen verortete den Feind nach wie vor links, teilte Strauß' abschätzige Haltung also durchaus, obgleich manchen seine polternde Stammtischrhetorik etwas zu viel war. Im Wahlkampf – mit Strauß als Kanzlerkandidat – konnte die Union darum auch 1980 wieder auf die bewährte Mischung aus Diffamierung und Angst vor der roten Gefahr setzen: »Optimismus gegen Sozialismus«, lautete eine ihrer Parolen, »SPD-Staat? Nein danke« eine andere, dazu eine Karikatur von Schmidt, Brandt und Wehner, versehen mit einem roten Hochspannungsblitz: Hier ist Vorsicht geboten! Die SPD gab sich betont konservativ und versprach »Sicherheit für Deutschland«.[7]

Am Ende konnte Amtsinhaber Helmut Schmidt das »Ringen der Titanen«, wie die *Zeit* es nannte,[8] knapp für sich entscheiden, weil Strauß im direkten Vergleich mit dessen eher nüchternem Stil in der Wählergunst schließlich schlechter abschnitt. Ohne die FDP als Koalitionspartner hätte die SPD mit ihren 42,9 Prozent jedoch nicht weiterregieren können. FDP-Parteichef Hans-Dietrich Genscher versprach, die sozialliberale Koalition für die Dauer der nächsten Legislaturperiode in jedem Fall aufrechtzuerhalten,[9] doch es sollte anders kommen.

Rezession und steigende Arbeitslosenzahlen führten in der Koalition schon ein Jahr später zu Auseinandersetzungen über den richtigen Kurs in der Wirtschaftspolitik.[10] Außerhalb des Parlaments formierte sich außerdem eine neue, heterogene Protestbewegung. Ganz im Sinne der von Willy Brandt angestoßenen Emanzipation und größeren Teilhabe der Bevölkerung an demokratischen Prozessen engagierten sich immer mehr Bürger und Bürgerinnen für Frauen- und Menschenrechte, Umweltschutz und eine entschiedene Friedenspolitik. Vor allem der NATO-Doppelbeschluss von 1979, den die Regierung Schmidt vorangetrieben hatte und der unter anderem eine mögliche Stationierung amerikanischer Atomraketen vorsah, brachte viele Menschen auf die Straße.

Parallel zu diesen neuen sozialen Bewegungen war eine neokonservative Gegenströmung erstarkt, deren Vertreter die Ursachen für politische Probleme der Gegenwart in einem falschen Umgang mit der deutschen Geschichte sahen und eine nationale Rückbesinnung forderten. Dafür sei es notwendig, zu einem »normalen« Umgang mit der Vergangenheit zu finden und sich von der Fixierung auf die Jahre der Nazidiktatur zu lösen. Bundespräsident Karl Carstens (CDU) brachte diese Haltung am 20. Juli 1981 bei der Bonner Gedenkfeier auf den Punkt, als er sagte, die NS-Zeit sei »nur ein Teil unserer Geschichte«. Der Nationalsozialismus habe sich »deutsche Geschichte, deutsche Tradition« und »deutsche Charaktereigenschaften zunutze« gemacht, »missbrauchte sie, verformte sie, setzte sie für seine furchtbaren Zwecke ein«. Hierin liege der Grund für die Vorbehalte gegen alles Deutsche.

Doch auch der Widerstand sei »auf deutschem Boden« gewachsen, »aus deutscher Geschichte, deutscher Tradition und deutschen Charaktereigenschaften«. Seine Wurzeln reichten »weit in unsere Geschichte zurück« und lägen »im Besten, was unser Volk auszeichnet an Freiheitssinn, Gerechtigkeitsgefühl, Achtung vor der Menschenwürde« und »Pflichtbewusstsein gegenüber dem moralischen Gewissen in uns«.[11] Hehre Worte, wenn man bedenkt, dass die Beispiele für Freiheits- und Gerechtigkeitssinn in der deutschen Geschichte schon vor 1933 nicht gerade Legion waren und die Forschung längst nachgewiesen hatte, dass der Widerstand gegen das NS-Regime nur von einer kleinen Minderheit getragen worden war.

Wie ungezählte Redner vor ihm pries Carstens »die Männer und Frauen des 20. Juli«, die uns »einen Weg aus dem Dunkel der

Vergangenheit in eine bessere Zukunft gewiesen« hätten. Dass die Henker dieser Nationalheiligen, sofern sie nicht schon als geachtete Mitbürger gestorben waren, ein wohlsituiertes Rentnerleben führten, erwähnte Carstens nicht. Erst zwei Jahre zuvor hatte die Staatsanwaltschaft des Landgerichts Berlin wieder einmal Ermittlungsverfahren gegen die Richter des Volksgerichtshofs eingestellt, die an Todesurteilen gegen die Verschwörer vom 20. Juli 1944 beteiligt gewesen waren. Die Urteile selbst waren nach wie vor rechtsgültig[12].

Wer das als Skandal empfand und die weitere Aufarbeitung der NS-Vergangenheit forderte, fand sich in der Defensive – »Normalität« war das Stichwort der Zeit: Es sollte endlich gut sein mit dem deutschen »Schuldkomplex«. Der CDU-Parteichef und Unionsfraktionsführer Helmut Kohl attestierte der Bundesrepublik schon seit Jahren eine »geistig-moralische Krise«. Sie sei »das Resultat einer seit über einem Jahrzehnt betriebenen Verunsicherung … im Verhältnis zu unserer Geschichte, zu vielen grundlegenden ethischen Werten und sozialen Tugenden, zu Staat und Recht, und … in unserem nationalen Selbstverständnis«. Unter der SPD-Regierung seien Werte wie Redlichkeit, Menschlichkeit, Toleranz, Pflichtgefühl, Selbstdisziplin und Eigeninitiative »von einer Mentalität zurückgedrängt« worden, »nach der alles als erlaubt gilt, was nicht ausdrücklich verboten ist«. Mit den bürgerlichen Tugenden, diesem »großartigen moralischen Kapital unseres Volkes«, seien »die Sozialisten genauso dilettantisch umgegangen wie mit den öffentlichen Finanzen des Landes«.[13]

In der Regierungskoalition zeigten sich zunehmend Risse. Es sei »Zeit zur Wende«, verkündete Vizekanzler Hans-Dietrich Genscher (FDP) schon im August 1981. Gut ein Jahr später gingen Genscher und Wirtschaftsminister Otto Graf Lambsdorff mit dem wirtschaftsliberalen Flügel ihrer Partei eine Allianz mit der

CDU/CSU-Fraktion ein, wodurch die Regierung im Parlament keine Mehrheit mehr hatte.[14] Am 1. Oktober 1982 sprach der Bundestag Helmut Schmidt das Misstrauen aus und wählte Kohl zum neuen Bundeskanzler – erstmals war ein deutscher Regierungschef nicht durch Wahlen, sondern über ein konstruktives Misstrauensvotum an die Macht gekommen.[15]

Was dieser Wechsel auch gesellschaftspolitisch bedeutete, wurde schon in Kohls Regierungserklärung vom 13. Oktober 1982 deutlich, in der er eine »Politik der Erneuerung« ankündigte, zu der »die Besinnung auf die deutsche Geschichte« gehöre. Dass er damit nicht den Nationalsozialismus meinte, war offensichtlich und sollte im Laufe seiner Regierungszeit noch in vielerlei Hinsicht deutlich werden. Die Bundesrepublik »entstand im Schatten der Katastrophe«, erklärte Kohl, habe inzwischen aber »ihre eigene Geschichte«, für die in Bonn nun ein Museum entstehen solle, »gewidmet der Geschichte unseres Staates und der geteilten Nation« seit 1945.[16]

Die Pläne für das »Haus der Geschichte« wurden sofort in Angriff genommen. Es war der Auftakt zu einer ganzen Reihe von Schritten, die darauf abzielten, eine bestimmte Deutung der Vergangenheit zu etablieren und im nationalen Bewusstsein zu verankern. Kern dieser Geschichtspolitik war es, das Nationalgefühl wiederzubeleben und vom Ballast des »Dritten Reichs« zu befreien. Jedoch nicht über Diskurse, Forschung, politische und juristische Aufarbeitung, sondern über die Rückbesinnung auf »tausend Jahre heiler Geschichte«, wie Alfred Dregger (CDU) es einmal formulierte. Auf diese Weise sollte die NS-Zeit zu einer – wenn auch grausamen – Episode schrumpfen, der Zweite Weltkrieg zu einem Krieg wie jeder andere, wodurch es den Deutschen wieder möglich sein würde, stolz auf ihre Geschichte zu sein und mit ihren dunklen Seiten endlich »normal« umgehen zu können.[17] Es gehe darum, erklärte Kohl, »die durch Nationalsozialismus und Weltkrieg verschuldete Sonderstellung aufzuheben«.[18]

Kohls »geistig-moralische Wende«

Die vorgezogenen Neuwahlen am 6. März 1983 bestätigten, was sich mit dem Bruch der Koalition bereits vollzogen hatte:[19] Ein großer Teil der Bevölkerung begrüßte den von Kohl proklamierten Kurs. Der SPD war es nicht gelungen, die neuen sozialen Bewegungen inhaltlich für sich zu gewinnen. Nicht zuletzt der NATO-Doppelbeschluss, der in diesem Jahr durch die Stationierung amerikanischer Pershing-II-Raketen umgesetzt werden sollte, hatte sie viele Wählerstimmen gekostet. Den Grünen hingegen gelang erstmals der Sprung ins Parlament.[20] Die Union holte 48,8 Prozent der Stimmen und verfügte zusammen mit ihrem neuen liberalen Koalitionspartner über eine satte Mehrheit – der seit Jahren erstarkende Neokonservatismus war an der Regierung. Jetzt konnten die Konservativen ihre Vorstellung von »Erneuerung« in die Tat umsetzen: eine Rolle rückwärts in die 50er-Jahre.

Immer öfter und unbefangener war jetzt davon die Rede, dass man endlich aus dem »Schatten Hitlers« heraustreten und einen »Schlussstrich« unter die NS-Zeit ziehen müsse.[21] Die Legitimation für diese Haltung speiste sich unter anderem aus dem, was Kohl später mit »Gnade der späten Geburt« umschrieb – eine Formel, die zur Losung seiner Geschichtspolitik werden sollte. Dahinter stand seine von vielen geteilte Auffassung, als Deutscher Jahrgang 1930 von jeder Verantwortung für die nationalsozialistischen Verbrechen frei zu sein. Als würden sich deren Folgen und die Notwendigkeit ihrer Bearbeitung mit der Zeit von selbst erledigen.

Tatsächlich hatten Umfragen gezeigt, dass die vermeintlich

»guten Seiten« des »Dritten Reichs« im Bewusstsein vieler Deutscher einen größeren Raum einnahmen als Holocaust, Verfolgung und Krieg. Befragte hoben oft die Senkung der Arbeitslosenzahlen durch die nationalsozialistische Wirtschaftspolitik, den Bau von Autobahnen oder die Olympischen Spiele 1936 hervor. Johannes Rau (SPD), Ministerpräsident von Nordrhein-Westfalen, sprach von einem verbreiteten »Wohnzimmerfaschismus«.[22]

Doch die 80er-Jahre waren auch die Zeit der Bürgerinitiativen, Geschichtswerkstätten und Projektgruppen auf regionaler Ebene. Viele Gedenkstätten in ehemaligen KZs oder an anderen Orten des NS-Terrors kamen nur durch private Initiativen zustande. Hobbyhistoriker erforschten die nationalsozialistische Vergangenheit ihrer Stadt oder Gemeinde, dokumentierten das Schicksal von Jüdinnen und Juden, die dort einmal gelebt hatten. Häufig wurden sie dafür offen angefeindet und bei den Recherchen durch Politiker und Behörden behindert. So wie die Schülerin Anna Rosmus aus Passau, die 1980 für den Geschichtswettbewerb des Bundespräsidenten einen Beitrag über den NS-Alltag in ihrer Heimatstadt schreiben wollte und dafür das Thema »Widerstand und Verfolgung« wählte.[23]

Schon während der Recherche in Stadtarchiven und bei der Suche nach Zeitzeugen wurde der damals 20-Jährigen bewusst, dass sie damit in ein Wespennest gestochen hatte: Per Gerichtsentscheid wurde ihr der Zugang zu Stadtarchiven versagt, das Bistum machte ebenfalls dicht. Rosmus wurde diffamiert, eingeschüchtert und schließlich verklagt. Doch sie blieb dran, recherchierte weiter, erstritt sich auf gerichtlichem Wege Akteneinsicht und veröffentlichte ihre Arbeit 1983 schließlich als Buch.[24]

Unterdessen hatte der CSU-dominierte Passauer Stadtrat die Bestimmungen für die Nutzung des Stadtarchivs so verändert, dass »nicht vertrauenswürdigen« Personen die Einsicht verweigert werden konnte. Material, das jünger als 50 Jahre war und darum auch die NS-Zeit betraf, galt zudem nach der neuen Satzung grundsätzlich als »zur Einsichtnahme nicht freigegeben«. Zugleich wiesen die Passauer Honoratioren den Vorstoß einer Bürgerinitiative zurück, die 20 000 Mark zur Errichtung eines Mahnmals für die Opfer des Nationalsozialismus gesammelt hatte: Auf dem Friedhof stehe bereits ein Kriegerdenkmal, lautete die Begründung der CSU.[25]

Auch in vielen anderen Fällen kam das Engagement von unten. Der von der unionsgeführten Bundesregierung verfolgten zentralen Geschichts- und Erinnerungspolitik stand also ein vielfältiges bürgerschaftliches Engagement gegenüber – über Auschwitz sollte kein Gras wachsen. Allen Bemühungen zum Trotz, die Jahre zwischen 1933 und 1945 einzuebnen:[26] Der Nationalsozialismus und die Frage nach seiner Bedeutung für die Gegenwart blieben fester Bestandteil politischer Auseinandersetzungen.

So kam es beispielsweise am 15. Juni 1983 zu einem denkwürdigen Eklat: Der Grünen-Bundestagsabgeordnete Joschka Fischer hatte in einem *Spiegel*-Interview in Bezug auf den Rüstungswettlauf gesagt, er finde es »moralisch erschreckend«, dass es »auch nach Auschwitz noch nicht tabu ist, weiter Massenvernichtung vorzubereiten«.[27] Familienminister Heiner Geißler (CDU) zitierte ihn in der Bundestagsdebatte sinngemäß und warf Fischer eine »unglaubliche Verbiegung der Begriffe« vor und erklärte: »Der Pazifismus der 30er-Jahre, der sich in seiner gesinnungsethischen Begründung nur wenig von dem unterscheidet, was wir in der Begründung des heutigen Pazifismus zur Kenntnis zu nehmen haben, dieser Pazifismus der 30er-Jahre hat Auschwitz erst möglich gemacht.«[28]

Als Reaktion auf diese Worte brachen Tumulte aus. Beifall von der CDU/CSU, empörte Zwischenrufe von der SPD und den Grünen, immer wieder ertönte die Glocke des Bundestagspräsidenten. Die hitzige Diskussion füllt im Sitzungsprotokoll mehrere Seiten.

»Ossietzky ist im KZ gestorben, und Sie wagen es, so etwas zu sagen!«, rief Otto Schily von den Grünen. Ernst Waltemathe (SPD), dessen Familienangehörige in Auschwitz ermordet worden waren, fragte Geißler, ob die Opfer seiner Meinung nach an ihrer Vernichtung selbst schuld seien,[29] und Hildegard Hamm-Brücher (FDP) bat den Minister mit Tränen in den Augen, seine Worte zurückzunehmen: »Was Sie hier gesagt haben, ist unerträglich.«

Geißler wies alle Vorwürfe als Unterstellungen zurück, wiederholte seine Aussage mehrfach und erklärte unter dem Applaus der Union, er habe »nichts anderes ausgesprochen als eine geschichtliche Wahrheit«.[30] Im Interview mit dem NDR sagte er später, er habe nicht den Pazifismus Ossietzkys, sondern jene pazifistischen Strömungen in Frankreich und Großbritannien gemeint, die zur Appeasement-Politik gegenüber Hitler geführt hätten. Diese habe Hitler ermutigt, andere Länder zu überfallen und seine rassistische Vernichtungsideologie in die Tat umzusetzen.[31]

So klang sie also, die »geistig-moralische Wende«: der »Führer« als dämonischer Einzeltäter, als Unglück, das beide Seiten gleichermaßen ereilt hatte. Nicht die Deutschen hatten Hitler groß gemacht – die Westmächte hatten ihn nicht aufgehalten.

Zwei Jahre später führte Geißlers Äußerung zu einem weiteren Skandal, als ihn die Bundesregierung 1985 mit der Gedenkrede zum 20. Juli betraute: Geißler sei dafür »völlig ungeeignet«, sagte der stellvertretende Vorsitzende der SPD-Bundestagsfraktion Alfred Emmerlich. Gerade in Plötzensee, wo auch »unzählige … Pazifisten« hingerichtet worden seien, wäre er als Redner »von vornherein unglaubwürdig«. Der Holocaust-Überlebende Hermann Langbein vom Internationalen Auschwitz-Komitee bezeichnete es als »Armutszeugnis«, dass die Bundesregierung einen Mann reden lasse, der heute noch nicht wisse, wie es zu Auschwitz gekommen sei.[32] Die Arbeitsgemeinschaft verfolgter Sozialdemokraten (AVS) rief die SPD zum Boykott der Veranstaltung auf, falls die Regierung Geißlers Nominierung nicht zurückziehen würde.

Im Hilfswerk 20. Juli war man mit dem Vorpreschen der Regierung ebenfalls nicht glücklich. Um negative Schlagzeilen zu vermeiden, verzichteten die Stiftungsgremien aber auf öffentliche Kritik. Die kam dafür von anderer Seite: Eine Gruppe von Angehörigen ging wenige Tage vor der Gedenkfeier mit einem Protesttelegramm an Berlins Regierenden Bürgermeister und das Bundeskanzleramt in die Offensive. Darin hieß es, Geißler habe politische Gegner, Sozialdemokraten, Kommunisten und Pazifisten verleumdet. Für die ermordeten Widerstandskämpfer sei es jedoch charakteristisch gewesen, ungeachtet politischer Meinungen gemeinsam gegen das NS-Regime zu stehen. In Plötzensee solle daher nur »denen das Wort erteilt werden, die das Recht aller auf politische Äußerung achten«.[33]

Das eigenmächtige Vorgehen führte wiederum in der Stiftung zu Streit, zumal zwei Mitglieder des Kuratoriums das Telegramm mitunterzeichnet hatten. Das Bundeskanzleramt reagierte ebenfalls befremdet und ließ durch den Regierungssprecher verlauten, Geißler sei wegen seines Einsatzes für die Menschenrechte wie kaum ein anderer als Gedenkredner geeignet. Geißler selbst bestand – anders als Wehner 1978 – allen Protesten zum Trotz weiter darauf, in Plötzensee zu sprechen. Mit der CDU wisse er sich in der Tradition der Männer des 20. Juli verankert, erklärte er im Saarländischen Rundfunk. Ihr Einsatz für Freiheit und Demokratie seien ihm und seiner Partei Verpflichtung. Keinesfalls dürfe der 20. Juli parteipolitisch missbraucht werden, wie einige »linke Sozialdemokraten« es täten. Zudem hätten sich auch »kommunistische Gruppen« dem Boykottaufruf angeschlossen.

Als dann noch ausgerechnet die sowjetische Nachrichtenagentur der Union vorwarf, den Gedenktag parteipolitisch auszunutzen, schimpfte der CDU-Abgeordnete Jürgen Todenhöfer, es sei gespenstisch, dass die SPD Seite an Seite mit der Sowjetunion eine Treibjagd auf Geißler veranstalte.[34]

Da niemand mehr intervenierte und ein Verzicht für Geißler nicht infrage kam, trat der CDU-Generalsekretär also am 20. Juli in Plötzensee ans Rednerpult. Mehrere Angehörige von Widerstandskämpfern, darunter die Familie Reichwein, verließen demonstrativ die Gedenkstätte. Die Berliner SPD und die Alternative Liste waren wie angekündigt nicht erschienen und hatten stattdessen am Tag vorher eine eigene Gedenkfeier am Berliner Mahnmal für die Opfer des Nationalsozialismus abgehalten. Kohl fand das »beschämend« und warf der SPD vor, »den 20. Juli zu einer verleumderischen Kampagne gegen Geißler zu missbrauchen«.[35]

Dessen Rede enthielt neben den bekannten Gedenkplattitüden die Behauptung, dass »grundlegende Ideen und Konzepte« der Widerstandskämpfer »Eingang in unsere verfassungsrechtliche Ordnung« gefunden hätten. Sogar die Idee der sozialen Marktwirtschaft schrieb Geißler den Verschwörern zu. Für junge Menschen enthielte der 20. Juli 1944 zudem »eine Antwort auf die Frage nach dem Sinn … ihres Lebens«, der darin bestehe, sich weltweit gegen Unfreiheit und Unterdrückung zu engagieren.[36]

Die meisten Zeitungen schenkten der Rede kaum Beachtung[37] und konzentrierten sich auf die Kontroverse um den Auftritt des Familienministers, die in der Berichterstattung schon Tage vor dem Termin breiten Raum eingenommen hatte. Im Mittelpunkt stand jedoch nicht Geißlers umstrittene Äußerung zum Pazifismus, auch der Protest aus den Reihen der Angehörigen war kaum der Rede wert. Stattdessen ging es um »die Spaltung des Widerstands durch die SPD«.[38] Die *Westfalenpost* verstieg sich sogar zu der Behauptung, der 20. Juli sei bis 1985 »unumstritten ein nationaler Mahntag« gewesen. Es sei nicht zu verstehen, dass die SPD ihn »sabotiere«.[39] Selbst Blätter, die sich kritisch über Geißler äußerten, vertraten die Auffassung, dass die SPD mit ihrem Boykott gegen den Konsens verstoßen habe, Parteipolitik aus dem Gedenken an den Widerstand herauszuhalten. Als hätte es einen solchen Konsens jemals gegeben.

Im Vorjahr erst hatte Bundeskanzler Helmut Kohl die Feier zum 40. Jahrestag des Attentats als Bühne für seine Geschichtspolitik genutzt. Zum 20. Juli hatte er sich schon früher verschiedentlich geäußert,[40] als Bundeskanzler konnte er ihn nun gezielt in das Geschichtsbild einpassen, um das es ihm bei der »geistig-moralischen Wende« ging. Der 20. Juli eignete sich dafür besonders gut – man musste ihn nur entsprechend deuten und unbequeme historische Fakten außer Acht lassen: Das Vermächtnis des Aufstands »hilft uns, die deutsche Geschichte gegen die Perversion durch den Diktator zu retten«, schrieb Kohl im Vorwort zu einem Büchlein, das 1984 zum 40. Jahrestag des Attentats erschien. »Im Widerstand gegen Hitlers Terrorregime werden die Werte der freiheitlichen deutschen Geschichte sichtbar. In dieser Zeit repräsentierte das andere Deutschland in Wahrheit das eigentliche Deutschland.«[41]

Solche und ähnliche Sätze sollten von nun an öfter fallen. Eingebettet in wiederkehrende Beteuerungen, sich den »Belastungen der Geschichte« stellen zu wollen, fiel erst bei genauerem Hinhören auf, dass zwischen den Zeilen ein Bild der NS-Zeit verbreitet wurde, das von der Forschung längst widerlegt worden war. In seinem Vorwort nannte Kohl die NS-Zeit eine »Ausnahmesituation, da der Staat in die Hände von Verbrechern gefallen war«. Mit dem Nationalsozialismus hatten die Deutschen demnach nichts zu tun. Mehr noch: Der 20. Juli »erinnert uns daran, dass es Hitler nicht gelungen ist, die deutsche Nation in den Abgrund seiner Unmoral und seines Zynismus mitzureißen«.[42]

Bei der Gedenkansprache, die er zum 40. Jahrestag des Umsturzversuchs im Bendlerhof hielt, strickte Kohl weiter an der alten Legende, dass die Deutschen unverschuldet unter die Knute einer Gruppe skrupelloser Gangster geraten seien, deren wahre Absichten niemand hätte durchschauen können – alles ein großes Missverständnis, unter dem die Deutschen nicht weniger gelitten hätten als alle anderen: Niemals in der deutschen Geschichte sei »mit mehr Tapferkeit und Opfermut für die Gerechtigkeit gekämpft und gelitten worden als am 20. Juli 1944«. Für kurze Zeit habe an jenem Tag die Hoffnung bestanden, die Diktatur zu stürzen, ihre »Führer und verbrecherischen Helfer vor deutsche Gerichte zu stellen … und die Deutschen und ihre Nachbarn vor der letzten und äußersten Katastrophe des totalen Krieges zu bewahren«. Erst nach dem Scheitern des Aufstands sei »das Reich hoffnungslos dem Ruin ausgeliefert« gewesen.

Mit dem Kanzler als Redner, dem Bundespräsidenten, zahlreichen Widerständlern aus dem In- und Ausland und vielen Prominenten des öffentlichen Lebens unter den Gästen bekam das Gedenken in diesem Jahr 1984 einen besonderen Akzent und ein besonders großes Presseecho.[43] Die denkbar beste Bühne, um »Begriffe zu besetzen«, wie es Kohls langjähriger Berater Wolfgang Bergsdorf ausdrückte.[44]

Den »Männern und Frauen des 20. Juli« sei es »um Recht und Menschlichkeit, um Nation und Religion« gegangen, predigte der Kanzler, und darum, Deutschland »vor den Teilungs- und Unterwerfungsplänen der Anti-Hitler-Koalition« zu bewahren. Wieder nur ein Halbsatz en passant, aber mit klarer Botschaft: Die Westalliierten hatten keineswegs Gutes im Schilde geführt. Kein Wort zu den Zehntausenden jungen Amerikanern, Kanadiern und Briten, die allein bei der Landung in der Normandie 1944 ums Leben gekommen waren. Stattdessen schob Kohl, wie vor ihm schon Geißler, den von der Wehrmacht überrannten Ländern eine Mitschuld am Krieg zu: »Spät erst, zu spät begriffen die Nachbarn der Deutschen, dass die Unterdrückung im Innern Vorbereitung war für den Krieg nach außen und dass ihre Nachgiebigkeit gegenüber Hitlers Hegemonialstreben den großen europäischen Krieg geradezu heraufbeschwor.« Den »deutschen Führungsschichten« hingegen war nach Kohls Sicht der Dinge lediglich der Vorwurf zu machen, dass sie »die Politik des Diktators … als traditionelle Großmachtpolitik« missverstanden hätten – als wären sie nicht selbst Teil des Systems gewesen.

In einer Aufzählung verschiedener Widerstandskämpfer nannte Kohl – ein Novum in der Geschichte der Gedenkreden – auch Georg Elser. Auf dessen Tat ging er allerdings ebenso wenig ein wie auf Elser selbst und bezeichnete ihn lediglich als erfolglosen Attentäter. Die hauptsächliche Würdigung blieb wie immer den Akteuren des 20. Juli 1944 vorbehalten. Sie seien bereit gewesen, »die eigene Existenz preiszugeben: für die Gerechtigkeit und für die Zukunft des Vaterlandes«.[45]

In solche Sphären nationalen Heils wurde der nach jahrelanger KZ-Haft am 9. April 1945 ermordete Georg Elser nie erhoben. Bot schon der Widerstand als solcher auch nach vier Jahrzehnten noch Stoff für Konflikte, kollidierte Elser erst recht mit dem selbstgerechten Habitus, in dem sich die meisten Deutschen eingerichtet hatten. Denn im Gegensatz zu den »deutschen Führungsschichten«, denen Kohl wohlwollend das Recht auf Irrtum zusprach, war sich der schwäbische Schreiner von Anfang an über den verbrecherischen Charakter des NS-Regimes im Klaren gewesen. Dass ein einfacher Handwerker aus der Provinz, noch dazu Kommunist,[46] sich viele Jahre vor Stauffenberg oder Tresckow zum Handeln entschlossen hatte, war schwer zu verdauen. Sein im Alleingang geplanter Anschlag hätte die Ausweitung des Krieges – und damit wohl auch den Holocaust – verhindern können, während das Attentat in der Wolfsschanze für beides zu spät kam.

Kohl umging die rhetorische Klippe, indem er – vermeintlich – Winston Churchill zitierte, wonach der 20. Juli 1944 »zum Edelsten und Größten gehört« habe, »was in der Geschichte aller Völker je hervorgebracht wurde«.[47] So gesehen schien alles wieder im Lot: Nicht der Nationalsozialismus und die Entfesselung unvergleichbarer Grausamkeiten unterscheidet die Deutschen von anderen Völkern, sondern der 20. Juli. »Unser nationales Selbstbewusstsein«, konstatierte der Kanzler darum wohlgemut, »hat seinen festen Grund im geschichtlichen Erbe unseres Vaterlandes mit seinen Belastungen, aber auch den großen Traditionen, aus denen wir gewissensbildende Kraft schöpfen.« Den Kritikern im eigenen Land rief er zu: »Wer sich heute gegen die freiheitliche Demokratie des Grundgesetzes ein Recht auf Widerstand anmaßt, hat nichts begriffen vom sittlichen Ernst und vom moralischen Rang des deutschen Widerstands.«[48]

Sittlicher Ernst und gewissensbildende Kraft also. Was Kohl darunter verstand, hatte die Welt schon im Januar 1984 bei seinem Staatsbesuch in Israel besichtigen können, bei dem er zu jeder Gelegenheit deutlich gemacht hatte, dass seine Generation mit den Lasten der Geschichte nichts zu tun habe. Schon bei der Ankunft auf dem Flughafen sagte er in Reportermikrofone, er komme als Vertreter eines »neuen Deutschlands«. Als ihm dann in Yad Vashem, der Gedenkstätte für die ermordeten Juden, die Bände mit drei Millionen Namen identifizierter Opfer gezeigt wurden, erkundigte er sich lediglich, ob diese alphabetisch geordnet seien. Zu den Protokollen der Wannseekonferenz bemerkte er, dass er sich mit der Materie »als Student sehr befasst« habe, und die Dokumente zum Hitler-Stalin-Pakt kommentierte er mit den Worten, »dass die Linken diese Tatsache heute ja leugnen«.

In der Knesset hatten mehrere Abgeordnete den Saal verlassen, als Kohl dort eintraf, um eine Rede zu halten. Die Unruhe steigerte sich, als er gleich im ersten Satz »die Gnade der späten Geburt« für sich in Anspruch nahm. Zu Irritationen führte aber vor allem, dass Kohl einerseits betonte, sich der besonderen Verantwortung gegenüber Israel bewusst zu sein, andererseits aber mit großer Selbstverständlichkeit »normale Beziehungen« zwischen beiden Ländern forderte und jede Kritik an deutschen Waffengeschäften mit Saudi-Arabien zurückwies, einem erklärten Feind Israels.[49]

Den Deal hatte noch Kohls sozialdemokratischer Amtsvorgänger Helmut Schmidt eingefädelt – und erklärt, die deutsche Politik der 80er- und 90er-Jahre dürfe nicht mehr im Schatten von Auschwitz stehen.[50] Das Festhalten an den Waffenlieferungen kam in Israel nicht gut an, genau wie die schroffe Art, mit der sich Regierungssprecher Peter Boenisch, passenderweise in einen schwarzen Ledermantel gekleidet, dagegen verwahrte, »Auschwitz zu instrumentalisieren«.[51] Am Ende der Reise waren die deutschen Beziehungen zu Israel frostiger denn je.

Über Leichen gegangen: das Fiasko von Bitburg

Unglücklich waren auch Kohls Bemühungen verlaufen, zur 40-Jahr-Feier des »D-Day« in der Normandie eingeladen zu werden und sich damit als Kanzler des neuen, unbelasteten Deutschlands in die Reihen der Westalliierten zu stellen. Die Gelegenheit wäre günstig gewesen, gerade jetzt, wo der Ost-West-Konflikt auf einen neuen Höhepunkt zusteuerte. Man hätte die Treue zum westlichen Bündnis demonstrieren, sich Seite an Seite mit den Feinden von einst gegen den Feind von heute stellen können, der praktischerweise wieder die Sowjetunion war. Das »Unternehmen Barbarossa« hätte so im Nachhinein als legitime Notwehr gegen den Bolschewismus erscheinen, der Vernichtungsfeldzug zum normalen Krieg retuschiert werden können. Doch aus der Einladung, um die sich das Kanzleramt monatelang bemüht hatte, wurde nichts. »Zum Ausgleich«, wie *Le Figaro* schrieb, bot Frankreichs Staatspräsident François Mitterrand seinem deutschen Amtskollegen dafür einige Wochen später ein Versöhnungsritual in Verdun an.

So kam es am 22. September 1984 zu einem Treffen ohne Anlass und Kontext, bei dem Kohl innerhalb von vier Stunden einen symbolpolitischen Marathon absolvierte: erst zur Andacht auf den deutschen Soldatenfriedhof Consenvoye, nach 25 Minuten per Helikopter zur Höhe 304, die im Ersten Weltkrieg besonders hart umkämpft und in deren Nähe Mitterrand später als Soldat während des Einmarschs der Wehrmacht 1940 verwundet worden war. Schließlich weiter zum Höhepunkt der durchinszenierten Zeremonie auf dem französischen Militärfriedhof im ehemaligen Fort Douaumont: Vor dem Eingang zum gewaltigen Beinhaus, in dem die Knochen von mehr als 130 000 unbekannten französischen und deutschen Soldaten des Ersten Weltkriegs verwahrt werden, spielte eine französische Militärkapelle das Deutschlandlied, eine Musikgruppe der Bundeswehr die Marseillaise. Plötzlich fassten sich die beiden Politiker, abweichend vom Protokoll, an den Händen und verharrten für mehrere Minuten in dieser Haltung.[52]

Die Geste sei nicht geplant gewesen, schrieb Kohl später in seinen *Erinnerungen*, Mitterrand habe spontan seine Hand ergriffen.[53] An dieser Version gab es schon damals Zweifel, und wie es wirklich war, haben beide mit ins Grab genommen. Das Bild der Szene aber ist inzwischen längst zur Ikone geworden. Seinerzeit war das Echo der Medien auf die willkürlich anberaumte Feier mit ihrer fast schon gewaltsam herbeigeführten Symbolik allerdings eher verhalten.[54] Kohl ließ sich davon nicht beirren und nahm bereits den nächsten Anlauf zur »Wende«: Die für Anfang Mai 1985 im Anschluss an den Weltwirtschaftsgipfel geplante Deutschlandreise von US-Präsident Ronald Reagan sollte vor aller Welt ein Zeichen der deutsch-amerikanischen Freundschaft setzen. Im Programm des Präsidenten war ursprünglich auch ein

Besuch des ehemaligen KZ Dachau vorgesehen gewesen, der jedoch wieder gestrichen wurde, als Kohl signalisierte, dass man auf deutscher Seite lieber die Versöhnung als das Gedenken in den Mittelpunkt stellen würde.[55]

Kohl schlug Reagan daher vor, stattdessen gemeinsam den Soldatenfriedhof in Bitburg zu besuchen, der in der Nähe eines US-amerikanischen Luftstützpunktes lag. Die einstigen Feinde Seite an Seite, ein Handschlag über Kriegsgräbern – das klang auch für die Berater im Weißen Haus nach einer akzeptablen Idee. Bis sich herausstellte, dass es in Deutschland gar keine Gräber amerikanischer Soldaten gibt, weil die USA ihre Gefallenen grundsätzlich zurück in die Heimat überführen,[56] auf dem Bitburger Friedhof also ausschließlich Wehrmachtssoldaten liegen, plus 49 Männer der Waffen-SS. Als die amerikanische Öffentlichkeit davon erfuhr, brach eine Welle der Empörung über Präsident Reagan und seinen Stab herein, die sich in kürzester Zeit zum Tsunami steigerte.

Es hatte schon Ärger gegeben, als bekannt wurde, dass der Dachaubesuch mit Rücksicht auf die Deutschen aus dem Reiseplan gestrichen worden war, und Bitburg hatte die Sache nicht besser gemacht. Dass der US-Präsident jetzt aber drauf und dran war, tote SS-Männer zu ehren, war zu viel. Jüdische Organisationen, Holocaustüberlebende und Veteranenverbände liefen Sturm, in den Medien gab es nur noch ein einziges Thema; selbst Kongress und Senat diskutierten den Fall. Und von dem prominenten Schriftsteller und Auschwitzüberlebenden Elie Wiesel musste sich Reagan während einer Zeremonie im Weißen Haus vor laufenden TV-Kameras sagen lassen, er dürfe keinesfalls nach Bitburg gehen, denn sein Platz sei »an der Seite der Opfer der SS«.[57]

Da half es auch nicht mehr, dass Reagan ankündigte, nun doch eine KZ-Gedenkstätte besuchen zu wollen. Kohl und er hatten gehofft, der Sturm werde sich legen, wenn sie neben Bitburg auch Bergen-Belsen aufs Programm setzen würden, doch sie irrten sich gewaltig: Je näher der Besuchstermin rückte, desto lauter wurde der Protest. Auch in Deutschland befürchteten manche inzwischen erheblichen außenpolitischen Schaden. Während es der Bundeskanzler vornehmlich mit der Kritik der Opposition und linksliberaler Zeitungen zu tun hatte, drohte die Deutschlandreise für den sonst so PR-gewandten US-Präsidenten zur größten innenpolitischen Krise seiner Regierungszeit zu werden.

Bis zuletzt gab es ein diplomatisches Hin und Her zwischen Washington und Bonn, bei dem die Amerikaner versuchten, Bitburg noch aus dem Programm zu nehmen. Im Bundestag drangen die Grünen darauf, den Termin abzusagen; die SPD versuchte, zumindest eine Planänderung zu erreichen. Reagan soll sich mit dieser Bitte sogar persönlich an Kohl gewandt haben, weil sich die Angelegenheit für ihn zum innenpolitischen GAU entwickelte.[58] Doch der Kanzler blieb stur und ließ durchblicken, dass man einen Verzicht als Rückschlag für die deutsch-amerikanischen Beziehungen werten würde.[59]

Das war auch der Tenor in der konservativen Presse: Die *Frankfurter Allgemeine Zeitung* verwies auf eine Flut von Leserbriefen von Kriegerwitwen und -waisen, die »fassungslos« darüber seien, dass ihre Angehörigen als Schurken denunziert würden. Der Protest zeige »das latente Ressentiment, das in den USA noch immer allem Deutschen gilt« und für das auch Hollywood verantwortlich sei, weil es das deutsche Militär jener Zeit in Filmen stets zur »Nazi-Armee« mache.[60] Die »dramatische Betonung ausgerechnet dieses unüblichen Jahresdatums« – gemeint war der 8. Mai – sei eine »Geschichts-Kampagne Moskaus«, die darin von der linken Opposition in Deutschland unterstützt werde.[61] Auch die *Welt* befand, die Kritiker des Bitburgbesuchs wollten die Deutschen »an das Rad des Krieges binden, sie nicht in die hoffnungsvolle Aussicht entlassen, die sich vierzig Jahre danach für sie eröffnet«. Die Bundesrepublik, so das Fazit der

Frankfurter Allgemeinen Zeitung, dürfe sich »nie wieder künstliche Gedenktage und Gedenkfeiern aufzwingen lassen«.[62]

Mit hanebüchener Wortwahl beklagten der rheinland-pfälzische Ministerpräsident Bernhard Vogel (CDU) und der Bürgermeister von Bitburg in einem in der *Frankfurter Allgemeinen Zeitung* veröffentlichten Telegramm an Kohl, die »Selektion unter den Gefallenen« erinnere an die »grausamen Selektionen vor über vierzig Jahren«, Kanzleramtschef Rudolf Seiters sprach von einer zweiten Entnazifizierung der Lebenden und der Gräber.[63]

Noch wenige Tage vor Reagans Abreise forderte eine Mehrheit des US-Senats den Präsidenten offiziell dazu auf, vom Besuch in Bitburg Abstand zu nehmen. Das erzürnte wiederum den Unionsfraktionsvorsitzenden Alfred Dregger derart, dass er den Senatorinnen und Senatoren in einem offenen Brandbrief die Leviten las: Zwölf Jahre lang sei das deutsche Volk »einer braunen Diktatur unterworfen« gewesen, sein eigener Bruder sei im Osten gefallen, er selbst habe Schlesien noch am letzten Kriegstag »gegen Angriffe der Roten Armee verteidigt«. Dass der Senat den US-Präsidenten auffordere, »die von ihm geplante noble Geste auf dem Soldatenfriedhof in Bitburg zu unterlassen«, müsse er daher »als Beleidigung meines Bruders und meiner gefallenen Kameraden empfinden«.[64]

Der Besuch war also schon ein Fiasko, bevor er überhaupt begonnen hatte. Nichtsdestotrotz hielten Kohl und Reagan am vereinbarten Programm fest und legten am 5. Mai gemeinsam Kränze auf dem Soldatenfriedhof Bitburg-Kolmeshöhe nieder. Im hilflosen Bemühen, den politischen Schaden zu begrenzen, hatte jede Seite einen altgedienten Weltkriegsgeneral mitgebracht, die sich während der hastigen Zeremonie symbolträchtig die Hand gaben. Außerdem waren ehemalige Widerstandskämpfer geladen, von Kohls Sprecher Peter Boenisch auf einer Pressekonferenz zuvor besonders ausführlich angekündigt.[65] Ein Trompeter spielte »Ich hatt' einen Kameraden«,[66] der Kanzler bekam feuchte Augen.

Zuvor hatte ein Helikopter die beiden Politiker zur KZ-Gedenkstätte Bergen-Belsen bei Celle gebracht, wo sie einen Kranz niederlegten. Dass die Wahl auf diesen Ort gefallen war, dürfte kein Zufall sein, denn mit dem ehemaligen KZ Dachau, das die Amerikaner ursprünglich favorisiert hatten, wären Themen in den Blick geraten, die den Erinnerungsspagat noch halsbrecherischer gemacht hätten: In Dachau verschwanden gleich zu Beginn der NS-Herrschaft Tausende politischer Gegner, vor allem Kommunisten und Sozialdemokraten. Mit Dachau untrennbar verbunden waren die Ausbildung von SS-Totenkopf-Verbänden, die Inhaftierung von Kriegsgefangenen aus den besetzten Ländern, von Sinti und Roma, Euthanasie und medizinische Experimente an Häftlingen, Zwangsarbeit in Außenlagern, Massenerschießungen durch die SS und schließlich ab 1945 die Dachauer Prozesse der Amerikaner gegen Parteiangehörige und SS-Leute.[67]

Bergen-Belsen, das erst ab 1943 als Konzentrationslager für Juden aus ganz Europa genutzt wurde, ließ sich da erinnerungspolitisch einfacher handhaben. Der Bundeskanzler hatte dort bereits am 21. April 1985, dem 40. Jahrestag der Befreiung des Lagers durch US-Truppen, eine Ansprache gehalten. Jetzt erklärte dort Reagan noch einmal, dass nichts vergessen werden dürfe. Vor dem abendlichen Staatsbankett mit Kammermusik bekräftigten Kohl und Reagan schließlich auf dem US-Luftwaffenstützpunkt Bitburg die deutsch-amerikanische Freundschaft und die Pflicht zur Verteidigung von Frieden und Freiheit.

Kohl dankte dem Präsidenten im Namen des ganzen deutschen Volkes, dass er mit ihm den »Gang zu den Gräbern von Bitburg« gemacht habe. Mit den »dort liegenden Toten« habe man zugleich »aller Opfer des Krieges und der Gewaltherrschaft, der Toten und der Verfolgten aller Nationen« gedacht.[68] Wieder einmal also wurden sämtliche Kriegstoten unterschiedslos zu Opfern erklärt, wieder einmal wurde die deutsche Schuld mit allgemeinen Begriffen verschleiert: Er empfinde »Trauer und Betroffenheit über das unendliche Leid, das Krieg und totalitäres Regime über die Völker gebracht haben«, sagte Kohl[69] ganz in der Tradition Adenauers. Mit einem Besuch an dessen Grab in Rhöndorf hatte der Tag für den Kanzler und seinen amerikanischen Gast begonnen.

Ein Blick auf die Demonstranten, die sich trotz massiver Abschirmung durch Sicherheitskräfte in Bitburg eingefunden hatten, die Kritik der Opposition und in vielen Zeitungen hätten Kohl zeigen können, dass er keineswegs für »das ganze deutsche Volk« sprach. Doch auch die Konservativen konnten mit dem Tag nicht wirklich zufrieden sein, schließlich hatte Kohl das Gegenteil von dem erreicht, was er erreichen wollte: Statt die Vergangenheit unter der Gegenwart zu begraben, war sie präsenter denn je. Die »Entsorgung der Vergangenheit ... ist gescheitert«, schrieb der Philosoph Jürgen Habermas in der *Zeit*.

Selbst die *Frankfurter Allgemeine Zeitung* sprach von einem »Scherbenhaufen«, machte dafür aber nicht etwa den Kanzler, sondern die Kritiker des Besuchsprogramms verantwortlich und scheute sich auch nicht, dafür zu antisemitischen Stereotypen zu greifen: Dem jüdischen Senator Howard Metzenbaum warf sie blinden Fanatismus und Verzerrung der Wirklichkeit vor, weil er die Anti-Bitburg-Resolution initiiert hatte. In den USA sei eine »mächtige publizistische Maschinerie« am Werk, der es unversöhnlich um die »Verfolgung bis ins siebte Glied« ginge. Ihren Betreibern mache es nichts aus, »selbst die Toten noch zu sortieren ... Hier verquicken sich Machtgelüste mit den geschäftlichen Interessen einer Unterhaltungsindustrie, der das ›Nazi-Thema‹ allemal willkommen ist. Von Differenzierung und Verantwortung keine Spur«.[70]

Jahrhundertrede mit Auslassungen

Drei Tage später, am 8. Mai 1985, dem 40. Jahrestag des Kriegsendes, waren die Deutschen wieder unter sich. Reagan sprach vor dem Europäischen Parlament in Straßburg, und in Deutschland hielt Bundespräsident Richard von Weizsäcker (CDU) im Bundestag eine Rede, die berühmt werden und – gedruckt und auf Schallplatte – zum Bestseller werden sollte. Sie gilt noch immer als Meilenstein in der Gedenkgeschichte, fand auch im Ausland große Zustimmung und wurde in 13 Sprachen übersetzt. Der israelische Botschafter Jitzhak Ben Ari nannte sie eine »Sternstunde in der Geschichte der Bundesrepublik«. Kurz darauf lud die israelische Regierung Weizsäcker als erstes deutsches Staatsoberhaupt zu einem Besuch nach Israel ein.[71] Die große Begeisterung und der anhaltende Nachhall sagen mehr über das politische Klima der damaligen Zeit als über die Rede selbst, denn die war zwar außergewöhnlich, aber durchaus auch ambivalent.

Weizsäcker war darauf bedacht, nicht zu provozieren und die Befindlichkeiten seiner Landsleute nicht allzu sehr zu strapazieren. Seine Ansprache glänzt daher vor allem durch den Kontrast zum Bitburgdesaster und dem auftrumpfenden Ton vieler Politiker und Kommentatoren. In weiten Passagen liest sie sich wie ein Gegenprogramm zu Kohls »geistig-moralischer Wende«, die das »Dritte Reich« zum historischen Ausrutscher nivellierte und aus dem formelhaften Bekenntnis zur »Verantwortung vor der Geschichte« keine Folgerungen für die Gegenwart zog. Denn im Gegensatz zu Kohl rettete sich der Bundespräsident nicht in allgemeine Floskeln. Noch vor den Kriegsopfern gedachte er »der sechs Millionen Juden, die in deutschen Konzentrationslagern ermordet wurden« und stellte unmissverständlich klar: »Der Völkermord an den Juden … ist beispiellos in der Geschichte.« Der

Bundespräsident nannte bisher kaum beachtete Opfergruppen wie psychisch Kranke, Homosexuelle, Roma und Sinti. Er würdigte den Widerstand in seiner gesamten Breite und »in den von uns besetzten Staaten« und sagte den bemerkenswerten Satz: »Wir haben wahrlich keinen Grund zu Überheblichkeit und Selbstgerechtigkeit.«[72]

Der 65-Jährige war im Zweiten Weltkrieg selbst Wehrmachtsoffizier gewesen und hatte wie Tresckow und andere spätere Akteure des 20. Juli im Potsdamer Infanterieregiment 9 gedient.[73] Seinen älteren Bruder Heinrich hatte während des Einmarschs in Polen nur ein paar hundert Meter von ihm entfernt ein tödlicher Schuss getroffen. 1947 verteidigte Richard von Weizsäcker als junger Rechtsanwalt seinen NS-belasteten Vater, den Diplomaten Ernst von Weizsäcker, im »Wilhelmstraßen-Prozess«, einem der letzten Nürnberger Prozesse gegen Spitzenbeamte des Auswärtigen Amts. Ernst von Weizsäcker, immerhin die Nummer zwei im Auswärtigen Amt hinter Außenminister Ribbentropp, wurde unter anderem seine Zustimmung zur Deportation französischer Juden nach Auschwitz zur Last gelegt, da das entsprechende Dokument seine Unterschrift trug. Ernst von Weizsäcker rechtfertigte sich damit, nicht gewusst zu haben, was das für die Menschen bedeutete. In seinen Erinnerungen behauptete er 1950 sogar, im Herzen Regimegegner gewesen zu sein und dem Widerstand nahegestanden zu haben. In Wirklichkeit hatten sich Ludwig Beck und Ulrich von Hassel abschätzig über ihn geäußert.[74] Die Legende vom Auswärtigen Amt als Hort des Widerstands ist seit dem 2010 veröffentlichten Bericht einer unabhängigen Historikerkommission inzwischen endgültig widerlegt.[75]

Richard von Weizsäcker aber hatte den Prozess gegen seinen Vater schon in den 60er-Jahren als »Irrsinn« bezeichnet und sah ihn noch immer in den Reihen der Verschwörer vom 20. Juli 1944.[76] Er wird also wohl nicht ihn gemeint haben, als er sagte:

»Als dann am Ende des Krieges die ganze unsagbare Wahrheit des Holocaust herauskam, beriefen sich allzu viele von uns darauf, nichts gewusst oder auch nur geahnt zu haben.« Doch Weizsäcker betonte auch, dass angesichts brennender Synagogen und fortschreitender Entrechtung jeder miterleben konnte, »was jüdische Mitbürger erleiden mussten«. Der allgegenwärtigen Schutzbehauptung, man habe »nichts gewusst«, hielt der Bundespräsident entgegen: »Wer seine Ohren und Augen aufmachte, wer sich informieren wollte, dem konnte nicht entgehen, dass Deportationszüge rollten.« Für »Art und Ausmaß der Vernichtung« möge die »Fantasie der Menschen« vielleicht nicht ausgereicht haben, doch tatsächlich komme »zu den Verbrechen selbst der Versuch allzu vieler« hinzu, »nicht zur Kenntnis zu nehmen, was geschah«.

Trotz solcher glasklaren Worte bot Weizsäcker seinen Zuhörern auch Entlastung, indem er »vom abgrundtiefen Hass Hitlers gegen unsere jüdischen Mitmenschen« sprach und behauptete, er habe »das ganze Volk zum Werkzeug seines Hasses gemacht« – als wäre die Judenfeindschaft allein von Hitler ausgegangen und der Antisemitismus nicht schon seit Jahrhunderten in der Bevölkerung und den christlichen Kirchen verwurzelt gewesen. Damit bemühte er die alte Ausrede, dass die Verantwortung für die nationalsozialistischen Verbrechen allein beim »Führer« gelegen habe, was seit Jahrzehnten widerlegt war. Die Behauptung, auf »dem Weg ins Unheil wurde Hitler die treibende Kraft«, geht in dieselbe Richtung und unterschlägt, dass Männer wie Weizsäckers Vater und andere Teile der deutschen Eliten maßgebliche Stützen des Regimes, ja oft genug selbst »treibende Kraft« gewesen waren.

Rundweg falsch ist Weizsäckers Behauptung, die »Ausführung« des Völkermords habe »in der Hand weniger« gelegen, denn das genaue Gegenteil war der Fall: Ohne die handfeste Beteiligung mehrerer zehntausend Menschen aus allen Gesellschafts- und Bildungsschichten wäre der Holocaust nicht möglich gewesen. Das war 1985 längst kein Nischenwissen unter Historikern mehr – Hannah Arendt hatte schon in den 50er-Jahren vom »Verwaltungsmassenmord« gesprochen. »Schauen wir am heutigen 8. Mai, so gut wir es können, der Wahrheit ins Auge«, schloss Weizsäcker seine Rede. Mehr Wahrheit traute er seinen Landsleuten, vielleicht auch sich selbst, offenbar nicht zu. Den 8. Mai nannte er als erstes deutsches Staatsoberhaupt einen »Tag der Befreiung« vom »menschenverachtenden System der nationalsozialistischen Gewaltherrschaft«. So setzte er zwar einen deutlichen Kontrapunkt zur konservativen Sicht auf das Datum, sagte aber nicht, dass dieser Gewaltherrschaft eine Mehrheit der Bevölkerung sogar dann noch die Treue gehalten hatte, als bereits Bomben auf deutsche Städte fielen.

Dabei war der Nachhall der deutschen Treue selbst jetzt, vier Jahrzehnte später, noch unüberhörbar: Der 8. Mai sei für die Deutschen der Tag einer »verheerenden Niederlage, fast einer Katastrophe«, schrieb Joachim Fest in der *Frankfurter Allgemeinen Zeitung*, deren Mitherausgeber er inzwischen war. Grund zu feiern, habe »nur die Sowjetunion«. Ihr wurde von Teilen der Presse angekreidet, dass man diesen Tag überhaupt begehen müsse, da sie »die Idee eines völlig unüblichen vierzigjährigen Siegesjubiläums« vorangetrieben habe. Aus dieser Sicht gab es nichts zu gedenken, geschweige denn zu feiern. Und der alte Feind war zweifellos auch der neue.[77] Franz Josef Strauß und andere Rechtskonservative in der Unionsfraktion empörten sich darüber, dass Weizsäcker die deutsche Schuld überhaupt thematisiert hatte.[78] »Die Russen haben ihr Ziel erreicht«, bemerkte Fraktionsvize Volker Rühe.[79]

Joseph Kardinal Höffner, Vorsitzender der katholischen Deutschen Bischofskonferenz, sprach sich dafür aus, »vergangene Schuld und gegenseitig zugefügtes Unrecht nicht immer wieder selbstquälerisch hervorzuholen«. Für die Verbrechen machte er »die jahrelang betriebene Zerstörung des Glaubens« verantwortlich, ohne die der »bösartige zerstörerische nationalsozialistische Machtrausch« nicht möglich gewesen wäre. Wieder einmal: die Tat ohne Täter. Kein Wort zur Mitschuld der Kirchen, des Papstes oder der Bischöfe. Kein Wort zum katholischen Widerstand.[80] Stattdessen bot der Kardinal Streicheleinheiten fürs deutsche Gewissen: Die »Gnade der späten Geburt« betreffe mittlerweile 50 Millionen der 60,1 Millionen Bundesbürger.[81]

Weizsäckers – trotz einiger Beschönigungen und irritierender Fehler – klare Worte zur NS-Zeit waren nicht zuletzt deshalb so bemerkenswert, weil sie von einem CDU-Mann, noch dazu dem Staatsoberhaupt, kamen und sich wie eine Stellungnahme zur neokonservativen Geschichtspolitik der Kohl-Regierung lasen. Deren Ausrichtung kam in den – wenn auch privat geäußerten – Worten zum Ausdruck, mit denen der *Spiegel* Regierungssprecher Peter Boenisch während der Bitburgaffäre zitiert hatte: »Das ist ja das Letzte, dass man noch 40 Jahre nach Kriegsende durchs KZ laufen muss.«[82] Das »Reich des Bösen« lag schließlich in der Sowjetunion, die CDU-Generalsekretär Heiner Geißler allen Ernstes die eigentliche »Schande unserer Zivilisation« nannte.[83]

Öffentlich bekannte man zwar stets salbungsvoll: »Wir Deutschen müssen uns unserer Geschichte stellen« (Kohl), betonte andererseits aber fast schon trotzig das Leid der Deutschen. Einem Gesetz, das noch die sozial-liberale Koalition eingebracht hatte und das die Leugnung des Holocaust unter Strafe stellen sollte, verweigerten Regierung und Unionsfraktion so lange die Zustimmung, bis nach monatelangem Geschacher zugleich das Leugnen von Verbrechen an Deutschen bei der Vertreibung aus den Ostgebieten strafrechtlich sanktioniert wurde.[84] Juristische Gründe für diese Ergänzung gab es keine, denn während Ultrarechte die Judenvernichtung immer wieder als »zionistischen Schwindel«

oder »Übertreibung« bezeichneten, hatte bisher niemand auch nur ansatzweise behauptet, dass den aus ihrer Heimat vertriebenen Deutschen kein Unrecht geschehen war. So wurde analog zur tatsächlich existierenden »Auschwitz-Lüge« eine nicht existente »Vertreibungs-Lüge« erfunden[85] – ein Signal an die konservative Wählerschaft, das der Jurist Sebastian Cobler damals einen »rechtspolitischen Ablasshandel« nannte.[86]

* * *

»Wir alle, ob schuldig oder nicht, ob alt oder jung, müssen die Vergangenheit annehmen«, hatte Weizsäcker gesagt. »Wir alle sind von ihren Folgen betroffen und von ihr in Haftung genommen.« Im Bundestag hatten etliche Abgeordnete irritiert und abwehrend reagiert.[87] In der Bevölkerung konnten viele mit Weizsäckers »Mahnmal des Denkens und Fühlens in unserem eigenen Innern« ebenfalls nichts anfangen.

Mit welcher Kaltschnäuzigkeit sich selbst Profiteure des »Dritten Reichs« aus ihrer Verantwortung stahlen, wurde wenige Monate später offenbar, als ehemalige ausländische Zwangsarbeiter, darunter viele überlebende jüdische KZ-Häftlinge, Wiedergutmachung dafür forderten, dass sie unter unmenschlichen Bedingungen in deutschen Fabriken hatten schuften müssen. Der innenpolitische Sprecher der CSU-Landesgruppe, Hermann Fellner, kommentierte das mit der Bemerkung, »dass sich die Juden schnell zu Wort melden, wenn irgendwo in deutschen Kassen Geld klimpert«. Überhaupt sollten uns die Juden »durch solche Forderungen nicht in Verlegenheit bringen«, sie hätten ohnehin »weder eine rechtliche noch eine moralische Grundlage«.[88]

Auf diese Haltung zog sich auch die Deutsche Bank zurück, die sich gerade einen Teil des Firmenimperiums von Friedrich Flick einverleibt hatte. In den Produktionsstätten des Großindustriellen hatten während des Krieges schätzungsweise 80 000 bis 100 000 Häftlinge gearbeitet, oft auch Frauen und Kinder. Flick selbst war 1947 in Nürnberg zu sieben Jahren Haft verurteilt worden, von denen er nur zwei absitzen musste. 1972 starb er als angesehener Wirtschaftsboss und reichster Bürger der Bundesrepublik, ohne auch nur eine Mark Entschädigung an die von ihm Ausgebeuteten gezahlt zu haben.[89] Jetzt, noch einmal mehr als zehn Jahre später, hieß es nach anhaltenden Protesten schließlich, man werde »aus humanitären Gründen« fünf Millionen Mark an die jüdische Claims Conference überweisen – ein Tausendstel des Kaufpreises, den die Deutsche Bank an Flick gezahlt hatte.[90]

Im nordrhein-westfälischen Korschenbroich meinte der CDU-Bürgermeister Wilderich Graf von Spee-Mirbach kurz darauf in einer Ratssitzung, um die Löcher in den chronisch klammen Kassen der Stadt zu stopfen, könne man ja »einige reiche Juden erschlagen«.[91] Auf die Empörung, die das – vor allem außerhalb Korschenbroichs – zur Folge hatte, reagierte der Graf mit Unverständnis: Ihm sei doch nur ein »Kraftausdruck« rausgerutscht, der zwar zugegebenermaßen »jede Eleganz vermissen lässt«, letztlich aber doch »einfach so Klatsch« war. Bundeskanzler Kohl blieb ebenfalls gelassen: Da sei »eine ausgesprochen blödsinnige und unsinnige und für mich auch unerträgliche Bemerkung von einem Bürgermeister einer kleinen Gemeinde im Rheinland gefallen«, sagte er im ZDF. Die »örtliche Partei« werde sich darum kümmern.[92]

Am Ende musste Spee-Mirbach sein Amt räumen; die Angelegenheit hatte allzu viel Staub aufgewirbelt. Bei seiner Rücktrittserklärung machte er die örtliche SPD und die bundesweite Presse für den Skandal verantwortlich – und sich selbst zum Märtyrer: »Die wiederholte und aus jedem Zusammenhang gelöste Verbreitung meiner missbilligten Äußerung ist geeignet, Schaden für unser Land und die Stadt Korschenbroich zu bringen.« Die meisten Korschenbroicher sahen es genauso. Wie der *Spiegel* berichtete, wurde der Graf mit Blumen und stehendem Beifall verabschiedet. Als die eigentlich Schuldigen galten die Sozialdemokraten. Auch der neue Bürgermeister Heinrich Mühlen (CDU) hatte kein Verständnis dafür, dass eine im Eifer des Gefechts etwas zu derb geratene Bemerkung seines Vorgängers »dergestalt hochgespielt« werde.[93]

* * *

»Vergangenheit, die nicht vergehen will«, lautete der Titel eines Aufsatzes des renommierten Faschismusforschers Ernst Nolte, den die *Frankfurter Allgemeine Zeitung* im Juni 1986 abdruckte. Die Vergangenheit war in der Tat präsenter denn je: Kohls Umdeutungsversuch war in Bitburg krachend gescheitert, weil er damit unfreiwillig eine Debatte im In- und Ausland losgetreten hatte, die er eigentlich beenden wollte. Die Frage nach dem angemessenen Umgang mit der NS-Vergangenheit blieb strittig, spaltete die Gesellschaft und eskalierte schließlich im sogenannten Historikerstreit, bei dem keineswegs nur Historiker stritten.[94]

Er entzündete sich an einem Artikel in der *Zeit*, mit dem der Philosoph Jürgen Habermas revisionistische Tendenzen in der Geschichtsschreibung anprangerte und als Beispiel dafür Noltes Thesen anführte, die dieser in der *Frankfurter Allgemeinen Zeitung* dargelegt hatte: Nolte vertrat die Ansicht, der Holocaust sei eine »Überreaktion der Nationalsozialisten, namentlich Hitlers« auf die »bolschewistische Gefahr« gewesen, und fragte: »War nicht der ›Archipel Gulag‹ ursprünglicher als Auschwitz? … Vollbrachten die Nationalsozialisten … eine ›asiatische‹ Tat vielleicht nur deshalb, weil sie sich und ihresgleichen als potentielle oder wirkliche Opfer einer ›asiatischen‹ Tat betrachteten?«

Die Vernichtung der europäischen Juden als »asiatische Tat«

und Notwehr gegen eine angebliche Bedrohung – eine, vorsichtig ausgedrückt, schwierige These. Doch Nolte setzte noch einen drauf und erklärte, mit »alleiniger Ausnahme des technischen Vorgangs der Vergasung« gebe es in der Geschichte viele Beispiele für solche Massenmorde. Im Übrigen trügen die Juden eine Mitschuld am Holocaust, schließlich habe der Jüdische Weltkongress Deutschland 1939 den Krieg erklärt.[95]

Noltes Thesen empörten nicht nur Habermas, der gar kein Historiker war – auch Hans Mommsen oder Heinrich August Winkler widersprachen Nolte scharf. Etliche Fachkollegen und konservative Publizisten pflichteten ihm aber auch bei. Es sei Zeit, schrieb etwa Michael Stürmer in der *Süddeutschen Zeitung*, dass sich die Deutschen von der »kollektiven … Schuldbesessenheit« befreiten.[96]

Im Siedler-Verlag, der schon Albert Speers Memoiren zu Bestsellern gemacht hatte, war zur selben Zeit das populärwissenschaftliche Buch *Zweierlei Untergang* des Kölner Historikers Andreas Hillgruber erschienen. Schon der Untertitel *Die Zerschlagung des Deutschen Reiches und das Ende des europäischen Judentums* stellte das Schicksal der Juden und das der nichtjüdischen Deutschen auf eine Stufe, während die Wortwahl deutlich machte, welches davon Hillgruber für das tragischere hielt. Den Holocaust handelte er entsprechend knapp und nüchtern ab. Die Gaskammern bezeichnete er als »effektiveres Mittel« der Liquidation und erklärte Hitler zum Alleinverantwortlichen für das »grauenhafte Geschehen«. Bei der Beschreibung der »Winterkatastrophe 1944/45« hingegen wurde er ungleich ausführlicher, sprach vom »Überrollen des deutschen Ostens«, der »Überflutung der Heimat« und »Racheorgien der Roten Armee«. Die Wehrmacht habe einen »verzweifelten Abwehrkampf um die Bewahrung der Eigenständigkeit der Großmachtstellung des Deutschen Reiches« geführt, das »nach dem Willen der Alliierten zertrümmert werden« sollte. Die Verschwörer vom 20. Juli 1944 hätten mit ihrer »gesinnungsethischen Haltung« die Gefahr für das Reich noch vergrößert, weil sie ausgerechnet »im Angesicht der Katastrophe, als eine Wendung nicht mehr zu erwarten war,« putschen wollten. Wäre der Staatsstreich geglückt, hätte das nur ein »heilloses Durcheinander in der deutschen Führung« zur Folge gehabt und den Sowjets »zu noch schnellerer Kriegsentscheidung« verholfen.[97]

Fachlich ließen sich solche Äußerungen zwar leicht entkräften, und es fehlte auch nicht an Gegenstimmen, doch der Ton war gesetzt, das Gegenrechnen von Opfern, die Einordnung der nationalsozialistischen Verbrechen in größere historische Zusammenhänge waren salonfähig geworden. Selbst übelste Verdrehungen, deren Wurzeln in der nationalsozialistischen Propaganda lagen und mit Vorliebe von Rechtsextremen vorgebracht wurden, galten plötzlich als diskussionswürdig. So wie die angebliche »Kriegserklärung des europäischen Judentums«, die in Wahrheit eine schriftliche Zusage Chaim Weizmanns gewesen war, an der Seite Großbritanniens zu stehen, wenn es zum Krieg mit Deutschland kommen sollte.[98]

Habermas unterstellte in der *Zeit* eine Art Verschwörung konservativer Historiker, denen es darum gehe, »die NS-Vergangenheit im Dienste eines … nationalpädagogischen Konzepts zu neutralisieren«, und bezeichnete Nolte, Hillgruber und Stürmer als »Ideologieplaner« der Regierung.[99] Damit ging er zwar zu weit, legte aber doch den Finger in die Wunde, denn Kohls Geschichtspolitik war nah dran an Hillgrubers Thesen: Der Kanzler war darauf bedacht, die Erinnerung an das »Dritte Reich« abzupuffern, indem er die Zeit davor und danach hervorhob, die Sowjetunion wie die Ausgeburt des Teufels erscheinen ließ und den NS-Verbrechen das Leid der deutschen Bevölkerung gegenüberstellte. Wie in Bitburg geschehen, verwischte er dabei die Grenze zwischen Tätern und Opfern, was sich ein paar Jahre später in der Umgestaltung der Neuen Wache in Berlin zum zentralen Mahnmal manifestieren sollte. Erst einmal aber konzentrierte sich Kohl auf zwei große Museumsprojekte, die den Deutschen zur Renaissance einer unbefangenen nationalen Identität verhelfen sollten: das Haus der Geschichte in Bonn für die Zeit nach 1945 und in Berlin, zum 750. Geburtstag der Stadt 1987, das Deutsche Historische Museum (DHM), das den Bogen von Karl dem Großen bis in die Gegenwart schlagen sollte.

Beide Vorhaben seien eine »Flucht in vergangene Normalitäten«, kritisierte der Historiker Hans Mommsen. Es gehe nicht um eine »Problematisierung durch Forschung«, gefragt sei vielmehr eine »Bilanzierung«.[100] Angesichts der selbstherrlichen Art, mit der Kohl seine geschichtspolitischen Lieblingsprojekte vorantrieb, war dieser Vorwurf schwer von der Hand zu weisen: Obwohl es in Berlin bereits Pläne für ein offen konzipiertes »Forum für Geschichte und Gegenwart« im Gropius-Bau gab, das variabel für Ausstellungen, Tagungen und Diskussionsrunden genutzt werden sollte, bestand der Kanzler auf seinem, wie der Historiker Peter Reichel schrieb, »offenbar unabwendbaren Geschenk«.[101]

Die zahlreichen, meist aus privatem oder lokalem Engagement hervorgegangenen Museen und Gedenkstätten, die es überall in der BRD gab, waren nicht an den Plänen für das 500-Millionen-Projekt[102] beteiligt. Das Land Berlin wurde nicht gefragt, ob es das Kanzlergeschenk überhaupt haben wolle, und war auch in die Vorbereitungen und Entscheidungen nicht einbezogen – eine klare Überschreitung der Zuständigkeiten unter Verletzung der föderalen Selbstbestimmung. Eine Museumsdirektorin sprach vom »Rückfall in absolutistisches Herrschaftsgebaren« und staunte, dass dieser »ohne nennenswerte Proteste« hingenommen wurde.[103]

Wie die *Bild* berichtete, hatte Kohl schon im Oktober 1985 bei einem Besuch in Berlin den Ort bestimmt, an dem das Museum gebaut werden sollte: vis à vis vom Reichstag – dort, wo einmal die Krolloper gestanden hatte, jenes Gebäude also, in dem das Parlament, mit Ausnahme der SPD, im März 1933 dem Ermächtigungsgesetz zustimmte.[104]

Unterdessen entstand im Bendlerblock eine neue ständige Ausstellung zum deutschen Widerstand. Der Anstoß dazu war bezeichnenderweise nicht von Kohl, sondern von Weizsäcker ausgegangen: 1983 hatte er, damals noch als Regierender Bürgermeister von Berlin, den Passauer Historiker Peter Steinbach mit der Erarbeitung eines Ausstellungskonzepts beauftragt, das die ganze Vielfalt des Widerstands berücksichtigen sollte. In dem Gebäude des ehemaligen Oberkommandos des Heeres wurden für die neu ins Leben gerufene »Gedenkstätte Deutscher Widerstand« (GDW) vom Bund 2000 Quadratmeter zur Verfügung gestellt. Bis dahin war seit 1968 nur in drei Räumen des Gebäudes, darunter das einstige Arbeitszimmer von Stauffenberg, eine Schau der »Gedenk- und Bildungsstätte Stauffenbergstraße« zu sehen, die sich vor allem dem 20. Juli 1944 widmete.[105] In Zukunft sollte es dort eine Ausstellung zum gesamten deutschen Widerstand geben.

Das von Steinbach entwickelte Konzept sah vor, die verschiedenen Formen der NS-Gegnerschaft zu dokumentieren und dabei deutlich zu machen, welche Entwicklung ihre Akteure durchlaufen hatten, bis sie sich zum Handeln entschlossen, welche Rolle das jeweilige Milieu, individuelle Erfahrungen oder die Ereignisse der damaligen Zeit spielten. Daraus ergab sich die Notwendigkeit, den Widerstand der wenigen mit der Anpassung der Mehrheit zu kontrastieren. Dass dieser Ansatz auf Kritik stoßen würde, war vorauszusehen. Nicht jedoch, mit welcher Heftigkeit sie geäußert werden und dass der Sturm so lange anhalten würde. Wieder einmal wurde die Erinnerung an den Widerstand zum Lackmustest für den Stand der deutschen »Vergangenheitsbewältigung«.

Wem gehört der Widerstand?

Die erste Protestwelle rollte schon nach der ersten Teileröffnung an: Als im Juli 1986 die Hälfte der neu gestalteten Räume der Öffentlichkeit präsentiert wurden, reagierten etliche Besucher empört auf ein Foto, das katholische Geistliche zeigte, die den Arm zum Hitlergruß erhoben. Weil sie es als generellen Angriff auf die katholische Kirche verstanden,[106] wandten sich einige Bürger an Berlins Schulsenatorin Hanna-Renate Laurien (CDU). Weil diese zugleich Mitglied im Zentralkomitee der deutschen Katholiken war, hoffte man, dass sie die Kritik teilen und intervenieren würde. Die Senatorin lehnte jedoch ab: Die Ausstellung liege im Zuständigkeitsbereich des Regierenden Bürgermeisters. Im Übrigen verbiete es sich in einer pluralistischen Gesellschaft, von politischer Seite Einfluss auf historische Deutungsangebote zu nehmen.[107]

Als im Jahr darauf weitere Ausstellungsteile eröffnet wurden, unter anderem zur »Roten Kapelle« und zum Widerstand im Exil, ging die Auseinandersetzung in die nächste Etappe: Der Ausstellungsleitung wurde unterstellt, die Informationstafeln zum kirchlichen Widerstand absichtlich blass und künstlerisch zurückhaltend gestaltet zu haben, um anzudeuten, dass dieser kaum der Rede wert gewesen sei.[108] Maria Hermes, Tochter des katholischen Widerstandskämpfers Josef Wirmer, beschwerte sich schriftlich, dass »den christlich-demokratischen Widerstandskreisen« kein eigener Platz in der Ausstellung gewidmet sei. Von ein paar Porträtfotos abgesehen, habe sie keine weiteren Zeugnisse finden können – wohl aber einen großen Schaukasten für »die kommunistische Gruppe« um Harro Schulze-Boysen und Arvid Harnack.

Auch der Arbeiterwiderstand sei viel zu prominent dargestellt. Zum Ausgleich müsse ein eigener Raum für »Christdemokraten im Widerstand« eingerichtet werden.[109]

Hermes schrieb mit dem Selbstverständnis der familiär begründeten Autorität: Sie war nicht nur die Tochter eines an der Verschwörung Beteiligten und Hingerichteten, sondern hatte außerdem den Sohn des ehemaligen Zentrumspolitikers Andreas Hermes geheiratet, der wegen seiner Kontakte zum Kreisauer Kreis nach dem 20. Juli 1944 zum Tode verurteilt worden war, aber überlebt hatte, weil es seiner Frau mehrmals gelungen war, eine Aufschiebung der Hinrichtung zu erreichen. Nach dem Krieg gehörte Andreas Hermes zu den Mitbegründern der CDU.

So stritt Maria Hermes mit dem moralischen Gewicht von Vater und Schwiegervater für die christ-demokratische Sache. In einem weiteren Brief wandte sie sich an Berlins Schulsenatorin Laurien: Es sei »ein grobes Missverhältnis, dass einzelnen kommunistischen Widerstandskämpfern eine herausragende Dokumentation gewidmet ist, den christlich-demokratischen Teilnehmern des Widerstands jedoch nicht«. Dabei seien doch sie es gewesen, die nach dem Krieg mitgeholfen hätten, »die Grundlagen für den Aufbau der BRD zu legen«.[110] Die Senatorin möge ihren Einfluss geltend machen, um dieses Ungleichgewicht zu beseitigen.[111]

Steinbachs Einwand, es sei nicht die Aufgabe der Ausstellung, das aktuelle Parteienspektrum der Bundesrepublik widerzuspiegeln, zumal es die CDU vor dem Krieg noch nicht gegeben habe, überzeugte Maria Hermes nicht. Auch die Antwort der Senatorin war ihr zu »unverbindlich und persönlich nicht engagiert«. Zwei Monate später wandte sie sich mit ihrem Protest darum an höchste Stelle und beschwerte sich bei Bundeskanzler Kohl »über die unausgewogene und politisch-ideologisch tendenziöse Gewichtung der Widerstandsgruppen«. Es sei nicht hinnehmbar, dass die Ausstellung lediglich »den Widerstand an sich« zeige und nicht das »Wofür«. Nur der Widerstand, »der auf freiheitlich-demokratische Ziele gerichtet war«, dürfe »Würdigung erfahren«. Ein Widerstand, »der an die Stelle des einen totalitären Regimes ein anderes totalitäres Regime setzen wollte«, dürfe nicht »als Vorbild in und für die Bundesrepublik herausgestellt werden«. Die Angelegenheit erfordere das persönliche Engagement von Verantwortlichen in der CDU und im Bund. Noch sei Zeit, »schwerwiegende Fehler der Konzeption, der Dokumentation und der Kommentierung zu korrigieren«.[112]

Die Argumentation fiel beim Kanzler auf fruchtbaren Boden. Ohne sich selbst ein Bild von der Ausstellung zu machen, wies er Laurien an, sich der Sache anzunehmen. Neben der Kritik von Angehörigen des Widerstands, die ihn »besonders betroffen« gemacht habe, sei ihm ein Fachgutachten zur Ausstellung zugegangen, das »eine Fülle erschreckender Mängel« aufzeige. Diese sollten so schnell wie möglich beseitigt werden, da man als Regierungspartei dafür in Mithaftung genommen werde.[113]

»Der ganze Vorgang ist sehr ärgerlich«, schrieb Kohl gleich darauf an Hermes. »Sie können sicher sein, dass ich dies nicht einfach auf sich beruhen lasse.« Mit dem »Vermächtnis der hervorragenden Männer und Frauen des Widerstandes aus christlicher Überzeugung« dürfe man nicht nachlässig umgehen, schließlich habe man »ein Erbe an nachfolgende Generationen weiterzugeben, dessen moralische Dimension für die Christlich-Demokratische Union Deutschlands immer prägend bleiben muss«.[114]

Später stellte sich heraus, dass der Verfasser des 12-seitigen Gutachtens, auf das Kohl sich berief, der Jurist Peter Hermes war – Ehemann von Maria Hermes, Sohn des überlebenden Widerständlers Andreas Hermes und zuletzt Botschafter der Bundesrepublik beim Vatikan. Dass ihn fachlich nichts zu einem Gutachten über eine historische Ausstellung befähigte, hielt Hermes nicht davon ab, seine Thesen auch noch einmal im *Rheinischen*

Merkur darzulegen:[115] Die »christliche Demokratie« sei zwischen 1933 und 1945 »vorgedacht und vorbereitet« worden, behauptete Hermes, die CDU die »politische Frucht des gemeinsamen Widerstands von Christen verschiedener Konfessionen«. In Berlin gebe es aber »eine bis zur Ablehnung gehende Scheu, in der Ausstellung die christlichen Demokraten als politische Gruppe überhaupt zur Kenntnis und Anschauung zu bringen«. Die Ausstellung bleibe »die entscheidende Antwort« schuldig, »zu welchem politischen Zweck Widerstand geleistet worden ist«. Es fehle daher der »rote Faden« für eine klare Unterscheidung zwischen einem demokratischen Widerstand und »einem antifaschistisch-kommunistischen Widerstand, dem wir menschliche Achtung, aber wegen seiner politischen Ziele … entschiedene Ablehnung entgegenbringen«.

Mit einer integralen Auffassung von Widerstand konnten weder Hermes noch Kohl etwas anfangen: In jenem »eigenartig ambivalenten« Verständnis liege der »Grundfehler« der Ausstellung, die den Widerstand als »Gemischtwarenangebot zur Selbstbedienung« vorstelle, befand Hermes. Das Konzept müsse grundsätzlich überprüft werden, um nicht die Gelegenheit zu vertun, »ein wichtiges Kapitel unserer jüngsten Geschichte … vor allem der Jugend verständlich zu machen«.[116] Das sah der Kanzler genauso.

Ausstellungsleiter Steinbach verwahrte sich gegen die Vorwürfe und den Druck aus Bonn und kündigte an, sein Amt Ende des Jahres niederzulegen: »Vollmundige Erklärungen zum pluralistischen Geschichtsbild helfen nicht weiter, wenn politisch hegemonial gedacht und auf Änderungen gedrungen wird«, schrieb er in einem Artikel für den *Rheinischen Merkur*.[117] Namhafte Historiker unterstützten Steinbach und bescheinigten ihm, die Thematik politisch neutral und wissenschaftlich korrekt umgesetzt zu haben. Einige äußerten die Sorge, dass das Museum durch politische Einflussnahme einseitig konservativ ausgerichtet werden solle. Nachdem sich auch der Beirat der Gedenkstätte Deutscher Widerstand, Berlins Regierender Bürgermeister Eberhard Diepgen (CDU) und der Senat hinter Steinbach gestellt und offiziell erklärt hatten, dass er seiner Aufgabe »in vollem Umfang gerecht geworden« sei, entschied sich Steinbach fürs Weitermachen.[118]

Doch der Streit schwelte weiter und steigerte sich zum anhaltenden Flächenbrand, als kurz darauf bekannt wurde, dass man in Berlin an Ausstellungsteilen arbeitete, die den Widerstand aus der Kriegsgefangenschaft thematisierten, insbesondere das Nationalkomitee Freies Deutschland (NKFD) und den Bund Deutscher Offiziere (BDO). Die Zeitschrift *Der Heimkehrer*, Organ des 1950 gegründeten Verbands ehemaliger Kriegsgefangener, vermeldete es Mitte Februar 1988 unter der Überschrift »Ein unerhörter Vorgang« und forderte seine Leser auf, den Ausstellungsmachern und der Gedenkstellenleitung ihre persönlichen Erfahrungen aus sowjetischer Gefangenschaft zu schildern, um sie so vom vermeintlichen Irrweg abzubringen.

Die Flut der Schreiben, Erwiderungen, Stellungnahmen und Briefwechsel, die daraufhin anschwoll, füllt im Archiv der GDW heute mehrere prall gefüllte Aktenordner. Es schrieben der Bund ehemaliger Stalingradkämpfer, Oberamtsräte, Rechtsanwälte, Professoren, der Präsident des Heimkehrerverbandes, Oberstleutnants a. D., frühere Kriegsgefangene, der Verband deutscher Soldaten – allesamt hellauf empört. Und allesamt mit dem Tenor, beim NKFD habe es sich um feige Opportunisten gehandelt, die bereit gewesen seien, Vaterland und Kameraden zu verraten und sich auf die Seite Stalins zu schlagen, um die eigene Haut zu retten. Der Begriff »Widerstand« müsse jenen Frauen und Männern vorbehalten bleiben, die bereit waren, im Kampf gegen Hitler ihr Leben zu riskieren.

1943 hatten sich in Krasnogarsk bei Moskau kommunistische deutsche Emigranten und Kriegsgefangene der bei Stalingrad geschlagenen 6. Armee zum Nationalkomitee Freies Deutschland zusammengetan. Zu den Gründungsmitgliedern gehörten die ehemaligen KPD-Abgeordneten Wilhelm Pieck und Walter Ulbricht, die später in der DDR politisch Karriere machten. Mit Flugblättern und Aufrufen in den Farben des Kaiserreichs Schwarz-Weiß-Rot appellierte man an den Patriotismus deutscher Soldaten und Offiziere, um sie dazu zu bewegen, zusammen mit der Roten Armee gegen Hitler zu kämpfen. Weil viele zögerten, sich der kommunistisch dominierten Organisation anzuschließen, gründete eine kleine Gruppe gefangener Generäle, ebenfalls auf sowjetischen Vorschlag, den »Bund Deutscher Offiziere«. Den Mitgliedern versprach man, dass sich die Sowjetunion für den Erhalt Deutschlands in den Grenzen von 1937 einsetzen würde, wenn es dem BDO gelänge, Hitler durch einen Putsch zu stürzen. Tatsächlich blieb die Propaganda des NKFD, das über einen eigenen Radiosender auch im Deutschen Reich zum Widerstand aufrief, aber nahezu wirkungslos. Viele übergelaufene Offiziere und Soldaten fühlten sich außerdem getäuscht, als sich die antifaschistischen Schulungen in den Lagern als marxistisch-leninistische Indoktrination entpuppten.

Nach dem Krieg verstellte die Auseinandersetzung zwischen den Systemen in beiden deutschen Staaten den unvoreingenommenen Blick auf NKFD und BDO: Während sie in der DDR als vorbildliches Beispiel für klassenübergreifenden Widerstand gegen den »Hitlerfaschismus« idealisiert wurden, sprach man ihnen in der Bundesrepublik jede redliche Motivation ab. Versuche, aus der Gefangenschaft heraus gegen das NS-Regime zu kämpfen, um das millionenfache Sterben zu beenden, galten nicht als Widerstand, sondern als Landesverrat. Der historischen Wahrheit wird weder die eine noch die andere Deutung gerecht. Wie wirkmächtig sie trotzdem selbst in den späten 80er-Jahren – und darüber hinaus – noch waren, zeigt der erbitterte Protest gegen ihre Erwähnung in der Ausstellung, obwohl sachlich außer Frage steht, dass beide Organisationen Widerstand gegen den Nationalsozialismus geleistet haben.

Der gewohnte Antikommunismus verhinderte nicht nur bei ehemaligen Stalingradkämpfern die Einsicht, dass es die nationalsozialistischen Verbrechen gewesen waren, die zu den verschiedenen Arten von Widerstand geführt hatten. Sie nach politisch-moralischen Kriterien in gut und schlecht zu unterteilen, einzelnen Gruppen sogar die Berechtigung abzusprechen, zur NS-Gegnerschaft zu zählen, ist letztlich eine Form von Relativierung, die Nationalsozialismus und Kommunismus auf eine Stufe stellt. Der immer wieder geäußerte Vorwurf, die Mitglieder des NKFD hätten den Teufel Hitler mit dem Beelzebub Stalin austreiben wollen, ein Beleg für diese Haltung.

In den Protestschreiben an die Gedenkstätte war von »üblen Machenschaften« des NKFD die Rede, »die nur der Verbreitung des Kommunismus dienten« und es darum nicht wert seien, Erwähnung zu finden. Eine »Würdigung« dieser »kommunistischen Agitatoren« in der Gedenkstätte wäre eine »Beleidigung und schwere Verletzung der Gefühle aller deutschen Soldaten« und »ein Schlag ins Gesicht jener aufrechten, vaterlandsliebenden Männer des 20. Juli«. Käme es tatsächlich dazu, würde sich die DDR »ins Fäustchen lachen«. Abgelichtete Gefangenenausweise und seitenlange Schilderungen von Kriegserlebnissen sollten die Legitimation der Schreiber belegen, Kopien von Flugblättern und anderer »Feindpropaganda« ihre Argumente unterfüttern. Hartmut von Hößlin, Bruder eines Regimentskameraden Stauffenbergs, der wegen seiner Beteiligung am 20. Juli hingerichtet worden war, sprach von »Entstellung eines historischen Vorgangs«: Offenbar wolle man »Verräter und Deserteure zu Widerstandskämpfern hochstilisieren«.

Der Heimkehrerverband nannte die Arbeit der Ausstellungsmacher den »Gipfel entwurzelter Geschichtslosigkeit« und forderte die Bundesregierung auf, sich einzuschalten.[119] Das war durch verschiedene Interventionen des Kanzlers bereits mehrfach geschehen. CDU-Generalsekretär Heiner Geißler ließ über die innenpolitische Geschäftsstelle der Partei einem besonders hartnäckigen Kritiker versichern, man sei sich des Problems bewusst und gehe davon aus, »dass von politischer Seite entsprechende Korrekturen an der Konzeption vorgenommen werden«.

Die hielt auch Bayerns Ministerpräsident Franz Josef Strauß (CSU) für dringend erforderlich: In einem Brief an Berlins Regierenden Bürgermeister Diepgen wiederholte er die bekannten Vorwürfe gegen die Mitglieder des NKFD und appellierte an ihn, alles in seiner Macht Stehende zu tun, um »der drohenden Geschichtsklitterung« vorzubeugen, damit »vor allem den jungen Besuchern der Widerstand dargestellt wird, wie er wirklich gewesen ist, nämlich ein Opfergang aufrechter Frauen und Männer für Freiheit und Recht, gegen Willkürherrschaft und nationalsozialistischen Größenwahn«. Mit Diepgens Antwort, er sei zu der Auffassung gelangt, dass Professor Steinbach eine ausgewogene und unvoreingenommene Arbeit leiste und für die Ausstellung ein größtes Maß an Objektivität zu erwarten sei, wird Strauß nicht zufrieden gewesen sein.

Der ehemalige Verteidigungsminister und NATO-Generalsekretär in Brüssel, Manfred Wörner (CDU), versprach einem Protestbriefschreiber, sich umzuhören, »wer dieser Steinbach ist«. Auch er empfinde den »Sachverhalt« als »skandalös« und werde versuchen, seinen Einfluss geltend zu machen. Selbst SPD-Parteivorsitzender Hans-Jochen Vogel ließ dem Bund ehemaliger Stalingradkämpfer mitteilen, er habe »mit großer Bestürzung« zur Kenntnis genommen, dass der Berliner Senat »gewisse Verbände« in die Gedenkstätte Deutscher Widerstand aufnehmen wolle. Die

Protestresolution des Vereins ließ er an die SPD-Fraktion im Berliner Abgeordnetenhaus weiterleiten – »mit der Bitte um Kenntnisnahme und weitere Veranlassung«.[120]

Steinbach ließ sich nicht beirren und setzte mit seinen Mitarbeiterinnen und Mitarbeitern die ursprünglichen Pläne um. Zum 45. Jahrestag des 20. Juli 1944, viele Protestbriefe, Eingaben und Erklärungen später, nachdem Steinbach sein Konzept wieder und wieder in Stellungnahmen, Interviews, Artikeln und persönlichen Briefen erläutert hatte, wurde die fertige Ausstellung am 19. Juli 1989 schließlich mit 500 geladenen Gästen bei einer Feier in der Berliner Staatsbibliothek eröffnet. Es wurde ein Eklat.

8. Wiedervereint, wieder getrennt (1989–1993)

Die verpasste Chance

Der Abend des 19. Juli 1989 hätte der glückliche Endpunkt einer monatelangen Kontroverse werden können, wurde aber unversehens zu ihrer Fortsetzung: Rund 500 Gäste waren in den Festsaal der Staatsbibliothek Preußischer Kulturbesitz in Westberlin gekommen, um die fertiggestellte Widerstandsausstellung zu feiern, die am nächsten Tag der Öffentlichkeit vorgestellt werden sollte. Berlins neuer Regierender Bürgermeister Walter Momper (SPD) lobte in seiner Eröffnungsrede ihr integrales Konzept, das »keine einfachen Antworten« liefere, sondern sich »auf die Vielfalt und die Schwierigkeit« seines Gegenstandes einlasse. Dass eine solche Herangehensweise zu Kontroversen führe, sei in einer pluralistischen Gesellschaft »keine Panne, sondern legitim und notwendig« und zeige außerdem, dass es sich »um ein lebendiges geschichtliches Erbe von politischem Gewicht« handle, nicht um erstarrte Gedenkrituale. Trotzdem gebe es inzwischen einen gesellschaftlichen Konsens der Anerkennung: »Vorbei ist die Geschichtsbetrachtung des Kalten Krieges, die in beiden Teilen Deutschlands nur diejenigen Widerstandsgruppen gelten ließ, die der eigenen politischen Richtung nahestanden.«[1]

Eine Viertelstunde später wurden die Anwesenden eines Besseren belehrt, als Hartmut von Hößlin überraschend ans Rednerpult trat. Der Bruder des in Plötzensee hingerichteten Majors Roland von Hößlin hatte sich schon mehrfach in den Streit um die Ausstellung eingeschaltet. Neuerdings kursierte ein Schreiben mit der Überschrift »Historiker ruft Gesetzesbrecher als Zeugen an«, in dem Hößlin eine Verbindungslinie zwischen Steinbachs Ausstellungskonzept und der kurz zuvor erfolgten blutigen Niederschlagung der Studentenproteste am Platz des Himmlischen Friedens in Peking zog.[2] Schwere Geschütze also, und jetzt lud Hößlin nach, der noch kurz vor Kriegsende am 17. April 1945 mit dem Ritterkreuz ausgezeichnet worden war: Die Wandtafeln zum Nationalkomitee Freies Deutschland (NKFD) und dem Bund Deutscher Offiziere (BDO) seien eine Beleidigung aller übrigen Widerstandskämpfer und müssten umgehend entfernt werden, wetterte der 70-Jährige. Es handle sich um »Geschichtsfälschung«, die »Kollaboration in Widerstand« umdeute.[3]

Sein Anliegen werde von der gesamten Familie Stauffenberg und zahlreichen anderen Angehörigen unterstützt, erklärte Hößlin und verlas zum Beweis eine Liste, auf der aber, wie sich später herausstellte, auch Namen wie Boeselager und Hassel standen, die gar nicht unterschrieben hatten.[4] Während er sprach, entstand erhebliche Unruhe, einige Zuhörerinnen und Zuhörer verließen aus Protest den Saal. Erst nachdem sich Momper neben Hößlin gestellt und um Toleranz gegenüber anderen Meinungen gebeten hatte, konnte die Veranstaltung fortgesetzt werden.[5]

Wenige Tage später drohten Nina von Stauffenberg und ihre Kinder damit, ausgestellte Exponate der Familie zurückzuziehen, wenn das NKFD und der BDO nicht aus der Ausstellung verschwänden.[6] In einem offenen Brief forderten sie Bürgermeister Momper auf, entsprechende Schritte einzuleiten, um »das Andenken der deutschen Widerstandskämpfer zu schützen«, die sich in ihrer Gegnerschaft gegen Totalitarismus »jedweder Prägung« einig gewesen seien. Schließlich hätten auch die Sozialdemokraten vor 1933 nicht nur die Nationalsozialisten, sondern auch »die bolschewistisch gleichgeschaltete KPD« bekämpft. »Ein

Henning von Tresckow« hätte die Möglichkeit gehabt, zu den Sowjets überzulaufen, habe aber lieber »den Freitod gewählt«. Solange das NKFD und der BDO in der Ausstellung vorkämen, sei die Gedenkstätte »verfälscht und politisch missbraucht«.[7]

Als der Bundestag wenige Wochen später, am 1. September 1989, in einer Feierstunde des Kriegsbeginns vor 50 Jahren gedachte, waren die weltpolitischen Koordinaten schon dabei, sich zu verschieben, und ausgerechnet in Polen, wo die Wehrmacht ein halbes Jahrhundert zuvor ihren Vernichtungskrieg begonnen hatte, waren erste Risse im Eisernen Vorhang entstanden. Zumindest in der Theorie zeichnete sich die Möglichkeit einer deutschen Wiedervereinigung ab. Dass sie so schnell Wirklichkeit werden würde, hätte zu diesem Zeitpunkt zwar auch der spätere »Kanzler der Einheit« nicht gedacht. In Helmut Kohls Rede[8] klang aber bereits die Hoffnung durch, dass das oft beschworene »Ende der Nachkriegszeit« nun endlich kommen könnte. Vor diesem Hintergrund beschwor Kohl die Notwendigkeit eines neuen Patriotismus, der sich auf jene Werte und Traditionen berufen könne, die vom Nationalsozialismus unberührt geblieben seien. Trotz Auschwitz, Babi Jar, Oradour und Lidice sei diese »Kontinuität« möglich durch »bewusstes Anknüpfen an das Gute, das sich eben nicht zerstören lässt«. Dazu zählten laut Kohl »die freiheitlichen Traditionen in der Geschichte unseres Volkes«, insbesondere der Aufstand vom 20. Juli 1944.

Zwar behauptete Kohl, aus Krieg und NS-Verbrechen erwachse Deutschland eine »besondere Verantwortung«, sagte aber nicht, worin diese bestand. Zugleich war er darauf bedacht, einen möglichst großen Abstand zwischen die Deutschen und den Nationalsozialismus zu legen, etwa indem er umständlich von einem »verbrecherischen Regime« sprach, »das damals die Staats- und Regierungsgewalt in Deutschland innehatte« – als wären die NSDAP und Hitler nicht auf legalem Weg an die Macht gekommen. Schuldig war Kohl zufolge ohnehin nur einer: »Hitler hat den Krieg gewollt, geplant und entfesselt. Daran gibt es nichts zu deuteln.« Im Duktus einer politischen Heldentat fügte er hinzu: »Wir müssen entschieden allen Versuchen entgegentreten, dieses Urteil abzuschwächen. Das ist ein Gebot der Wahrhaftigkeit und des politisch-moralischen Anstands.« Es sei außerdem auch »Gebot eines recht verstandenen Patriotismus«, da sich »Hitlers Vernichtungswille ... zuletzt auch gegen unser eigenes Volk gerichtet« habe. »Im Angesicht der totalen Niederlage wollte er es mit sich in den Abgrund reißen.«

Da war sie wieder, die magische Entlastungsformel: Der Widerstand als gute deutsche Freiheitstradition, die Nationalsozialisten als ominöse Verbrecherbande, die sich zufällig in Deutschland niedergelassen hatte.

Deutschland zweiter Klasse

Zwei Monate später fiel die Mauer, und plötzlich schien alles möglich, selbst ein »recht verstandener Patriotismus«. Das Tempo, mit dem die DDR in sich zusammenfiel und »unter das Glücksrad des Westens« kam, wie es der Kabarettist Wolfgang Neuss schon in den 60er-Jahren formuliert hatte, war allerdings rasant und ließ am Ende keinen Raum mehr für andere Modelle als den schnellen Anschluss. Eine reformierte, demokratische DDR, wie sie vielen Bürgerrechtlern und Bürgerrechtlerinnen vorgeschwebt hatte, war angesichts der Fluchtbewegungen nicht mehr durchsetzbar. Vor allem aber waren jede Alternative und jeder Vorschlag, es zumindest langsamer angehen zu lassen, machtlos gegen die Anziehungskraft des Westens und die vollmundigen Versprechungen aus Bonn. Bei den Montagsdemonstrationen wurde statt »Wir sind das Volk!« bald immer öfter »Wir sind *ein* Volk!« skandiert, und innerhalb weniger Wochen überschlugen sich die Ereignisse.

Schon im Februar 1990 bot Helmut Kohl der damaligen DDR-Regierung eine Wirtschafts- und Währungsunion an; bei der ersten freien Volkskammerwahl am 18. März 1990 gewann die »Allianz für Deutschland«, ein Bündnis aus CDU (die allein auf knapp über 40 Prozent kam), Demokratischem Aufbruch (DA) und Deutscher Sozialer Union (DSU), und errang knapp die Hälfte der 400 Mandate. Bei einer Wahlbeteiligung von 93,4 Prozent hatte sich damit eine Mehrheit für die Wiedervereinigung ausgesprochen. Tatsächlich sollte die erste frei gewählte Volkskammer auch die letzte sein. Noch aber gab es die DDR, und die neue Regierung unter Ministerpräsident Lothar de Maizière (CDU) machte sich daran, sie zu reformieren. Bis zu ihrer Auflösung am 2. Oktober verabschiedete die Volkskammer mehr als 150 Gesetze und gut 100 Beschlüsse, darunter die neue Verfassung und die Neuordnung der Nationalen Volksarmee (NVA).[9]

Diese stand, ähnlich wie die Bundeswehr 1955, vor der Frage, wie der Übergang zur Demokratie zu bewerkstelligen sei, für welche Werte sie nun stehen und in welche Tradition sie sich stellen wollte. Das Wehrdienstgesetz, das die Volkskammer Ende April 1990 beschloss, beinhaltete auch einen neuen Fahneneid: Von nun an würden die Berufssoldaten nicht mehr schwören, »den Sozialismus gegen alle Feinde zu verteidigen« und ihr Leben »zur Erringung des Sieges einzusetzen«; die neue Formel verpflichtete sie stattdessen »zur Erhaltung des Friedens und zum Schutz der Deutschen Demokratischen Republik«.[10]

Um die demokratische Ausrichtung der NVA zu unterstreichen, hatte der ehemalige Bürgerrechtler und jetzige Minister für Abrüstung und Verteidigung Rainer Eppelmann (DA) die Neuvereidigung sämtlicher Truppenteile auf den 20. Juli gelegt. Nach der Zeremonie sollten bei einer Gedenkfeier des Ministeriums in Strausberg Bronzetafeln für Claus von Stauffenberg und Henning von Tresckow enthüllt und zwei Gebäudeteile nach ihnen benannt werden. Damit wolle man »die geistige Auseinandersetzung mit der Vergangenheit« fördern und »politische Akzente« setzen, »die der demokratischen Entwicklung dienlich« seien, hieß es aus Eppelmanns Ministerium.[11]

In Bonn sorgten diese Pläne für Unbehagen: Keinesfalls dürfe der Eindruck entstehen, dass sich die alte Führung der NVA »in die Tradition des militärischen Widerstands gegen die Hitler-Diktatur« und in die Reihen derer stelle, »die aktiv an der Überwindung von mehr als 40 Jahren kommunistischer Unterdrückung mitgewirkt haben«, belehrte die Hardthöhe ihre Amtskollegen in Ostberlin. Das Verteidigungsministerium sei nur dann bereit, eine Delegation zur Gedenkfeier in Strausberg zu schicken, wenn der Bezug zum 20. Juli 1944 als »Ausgangspunkt für die noch zu erfolgende demokratische Umgestaltung der NVA« verstanden werde und nicht als »Generalabsolution und Reinwaschung der NVA«.[12]

Der Berliner Senat und die Stiftung 20. Juli 1944 sahen das Engagement im Osten ebenfalls kritisch. Zum einen fürchteten sie, die Veranstaltung in Strausberg könne der traditionellen Gedenkfeier im Westen die Gäste wegnehmen, zumal sie sich zeitlich überschnitten. Viele Angehörige stießen sich außerdem an der militärischen Ausrichtung der Feier: Ein Fahneneid sei »Sinnbild von Macht, Drohung, Gewalt und Gehorsam«, hieß es in einem Protestbrief an Eppelmann. Auch Uta von Aretin, die Tochter Henning von Tresckows, hielt die Zeremonie »in dem Prozess der friedlichen gegenseitigen Annäherung« für »unzeitgemäß«. Peter Hermes warnte vor der Gefahr einer Überbetonung der militärischen Opposition, die dem Gedenktag nicht gerecht werde, und erinnerte daran, dass der 20. Juli in der Bundesrepublik traditionell für den gesamten Widerstand stehe.[13]

Die Wogen glätteten sich erst, als die Volkskammer am Morgen des Gedenktags eine Stellungnahme verabschiedete, mit der auch sie sich zum »Vermächtnis des 20. Juli 1944« bekannte und erklärte, es verpflichte dazu, sich jeder Art von Diktatur entgegenzustellen. Später nahmen die Volkskammerpräsidentin Sabine Bergmann-Pohl (CDU) und der Oberbürgermeister von Ostberlin, Tino Schwierzina (SPD), an der Gedenkfeier in der Stauffenbergstraße teil, und Regierungschef de Maizière ließ im Ehrenhof einen Kranz mit schwarz-rot-goldener Schleife niederlegen – ohne das Staatswappen der DDR.

Verteidigungsminister Eppelmann hatte die Gedenkfeier in Strausberg auf Druck der Senatskanzlei zeitlich nach hinten geschoben, sodass die Gäste aus Ost und West nun an beiden Veranstaltungen teilnehmen konnten. In dem von ihm erlassenen Tagesbefehl hieß es außerdem, der neue Fahneneid sei »Ausdruck der grundlegenden Veränderungen in unserem Land«. Die NVA-Soldaten gingen mit ihm »die Verpflichtung ein, Befehl und Gehorsam in Übereinstimmung mit Recht und Gewissen zu bringen«, und stünden damit in der Tradition der »Patrioten des 20. Juli«, die »beispielgebend für jeden Soldaten eines demokratischen Staates« seien.[14]

Während seiner Ansprache setzte der Minister aber auch eigene Akzente. So zitierte er aus einer Broschüre zum 20. Juli die Formulierung vom Krieg als zerstörerischer »Furie« und wandte sich gegen solche verschleiernden Umschreibungen: »Für mich war das nicht die Furie. Es waren Menschen, die da vernichteten, sich zum Vernichten missbrauchen ließen.« Die Frauen und Männer, die sich dagegen wehrten, »sich auf die Seite der Opfer schlugen, … zum Widerstand aufriefen oder Widerstand leisteten«, seien keine Verschwörer gewesen, sondern »aufrechte Menschen, die gewissenhaft, rational begründet handelten und dachten«. Menschen, »in deren Tradition wir leben wollen und im November 1989 auch gelebt haben«. Es seien damals »nicht nur einige Pastoren« gewesen, die sich dieser Tradition verpflichtet fühlten, sondern »eben auch einige Offiziere und Soldaten dieser Nationalen Volksarmee«.[15]

Das war ein selbstbewusstes Statement des ehemaligen Pfarrers zu Ehren der Bürgerrechtsbewegung und des epochalen Umbruchs, den sie erstritten hatte. Zumindest zwischen den Zeilen könnte Eppelmanns Ansprache als Kritik an der selbstgerechten Besserwisserei des Bundeskanzlers und anderer westlicher Politiker gemeint gewesen sein, die den Ostdeutschen nicht genug Geschichtsbewusstsein und die nötige politische Reife zutrauten. In der NVA kam der verordnete Traditionswechsel aber nicht bei allen gut an.[16] Ein Oberstleutnant schrieb im *Neuen Deutschland*, bisher sei der 20. Juli für ihn ein Tag der Besinnung »auf den Stolz und die Würde des deutschen Offiziers« gewesen, doch mit dem »beschämenden Akt« der Neuvereidigung habe er nun noch eine andere Bedeutung bekommen: Er und viele andere Offiziere und Soldaten hätten es als Hohn empfunden, zum zweiten Mal ein Treuegelöbnis auf den gleichen Staat ablegen zu müssen, noch dazu, da »dessen Existenz in absehbarer Zeit erlischt«.

Dass zuvor die Truppenfahnen zur Vernichtung abgegeben werden mussten und während der Zeremonie das Staatswappen der DDR von den Uniformen abgetrennt wurde, sei eine weitere Verletzung der Offiziersehre gewesen. In der Vereidigung »auf ein künftiges vereinigtes Deutschland« hätte man noch einen Sinn sehen können, so aber bleibe nur das Gefühl, »dass den Soldaten der DDR bewusst gemacht werden soll, wer sie sind: ein machtloses Nichts«.[17]

Diese Demütigung war symptomatisch für den Umgang mit der DDR und setzte sich in vielen anderen Bereichen fort; auch die Bürgerrechtsbewegung war systematisch an den Rand gedrängt worden. Seit dem 1. Juli war die D-Mark alleiniges Zahlungsmittel im Osten – »Kohl macht es wahr«, hatte die *Bild*-Zeitung gejubelt und den Umtauschkurs in den Nationalfarben gedruckt: »1:1«.[18]

Der Anschluss an die Bundesrepublik war danach kaum mehr als eine Formalie. In der Nacht zum 23. August stimmte die Volkskammer nach langer, emotionaler Debatte mit großer Mehrheit für den Beitritt der DDR zum Geltungsbereich des Grundgesetzes mit Wirkung zum 3. Oktober 1990.

Für Kohl war es jetzt endlich da: das Ende der Nachkriegszeit. Gleich nach der Bekanntgabe des Abstimmungsergebnisses hielt er im Bundestag eine Rede, in der auch der Schlussstrich unter die NS-Zeit vollzogen zu sein schien – mit der bevorstehenden deutschen Einheit hatte sie sich in seinen Augen offenbar als Bezugspunkt erübrigt. Die »Deutschen in Ost und West« hätten in den vergangenen zwölf Monaten bewiesen, »dass sie gegen die Versuchung nationaler Überheblichkeit gefeit« seien, sagte Kohl. Die ehemaligen KZs Sachsenhausen und Buchenwald erwähnte er nur als Beispiele für sowjetische Lager nach 1945 und »das Leid, das die Teilung unseres Vaterlandes über so viele Menschen gebracht hat«. Ihre Überwindung sei den »Landsleuten in der DDR« zu verdanken, die mit Mut, Besonnenheit und Freiheitsliebe ein Beispiel dafür gegeben hätten, »wie sich eine gewaltsame Diktatur friedlich« bezwingen lässt. Das werde »für alle Zeit zu einem der großartigen Kapitel der deutschen Geschichte gehören«[19] – der Mauerfall als neue Stunde Null, vollendet durch die Wiedervereinigung.

Am 24. September 1990 verließ die DDR den Warschauer Pakt, am 2. Oktober löste sich die Volkskammer auf, am Tag darauf war die DDR Geschichte.[20] Im »Zwei-plus-Vier-Vertrag« war die Obergrenze der gesamtdeutschen Streitkräfte auf 370 000 Mann festgelegt worden – 320 000 im Westen, 50 000 im Osten. Mehr als zwei Drittel der NVA-Soldaten würden also ihren Job verlieren. Eppelmann hatte gehofft, dass zumindest von den jüngeren Generälen einige von der Bundeswehr übernommen werden könnten, doch am Ende war es nur ein einziger – im Tausch gegen einen niedrigeren Dienstgrad. Von ehemaligen Generälen der NVA, hatte Verteidigungsminister Gerhard Stoltenberg (CDU) seinem Amtskollegen erklärt, würde ein Soldat der Bundeswehr keine Befehle annehmen.[21]

Die Tinte unter dem Einigungsvertrag war noch nicht trocken, da lief schon der Wahlkampf für die ersten gesamtdeutschen Wahlen am 2. Dezember 1990. Wider besseres Wissen versprachen Kohl, Schäuble und andere Unionspolitiker, die neuen Länder würden sich innerhalb weniger Jahre in »blühende Landschaften« verwandeln.[22] Das Wahlprogramm der CDU (»Ja zu Deutschland – Ja zur Zukunft«) erweckte den Eindruck, als sei die Einheit außerdem ohne größere Opfer zu haben, wenn nur die Marktwirtschaft konsequent durchgesetzt werde. Steuererhöhungen lehnte Kohl vehement ab.[23] Die Entscheidung für die Währungsunion hatte er gegen ausdrückliche Warnungen zahlreicher Sachverständiger und Koalitionskollegen getroffen. Selbst sein Finanzminister Theo Waigel (CSU) hielt den Schritt für zu früh,[24] und Innenminister Wolfgang Schäuble (CDU) schrieb ein Jahr später in seinem Buch über die Einigungsverhandlungen, de Maizière und ihm sei völlig klar gewesen, »dass mit Einführung der Westwährung die DDR-Betriebe schlagartig nicht mehr konkurrenzfähig sein würden«. Genau so kam es. Doch ökonomische oder soziale Erwägungen hatten zurückstehen müssen, um den schlechten Umfrageergebnissen der CDU im Osten aufzuhelfen.[25]

Die erholten sich dank der märchenhaften Versprechen bis zur Wahl wieder, sodass die Union mit 43,8 Prozent der Stimmen stärkste Kraft wurde und zusammen mit der FDP (11 Prozent) wieder die Regierung stellte. Der Kanzlerkandidat der SPD, Oskar Lafontaine, hatte im Wahlkampf auf nationales Pathos verzichtet und vor den finanziellen und gesellschaftlichen Kosten der Einheit gewarnt. Von Staatsverschuldung, Industriebrachen und steigenden Arbeitslosenzahlen wollte man aber weder in Ost- noch in Westdeutschland etwas hören – mit 33,5 Prozent erreichte die SPD ihr schlechtestes Ergebnis seit 1957.[26]

Zu seiner konstituierenden Sitzung kam der neu gewählte Bundestag am 20. Dezember nicht in Bonn, sondern bedeutungsvoll im Berliner Reichstagsgebäude zusammen. Ein halbes Jahr später, am 20. Juni 1991, fiel die Entscheidung für Berlin als neuen Sitz von Parlament und Regierung. In der vorausgegangenen elfstündigen[27] Bundestagsdebatte war es nur am Rande um finanzielle, juristische oder andere praktische Konsequenzen des Umzugs gegangen; im Vordergrund stand die politisch-historische Symbolik, die sich mit der einen wie der anderen Stadt verband. Die Ansichten darüber, wie das zu bewerten sei, gingen massiv auseinander und verliefen zur Überraschung aller Abgeordneten nicht entlang der gewohnten Parteigrenzen:[28] Ulrich Briefs von der PDS, wie die SED nun hieß, beispielsweise argumentierte, anders als die Mehrheit seiner Fraktion, gegen Berlin, weil es die »Hauptstadt des unmenschlichsten politischen Terrorsystems der gesamten Menschheitsgeschichte« gewesen sei. »Brunnenvergifter!«, tönte es daraufhin aus den Reihen der CDU/CSU. Das werde auch nicht, fuhr Briefs fort, »durch den Widerstand von Arbeitern und Krankenschwestern« oder »den späten Widerstand der Offiziere des 20. Juli aufgewogen«.[29]

Gregor Gysi (PDS) hingegen argumentierte für Berlin als Signal an den Osten, da sich in der einst geteilten Stadt die Probleme der Vereinigung widerspiegelten. Gerhart Baum (FDP) erinnerte daran, dass Bonn »für 40 Jahre erfolgreiche Demokratie« stehe, und plädierte wie Norbert Blüm (CDU) für eine Aufgabenteilung zwischen beiden Städten, während sich Willy Brandt (SPD) für Berlin aussprach – um Wort zu halten, wie er sagte, und »so nahe wie möglich an dem zu bleiben«, was der Bundestag seit 1949 versprochen hatte. Am Ende war es wohl Wolfgang Schäuble (CDU), der den entscheidenden Gedanken in die Debatte brachte, deren Tragweite, wie Brandt zutreffend anmerkte, den Abgeordneten erst in ihrem Verlauf bewusst geworden war: Es sei kein »Wettkampf zwischen zwei Städten«, sagte Schäuble, in Wahrheit gehe es bei dieser Entscheidung »um die Zukunft Deutschlands«. Wenn man die Teilung überwinden wolle, könne »auch in den sogenannten alten Bundesländern … nicht alles so bleiben, wie es ist«. Man müsse gemeinsam die Veränderungen tragen, die sich durch die deutsche Einheit ergeben. Diese sei zustande gekommen, »weil Europa seine Teilung überwinden wollte«. Eine Entscheidung für Berlin sei darum »auch eine Entscheidung für die Überwindung der Teilung Europas«.

Das Sitzungsprotokoll verzeichnet lang anhaltenden Beifall aus allen Parteien, viele Abgeordnete erhoben sich. Bei der namentlichen Abstimmung, für die der Fraktionszwang aufgehoben war, schlug die ursprüngliche Mehrheit für Bonn[30] um in ein knappes Votum für Berlin.

Die Antwort auf rechte Gewalt? Einschränkung des Asylrechts

In der Bevölkerung war die Euphorie der Wiedervereinigung unterdessen der ernüchternden Erkenntnis gewichen, dass es mit den »blühenden Landschaften« wohl doch noch dauern werde. Als Brandenburgs Ministerpräsident Manfred Stolpe (SPD) am 20. Juli 1991 in Plötzensee die zentrale Ansprache hielt, zog auch er, wie es inzwischen üblich geworden war, eine Verbindungslinie von den NS-Regimegegnern zur deutschen Einheit: »Hitler hatte das eine Deutschland verspielt. Die Frauen und Männer des Widerstands … haben uns ein Anrecht auf die Deutsche Einheit erhalten.« Ihr Aufstand gegen die »massenmörderische Tyrannei« und »der bewusste Opfertod für die Nachgeborenen sind eine politische und moralische Legitimation für das neue gemeinsame Deutschland!«.[31]

Zwischen der quasi-religiösen Theatralik wurde Stolpe jedoch auch konkret und erinnerte daran, dass der 20. Juli zugleich ein Versuch gewesen sei, »sich aus den Folgen des eigenen politischen Versagens zu befreien«. Heute sehe man im Osten nun »scheinbar harmlose Anzeichen neonazistischer Verhaltensweisen«. Diese gingen zwar von einer kleinen Minderheit aus, seien aber »ein unübersehbares Warnsignal«, das sich erheblich verstärken könne, wenn es nicht ernst genommen und wenn jetzt »nicht alles getan wird, was vor sechs Jahrzehnten in Deutschland unterblieb«.[32]

Wenige Wochen später gaben ihm die pogromähnlichen Ausschreitungen in der sächsischen Stadt Hoyerswerda auf furchtbare Weise recht: Rechtsextreme Jugendliche griffen dort am 17. September 1991 vietnamesische Vertragsarbeiter an und bewarfen das Haus mit Steinen und Molotowcocktails, in dem sie und andere Arbeiter aus Vietnam und Mosambik lebten. Die Polizei griff nur zögerlich ein, und in den folgenden Tagen wuchs der Mob aus Gewaltbereiten, Unterstützern und Schaulustigen zeitweise auf bis zu 500 Personen an. Erst nach drei Tagen riegelte die Polizei das Haus ab, woraufhin der Tross zu einem Asylbewerberheim weiterzog, in dem 200 Geflüchtete untergebracht waren, um auch dieses mit Stahlkugeln und Brandsätzen zu attackieren. Drei Tage lang tobte die Gewalt, dann evakuierte die Polizei die Bewohner mit Bussen – gefeiert von Rechtsextremen, die erklärten, dass Hoyerswerda nun »ausländerfrei« sei.[33]

Jetzt wäre die Gelegenheit gewesen, zu zeigen, wie ernst man es all die Jahre gemeint hatte mit den Elogen auf das »Vermächtnis« des Widerstands, die »Majestät des Rechts« und die Menschlichkeit. Die sich christlich nennende Union entschied sich stattdessen, nach alter Tradition Täter und Opfer zu vertauschen, und wertete die Ausschreitungen als Beweis für die Existenz eines »Ausländerproblems«. Erst wenige Tage vor den Gewaltexzessen in Sachsen hatte CDU-Generalsekretär Volker Rühe seine Partei dazu aufgerufen, »die Asylpolitik zum Thema zu machen und die SPD dort herauszufordern«. Da kamen die Ereignisse gar nicht so unrecht.[34] Der zunehmende Erfolg der Republikaner und der ebenfalls rechtsextremen Deutschen Volksunion (DVU) lieferte zusätzliche Argumente. Nach den Landtagswahlen in Baden-Württemberg und Schleswig-Holstein am 5. April 1992 stellten sie die jeweils drittstärkste Fraktion in den beiden Landesparlamenten.[35] Laut einer Umfrage des Emnid-Instituts sahen zu dieser Zeit 42 Prozent der Deutschen im Nationalsozialismus »gute und schlechte Seiten«; 27 Prozent waren der Ansicht, Hitler sei, abgesehen von Krieg und Judenverfolgung, »ein großer Staatsmann« gewesen; 62 Prozent wünschten sich einen Schlussstrich unter die Vergangenheit.[36]

Im August 1992 griffen Neonazis im Rostocker Stadtteil Lichtenhagen ein Asylbewerberheim und ein Wohnheim an, in dem ehemalige Vertragsarbeiter aus Vietnam wohnten. Wieder sah die Polizei tatenlos zu, wieder dauerten die Ausschreitungen volle vier Tage, wieder applaudierten umstehende Bürgerinnen und Bürger. Doch wer selbst nach den Wahlergebnissen in Baden-Württemberg und Schleswig-Holstein noch geglaubt hatte, Rechtsextreme seien ein Phänomen der neuen Länder, wurde spätestens im November eines Besseren belehrt, als bei einem nächtlichen Anschlag auf zwei von türkischen Familien bewohnte Häuser im schleswig-holsteinischen Mölln neun Menschen schwer verletzt wurden und eine Frau und zwei Mädchen verbrannten.[37] In Mölln versammelten sich noch am selben Tag mehrere tausend Menschen zu einem Schweigemarsch,[38] an der Trauerfeier für die Opfer nahmen in Hamburg mehr als 10 000 Bürgerinnen und Bürger teil,[39] nicht jedoch Helmut Kohl und Innenminister

Rudolf Seiters (CDU). Darauf angesprochen, verwies Regierungssprecher Dieter Vogel bei einer Pressekonferenz auf die »weiß Gott anderen wichtigen Termine«. Im Übrigen wolle die Bundesregierung nicht in »Beileidstourismus ausbrechen«.[40]

Die Serie rassistischer Gewalttaten riss nicht ab – Attentate gegen Flüchtlingsunterkünfte, zahlreiche tödliche Übergriffe, dazu Bombenanschläge auf jüdische Mahnmale.[41] Hatte der Verfassungsschutz in den Jahren vor 1989 im Schnitt 250 »Vorkommnisse mit fremdenfeindlichem Hintergrund« registriert, waren es 1991 schon 961 und im folgenden Jahr 1163. Allein 1992 wurden 17 Menschen durch Angriffe von Neonazis getötet und Hunderte verletzt.[42] Zehntausende Deutsche gingen dagegen auf die Straße, stellten sich schützend vor Flüchtlingsunterkünfte, versammelten sich zu Mahnwachen, Trauergottesdiensten und Lichterketten. Die weit überwiegende Mehrheit verurteilte die rassistischen Gewalttaten.

Immerhin 13 Prozent sahen sie aber als »berechtigten Ausdruck des Volkszorns«,[43] denn mit der seit einiger Zeit massiv steigenden Zahl von Geflüchteten waren auch die Probleme der Kommunen gewachsen, diese angemessen unterzubringen. Die CDU drängte darum schon seit Langem auf eine Änderung des Grundgesetzes, das seit 1949 in Artikel 16 mit schlichter Eindeutigkeit garantierte: »Politisch Verfolgte genießen Asylrecht.« Die Formulierung war ein Vorschlag des SPD-Politikers Carlo Schmid gewesen, der damals zusammen mit Hermann von Mangoldt (CDU) die Mitglieder des Parlamentarischen Rates von der Notwendigkeit eines uneingeschränkten Asylrechts überzeugt hatte. Hintergrund war die Tatsache, dass viele Verfolgte das »Dritte Reich« nur überlebt hatten, weil sie in andere Länder fliehen konnten. Die gerade von konservativen Politikern so gern herbeikonstruierte Verbindungslinie zwischen dem deutschen Widerstand und dem Grundgesetz – bei Artikel 16 gab es sie wirklich. Das hinderte sie aber nicht, ausgerechnet dort die Axt anzulegen.[44]

Die Bevölkerung müsse vor der »totalen Überforderung« durch Flüchtlinge geschützt werden, erklärte Bayerns Innenminister Edmund Stoiber (CSU). Asyl müsse zum Gnadenrecht werden, sonst bekämen »rechtsradikale Organisationen Aufwind«.[45] Immer häufiger fielen jetzt Begriffe wie »Asylantenstrom«, »Asylmissbrauch« oder »Wirtschaftsflüchtling«. Damit ließ sich Stimmung machen – auch gegen den politischen Gegner: Wenn sich die SPD weiterhin einer Änderung des Grundgesetzes verweigere, drohte Rühe, werde »jeder Asylant« zum »SPD-Asylanten«. Unter dem Druck sozialdemokratischer Kommunalpolitiker, des aufgeheizten öffentlichen Diskurses und der Rekordzahl von fast 440 000 Asylbewerbern gab die SPD schließlich ihren Widerstand auf[46] und machte den Weg frei für die für eine Grundgesetzänderung nötige Zweidrittelmehrheit: Am 6. Dezember 1992 einigte sie sich mit der Regierungskoalition auf den sogenannten Asylkompromiss, dessen Kern darin bestand, Flüchtende zurückschicken zu können, wenn sie über einen »sicheren Drittstaat« eingereist waren. Damit würde bei der Entscheidung über einen Asylantrag nicht mehr der Fluchtgrund, sondern der Fluchtweg ausschlaggebend sein. Der Erfolg dieser Regelung, freute sich Stoiber, liege darin, dass nun jeder an der Grenze abgewiesen werden könne, »ob er nun asylberechtigt ist oder nicht«.[47]

Ihm sei »der gewohnte politische Betrieb kaum noch erträglich«, bekannte der ostdeutsche SPD-Abgeordnete Wolfgang Thierse kurz darauf im Bundestag. Er erscheine ihm »gänzlich unangemessen« angesichts des Wiederauflebens des schlimmsten deutschen Ungeistes, des Hasses, der Morde, der Menschenverachtung und der Gefährdung der Demokratie. Als wäre »alles umsonst gewesen, die millionenfachen Opfer des deutschen

Faschismus« ebenso wie »die schrecklichste Erfahrung, die ein Volk gemacht haben kann, nämlich ein Volk voller Täter gewesen zu sein«.[48]

Am 26. Mai 1993 verabschiedete der von Demonstranten belagerte Bundestag die Änderung von Artikel 16 des Grundgesetzes. Drei Tage später zündeten rechtsradikale Jugendliche im nordrhein-westfälischen Solingen das Haus der türkischen Familie Genç an. Fünf Frauen und ein fünfjähriges Mädchen kamen dabei ums Leben. 17 weitere Bewohner, darunter zwei Kinder und ein Säugling, erlitten schwerste Brandverletzungen.[49]

* * *

Seit der »Wende« waren in der DDR nicht nur Statuen von Karl Marx oder Lenin aus dem Stadtbild und Honecker-Porträts aus den Amtsstuben verschwunden, auch viele Straßen, Plätze, Jugendeinrichtungen und Schulen trugen inzwischen andere Namen, weil sie politisch nicht mehr genehm waren. Das betraf Straßen der »deutsch-sowjetischen Freundschaft« und Plätze der »Pioniere«; getilgt wurden aber auch die Namen zahlreicher Widerstandskämpfer, weil sie Kommunisten gewesen waren wie Hilde Coppi, Werner Seelenbinder und Käthe Niederkirchner – oder dafür gehalten wurden wie Harro Schulze-Boysen.[50] Mit der Übernahme der NVA in die Bundeswehr wurden außerdem, auf Bonner Geheiß, die Namen sämtlicher Ostkasernen getilgt, darunter auch diejenigen von Widerstandskämpfern wie Wilhelm Leuschner,[51] den Arzt Georg Groscurth, Rudolf Breitscheid oder Arvid Harnack.[52]

Um Harnack und seine Frau Mildred hatte sich Mitte der 1930er-Jahre in Berlin ein Kreis befreundeter Regimegegnerinnen und -gegner gebildet, zu dem auch Harro Schulze-Boysen und dessen Frau Libertas gehörten. Harnack war im Wirtschaftsministerium, Schulze-Boysen im Luftfahrtministerium angestellt. Über persönliche Kontakte erweiterte sich die Gruppe mit der Zeit zu einem Netzwerk mehrerer Widerstandskreise, dem über 150 Frauen und Männer verschiedenster Berufe, sozialer Herkünfte und Weltanschauungen angehörten. Sie diskutierten politische Fragen, halfen Verfolgten und Zwangsarbeitern, sammelten Beweise, um nationalsozialistische Verbrechen zu dokumentieren, und wandten sich mit anonymen Flugblättern und Klebezetteln an die Öffentlichkeit. Harnack und Schulze-Boysen nutzten ihre beruflichen Positionen, um außerdem interne Informationen an den sowjetischen und den amerikanischen Geheimdienst weiterzugeben. Im Frühjahr 1941 warnten sie die Sowjetunion vor dem bevorstehenden Überfall der Wehrmacht, doch man glaubte ihnen nicht.

Als die Gestapo im Sommer 1942 die Widerstandsorganisation Harnack/Schulze-Boysen aufdecken konnte und gegen sie zu ermitteln begann, gab sie ihr den Namen »Rote Kapelle«. Die Untersuchungsergebnisse mussten die NS-Führung erheblich beunruhigen, denn es stellte sich heraus, dass die Gruppe in keine Schublade passte und viele Mitglieder zudem aus Gesellschaftsschichten kamen, die bisher als durchweg loyal eingeschätzt worden waren. Die Ermittlungen, in die Hitler und Göring auch persönlich eingriffen, unterlagen darum strikter Geheimhaltung und liefen auf die Einstufung der Gruppe als Teil des sowjetischen Spionagenetzes hinaus. In der Prozessserie vor dem Reichskriegsgericht und dem Volksgerichtshof wurde den über hundert Angeklagten »bezahlter Landesverrat« vorgeworfen. VGH-Präsident Roland Freisler und Generalrichter Manfred Roeder verurteilten mehr als 50 von ihnen zum Tode, darunter Jugendliche und Mütter von Kleinkindern.[53] Statt der bisher üblichen Enthauptungen befahl Hitler den qualvolleren Tod durch Erhängen. So starben die Ehepaare Schulze-Boysen und Harnack in Plötzensee an den Fleischerhaken wie später die Beteiligten des 20. Juli 1944.

Manfred Roeder war in der Nachkriegszeit – nachdem strafrechtliche Ermittlungen gegen ihn eingestellt worden waren – in die hessische Lokalpolitik gegangen, erhielt als Generalrichter a. D. eine stattliche Pension und starb 1971 als geachtete Persönlichkeit.[54] Den Frauen und Männern der »Roten Kapelle« aber hingen die Diffamierungen ihrer Verfolger und Henker bis weit in die 80er-Jahre nach, was unter anderem daran lag, dass Roeder sie erst gegenüber dem amerikanischen Geheimdienst, später dann bis zu seinem Tod in Vorträgen und Büchern persönlich weiterverbreitet hatte.

In der DDR wurden die Mitglieder der Harnack/Schulze-Boysen-Gruppe wegen ihrer Verbindungen zur Sowjetunion als »Kundschafter« gefeiert und damit auf einen nur sehr geringen Teil ihrer Aktionen reduziert. Ihr Mythos spielte in der Propaganda der DDR und bei der »Traditionspflege« des Ministeriums für Staatssicherheit (MfS) eine wichtige Rolle.[55] Auf Vorschlag des MfS war 1969 beispielsweise Schulze-Boysen, Harnack und anderen Mitgliedern der Roten Kapelle postum der Rotbannerorden der Sowjetunion verliehen worden.[56] Die Instrumentalisierung der Roten Kapelle durch die DDR-Führung war für die bundesrepublikanische Öffentlichkeit ein Grund mehr, die Gruppe abzulehnen.

Die Dauerausstellung im Bendlerblock hatte die Rote Kapelle von Anfang an als das dokumentiert, was sie war: eine der größten und vielfältigsten deutschen Widerstandsgruppen. Das Stigma »kommunistische Landesverräter« war dennoch wirksam geblieben und hatte 1987 zu einer heftigen Auseinandersetzung um ihre Einbeziehung in die Ausstellung geführt. Mit neuem Quellenmaterial, das durch den Umbruch in Osteuropa zugänglich geworden war, wurde dieser Bereich 1992 aber sogar noch ausgebaut.

50 Jahre nach der Verhaftung ihrer Mitglieder konnte nun außer der Widerstandstätigkeit der Roten Kapelle auch die Geschichte ihrer systematischen Verleumdung dokumentiert und die langlebigen Diffamierungen endgültig widerlegt werden.[57]

Auch in Bezug auf das NKFD und den BDO war die Gedenkstellenleitung bei ihrer Haltung geblieben und hatte die betreffenden Wandtafeln trotz der massiven Proteste und des politischen Drucks nicht entfernt. Die Ausstellung sollte weiterhin sämtliche Formen der NS-Gegnerschaft dokumentieren, unabhängig davon, wie ihre Akteurinnen und Akteure im Nachhinein beurteilt wurden – für Peter Steinbach gerade jetzt, wo die beiden Staaten zusammenwachsen sollten, ein Anliegen von aktueller politischer Relevanz.

Volker Rühe, inzwischen Verteidigungsminister, sah das ganz anders und gab, als er im September 1993 seine Berliner Diensträume im Bendlerblock bezog, seiner persönlichen Meinung den Anstrich einer regierungsamtlichen Stellungnahme. Er kritisierte, dass die Ausstellung, »die dieses Gebäude beherbergt«, auch Ulbricht, Pieck und »andere Machthaber der späteren DDR« dokumentiere, und erklärte: »Menschen, die ein Unrechtsregime nur durch ein anderes ersetzt haben und damit Unglück … über Millionen Landleute brachten«, verdienten es nicht, »an gleicher Stelle und in einem Atemzug« mit Männern wie Stauffenberg oder Goerdeler geehrt zu werden«. Die »kommunistischen Gründer der DDR« hätten aus ihrem Kampf gegen Hitler »keine bleibenden Lehren für die Zukunft« gezogen, die Bundeswehr »als Armee des demokratischen Deutschlands will nichts mit den Namen dieser Leute zu tun haben«.[58]

Derweil trugen nach wie vor 30 Bundeswehrkasernen den Namen von Wehrmachtsoffizieren, darunter etliche, die beim besten Willen nicht zum Widerstand zu zählen waren – allen voran Generaloberst Eduard Dietl, seit 1964 Namenspatron der Gebirgsjägerkaserne in Füssen. Zu dessen politischer Verortung hätte es nicht der Studie bedurft, die das Verteidigungsministerium schon 1988 beim Militärgeschichtlichen Forschungsamt in Auftrag gegeben hatte und seitdem unter Verschluss hielt: Ein Blick auf den Tagesbefehl, den die Wehrmacht anlässlich seines Todes ausgegeben hatte, hätte genügt: »Als fanatischer Nationalsozialist hat sich Generaloberst Dietl in unwandelbarer Treue und leidenschaftlichem Glauben seit Beginn des Kampfes unserer Bewegung für das Großdeutsche Reich persönlich eingesetzt.« Hitler selbst hatte 1944 die Trauerrede für seinen Lieblingsgeneral und »treuen Freund« gehalten:[59] Dietl sei »der erste Offizier der deutschen Wehrmacht, der in meine Gedankenwelt eingedrungen war und sich blind und ohne Kompromisse zu ihr bekannte«.[60] In Füssen kämpfte eine Bürgerinitiative seit Jahren für die Umbenennung der Kaserne, wofür ihre Mitglieder vor Ort angefeindet und von Politikern abgebügelt wurden.[61] Nicht besser stand es um die Kaserne in Mittenwald, benannt nach General Ludwig Kübler, der sich im Ostfeldzug mit Massenerschießungen hervorgetan hatte.

Mit den Namen *dieser* Leute hatte Rühe offenbar keine Probleme. Auch die Geschichte des Gebäudes, das in Zukunft das Verteidigungsministerium beherbergen sollte, schien ihm kein Kopfzerbrechen zu bereiten. Vielleicht überstrahlte aus Sicht des Ministers die Nähe zur Hinrichtungsstätte Stauffenbergs die Tatsache, dass der wuchtige Komplex zwischen Landwehrkanal und früherer Bendlerstraße während der NS-Zeit Sitz des OKH (Oberkommandos des Heeres) gewesen war und daher als historischer Schauplatz auch für andere Ereignisse als den 20. Juli 1944 steht. Für die Ansprache Hitlers an die Heeresleitung vom 3. Februar 1933 zum Beispiel, bei der er den versammelten Generälen seine Pläne zur Eroberung von »Lebensraum im Osten« und der »Ausrottung des Marxismus mit Stumpf und Stiel« darlegte.[62]

60 Jahre später, die Heldentoten per Traditionsbeschluss an der Seite, musste man sich mit so etwas nicht mehr auseinandersetzen – Hauptsache, man bekam etwas ab vom heiligen Schimmer des »Aufstands des Gewissens« und konnte sich von allem distanzieren, was vermeintlich weniger oder gar nichts wert war.

»Für immer ehrlos«: keine Gnade für Deserteure

»Wehrmacht«, hatte Bundeswehr-Generalinspekteur Klaus Naumann erklärt, »das ist ohne Frage gleichzusetzen mit jener vorzüglichen Truppe, die Unvorstellbares im Krieg zu leisten und zu erleiden hatte.« Sie stehe »für Bewährung in äußerster Not«, die »Verehrung von Vorgesetzten, für Kameraden- und Opfertod«.[63] Vor diesem Hintergrund war es nicht verwunderlich, dass Soldaten, die dem Opfertod nichts hatten abgewinnen können und der »vorzüglichen Truppe« während des Krieges den Rücken kehrten, der Bundeswehr als Verräter galten. Und nicht nur ihr: Seit den 80er-Jahren waren zwar dank privater Initiativen vereinzelt Denkmäler für Deserteure aufgestellt worden, doch waren diese stets hoch umstritten und mussten, nicht zuletzt auf politischen Druck, meist wieder abgebaut werden.

Besonders viel Wirbel hatte es über Jahre und den Fall der Mauer hinweg um ein Denkmal in Bonn gegeben, das ein Bündnis aus linken Parteien, dem DGB und evangelischen Kirchenkreisen 1988 in der damaligen Bundeshauptstadt errichten wollte.[64] Oberbürgermeister Hans Daniels (CDU) hatte damals versprochen, alles zu tun, um die Sache zu verhindern. Mit ihm werde es ein Denkmal, »das die Fahnenflucht verherrlicht«, nicht geben. Wolfgang Bötsch, Parlamentarischer Geschäftsführer der CDU/CSU-Bundestagsfraktion, sekundierte: »Deserteure sind Menschen, die sich der Verantwortung für die Gemeinschaft entziehen. Sie herauszustellen und zu ehren, wäre eine Persiflage auf alle Deutschen, die ihrer Pflicht getreu nachgekommen sind.« Selbst die SPD stimmte gegen die Aufstellung des Denkmals.[65] Das Bundesverwaltungsgericht erlaubte sie schließlich als »Demonstrationsmittel«, bleiben durfte die Skulptur trotzdem nicht. Mehrfach wurde sie umgesetzt, stand ein Vierteljahr bei der Evangelischen Studentengemeinde, dann vor der Parteizentrale von Bündnis 90/Die Grünen. Am 1. September 1990 wurde sie schließlich in Potsdam aufgestellt – die Stadtverordnetenversammlung hatte dem Antrag mit großer Mehrheit zugestimmt.[66]

Für die Friedensbewegung war das Denkmal ein wichtiger Anlaufpunkt für Kundgebungen und Aktionen, die Stadtverwaltung aber erreichten regelmäßig Protestbriefe ehemaliger Soldaten, die es als »Schandfleck« bezeichneten. Viele Konservative empfanden es gerade in der einstigen Garnisonsstadt als Verunglimpfung preußischer Traditionen; immer wieder wurde die Skulptur beschmiert und angekokelt.[67] Von einer gesellschaftlichen Anerkennung der Desertion als legitimer Entscheidung oder gar als Widerstand gegen einen verbrecherischen Krieg konnte keine Rede sein.

Das spiegelte sich auch in der Rechtsprechung wider, die von NS-Militärgerichten verurteilten Soldaten oder deren Hinterbliebenen Entschädigungszahlungen verwehrte. Dabei argumentierten die Richter meist damit, dass die Bestrafungen für Fahnenflucht, Kriegsdienstverweigerung oder »Wehrkraftzersetzung« nach damaligem Militärstrafrecht üblich und daher »kein offensichtliches Unrecht« gewesen seien.[68] Die Bundesregierung hatte sich dieser Einschätzung angeschlossen und erklärt, die Urteile der NS-Militärjustiz hätten »im allgemeinen nicht gegen rechtsstaatliche Grundsätze verstoßen«. Darüber hinaus hätten »solche Handlungen« während des Krieges auch in demokratischen Ländern unter Strafe gestanden. Dass die Briten im Zweiten Weltkrieg nur ein einziges Todesurteil wegen Desertion vollstreckt hatten, die Deutschen aber weit über 10 000, scheint bei diesen

Überlegungen keine Rolle gespielt zu haben. Ebenso wenig wie die Frage, ob die nationalsozialistische Strafpraxis überhaupt das Urteil »rechtsstaatlich« verdient.[69]

SPD, Grüne und einige Abgeordnete der FDP setzten sich seit Jahren dafür ein, das Bundesentschädigungsgesetz (BEG) auf Deserteure und andere Verfolgtengruppen auszuweiten, die bisher davon ausgeschlossen waren. Wie die Regierung zu solchen Rehabilitierungsversuchen stand, lässt sich an der Antwort auf eine Kleine Anfrage der Grünen-Abgeordneten Antje Vollmer vom Juli 1989 ablesen: Spreche etwas dagegen, hatte sie gefragt, Kriegsdienstverweigerer und Deserteure »genauso zu achten wie Widerstandskämpfer gegen den Nationalsozialismus«? Wie beurteile die Regierung in diesem Zusammenhang die Argumentation der Stadt Bonn, dass die Aufstellung eines entsprechenden Denkmals all jene verhöhnen würde, die als Soldaten »in den Kriegen der Vergangenheit in der Überzeugung gekämpft haben, ihrem Vaterland zu dienen«?

Die Antwort fiel knapp und unmissverständlich aus: Eine »Gleichsetzung« von Widerstand mit Kriegsdienstverweigerung oder Fahnenflucht sei gemäß des BEG »nicht möglich«. Die Regierung teile die Auffassung der Stadt Bonn.[70]

Daran änderte auch ein spektakuläres Urteil des Bundessozialgerichts (BSG) nichts, das von allen, die für die Rehabilitierung der Militärgerichtsopfer kämpften, als bahnbrechend eingestuft wurde: Das Gericht war zu dem Schluss gekommen, dass die Todesurteile der Wehrmachtsgerichte »offensichtlich unrechtmäßig« gewesen seien, und hatte das juristisch und mit ausführlichen Verweisen auf die militärhistorische Forschung begründet.[71] Geklagt hatte die Witwe eines Mannes, der Ende Februar 1945 im bereits von Sowjettruppen eingeschlossenen Breslau hingerichtet worden war. Die Hinterbliebenenrente war ihr mit der Begründung versagt worden, dass Fahnenflucht eine »schwerwiegende Straftat« sei. Gerade in der letzten Phase des Krieges sei »die Wehrmachtführung auf die Kampfkraft der Truppe angewiesen« gewesen, sodass die Höchststrafe gerechtfertigt gewesen sei. Das BSG hatte das zurückgewiesen und klargestellt, dass die Todesstrafe in der Militärjustiz »so zwangsläufig verhängt« worden sei »wie in den Urteilen des Volksgerichtshofs«.[72]

Wenn einem zum Tode verurteilten General, der sich »aus rein militärischer Überzeugung« an der Vorbereitung des 20. Juli 1944 beteiligt hatte, nach heutiger Rechtsauffassung Unrecht geschah, müsse das auch für einen Soldaten gelten, der im Vergleich einen viel unbedeutenderen Akt des Ungehorsams begangen hat. Angesichts eines Staates, der einen »völkerrechtswidrigen Krieg« führte und schon bloßes Nichtgehorchen mit Todesstrafe ahndete, seien rückschauend auch Befehlsverweigerung oder das Verlassen der Truppe »als Widerstand gegen ein Unrechtsregime« zu werten, der nicht von der Entschädigung ausgeschlossen werden dürfe. Hielte man die »massenhaft und zur Abschreckung« verhängten Todesurteile für rechtmäßig, entspreche das »der für die Kriegszeit typischen Geisteshaltung«.[73]

Diese Klarstellung eines der obersten deutschen Gerichte war mehr als deutlich – für die Bundesregierung aber immer noch kein Anlass zu handeln. Auch zwei Jahre nach dem Urteil ignorierte die christlich-liberale Regierung weiterhin alle Anträge, die SPD und Bündnis 90/Die Grünen dazu einbrachten. Lediglich Arbeitsminister Norbert Blüm (CDU) hatte der Vereinigung »Opfer der NS-Militärjustiz« zugesagt, das BSG-Urteil in seinem Ressort durchsetzen zu wollen.[74] Das war ein Anfang. Noch aber stand er in der Koalition damit auf ebenso verlorenem Posten wie der FDP-Bundestagsabgeordnete Wolfgang Lüder. Dessen Kritik an Strauß' Hassrhetorik hatte am 20. Juli 1980 ein politisches Erdbeben ausgelöst, das Lüder fast sein damaliges Amt als Stellvertreter des Regierenden Bürgermeisters von Berlin gekostet hätte.

Jetzt nahm er erneut den bevorstehenden Jahrestag zum Anlass, sich gegen die konservative Mehrheitsmeinung zu stellen, und beklagte in einer schriftlichen Stellungnahme, dass es für »die tausendfach verurteilten kleinen Leute des Widerstandes« kein ehrendes Gedenken gebe. Doch »nicht nur der Mordversuch am Führer durch Offiziere, sondern auch die Fahnenflucht des Soldaten aus der Gefolgschaft« verdiene Respekt. Leider existiere im Parlament noch immer kein Konsens darüber, dass die »Zersetzung der Wehrkraft der deutschen Diktatur ehrenwertes Widerstandsverhalten war«. Die Gedenkfeiern zum 20. Juli böten die Chance, »der Bundesrepublik in dieser Debatte wieder Glaubwürdigkeit zu verleihen«.

Wenn nach der Sommerpause über eine entsprechende Gesetzesänderung abgestimmt werde, sei man gut beraten, sich nicht dem Antrag der Regierungskoalition, sondern dem der Opposition anzuschließen, weil dieser Text die »einfachen Widerständler« berücksichtige und so »der Verpflichtung gerecht wird, die Deutschland gegenüber den Opfern des 20. Juli auf sich genommen hat«. Anfang September werde der Deutsche Bundestag also Gelegenheit haben, »sein Bekenntnis zu den Widerständlern des 20. Juli durch Rehabilitation der Opfer der NS-Militärjustiz zu vollenden«.[75] Daraus wurde nichts: Die betreffende Aussprache im Bundestag endete ohne Ergebnis – wieder einmal hatte die Regierungsmehrheit eine Gesetzesänderung verhindert.[76]

Großes Engagement zeigte der Kanzler hingegen, wenn es darum ging, seine Geschichtspolitik durchzusetzen. So hatten er und sein Stab seit Jahren mit großer Sorge die Pläne der USA verfolgt, in Washington ein Museum über den Holocaust zu bauen. Weil man um das Ansehen Deutschlands fürchtete, hatte die Bundesregierung sogar die Kuratoren des Museums zu überreden versucht, die deutsche Nachkriegsgeschichte in die Ausstellung mitaufzunehmen, um zu zeigen, dass die Deutschen aus der

Geschichte gelernt hätten. Mit dieser Mission hatte der Kanzler passenderweise seinen Parteikollegen Peter Petersen betraut, der als 18-Jähriger 1944 in die NSDAP eingetreten war[77] und die Meinung vertrat, man müsse »die einflussreichen Juden in Amerika befriedigen oder mindestens neutralisieren«, sonst würde das deutsch-amerikanische Verhältnis »vergiftet werden«.[78] Wie sich herausstellte, wäre man in Bonn sogar bereit gewesen, Geld für die Umsetzung der deutschen Wünsche zu zahlen, doch die Amerikaner blieben bei ihrem Konzept; das Museum wurde 1993 eröffnet.[79]

Gedenken nach Kohls Geschmack: die Neue Wache

Wenigstens im eigenen Land wollte Kohl die Zügel in der Hand behalten und betrieb darum konsequent weiter seine Pläne für das Bonner Haus der Geschichte und das Deutsche Historische Museum in Berlin. Bei der Zentralen Gedenkstätte der Bundesrepublik Deutschland für die Opfer von Krieg und Gewaltherrschaft hatte er seinen Willen bereits durchgepaukt: Per Kabinettsbeschluss und ohne öffentliche Ausschreibung war die Neue Woche Unter den Linden nach seinen Vorstellungen gestaltet worden. Wie geplant fand die Einweihung am Volkstrauertag, dem 14. November 1993, statt, musste aber von der Polizei weiträumig abgesichert werden, da zahlreiche Demonstranten und Demonstrantinnen erschienen waren, die Projekt und Umsetzung ablehnten. Demonstrativ nicht erschienen war hingegen der Vorsitzende des Zentralrats der Juden Ignatz Bubis – eine Peinlichkeit für die Bundesregierung. Sie hätte es besser wissen können, denn die Empörung war alles andere als neu: Ein ähnliches Vorhaben war bereits einige Jahre zuvor gescheitert, damals noch in Bonn. Nun hatte der Kanzler es in der neu-alten Hauptstadt ohne Rücksicht auf Verluste »mit monarchischem Aplomb durchgesetzt«, wie die *Zeit* schrieb.[80]

Gleich nach seinem Regierungsantritt 1983 hatte sich Kohl die Idee des Volksbunds Deutsche Kriegsgräberfürsorge zu eigen gemacht, in Bonn ein Mahnmal »für die Kriegstoten des deutschen Volkes« zu errichten, das, wie es hieß, »Opfer und Geopferte in einem versöhnenden Gedenken vereinen« sollte. Der Volksbund wünschte sich dafür eine riesige Dornenkrone in der Nähe des Abgeordnetenhauses – »schwebend oder bodennah«. Kohl war begeistert und erklärte, dieses wichtige Vorhaben müsse »jetzt endlich Gestalt annehmen«. Man werde damit allen ein »gemeinsames würdiges Mahnmal« schaffen: »den Opfern der beiden Weltkriege, ... des Widerstands, der Vertreibung und Spaltung unseres Vaterlandes und auch den Opfern des Terrorismus«.[81] Zeit- und systemübergreifend hüllte Kohl Täter und Opfer, Gefallene und Ermordete, Bombentote, Gehenkte und sogar die Opfer der RAF in den gnädigen Mantel der Geschichte.

»Wer soll da postum nebeneinander?«, hatte damals der Publizist und Holocaustüberlebende Ralph Giordano gefragt: »Der erschossene Säugling aus dem Massengrab neben den Einsatzgruppen-Pistolero, der gnadenlos abgedrückt hatte? ... die Ermordeten von Lidice, die lebend Verbrannten von Oradour-sur-Glane neben ihre etwaig später gefallenen Mörder mit der SS-Rune? Oder Roland Freisler, der Massenmörder in der ›Volksgerichtshofs‹-Robe, der doch auch zu den Kriegstoten zählt, neben General von Witzleben oder die anderen an Klaviersaiten aufgehängten Männer des 20. Juli 1944?«[82]

Zahlreiche Überlebende und Hinterbliebene des Widerstands wie Heinrich Albertz, Inge Aicher-Scholl, Helmut von Moltke oder Emmi Bonhoeffer protestierten ebenfalls gegen die verharmlosende Gleichsetzung und liefen zusammen mit Initiativen und Vereinen wie der Aktion Sühnezeichen Sturm gegen die Pläne der Bundesregierung. »Wir müssen uns mit den Toten versöhnen und die Toten mit uns«, hielt der CDU-Fraktionsvorsitzende Alfred Dregger ihnen entgegen.[83] Dass das so nicht möglich war, zeigte bald darauf der Bitburgskandal. Aufseiten der Konservativen hielt man trotzdem am Plan für das Bonner Denkmal fest: Es handle sich um die Umsetzung des Testaments, das uns »die Geschwister Scholl, alle Toten des Krieges und Opfer der Gewaltherrschaft« hinterlassen hätten, meinte Bundesbauminister Oscar Schneider (CSU) 1986.[84] Der Vorschlag der SPD, in der Inschrift einen Teil der Weizsäcker-Rede vom 8. Mai 1985 zu zitieren, um zwischen den Opfern zu differenzieren, wurde von der Union abgeschmettert. Man dürfe »die Toten unseres Volkes nicht nach Spruchkammerkategorien in Gerechte und Ungerechte einteilen«, sagte Dregger.[85]

Weil sich im Parlament also keine Einigung erzielen ließ, hatte die Regierung ihre Pläne vorerst fallen gelassen, 1990 dann aber wieder hervorgeholt: Mit dem nationalen Rückenwind der Einheit und dem Votum für Berlin schien die Zeit reif zu sein, das Mahnmal endlich durchsetzen zu können. Vorsichtshalber sollten Volk und Volksvertreter diesmal aber außen vor bleiben. So wurde der Bundestag zum Jahreswechsel 1992/93 lediglich vom betreffenden Kabinettsbeschluss in Kenntnis gesetzt.[86]

Die heftige öffentliche Debatte, die daraufhin entbrannte, offenbarte die umfassende Gedanken- oder – je nach Perspektive – Skrupellosigkeit der Regierung hinsichtlich des Ortes, der gewählten Symbolik und der völlig undemokratischen Art der Umsetzung. An der Entscheidung selbst aber konnte sie nichts mehr ändern. Auch die Gestaltung des Mahnmals war beschlossene Sache und vom Kanzler bereits in Auftrag gegeben worden.

Das zentrale Element sollte für Kohl die Bronzeskulptur »Mutter mit totem Sohn« von Käthe Kollwitz bilden, die zu diesem Zweck um das Fünffache vergrößert werden musste. Das nahezu universelle Symbol der trauernden Mutter schien auf den ersten Blick konsensfähig, die Figur als eine Art Pietà sowohl die christliche Hoffnung auf Erlösung als auch den Opfertod im Krieg zu transportieren. In Wahrheit hatte die 1945 verstorbene Künstlerin nichts dergleichen im Sinn. Wie viele ihrer Arbeiten war auch diese der Ausdruck bodenloser Trauer um ihren Sohn Peter, der 1914 als 18-jähriger Freiwilliger umgekommen war. Seinen Tod hat Kollwitz zeitlebens nicht verwinden können. Der vermeintlich tröstliche Gedanke des soldatischen Opfertods war ihr fremd, der Verlust des Kindes durch nichts erträglicher zu machen. Die Skulptur war explizit Peter gewidmet und entstand bereits 1937, hatte also weder mit dem Zweiten Weltkrieg noch mit dem Holocaust zu tun.[87]

Vor allem aber war eine Pietà für ein Mahnmal, das angeblich allen Toten galt, schon deshalb völlig ungeeignet, weil die christliche Symbolik die Millionen jüdischer Opfer ausschloss. Die allgemeine Inschrift in der Bodenplatte »Den Opfern von Krieg und Gewaltherrschaft« unterstrich das noch und implizierte außerdem, dass es egal war, wie und durch wen die Toten ums Leben gekommen waren. Der Kunsthistoriker Tilmann Buddensieg bescheinigte der Bundesregierung eine »hilflose Verwaltung der deutschen Geschichte«,[88] viele andere urteilten erheblich schärfer. Der Kanzler aber hielt, sämtliche Einwände, Warnungen und Bedenken ignorierend, an der Umsetzung fest. Erst auf massiven Druck des Zentralrats der Juden in Deutschland wurden schließlich – an der Außenwand – erläuternde Bronzetafeln angebracht, auf denen die verschiedenen Opfergruppen aufgelistet sind, derer im Innern gedacht werde. Auch die »Frauen und Männer, die im Widerstand gegen die Gewaltherrschaft ihr Leben opferten« sind dabei. Das Wort »Nationalsozialismus« kommt nirgends vor.[89]

9. Kult der Gerechten (1994–1999)[1]

Der selbstgefällige Schlussstrich

Im Jahre vier nach der Wiedervereinigung jährte sich der 20. Juli 1944 zum 50. Mal. Es hätte die Gelegenheit sein können, den Kalten Krieg auch auf diesem Schlachtfeld für beendet zu erklären, die eingeschliffenen Reflexe auf beiden Seiten ruhen zu lassen und sich einer neuen, gesamtdeutschen Sicht zu öffnen. An diesem ersten runden Gedenktag im vereinten Deutschland hätte man sich auf die gemeinsame Geschichte besinnen können. Darauf, dass keiner der Menschen, die sich dem NS-Regime entgegengestellt haben, für den einen oder den anderen deutschen Staat gekämpft hat. Und dass wir alle froh sein können, dass es überhaupt solche Menschen gab, egal welcher politischen Couleur sie waren. Im Widerstand hätten Ost- und Westdeutsche zu einer gemeinsamen Erinnerung finden können. Die Chance wurde gründlich vertan.

Es fing damit an, dass sich die Gegner des Ausstellungskonzepts vor dem nahenden Jubiläum erneut in Stellung brachten und der alte Streit um die Einbeziehung des kommunistischen Widerstands aus dem Exil und der sowjetischen Kriegsgefangenschaft wieder aufflammte. Wortführer der selbsternannten Ehrenretter des deutschen Widerstands war auch jetzt wieder der Sohn des Attentäters und ehemalige CSU-Abgeordnete Franz Ludwig von Stauffenberg. Er scharte Gleichgesinnte um sich, sammelte Unterschriften bei den Soldatenverbänden und unter Angehörigen und zog mit Interviews, Protestschreiben an Politiker und Eingaben beim Berliner Senat[2] gegen die Ausstellung im Bendlerblock und ihren Leiter Peter Steinbach zu Felde. Besonders erbitterte ihn die Tatsache, dass auf einer Wandtafel Fotos von Wilhelm Pieck und Walter Ulbricht zu sehen waren. Für ihn und seine Familie, sagte er dem Magazin *Focus*, sei es schmerzlich, dass »ausgerechnet zum 50. Jahrestag« Männer wie sein Vater, Julius Leber, Henning von Tresckow oder Dietrich Bonhoeffer »in die Kumpanei« von »Stalinisten« herabgezogen würden, die »zu den übelsten Lumpen der deutschen Geschichte« gehörten. Steinbach habe die Geschichte des 20. Juli »in den Dienst der Politik gestellt und ideologisiert«.[3]

Philipp von Boeselager, der zum Kreis der Verschwörer gehört hatte, pflichtete ihm bei: Er bedaure »die unheilvolle Debatte«, die durch Professor Steinbeck (sic!) »öffentlich entfacht wurde«.[4] Sarkastisch schlug er vor, wenn man Ulbricht und Genossen nachträglich als Vorbilder hinstellen wolle, sollte man »als letztes Exponat noch die Urne von Herrn Honecker in die Ausstellung hineinnehmen«.[5] Schützenhilfe kam auch aus dem Verband der Heimkehrer, den Soldaten- und Vertriebenenverbänden, deren Mitglieder die Gedenkstätte mit Protestbriefen überhäuften. Die Argumente waren dieselben wie fünf Jahre zuvor, doch bekamen sie jetzt den aggressiven Ton einer Kampagne: Steinbach wurde die fachliche Kompetenz abgesprochen, man warf ihm Geschichtsfälschung, politische Voreingenommenheit und ideologische Verblendung vor. Zu Hause bekam er anonyme Drohanrufe.

Der Sturm wurde heftiger, je näher der Jahrestag rückte, denn nun schalteten sich zunehmend auch Politiker ein: Die Offiziere des 20. Juli hätten Deutschland »die Ehre und Würde wiedergegeben, welche die Nazi-Verbrecher unserem Land geraubt hatten«, schrieb Verteidigungsminister Volker Rühe (CDU) in der *Welt am Sonntag* mit dem Pathos der 50er-Jahre. Sie hätten mit ihrem Leben dafür eingestanden, »dass Eid, Befehl und Gehorsam an Menschenwürde und Recht gebunden sind«. Eine historische Darstellung des Widerstands müsse sich »an den verfolgten Zielen und an unverzichtbaren Wertmaßstäben« orientieren. Die kommunistischen Gründer der DDR aber hätten eine zweite Diktatur errichtet. Die Bundeswehr »als Armee des demokratischen und vereinten Deutschlands« wolle ihren Namen daher »kein ehrendes Gedenken bewahren«.[6]

Und der Vorsitzende der CSU-Landesgruppe im Bundestag, Michael Glos, verbreitete per Pressemitteilung und einem eigenen Beitrag im *Bayernkurier* die Behauptung, man werde gerade Zeuge »einer großangelegten Kampagne der Linken aus Ost und West zur endgültigen Umdeutung des deutschen Widerstands«. Ihr Ziel sei es, die »antifaschistische Lebenslüge der zweiten deutschen Diktatur zur herrschenden Meinung« umzudeuten. Dass der zuständige Berliner Senat nicht längst eingegriffen habe, sei ein Skandal. Doch diese »Geschichtsfälschung« werde es mit der CSU nicht geben. Der Jahrestag dürfe nicht »zur Umschreibung der Geschichte missbraucht werden«.[7]

Auf einen Schlag diffamierte Glos so den kommunistischen Widerstand und den Widerstand aus dem Exil, die Arbeit Dutzender renommierter Historiker, die Opposition, den Berliner Senat und die Stiftung 20. Juli 1944, die politische Linke generell und nicht zuletzt: die Ostdeutschen, die mit jener »Lebenslüge« aufgewachsen waren. Aber Glos legte noch einen drauf: Ganz nebenbei beanspruchte er für die Union, das Erbe des Widerstands angetreten und zugleich, quasi im Alleingang, das Fundament der westdeutschen Demokratie gelegt zu haben: Der »politische Neuanfang« nach 1945, »der mit der Gründung der Unionsparteien CDU und CSU gesetzt wurde«, habe seine Wurzeln »im Denken und Handeln der Widerstandskämpfer«.[8]

Der Unionsfraktionsvorsitzende Wolfgang Schäuble (CDU)

offenbarte eine ähnlich selektive Auffassung der Geschichte. Er fand es sehr verständlich, dass Stauffenberg dagegen protestierte, »dass das Bild seines Vaters neben dem von Pieck und Ulbricht hängt«. Im Übrigen habe der 20. Juli »nichts mit den Kommunisten zu tun«. Auf die Idee, sich die Ausstellung einmal selbst anzuschauen, war Schäuble offensichtlich noch nicht gekommen, sonst hätte er gewusst, dass die Fotos zu verschiedenen Abteilungen gehörten und gar nicht nebeneinander hingen.[9] Das hatte er allerdings mit vielen anderen gemein, die sich nicht die Mühe machten, sich mit der Konzeption der Ausstellung zu befassen. Alfred Dregger (CDU) verlangte stumpf die Entfernung der Bilder;[10] Berlins Regierender Bürgermeister Eberhard Diepgen (CDU) forderte Steinbach auf, dem »Eindruck von Gleichstellungen entgegenzuwirken«,[11] und schlug der Regierung vor, die Gedenkstätte in die Verantwortung des Bundes zu legen und alle anderen Erinnerungsorte der Hauptstadt gleich mit.[12]

Als auch Bundeskanzler Helmut Kohl den Druck erhöhte und nicht aufhörte, eine Korrektur der Ausstellung zu fordern, platzte Steinbach der Kragen: In einem Beitrag für den *Tagesspiegel* protestierte er gegen den »Deutungsimperialismus«, mit dem wissenschaftliche Erkenntnisse zugunsten politisch gewollter Botschaften beiseitegewischt würden. Der 20. Juli 1944 sei kein »Familienbesitz« und erst recht »kein Ereignis, das sich im parteipolitischen Kataster verzeichnen lässt«. Historiker hätten die Pflicht, die Unabhängigkeit ihrer Wissenschaft zu verteidigen. Sie dürften nicht »bereitwillig helfen, die Geschichte zu predigen«, sondern müssten dabei helfen, »dass die Menschen die Geschichte aushalten«.

Die Ausstellung sei von Anfang an gesamtdeutsch angelegt gewesen, ohne sich dabei die eine oder die andere »Geschichtspropaganda und -politik« zu eigen zu machen. Vielmehr habe man durch den integralen Ansatz die »Teilung des Widerstands überwinden« wollen. Wer jetzt fordere, »den antitotalitären Widerstand« hervorzuheben, und dabei den kommunistischen diskreditiere, habe nicht begriffen, »dass mit der deutschen Vereinigung auch Geschichtsbilder zusammenwachsen müssen«. Falls tatsächlich Teile der Ausstellung entfernt werden sollten, werde er sein Amt niederlegen.[13]

Für »eine ausgewogene und sinngebende Darstellung des Widerstands«, kommentierte Franz Ludwig von Stauffenberg, wäre es sicher besser, »wenn ein Befähigterer« als Professor Steinbach die Aufgabe übernähme. »Seine Rücktrittsdrohung ist keine Drohung, sondern ein hoffnungsvoller Ausblick.«[14] Erst nach langem Hin und Her und einer hitzigen Bundestagsdebatte, in der die SPD die politischen »Zensurbestrebungen« kritisierte und sich mit Nachdruck dagegen aussprach, in die Ausstellung einzugreifen, nahm die Regierung schließlich davon Abstand, und Steinbach blieb im Amt.[15] Der Streit war damit allerdings längst nicht vom Tisch, und mit der nahenden Gedenkfeier dräute schon der nächste.

Zum 50. Jahrestag: ein »Kohl-Festival«

Dass es nicht einfach werden würde, war von vornherein klar gewesen. Mit dem 50. Jahrestag verbanden sich für die Überlebenden und Hinterbliebenen besondere Erwartungen. Angesichts des »Superwahljahrs« 1994 musste man aber auch damit rechnen, dass der 20. Juli wieder einmal politisch vereinnahmt werden würde. Außer der Wahl des Bundespräsidenten standen acht Landtags- und neun Kommunalwahlen an, dazu die Europa- und die Bundestagswahl. Wohlweislich hatte Kohl schon im Oktober des Vorjahrs verkündet, dass er die zentrale Ansprache halten wolle. Von den Organisatoren hatte niemand gewagt, darauf hinzuweisen, dass es dem würdigen Ablauf der Feier zuträglicher sein könnte, wenn in Wahlkampfzeiten lieber das – von Amts wegen –

überparteiliche Staatsoberhaupt die Rede übernähme. »Wenn der Bundeskanzler es wünscht, kann keiner nein sagen«, zitierte der *Spiegel* ein Vorstandsmitglied der Stiftung 20. Juli 1944.[16]

Die Opposition war nicht so vorausschauend gewesen wie der Kanzler. So dämmerte es der SPD erst, als es schon zu spät war, dass sie ihm das Feld und eine national umkränzte Wahlkampfbühne überlassen hatte. Neben Kohl war außerdem Berlins Regierender Bürgermeister Eberhard Diepgen als Redner vorgesehen, also ebenfalls ein Mann der CDU. Da half auch die Beschwerde nicht, die SPD-Chef Rudolf Scharping Ende Mai ans Kanzleramt richtete: Er hätte es für angemessen gehalten, »wenn der Vorsitzende einer Partei, die in besonderer Weise unter der Diktatur des Dritten Reiches gelitten hat, um Teilnahme an der zentralen Gedenkfeier gebeten worden wäre«.[17]

Statt selbstmitleidige Briefe zu verfassen und zuzusehen, wie CDU und CSU wieder einmal die Deutungshoheit zum 20. Juli übernahmen, hätte Scharping oder jemand anderes aus der SPD den Jahrestag zum Anlass nehmen können, selbstbewusst an die Rolle der Sozialdemokratie im Widerstand zu erinnern. Oder daran, wie lange es nach dem Krieg gedauert hatte, bis die CDU bereit gewesen war, in den Verschwörern keine Verräter mehr zu sehen. Dass die SPD nichts davon tat, ist symptomatisch für ihren verschämten Umgang mit der eigenen Geschichte. So ließ sie selbst die Antwort von Kanzleramtsminister Friedrich Bohl (CDU) dumm aussehen, der sein Befremden über Scharpings Klage bekundete und wahrheitsgemäß erklärte, die SPD habe nie offiziell darum gebeten, auf die Rednerliste gesetzt zu werden.[18]

Unwahrscheinlich, dass Kohl so etwas passiert wäre. Schon als Oppositionspolitiker, lange bevor er Bundeskanzler wurde, hatte er sich regelmäßig zum 20. Juli geäußert. Den 50. Jahrestag wollte er sich auf keinen Fall entgehen lassen, zumal er bei der Feier der alliierten Landung in der Normandie, die sich in diesem

Jahr ebenfalls zum 50. Mal jährte, schon wieder nicht dabei sein durfte.[19] Dass er den frisch gewählten Bundespräsidenten Roman Herzog (CDU) brüskierte, war es ihm wert: Als Herzog deutlich gemacht hatte, im Bendlerhof sprechen zu wollen, und die Gedenkfeier am 20. Juli als seine »erste große Bewährungsprobe« im neuen Amt bezeichnete, hielt es Kohl nicht einmal für nötig, darauf zu reagieren. Herzog, bis zu seiner Wahl immerhin oberster Verfassungsrichter in Karlsruhe, nahm es hin, dass der Kanzler ihn in die zweite Reihe schob: Er wolle das Gedenken nicht mit einem »Prestigekrach« belasten, erklärte er bescheiden.[20]

Nicht jede Regieanweisung aus dem Kanzleramt wurde so bereitwillig entgegengenommen: Das Auswärtige Amt hatte schon im Frühjahr per Erlass die Goethe-Institute im Ausland aufgefordert, den 50. Jahrestag des Attentats mit Veranstaltungen zu würdigen. Den Leitungen wurde zugesagt, dass die Behörde alle anfallenden Kosten übernehmen würde.[21] Der Vorstoß sorgte in einigen Instituten jedoch für erheblichen Unmut. Verärgert wies man die Bevormundung zurück und erinnerte daran, dass es laut Vertrag Sache der jeweiligen Institute vor Ort sei, ob und in welcher Weise sie das Thema in ihren Programmen behandelten. Aus einigen hieß es, das Goethe-Institut sollte sich zu schade dafür sein, »die Toten des 20. Juli 1944 für die Auslandspropaganda der Bundesregierung zu instrumentalisieren«.[22]

Die Instrumentalisierung hatte allerdings eine lange Tradition und war auch jetzt wieder in vollem Gange. In der Stiftung sah man es daher mit Sorge, dass sich Kohl selbst in den Bendlerblock eingeladen und sich das Rederecht gesichert hatte. Beim Vorstand gingen zahlreiche Anrufe und Briefe von Hinterbliebenen ein, die befürchteten, dass die Gedenkfeier zur Wahlkampfbühne werden könnte – nicht zu Unrecht, wie sich zeigen sollte.

Die Witwe des Sozialdemokraten und Mitverschwörers Adolf Reichwein wandte sich mit einem handschriftlichen Brief direkt an den Kanzler und bat ihn, seine »höchst persönliche Absicht« – gerade im Wahljahr und als Parteipolitiker – zurückzuziehen und »stattdessen dem Bundespräsidenten das Wort zu überlassen«.[23] Dieser sei »als überparteiliche Persönlichkeit und erster Mann im Staat der geeignetere Redner«, zumal der Widerstand »von ganz rechts bis ganz links bestand«. Man dürfe, schrieb Rosemarie Reichwein, den kommunistischen Widerstand, den der Juden, der Emigranten und der Gefangenen nicht auslassen, sonst drohe auch »eine Spaltung unter den Hinterbliebenen«.[24]

Kritik kam auch vom jüdischen Widerstandskämpfer Heinz Putzrath, dem Vorsitzenden der Arbeitsgemeinschaft verfolgter Sozialdemokraten: Der Kanzler wolle die Gedenkfeier als Plattform nutzen, sie drohe ein »Kohl-Festival« zu werden.[25]

Doch Kohl ließ sich seinen Plan von niemandem madig machen. Rosemarie Reichwein wartete vergeblich auf eine Reaktion aus Bonn. Erst im August, fast drei Wochen nach dem 20. Juli, kam der Antwortbrief des Kanzlers: Er sei von der Stiftung gebeten worden, die Rede zu halten, was er »als große Ehre und als eine Verpflichtung« empfunden habe, »der ich mich als höchster Repräsentant des Verfassungsorgans Bundesregierung keinesfalls entziehen durfte«.[26]

Verteidigungsminister Rühe stellte sich ebenfalls taub, als vonseiten der Stiftung und der Gedenkstätte die Bitte an ihn herangetragen wurde, auf das geplante militärische Zeremoniell zu verzichten: Für den 20. Juli war vorgesehen, das Wachbataillon und einen Ehrenzug der Bundeswehr im Hof des Bendlerblocks aufmarschieren zu lassen, insgesamt 140 Mann. »Vielen Angehörigen der Opfer wird es kalt den Rücken herunterlaufen, wenn an dieser Hinrichtungsstätte der dumpfe Schlag von Exerziergriffen ertönt«, gab Gedenkstättenleiter Steinbach zu bedenken.[27]

Seit der Wiedervereinigung waren der Viermächtestatus Berlins und die Alliierten Kontrollratsbeschlüsse aufgehoben, sodass

Vertreter der Bundeswehr neuerdings in Uniform und größerer Zahl bei der Gedenkfeier auftreten durften. In Plötzensee war die Armee jeweils mit einem Musikkorps und einem Kranzträgerpaar vertreten. Fand die Feier im Bendlerhof statt, entsandte sie zusätzlich Ehrenposten und einen Ehrenzug, wobei peinlich genau darauf geachtet wurde, dass alle Streitkräfte vertreten waren: Wenn beispielsweise das Heer die Ehrenwache übernahm, spielte das Musikkorps der Luftwaffe, während die Marine Kranzträger und Ehrenzug stellte. In den zurückliegenden Jahren war so die eher stille Feier, die nicht zuletzt den Familien der Ermordeten als Totengedenken diente, zu einer Veranstaltung mit unverkennbar militärischer Prägung geworden.[28]

Zum 50. Jahrestag sollte es nun besonders glanzvoll zugehen. Im Einvernehmen mit dem Kanzler wollte Rühe demonstrieren, dass man im Westen schon immer auf der richtigen Seite der Geschichte gestanden habe, zumindest bei der Union. Das Unbehagen vieler Angehöriger war für Rühe kein Grund, von diesem Plan abzuweichen und das Militärkontingent zumindest zu verkleinern. Ebenso wenig wie die Tatsache, dass ausgerechnet das Berliner Wachbataillon am 20. Juli 1944 mitgeholfen hatte, den Staatsstreich zu verhindern.[29]

Erst recht lag es Rühe offenbar fern, darüber nachzudenken, was es für das Traditionsverständnis der Bundeswehr bedeutete, dass Stauffenberg, Tresckow und die anderen Offiziere, die jetzt als Vorbilder galten, ihre einsamen, lebensgefährlichen Entscheidungen damals gegen die ausdrücklichen Befehle ihrer Vorgesetzten treffen mussten. Dass sie gezwungen waren, sich gegen die Wehrmacht und gegen die Generalität zu stellen. Gegen jene Armee also, die Generalinspekteur Naumann als »vorzügliche Truppe« bezeichnete, und gegen Befehlshaber, die der Bundeswehr noch immer als legitime Namenspatrone für ihre Kasernen galten.

Das viel beschworene »Vermächtnis« des Widerstands ernst zu nehmen und mit der Wehrmacht endlich ein für alle Mal zu brechen – der 50. Jahrestag wäre dafür ein würdiger Anlass gewesen. Auf der Hardthöhe zog man es aber vor, diese Untiefen mit gewohnter Gedenkroutine zu umschiffen. Am 19. Juli würde Rühe in seinen Berliner Diensträumen die Ausstellung »Aufstand des Gewissens« eröffnen, die 1984 vom Militärgeschichtlichen Forschungsarmt in Freiburg erarbeitet worden war und die Geschichte der Militäropposition gegen Hitler dokumentierte. Generalinspekteur Naumann hatte außerdem alle Kommandanten aufgefordert, anstehende Gelöbnisse nach Möglichkeit auf den Gedenktag zu legen und »in angemessener Form an die Taten, Opfer und Vermächtnisse des 20. Juli« zu erinnern.

In seinem Rundbrief erinnerte er daran, dass es die »Pflicht zur Gehorsamsverweigerung« gebe, sobald Prinzipien des Rechtsstaats verletzt würden, fügte aber gleich hinzu, dass es in der freiheitlich-demokratischen Grundordnung der Bundesrepublik »auf keinen Fall eine Legitimation zum Widerstand« geben könne.[30] Bloß nicht zu viel des Vermächtnisses, bloß keinen Ungehorsam, am besten nicht einmal eine Diskussion! Für den Festakt des Wehrbereichskommandos II in Niedersachsen wurde der ursprünglich geplante Vortrag »Das politische Vermächtnis des deutschen Widerstands gegen Hitler« denn auch vorsorglich abgesagt. Eine »Rede mit bewusst politischem Akzent«, hieß es in der Begründung, werde dem »gewählten Rahmen nicht mehr gerecht«, da es in der Öffentlichkeit »bereits im Vorfeld … zu einer der Würde des Tages entgegengesetzten kontroversen Diskussion« gekommen sei.[31]

Gemeint war die Auseinandersetzung um die Ausstellung im Bendlerblock, an der sich auch der Verteidigungsminister schon verschiedentlich beteiligt hatte, indem er die Bundeswehr in einer Deutlichkeit von kommunistischen Widerstandskämpfern abgrenzte, die er bei Hitler-treuen Wehrmachtsgenerälen vermissen ließ. Eine Reihe prominenter Historiker war gerade in den Chor der Kritiker eingestimmt, der seit Jahren fast wortgleich die immer gleichen Strophen wiederholte: Pieck und Ulbricht seien »nur die totalitären Rivalen Hitlers« gewesen, schrieb Joachim Fest. Sie »in eine Reihe« mit Stauffenberg, Goerdeler und Beck zu stellen, sei »ein horrender Ausdruck« eines »tiefen Unverständnisses«. Man erliege im Nachhinein »der Antifaschismus-Legende« der DDR und fördere so »jene Standortverwirrung, an der unsere Ordnung ohnehin krankt«. Fest selbst verstand sich als Hüter dieser Ordnung, wie alle, die gegen die Ausstellung mobilmachten. In den 70er- und 80er-Jahren hatte Fest als Autor und TV-Journalist maßgeblich mitgeholfen, dass sich der einstige NS-Rüstungsminister Albert Speer trotz seiner Mittäterschaft am Holocaust als »anständiger Nazi« und sogar Beteiligter des 20. Juli inszenieren konnte.

Lothar Gall, Professor für Neuere Geschichte in Frankfurt, befand, dass die Anerkennung als Widerstandskämpfer eine vorangegangene Bedrohung von Leib und Leben voraussetze. Wer mit seiner Regimegegnerschaft vermeintlich nichts riskiert hatte, war demnach nicht würdig, entsprechend geehrt zu werden. Wie das Beispiel der »Roten Kapelle« zeige, habe es jedoch auch manche Kommunisten gegeben, die ihren Kampf gegen Hitler mit dem Leben bezahlten. Klaus Hildebrand, Galls Fachkollege von der Universität Bonn, sah das genauso, ging aber noch weiter: Das NKFD könne nicht zum Widerstand gezählt werden, da seine Mitglieder nicht unter Einsatz ihres Lebens gekämpft hätten. »Zum Vermächtnis des Widerstandes für das heutige Deutschland gehört keine Variante des kommunistischen Widerstands.«[32]

Gegen das selbstgerechte Urteil der Nachgeborenen konnten auch die Appelle von Überlebenden des 20. Juli nichts ausrichten:

Sie teile die Position der Ausstellungsmacher, erklärte Clarita von Trott zu Solz. »Ich möchte, dass die vernünftige Planung bleibt.« Franz von Hammerstein hielt sie ebenfalls für angemessen und betonte, das NKFD zähle ebenso zum Widerstand wie der 20. Juli; auch Deserteure, Kriegsdienstverweigerer und Regimegegner im Exil gehörten selbstverständlich dazu.[33] Freya Gräfin von Moltke sagte, es sei »unerhört, die Kommunisten nachträglich auszugrenzen«. Auch das NKFD gehöre positiv erwähnt. Dessen Aufrufe seien wirkungsvoller gewesen als die Ansprachen Thomas Manns in der BBC.[34]

In Presse und Öffentlichkeit bekam Franz Ludwig von Stauffenberg schon kraft seines Namens weit mehr Aufmerksamkeit. Am 27. Juni 1994 durfte er für seinen Protest sogar das Forum der Bundespressekonferenz nutzen. Um den »Schaden, den Professor Steinbach angerichtet hat, einzudämmen«, habe er sich in letzter Zeit aus der Debatte herausgehalten. Nun aber müsse er sich zu Wort melden und den öffentlichen Angriffen »des Herrn Steinbach und seiner Gesinnungsgenossen gegen meine Familie und mich« entgegentreten. In zwei mehrseitigen Erklärungen, die sein Sekretariat an Journalisten verteilte, hieß es, die Ausstellung vermittle »den Zeitgeist ihrer Entstehung«, indem sie »die Kerkermeister und Mörder und Menschenverächter mit Namen und Bild« ehre. »Eine Gedenkstätte, die ›wertfrei‹ sein will, wie Steinbach postuliert, ist wertlos.«[35] Als Sohn seines Vaters, sagte Stauffenberg, werde er sich »für meine Mutter, meine Geschwister und mich« gegen alle Versuche wehren, »meinen Vater und seine Schicksalsgefährten … in die hässliche Kumpanei von Tyrannen und Totschlägern« herabzuwürdigen.

Rosemarie Reichwein erinnerte im Interview mit der *taz* daran, dass Claus von Stauffenberg ausdrücklich dafür gewesen war, die Kommunisten mit in die Verschwörung einzubeziehen. Sein Sohn betreibe »Geschichtsklitterung« und beschädige mit seiner Polemik »das Bild des eigenen Vaters«. Reichweins Mann hatte damals mit Julius Leber Kontakt zur Untergrund-KPD aufgenommen.[36]

* * *

Nachdem es der Bundesregierung im Jahr zuvor nicht gelungen war, im Washingtoner Holocaustmuseum eine Dokumentation zur bundesdeutschen Nachkriegsgeschichte unterzubringen, wollte das Verteidigungsministerium zum 50. Jahrestag des »Stauffenberg-Attentats« nun die Ausstellung »Aufstand des Gewissens« durch die USA schicken, um zu zeigen, dass es auch gute Deutsche gegeben hat. Die amerikanischen Planungspartner bemängelten aber, dass sich die Schau auf die Militäropposition konzentrierte, anstatt den Widerstand als Ganzes zu behandeln – für das amerikanische Publikum sei das so nicht sonderlich von Interesse. Daraufhin wurde das Bundespresseamt damit betraut, die Ausstellung mit Material aus der Dokumentation im Bendlerblock zu ergänzen und dieses anschließend übersetzen zu lassen.[37] Dabei kollidierten erwartungsgemäß politisch gewünschte Botschaften mit den historischen Fakten, was hinter verschlossenen Türen zu erheblichen Auseinandersetzungen führte. Am Ende war in der fertigen Ausstellung »Against Hitler: German Resistance to National Socialism 1933–1945« dann aber nicht mehr von »schmerzlichen Gebietsverlusten« im Osten oder von der »Uneinigkeit der Linken« als Hauptursache für das Scheitern der Weimarer Republik die Rede. Auch für andere Streitpunkte hatte man Kompromisslösungen gefunden. So bekam beispielsweise der kommunistische Widerstand angemessenen Raum, und das NKFD kam ebenfalls vor. Auf Fotos von Ulbricht und Pieck verzichtete man jedoch.[38]

Dank der Fürsprache des Historikers Fritz Stern, der 1938 aus Deutschland geflohen war und jetzt an der Columbia University lehrte, war als erste Station die Library of Congress in Washington, D.C., vorgesehen – ein Entgegenkommen der Amerikaner, die dafür mit ihrer Tradition brachen, in der Nationalbibliothek keine Ausstellungen zu zeigen. Zur Eröffnung am 14. Juli hatte eigentlich Verteidigungsminister Rühe nach Washington reisen wollen. Der zog es dann aber vor, dem Bundeskanzler nach Paris zu folgen, wo sich an diesem Tag, auf Einladung von Staatspräsident François Mitterrand, die 10. Panzerdivision der Bundeswehr im Rahmen des Eurocorps an der Militärparade zum französischen Nationalfeiertag beteiligen durfte. Zum ersten Mal seit dem Krieg marschierten wieder deutsche Soldaten über die Champs-Élysées[39] – dagegen scheint der Termin in Washington verblasst zu sein. Generalinspekteur Naumann, der von Amts wegen dort erscheinen musste, schwärmte, nach »dem emotionalen Ereignis in Paris« sei die Ausstellungseröffnung »eine weitere ergreifende Erfahrung für mein Land«. Die Eröffnungsrede hielt schließlich der ehemalige hessische Ministerpräsident Walter Wallmann (CDU) – wegen des laufenden Wahlkampfs hatte sich niemand anderes gefunden, um die Regierung zu vertreten.[40]

Der Kanzler schmückte sich in Paris derweil mit drei prominenten Angehörigen deutscher Widerstandskämpfer. Das hatte er bereits Wochen zuvor verkündet, bis zuletzt aber ein Geheimnis daraus gemacht, um wen es sich handelte. Kurz vor der Abreise lüftete Regierungssprecher Dieter Vogel dann feierlich den Schleier: Manfred Rommel (CDU), Oberbürgermeister von Stuttgart, der SPD-Politiker Klaus von Dohnanyi und der Leiter der Münchner Wehrkundetagung Ewald-Heinrich von Kleist würden den Kanzler nach Frankreich begleiten. Allesamt Söhne von Männern also, die zur Militäropposition gehört hatten. Kleist war außerdem, wie sein Vater, selbst am 20. Juli 1944 beteiligt gewesen.[41] Mit der Wahl dieser Begleitung zeigte sich einmal mehr, welchem Teil des Widerstands aus Sicht von Regierung und Bundeswehr die größte Ehre gebührte – ein erneuter Affront für die Überlebenden und Hinterbliebenen der zivilen Regimegegner.

»Es schmerzt mich, und es ist historisch nicht gerechtfertigt, wenn jener Widerstand von konservativen Parteipolitikern vereinnahmt wird«, sagte Rosemarie Reichwein in einem Fernsehinterview. »Gerade jetzt, wo wir damit zu tun haben, dass die Deutschen wieder zueinander finden. Wenn jetzt auch noch der Widerstand, der damals zusammenstand, aufgespalten wird, ist das ganz schlimm.«[42] Die 90-Jährige hatte sich gemeinsam mit ihrer Tochter Sabine Reichwein, Hans Coppi, Detlef von Schwerin und Joachim Perels in einer Erklärung an die Öffentlichkeit gewandt: »Nach der Vereinigung Deutschlands«, hieß es darin, sollte die Teilung des deutschen Widerstands in frühere östliche und westliche Erklärungsmuster überwunden und nicht erneut vertieft werden.«[43] Auch der Hamburger Politikwissenschaftler Peter Reichel warnte davor, die Widerstandsgeschichte »abermals in eine böse totalitäre und ... eine gute antitotalitäre« auseinanderzudividieren. »Angesichts der fortwirkenden Last der NS-Vergangenheit können wir es uns nicht leisten, dass dieses Erbe zerredet und zum Spielball politischer Interessen gemacht wird.«[44]

Das war allerdings längst der Fall. So konnte es sich Verteidigungsminister Rühe selbst am Vorabend des 20. Juli nicht verkneifen, wieder von den »unverzichtbaren Wertmaßstäben« zu sprechen, an denen jeder Widerstand gemessen werden müsse – und darauf hinzuweisen, dass der kommunistische Widerstand diesem Anspruch nicht gerecht werde. Die Bundeswehr stelle sich »der ganzen deutschen Geschichte mit ihren Höhen und Tiefen«, sagte er bei der Eröffnung der Ausstellung »Aufstand des Gewissens« in den Räumen seines Berliner Dienstsitzes. »Vorbildcharakter« für ihr Traditionsverständnis könne jedoch nur haben, »was den Werten unserer Verfassung genügt«. Wie immer setzte er den Antifaschismus der DDR in Anführungszeichen und bezeichnete ihn als »Deckmantel« für »neue Verbrechen«, wie immer schloss er Ulbricht, Pieck »und andere kommunistische Machthaber« aus dem »ehrenden Gedenken« aus, wie immer erschienen die Offiziere des 20. Juli bei ihm wie heilige Märtyrer, deren ehrenhafte Gesinnung über jeden Zweifel erhaben sei: Sie hätten mit ihrem Leben für jene Maxime von Recht und Menschenwürde und »der Verantwortung vor Gott« eingestanden – Stauffenbergs Vorstellung vom »›heiligen Deutschland‹, auf das er sich sterbend berief«.[45]

Das andere Extrem war im Bendlerblock am Tag zuvor zu besichtigen gewesen: Eine Gruppe Studierender aus Hamburg hatte sich in den Räumen der Gedenkstätte verbarrikadiert und die Ausstellung besetzt.[46] Sie hängten Spruchbänder mit der Aufschrift »Nie wieder Deutschland!« aus den Fenstern[47] und gaben eine vorbereitete Erklärung an die Presse, die mit »Antinationales Aktionsbündnis« unterzeichnet war. Darin hieß es, ihr Protest richte sich gegen die revanchistischen Tendenzen in Deutschland, die mithilfe des 20. Juli 1944 moralisch legitimiert würden. Die Verschwörer hätten zu den Eliten gehört, die »einst die Nazis in den Sattel gehoben« hätten, und sich erst nach der Niederlage von Stalingrad zum Handeln entschlossen – als sie merkten, »dass es jetzt *ihnen* an den Kragen ging«. Ihnen sei es nicht um »Widerstand gegen die Ideen des Nationalsozialismus« gegangen, sondern darum, »für Deutschland« das NS-Regime loszuwerden. Durch die Wiedervereinigung bekomme »die völkische Utopie eines Stauffenberg« wieder Konjunktur. Bei der bevorstehenden Gedenkfeier handle es sich daher um die »Feier für ein ›Neues Reich‹«.[48]

Die Polizei rückte an, gefolgt von der Presse; nach dem Streit um die Ausstellung drohte nun die Gedenkfeier selbst zum Schlachtfeld zu werden. Berlins Regierender Bürgermeister Diepgen kündigte an, das Gebäude notfalls räumen zu lassen.[49] Schließlich gelang es Gedenkstättenleiter Peter Steinbach und Kultursenator Ulrich Roloff-Momin, die Besetzer davon zu überzeugen, dass ihre Aktion Wasser auf die Mühlen derer sei, gegen die sie protestierten. Für den Fall des gewaltlosen Abzugs sagten sie ihnen zu, dass die Polizei ihre Personalien nicht aufnehmen würde und sie die Gelegenheit bekämen, ihr Anliegen öffentlich vorzutragen. Darauf ließ sich die Gruppe nach einigem Hin und Her ein, gab die Besetzung auf und verlas ihre Erklärung.[50]

* * *

Am 20. Juli 1994 war der Eingang zum Ehrenhof des Bendlerblocks von Polizisten bewacht, zusätzlich waren über 200 Beamte in Zivil im Einsatz – »zur Ausschließung jeglichen Restrisikos während der Veranstaltung«, wie es im Polizeibericht hieß. Um die Ecke, am Reichpietschufer, verteilte eine Gruppe Protestierender Flugblätter, ein Transparent mit der Aufschrift »Nationalkonservative Juli-Feier, Reformnazis« wurde sichergestellt, im Hof marschierte die Ehrenformation der Bundeswehr auf.[51] Ein Mann wurde festgenommen, als er auf den gerade eintreffenden Bundespräsidenten und dessen Frau zulief und laut »Stauffenberg war ein Faschist, Widerstand gegen alle Faschisten!« rief. Etwas weiter die Straße hinunter hatten Antifa-Gruppen zu einer eigenen Veranstaltung aufgerufen. Die gut 100 Teilnehmer warnten vor einem neuen Nationalismus und einer angestrebten »Großmachtrolle Deutschlands«. Dem Kanzler warfen sie vor, den Widerstand »für sich und sein politisches Lager zu vereinnahmen und ihn auf den militärischen und bürgerlich-konservativen Widerstand zu reduzieren«.[52]

Mit dieser Einschätzung standen sie nicht allein da. Wilhelm Leuschner, Katharina Christiansen-Leber, Peter Finckh und weitere Angehörige hatten eine Erklärung vorbereitet, die sie später unter den Gästen verteilen ließen. Darin protestierten sie gegen die Art, mit der die Bundesregierung und der Berliner Senat mit der Erinnerung an den 20. Juli 1944 umgingen: »Wir fürchten, dass das Bild des Widerstandes einseitig gezeichnet wird, insbesondere der Anteil der Sozialdemokratie und der Arbeiterbewegung insgesamt ausgeblendet wird.« Die Vorbereitung und Durchführung der Feier lege außerdem »den Verdacht nahe«, dass es Kanzleramt und Verteidigungsministerium »gar nicht um das Gedenken an den Widerstand und seine Opfer geht, sondern um politische, sogar parteipolitische Interessen«.[53]

Dass sich der Verdacht als berechtigt erweisen würde, war bereits klar, bevor ein einziger Offizier den Ehrenhof betreten hatte, der Kranz mit schwarz-rot-goldener Schleife niedergelegt oder der Kanzler ans Redepult getreten war. Weder hatte sich Kohl davon abbringen lassen, die Hauptansprache zu halten, noch war Verteidigungsminister Rühe bereit gewesen, das militärische Gepränge herunterzudimmen – die Feier zum 50. Jahrestag des Umsturzversuchs würde eine politische Veranstaltung mit unverkennbar konservativer Schlagseite werden. Wie seit Wochen geplant, marschierte das Wachbataillon im Ehrenhof ein, begleitet von zackigen Befehlen. Stiefelschritte hallten auf dem Pflaster. Zwei Soldaten postierten sich an der einstigen Erschießungsstelle, der Rest gegenüber, Gewehre präsentiert, Augen nach rechts. Das Musikkorps der Luftwaffe stimmte Beethovens »Opferlied« an.[54] »Die sollen ruhig Musik spielen«, bemerkte Rosemarie Reichwein, »aber die Kommandos, das muss doch nicht sein.«[55]

In den vordersten Stuhlreihen nahm die Prominenz aus Politik und Gesellschaft Platz: drei Länderchefs, Bundestagspräsidentin Rita Süssmuth, Verteidigungsminister Volker Rühe, Generalinspekteur Klaus Naumann und andere hochrangige Offiziere der Bundeswehr, der Präsident des Zentralrats der Juden Ignatz

Bubis. Das Protokoll Inland hatte dafür gesorgt, Kanzler und Bundespräsident links und rechts von der Witwe des Attentäters, Nina Schenk Gräfin von Stauffenberg, zu platzieren. »Auf Schritt und Tritt eindrucksstarke, große und bewegte Gesichter: Die Schlabrendorffs und von Hases, die Schwerins … die von Haeftens und von Hassels«, zählte der Reporter der *Welt* ergriffen auf. »Unter den ausladenden Linden und Platanen des Innenhofs ist der Gotha bester traditionsreicher preußischer und süddeutscher Familien versammelt.«[56]

Ähnlich ehrfurchtsvoll äußerte sich der Regierende Bürgermeister Diepgen, nach alter Manier die Nobilität des Preußentums beschwörend, als hätte diese nicht maßgeblich zum Aufstieg Hitlers beigetragen: »Es ist kein Zufall, dass die Gruppe um Graf Stauffenberg aus alten preußischen Traditionen kam.« Der »kommunistische Kampf gegen Hitler« hingegen sei »hinter dem zurückgeblieben«, was man bei seinen »schon vor 1933 etablierten Kampforganisationen und konspirativen Netzen« hätte erwarten können. In der DDR sei er dennoch »einseitig überhöht« worden. »Unsere Gesellschaft« hingegen habe »ein offeneres und ehrlicheres Verständnis im Umgang mit Geschichte«.[57]

So viel zum Thema Einheit, fünf Jahre nach dem Mauerfall – die Kommunisten haben versagt, die DDR-Führer gelogen, und die Ostdeutschen sind darauf reingefallen. »Unsere Gesellschaft« aber hat es immer schon besser gewusst.

Zwischen Ehrung und historischer Aufarbeitung bestehe ein Unterschied, belehrte Diepgen seine Zuhörer. An den gesamten Widerstand sollte man daher in Zukunft lieber woanders erinnern, zum Beispiel im Deutschen Historischen Museum – die »räumliche Nähe zwischen dem Arbeitsplatz des Grafen Stauffenberg und der Darstellung von Widerstandsformen, die neue Verbrechen gegen Freiheit und Menschlichkeit anstrebten,« könne »zu Missverständnissen führen«.[58]

Auch der Bundeskanzler legte in seiner Rede[59] größten Wert auf Unterscheidung: Dem Widerstand gelte zwar »unser aller Achtung«, doch »Vorbildcharakter« erhalte er »erst durch die politisch-moralische Zielsetzung«. Um seine »bleibende Bedeutung für Gegenwart und Zukunft« zu begreifen, dürfe man daher nicht nur danach fragen, wogegen er sich richtete – in »dem Wofür liegt das Vermächtnis, auf das wir uns im vereinten Deutschland gemeinsam beziehen«. Kommunisten erwähnte Kohl mit keiner Silbe. Auch nicht, dass es Kommunisten und Sozialdemokraten gewesen waren, die sich den Nazis als Erste in den Weg gestellt hatten. Dagegen pries er die »Männer und Frauen des 20. Juli«, lobte ihre »menschliche Größe und unvergleichliche Würde«, angesichts derer sich offenbar jede Kritik verbot: Dass sich »mancher« von ihnen »durch das Scheitern der Republik und … vordergründige Erfolge der Diktatur blenden« ließ, mindere keineswegs seinen Rang, befand Kohl. Es sei »wohlfeil, aus der Sicht von heute zu bemängeln«, dass nicht allen Beteiligten »eine Staats- und Gesellschaftsordnung vorschwebte, wie sie später in der Bundesrepublik … verwirklicht worden ist«.[60] Für kommunistische Widerstandskämpfer gab es diesen Freispruch nicht. Sie galten grundsätzlich als Handlanger Moskaus.

In Bezug auf die Beteiligten der Verschwörung sprach Kohl nur allgemein von Menschen »aus den unterschiedlichsten politischen Richtungen« und »allen Schichten«, nannte Bürgerliche, Adel, Gewerkschafter, Arbeiter und einige Namen, jedoch ohne die Parteizugehörigkeit. Kurt Schumacher (SPD) und Andreas Hermes (CDU) brachte er als Beispiele für Regimegegner, die am Aufbau der Bundesrepublik beteiligt gewesen waren. Während sie aber beide im Redemanuskript noch als Vorsitzende ihrer Partei bezeichnet wurden, unterschlug Kohl diese Tatsache mündlich bei Schumacher.[61] Für Julius Leber, Wilhelm Leuschner und Rudolf Breitscheid fehlte das Wort »sozialdemokratisch« bereits im Manuskript. Und von dem Juristen Gustav Radbruch, Justizminister in der Weimarer Republik, brachte Kohl zwar ein prägnantes Zitat zur Bedeutung des Rechtsstaats, sagte aber nicht, dass Radbruch Reichstagsabgeordneter der SPD gewesen war.

Die Gleichsetzung von links und rechts ging ihm hingegen bei anderer Gelegenheit mit größter Selbstverständlichkeit über die Lippen: Wo sich die Bürger nicht mehr für die demokratische Ordnung einsetzen, bestehe die Gefahr, »dass Rechts- und Linksextremisten diese Ordnung unterwandern und dann zerstören«. Die Erfolge neonazistischer Parteien schien Kohl damit nicht zu meinen. Auch zum massiven Anstieg rechtsextremer Gewalt gegen Ausländer und Asylbewerber verlor er kein Wort – die eigentliche Gefahr, so die Botschaft, komme wie immer von links: »Das Verhängnis ist kaum noch aufzuhalten, wenn dann auch noch gesellschaftliche und politische Eliten den Extremisten die Hand reichen« – ein Seitenhieb gegen die SPD, die in Sachsen-Anhalt gerade mit Bündnis90/Die Grünen eine von der PDS tolerierte Minderheitsregierung gebildet hatte.

Ursprünglich war Kohl im Ablaufplan des Protokolls Inland auch für die abschließende Kranzniederlegung vorgesehen.[62] Die durfte dann aber doch das zum Schweigen verurteilte Staatsoberhaupt übernehmen. Ein Bundeswehrtrompeter stimmte dazu das alte Soldatenlied »Ich hatt' einen Kameraden« an.[63] Nach etwas mehr als einer halben Stunde war dem Gedenken genüge getan, das Musikkorps der Luftwaffe spielte die Nationalhymne als schmissigen Marsch, die Gäste verließen den Hof, der Kanzler geleitete die Stauffenberg-Witwe noch bis zum Ausgang. Als später in Plötzensee, zum ersten Mal an diesem Tag, eine Sozialdemokratin sprach, war er schon nicht mehr dabei. Auch abends, als Bundespräsident Roman Herzog in Schloss Bellevue deutsche und ausländische Widerstandskämpfer und -kämpferinnen empfing, ließ Kohl sich nicht blicken.[64]

Vermutlich war das besser so, sonst hätte es vielleicht den nächsten Eklat gegeben, denn im eigenen Haus ließ Herzog sich nicht das Wort verbieten: »Erinnern, Museum, Ausstellung« seien »neutrale Ausdrücke, die auf geschichtliche Wahrheit ausgerichtet« seien. »Es fällt niemandem eine Perle aus der Krone, wenn er zugibt, dass auch Kommunisten dem Widerstand angehörten.« Er habe »Kommunisten gekannt, die an das Gute im Menschen und an eine bessere Gesellschaft geglaubt haben. Warum sollte man die heute ausgrenzen?«[65]

Befreiung oder Niederlage?

»Die deutsche Linke«, schrieb die *Frankfurter Allgemeine Zeitung* am 21. Juli, »versucht dieser Tage ein Monopol auf den antifaschistischen Widerstand zu verteidigen, das sie für unangreifbar hielt. Zu seiner dauerhaften Sicherung braucht sie allerdings das kollektive Schuldgefühl der bürgerlichen Gesellschaft.« Ihr sei es bereits gelungen, »den Begriff der Ehre« zu denunzieren und »aus dem Bewusstsein des Volkes zu entfernen«.[66] So oder ähnlich dachten viele. Nicht von ungefähr ging die CDU im Herbst 1994 noch immer mit Slogans wie »Auf in die Zukunft, aber nicht auf roten Socken« und »Zukunft statt Linksfront« in den Wahlkampf – und gewann.[67] Mit nichts ließen sich seit Jahrzehnten so zuverlässig Stimmen holen wie mit der Angst vor dem Kommunismus und der Verunglimpfung von Linken: als Gefahr für die gute Ordnung, als soziale Träumer oder Nestbeschmutzer, die die Geschichte nicht ruhen lassen und den Deutschen angeblich einen »Schuldkomplex« einreden wollen.

Sowas kam an, zumal 54 Prozent der Deutschen sich in Umfragen für einen Schlussstrich unter die NS-Vergangenheit aussprachen.[68] Der alte Abwehrreflex bekam in den 90er-Jahren noch einmal mächtig Aufwind und verfügte über prominente Vertreter.

Die Argumente waren im Grunde dieselben wie immer, wurden jetzt aber noch selbstbewusster und mit zunehmend aggressivem Trotz vorgebracht. Seit der Wiedervereinigung mischten sie sich zudem mit nationalen Tönen. Das klang dann zum Beispiel so wie bei der Initiative »8. Mai 1945 – Gegen das Vergessen«, einer Gruppe rechtskonservativer Publizisten, Historiker und Politiker, die einige Wochen vor dem 50. Jahrestag des Kriegsendes einen Appell in der *Frankfurter Allgemeinen Zeitung* veröffentlichte: Der 8. Mai sei auch der Beginn »von Vertreibungsterror und neuer Unterdrückung im Osten« gewesen. Um »vergleichbare Katastrophen künftig auszuschließen«, sei das »Selbstverständnis einer selbstbewussten Nation« erforderlich, welche diese »Wahrheiten« nicht relativiere. Der »Tag der Befreiung« sei ein »Begriff der Sowjets«.[69]

Etwas später wiederholte die Initiative ihren Aufruf und reagierte darin zugleich auf die Kritik, die inzwischen laut geworden war: Der Vorwurf, man wolle die NS-Verbrechen verharmlosen, sei eine Unterstellung. Den Unterzeichnern gehe es vielmehr darum, die »regierungsamtlich verordnete Sichtweise« und den »Meinungsterror der ›political correctness‹« aufzubrechen.[70] Brisant war die Kampagne vor allem durch die Liste ihrer Unterzeichner, zu denen Alfred Dregger (CDU), der ehemalige Generalbundesanwalt Alexander von Stahl (FDP), der frühere Innenminister Friedrich Zimmermann (CSU) und der amtierende Minister für Entwicklungshilfe Carl-Dieter Spranger (CSU) gehörten. Als einziger SPD-Politiker hatte sich der ehemalige Verteidigungsminister Hans Apel beteiligt, seine Unterschrift auf Druck des Parteivorstands dann aber wieder zurückgezogen.

Regierungssprecher Peter Hausmann und der Unionsfraktionsvorsitzende Wolfgang Schäuble verteidigten den Aufruf der Initiative; auch der CSU-Vorsitzende Theo Waigel äußerte Verständnis. Zur geplanten alternativen Gedenkveranstaltung des Aktionsbündnisses kam es jedoch nicht, weil Dregger von Kohl und Schäuble gedrängt wurde, seine Teilnahme abzusagen, der daraufhin prompt ein »miefiges Meinungsklima« beklagte. Seine Mitstreiter fühlten sich ebenfalls in ihrer Überzeugung bestärkt, dass die vermeintliche linksliberale Mediendominanz keine »Querdenker« dulde. Der Begriff war damals (und bis vor ein paar Jahren) noch positiv besetzt und meinte gegen den Strich denkende Intellektuelle. In einer dritten Anzeige, die am 5. Mai in der *Frankfurter Allgemeinen Zeitung* erschien, wurde der CDU »Mangel an Standhaftigkeit« vorgeworfen und die »aggressive Kampagne linker Medien« angeprangert. Die Initiative, hieß es weiter, habe aber ihr Ziel erreicht, da es ihr gelungen sei, eine »Einheitssprachregelung« zum 8. Mai zu verhindern.[71]

Tatsächlich gab es am Gedenktag kaum einen Redebeitrag, der nicht auf die Frage »Befreiung oder Niederlage?« einging – von einer einheitlichen Sicht auf den 8. Mai konnte also keine Rede sein. Der Vorwurf der Neuen Rechten, es herrschten eine »Zeitgeistzensur« und eine »Tabuisierung der Vertreibungserfahrung« vor, hielt sich trotzdem und wurde in den nächsten Jahren zum beliebten Argument. Dabei gab es gerade im Gedenkjahr 1995 etliche Bücher, Zeitungsberichte und TV-Dokumentationen zu diesem Thema.[72] Generell wurde das Kriegsleid der Deutschen – in Gestalt von Flucht, Vertreibung und alliierten Flächenbombardements – immer stärker thematisiert. So war etwa bereits am 13. Februar 1995 bundesweit der Bombardierung Dresdens 50 Jahre zuvor gedacht worden. Allerdings wurde das Gedenken an diese Seite des Krieges auch zunehmend von Rechtsradikalen okkupiert, die damit die deutschen Verbrechen zu relativieren versuchten. Die Grenzen zwischen Neonazis, der im Bildungsbürgertum verankerten Neuen Rechten, konservativen Publizisten und Politikern waren dabei oft fließend oder nicht mehr erkennbar. Vor dem 50. Jahrestag der Befreiung von Auschwitz forderte beispielsweise die *Frankfurter Allgemeine Zeitung*, es müsse auch der »völkermordartigen Vernichtungsaktionen« der Vertreibung gedacht werden.[73]

Bei der – individuell und gesellschaftlich – zweifellos notwendigen Beschäftigung mit den deutschen Kriegstraumata geriet allzu oft aus dem Blick, von wem die Aggression ursprünglich ausgegangen war. Dabei musste selbst Dregger gegenüber dem Vorsitzenden des Zentralrats der Juden Ignatz Bubis zugeben, dass dem »Vertreibungsterror« der nationalsozialistische Terror vorausgegangen war.[74] Wenn von deutschen Opfern die Rede war, fiel diese Tatsache jedoch meist unter den Tisch oder wurde hinter allgemeinen Formulierungen versteckt, wie sie schon in den Fünfzigern üblich gewesen waren. Und immer noch wurde, allen Erkenntnissen historischer Forschung zum Trotz, Hitler zum Hauptschuldigen erklärt.

So gab es in der Ansprache des Kanzlers zum 8. Mai 1995 wieder nur Taten ohne Täter: Es waren die »Hitler-Barbarei« und die »entsetzlichen Folgen des von Hitler entfesselten Krieges und der nationalsozialistischen Gewaltherrschaft«. Der »Hölle der Konzentrationslager« stellte er das »Leiden und Sterben auf den Schlachtfeldern« gegenüber, ohne dabei konkreter zu werden.[75] Bundespräsident Roman Herzog ließ in seiner Rede Gaskammern und zerbombte Städte, Täter und Opfer, Deutsche und überfallene Nachbarn im Nebel einer umfassenden Apokalypse verschwinden: »Millionen aus allen europäischen Völkern, auch aus dem deutschen, waren tot, gefallen, in Bombenangriffen zerfetzt, in Lagern verhungert, auf den Straßen der Flucht erfroren«, weitere Millionen »den größten Vernichtungsaktionen zum Opfer gefallen, die menschliche Hirne je ersonnen hatten … Der Geruch der Krematorien und der schwelenden Ruinen lastete über Europa«.

Der 8. Mai, so die erlösende Pointe der Rede, sei »ein Tor in die Zukunft« gewesen, weil in der Zeit danach »die Überlebenden der KZs« die »Kraft zum Verzeihen gefunden«, Soldaten sich »über die Gräber hinweg die Hände gereicht« hätten und Millionen »in allen Ländern Europas schweigend und beharrlich an den Wiederaufbau gegangen« seien.[76] Krieg und Völkermord als Naturgewalt und gemeinsame europäische Erfahrung, die sich nun, im seit zwei Jahren geeinten Europa, in Wohlgefallen auflösen sollte – die weichgespülte Form des Schlussstrichs.

* * *

Der Streit um die Bewertung des 8. Mai 1945 mag zu einem neuen Bewusstsein für die Vielfalt und Widersprüchlichkeit der Erfahrungen geführt haben, die sich mit diesem Datum verbinden. Er trug jedoch nicht dazu bei, dass Unerledigtes oder die blinden Flecken der Vergangenheitsbewältigung in Angriff genommen wurden. So hatte der Bundesgerichtshof (BGH) beispielsweise die Urteile des Volksgerichtshofs (VGH) noch immer nicht aufgehoben. Die Todesurteile gegen die Akteure des 20. Juli 1944 oder die Mitglieder der »Weißen Rose« waren also nach wie vor rechtsgültig. Der Bundestag hatte sich 1985 zwar endlich zu der »Feststellung« durchringen können, dass der VGH ein »Terrorinstrument zur Durchsetzung der nationalsozialistischen Willkürherrschaft« gewesen sei, rechtlich bindend war das jedoch nicht. Wer überlebt, es im bundesdeutschen Behörden- und Instanzendickicht aber nicht geschafft hatte, per Einzelfallprüfung das gegen sich ergangene NS-Urteil aufheben zu lassen, war daher auch 1995 noch vorbestraft.

Dasselbe galt für die Opfer der NS-Militärjustiz. Im Gegensatz zu Widerstandskämpfern hatten sie und ihre Angehörigen nach wie vor keinen Anspruch auf Entschädigungszahlungen –

alle Versuche, das zu ändern, waren bisher an der Regierungsmehrheit gescheitert. Auch im 50. Jahr nach Kriegsende wollten Unionspolitiker nicht eingestehen, dass die Militärgerichte genauso Werkzeuge des Terrors gewesen waren wie der Volksgerichtshof, denn das hätte bedeutet, alle Opfer pauschal zu rehabilitieren. Die Regierung bestand auf der Einzelfallprüfung.[77]

Um finanzielle Erwägungen kann es dabei nicht gegangen sein, dafür war die Zahl der noch lebenden Betroffenen viel zu klein – entscheidend war das politische Signal. Denn kein anderer Aspekt der Vergangenheitsbewältigung rührte an so viele neuralgische Punkte wie die Rehabilitierung von Kriegsdienstverweigerern und Deserteuren: Er betraf die Frage nach dem Charakter des Zweiten Weltkriegs und der Rolle der Wehrmacht, den Zwiespalt zwischen Eid und Verweigerung, zwischen Treue, Schuld und Gehorsam, der schon 1952 im Remer-Prozess verhandelt worden war. Die Befehlsverweigerung von Soldaten verwies wie jede widerständige Handlung auf die Verantwortung und den Spielraum des Einzelnen. Und sie betraf das Selbstverständnis der Bundeswehr, das untrennbar mit all diesen Fragen verwoben war, weil ihre Führung noch immer nicht bereit war, konsequent mit der Wehrmacht zu brechen.

Indem man den, wie Hans Mommsen es nannte, »Widerstand von den Kommandohöhen« zum strahlenden Heldenmythos stilisierte, geriet aus dem Blick, dass die Möglichkeiten eines einfachen Soldaten erheblich eingeschränkter gewesen waren. Denn wer die Aussichtslosigkeit oder den verbrecherischen Charakter dieses Krieges durchschaut hatte und nicht mehr mitmachen wollte, konnte nichts anderes tun, als zu fliehen, überzulaufen oder sich zu verweigern – auf alles stand die Todesstrafe, und sie wurde noch bis in die allerletzten Kriegstage tausendfach ausgesprochen. Der einen zu gedenken und die anderen abzuwerten, war ein Widerspruch in sich und offenbarte, wie lebendig das unheilvolle und menschenverachtende Gedankengut noch immer war: Deserteure galten der NS-Militärjustiz als »minderwertige Schädlinge« und »treulose Schwächlinge«, Todesurteile gegen sie als notwendige »Reinigungsarbeit«.[78] Danach hatte damals auch Marinerichter Hans Filbinger gehandelt, als er sein Urteil über den Deserteur Walter Gröger fällte und persönlich dafür sorgte, dass der 22-Jährige am 16. März 1945 vor ein Erschießungskommando kam.[79] 1994 war der langjährige Ministerpräsident von Baden-Württemberg gerade zum fünften Mal Wahlmann in der Bundesversammlung gewesen, die den neuen Bundespräsidenten wählte.[80] Sein Urteil gegen Gröger war nach wie vor gültig, dessen Familie hatte laut Gesetzeslage keinen Anspruch auf Entschädigung. Bei der CDU/CSU fand das niemand anstößig.

Die Sorge galt vielmehr dem Ansehen der Wehrmacht und ihrer »ehrenhaft« gebliebenen Soldaten: »Wer … bereit gewesen ist, für sein Vaterland zu kämpfen, wie das Gesetz es befahl, und wer sich dafür entschieden hat, dem Kriegsgegner bis zuletzt zu widerstehen, der hat eine ehrenhafte Entscheidung getroffen«, schrieb Alfred Dregger (CDU) in einem Zeitungsbeitrag. »Das gilt insbesondere für die Soldaten des deutschen Ostheeres und der Marine, die in den letzten Monaten des Krieges die Flucht von Millionen Ostdeutschen vor der Roten Armee zu decken hatten.« Der »Eifer mancher Quellensucher«, denen es darum ginge, »die Wehrhaftigkeit unseres Volkes im Kern zu treffen«, werde nicht den Nachweis erbringen können, dass die Wehrmacht »kein ehrendes Gedenken verdiene oder gar eine Verbrecherorganisation gewesen sei«.[81]

Historiker hatten schon in den 60er-Jahren begonnen, die Legende von der »sauberen Wehrmacht« infrage zu stellen. Mittlerweile hatten sie genug Material zutage gefördert, um sie endgültig zu widerlegen: Die Ergebnisse zeigten, dass die Verbrechen, vor allem im Osten, ohne die Wehrmacht nicht möglich gewesen wären. Aber auch, dass sich deutsche Soldaten aktiv an ihnen beteiligt hatten, und zwar quer durch alle Hierarchien und Waffengattungen. Anders als Generalinspekteur Naumann, der Kanzler und viele andere Konservative es darstellten, war es nicht möglich, zwischen dem »normalen« Krieg der Wehrmacht und dem Vernichtungskrieg der Nationalsozialisten zu unterscheiden, weil es diese Trennung nie gegeben hatte: Der Angriffskrieg der Wehrmacht, schon für sich ein Verbrechen, hatte die Voraussetzungen geschaffen für alle anderen, einschließlich des Holocaust.[82]

Zerstörung einer Legende

Noch waren diese Erkenntnisse kein Allgemeingut. Noch hielt sich die Mär, dass neben der NS-Führung die Mitglieder der Polizei- und SS-Einsatzgruppen für die Verbrechen verantwortlich gewesen und die 18 Millionen Soldaten der Wehrmacht »anständig geblieben« und lediglich für Hitlers Krieg missbraucht worden waren. Umso heftiger schlug daher im Frühjahr 1995 die Ausstellung »Vernichtungskrieg. Verbrechen der Wehrmacht 1941 bis 1944« im Bewusstsein der Deutschen ein, die das Hamburger Institut für Sozialforschung erarbeitet hatte.

Mit zahlreichen Dokumenten, vor allem aber mit mehr als 1500 Fotos zeigte sie die Beteiligung deutscher Soldaten am Völkermord: die Blutspur, welche die zu Märtyrern stilisierte 6. Armee bei ihrem Vormarsch auf Stalingrad hinterlassen hatte, die Verbrechen gegen die Zivilbevölkerung im besetzten Weißrussland, die Ermordung serbischer Juden. Unter der Wucht dieser Bilder, die meist privat von Soldaten aufgenommen worden waren, fielen alle entlastenden Erklärungsversuche in sich zusammen. Was hier zu sehen war, ließ sich nicht mehr einfach einer nationalsozialistischen Gangsterbande zuordnen – hier sahen die Besucher ihre Väter oder Großväter Gewehre anlegen auf Männer, Frauen und Kinder jeden Alters, sahen sie am Rand von Massengräbern stehen oder feixend vor gehängten Zivilisten.

Die Resonanz war gewaltig, und mit jeder weiteren Stadt, in der die Ausstellung gezeigt wurde, wuchsen die Besucherzahlen: Waren es in Hamburg zunächst nur 7000 Menschen, kamen 1997 in München und Frankfurt am Main schon über 90 000.[83] Neben dem überwiegend positiven Echo gab es von Anfang an auch heftige Proteste und Auseinandersetzungen. Konservative Medien zogen gegen die Ausstellung zu Felde, Politiker machten sich die Empörung rechter Kräfte zu eigen. Im ganzen Land gingen Rechtsextreme auf die Straße, Veranstalter erhielten Drohbriefe, immer wieder kam es zu Krawallen und Anschlägen. In Erfurt sprühten Neonazis »Lüge« auf die Ausstellungstafeln, zwei der Täter konnten gefasst werden, darunter der mehrfach vorbestrafte Rechtsterrorist Manfred Roeder[84]. Der nutzte den anschließenden Prozess wegen Sachbeschädigung 1996 für eine fast einstündige Hassrede. Unter seinen kahl geschorenen Fans auf den Zuhörerbänken des Gerichtssaals: Uwe Mundlos und Uwe Böhnhardt, die als Nationalsozialistischer Untergrund (NSU) vier Jahre später mit einer beispiellosen Serie von Morden an zumeist türkischstämmigen Bürgern beginnen würden.[85]

Im Münchner Stadtrat forderte der nationalliberale Bund freier Bürger (BfB) ein Verbot der Ausstellung. Schon ihr Titel »Vernichtungskrieg. Verbrechen der Wehrmacht 1941–1944« sei eine Verunglimpfung und Kriminalisierung. Die CSU schloss sich diesem Urteil an, obwohl Institutsleiter Jan Philipp Reemtsma immer wieder darauf hinwies, dass die Dokumentation exemplarischen Charakter habe und keineswegs pauschal alle Soldaten beschuldige. Eine entsprechende Wandtafel gleich zu Anfang des Ausstellungsrundgangs machte das ebenfalls deutlich. Die Behauptung, die Wehrmacht werde als Ganzes beschuldigt, zog sich dennoch die nächsten Jahre als roter Faden durch die Argumente der Ausstellungsgegner. Der CSU-Parteivorstand ließ verlauten, es handle sich lediglich um »eine linke Tendenzveranstaltung zur Herabwürdigung der deutschen Soldaten« – auch das ein typischer und in Abwandlungen immer wieder geäußerter Vorwurf.

Vor allem die Einlassungen der CSU unterschieden sich in Ton und Inhalt kaum von denen der Neonazis und rechtskonservativer Verbände. So sprach etwa Florian Sturmfall (CSU) passenderweise von einem »moralischen Vernichtungsfeldzug« der Linken »gegen das deutsche Volk«, während die Jugendorganisation der NPD zum neuerlichen Marsch auf die Feldherrnhalle rief – als »Demonstration des nationalen Widerstandes gegen die antideutsche Schandausstellung«. Soldatenverbände schalteten derweil in den Lokalzeitungen ganzseitige Anzeigen mit dem beziehungsreichen Text: »Münchner Bürger wehrt Euch – Boykottiert diese Ausstellung!«[86]

Ob in Dresden, Saarbrücken, Kiel oder Bonn – wo immer die Wehrmachtsausstellung gezeigt wurde, kam es schon im Vorfeld zu heftigen Auseinandersetzungen, oft auch in den jeweiligen Landesparlamenten. So wie in Stuttgart, wo CDU, FDP und die rechtsextreme Partei »Die Republikaner« den Antrag der Grünen ablehnten, die Ausstellung im Foyer des Baden-Württembergischen Landtags zu zeigen. Die Schau versuche zu beweisen, dass die Wehrmacht aktiv »an allen Verbrechen des Krieges« beteiligt gewesen sei, begründete CDU-Fraktionschef Günther Oettinger die Entscheidung.[87] In Frankfurt am Main versuchte ein Teil der CDU, angeführt von der Bundestagsabgeordneten Erika Steinbach, eine Gegenveranstaltung zur »Reemtsma-Ausstellung« in der Paulskirche zu initiieren. Distanzieren mochte sich die Frankfurter CDU davon nur insofern, als ihr Kreisvorsitzender Heinz Daum erklärte, die Ausstellung dürfe nicht »durch eine Gegenveranstaltung aufgewertet werden«, da sie »nur Verachtung« verdiene. In Bremen kam es innerhalb der Großen Koalition zum Streit, weil die CDU die Ausstellung als »demagogische Inszenierung und eine willkürliche Aneinanderreihung von Fotos« ablehnte. Nur mit Mühe konnten sich die Regierungspartner nach langem Hin und Her auf eine dürre Erklärung einigen, wonach die Öffentlichkeit auch in Bremen die Gelegenheit haben solle, sich über »ein besonders dunkles Kapitel der militärischen Geschichte« zu informieren.[88]

Als im Frühjahr 1997 sogar der Bundestag über die Wehrmachtsausstellung debattierte, wurde deutlich, wie stark bei diesem Thema Politik, Geschichte und persönliche Betroffenheit miteinander verwoben waren: Fast alle Abgeordneten, die sich zu Wort meldeten, sprachen von ihren Soldatenvätern. Manche, wie Rupert Scholz (CDU) oder Theo Waigel (CSU), nahmen dabei eine Position der Verteidigung ein. Andere, wie Christa Nickels (Bündnis90/Die Grünen) oder Otto Schily (SPD), äußerten sich kritisch zur Rolle ihrer Väter im Krieg. Radikale Töne kamen vor allem von Alfred Dregger (CSU), der unter dem Beifall der Union fragte, ob die Ausstellungsmacher »wissenschaftlich und moralisch legitimiert« seien, »Millionen von Menschen, die sie nicht kennen, ihrem Urteil zu unterwerfen«. Es stehe fest, dass das deutsche Volk diesen Krieg »ebenso wenig« gewollt habe wie das russische »und andere Völker«, die in ihn »hineingezogen worden« seien.[89]

Verteidigungsminister Rühe sagte, es sei mittlerweile widerlegt, dass die Wehrmacht der »weitgehend unbefleckte Hort von Anstand und Ehre inmitten der nationalsozialistischen Barbarei gewesen« sei. Zur »Wahrheit über die Wehrmacht« gehöre aber auch »der militärische Widerstand gegen Hitler«. Die »Werte, für die die Frauen und Männer des Widerstands litten und starben«, gehörten »zu den ideellen Grundlagen« der Nation und zum »moralischen Fundament der Bundeswehr«. Es sei kein Zufall,

»dass der Bundesverteidigungsminister seinen Dienstsitz im Bendlerblock« genommen habe.[90]

Auch andere Abgeordnete beriefen sich auf den militärischen Widerstand. Dass die Ausstellung ihn nicht thematisierte, war nach Meinung von Otto Graf Lambsdorff (FDP) ein weiterer Beleg für ihre »Einseitigkeit«. Zudem sei es »bösartig« und »verwerflich«, dass stattdessen im »sogenannten Forschungsband zur Ausstellung« Henning von Tresckow »in die Nähe der Mittäter der Kriegsverbrechen gerückt« werde. Schließlich seien es gerade die Mordaktionen in Russland gewesen, »die die Attentäter zu ihrem Entschluss brachten, den schlimmsten aller Verbrecher zu töten«. Wer das verschweige oder gar verneine, wie es die Ausstellung tue, »entlässt die jugendlichen Besucher ohne Hoffnung«.[91]

Gemeint war ein Text im Ausstellungskatalog, in dem der Historiker Christian Gerlach die These vertrat, dass führende Köpfe des 20. Juli an den Verbrechen im Osten beteiligt gewesen waren, und zwar nicht nur indirekt aufgrund ihrer Stellung, sondern aktiv und aus eigener Initiative. Namentlich Henning von Tresckow habe bei der Bekämpfung von Partisanen die Ermordung unschuldiger Menschen wissentlich forciert, unterstützt von Philipp von Boeselager und Rudolf-Christoph von Gersdorff.

Selbst ohne Gerlachs Artikel hätte das Beben, das die Wehrmachtsausstellung verursachte, früher oder später auch den Mythos um die Offiziere vom 20. Juli erfasst, warf sie doch Fragen auf, die sie als Angehörige der Wehrmacht ebenso betrafen: nach persönlicher Schuld, nach Handlungsspielräumen, nach Motiven. Gerade Tresckow musste hier ins Kreuzfeuer gelangen, der zwar in seinem Bereich die größte Widerstandszelle in Hitlers Armee aufgebaut hatte, als Erster Generalstabsoffizier der Heeresgruppe Mitte aber zugleich an einem Frontabschnitt Dienst tat, wo grausamste Verbrechen begangen wurden. Indem die Ausstellung Einblicke in diese barbarische Wirklichkeit des Krieges gab, wies sie indirekt auch auf die Verstrickung jener Männer hin, die an ihm beteiligt gewesen waren, bevor sie sich zum Widerstand entschlossen.

Im Herbst 1999 wurde die Ausstellung zum vorerst letzten Mal gezeigt: Historiker hatten verschiedentlich Kritik an Konzept und Ausführung geübt. Tatsächlich waren etliche Fotos falsch oder ungenau beschriftet, in falsche Zusammenhänge gestellt oder zu Abfolgen gefügt worden, die gar keine waren. Manche zeigten Verbrechen, die nicht der Wehrmacht, sondern dem sowjetischen Geheimdienst zuzuordnen sind. Die sachlichen Fehler stellten sich als so gravierend heraus, dass Reemtsma entschied, die Ausstellung zu schließen und durch ein anderes Team von Historikerinnen und Historikern völlig neu erarbeiten zu lassen.

Die zweite, Ende 2001 eröffnete Dokumentation trug den Titel »Verbrechen der Wehrmacht. Dimensionen des Vernichtungskrieges 1941–1944« und unterschied sich in nahezu jeder Hinsicht von der ersten – mit Ausnahme der zentralen Aussage, die nun endgültig nicht mehr bestritten werden konnte: Die Wehrmacht ist zusammen mit der SS und anderen Verbänden an Kriegsverbrechen beteiligt gewesen.[92]

Am Ende war es wohl auch die Wucht jener kaum erträglichen Bilder, die dazu beitrug, in der Gesellschaft einen schmerzhaften Prozess der Bewusstwerdung in Gang zu setzen, der langfristig zu einer neuen Art der Vergangenheitsbewältigung und Erinnerungskultur führte. Ein erster Schritt auf diesem Weg war das Gesetz zur Aufhebung nationalsozialistischer Unrechtsurteile, das der Bundestag nach langem Streit am 25. August 1998 beschloss. Mehr als 50 Jahre nach der Hinrichtung von Julius Leber, Helmuth von Moltke, Georg Elser oder Sophie und Hans Scholl waren die Urteile des Volksgerichtshofs endlich null und nichtig. Mit dem Gesetz hatten ab sofort alle Opfer der NS-Justiz Anspruch auf Entschädigung. Davon ausgenommen waren verfolgte Homosexuelle – ihnen blieb nur der mühsame Weg über die Einzelfallprüfung. Die generelle Aufhebung der NS-Militärgerichtsurteile, mit der auch verurteilte Wehrmachtsdeserteure rehabilitiert worden wären, scheiterte an der Regierungsmehrheit und wurde in der letzten Lesung noch aus dem Gesetz gestrichen.[93/94] Volker Beck, rechtspolitischer Sprecher von Bündnis 90/Die Grünen, kritisierte das Ergebnis in der abschließenden Debatte als unbefriedigend, da es Deserteuren und Homosexuellen keine eindeutige Antwort darauf gebe, ob sie im Einzelfall rehabilitiert seien oder nicht. Das Ziel, allen Opfergruppen Rechtsklarheit zu geben, sei also nicht erreicht worden. »Dann haben wir es ja richtig gemacht!«, bemerkte Norbert Geis (CSU).[95]

Nach dem Regierungswechsel zu Rot-Grün im September 1998 setzten die Opferverbände ihre Hoffnungen in die Umsetzung des neuen Koalitionsvertrages. Denn darin verpflichteten sich die Partner, die Rehabilitierung und Verbesserung der Entschädigung von NS-Opfern voranzubringen. Vorgesehen waren außerdem die Einrichtung einer Stiftung mit Beteiligung der deutschen Industrie zur Entschädigung von Zwangsarbeitern und -arbeiterinnen und einer Bundesstiftung für die »vergessenen Opfer« des Nationalsozialismus.[96] Dann aber ließen andere überfällige Reformen und der Krieg in Jugoslawien die versprochene Gesetzesnovelle auf der politischen Tagesordnung wieder ganz nach hinten rutschen.

Im März 1999 beteiligte sich die Bundeswehr mit 14 Tornados an den Luftangriffen der NATO gegen Serbien. Ausgerechnet die rot-grüne Koalition schickte deutsche Soldaten zum ersten Mal seit dem Zweiten Weltkrieg wieder in eine kriegerische Auseinandersetzung. Der Einsatz war zuvor vom Bundestag mit großer Mehrheit genehmigt worden, führte aber dennoch zu erheblichen innenpolitischen Spannungen, vor allem bei den Grünen, deren Basis nach wie vor jede deutsche Beteiligung an

Kampfhandlungen ablehnte und sich vom grünen Außenminister Joseph »Joschka« Fischer verraten fühlte. Nach dem Rückzug der Serben stimmte der Bundestag am 11. Juni für die Beteiligung der Bundeswehr an der NATO-Friedenstruppe im Kosovo (KFOR).[97]

Vier Wochen später setzte der neue, sozialdemokratische Verteidigungsminister Rudolf Scharping ein deutliches Zeichen für das Selbstverständnis der Bundeswehr: Auf seine Initiative fand die Vereidigung der neuen Rekruten erstmals am 20. Juli im Bendlerblock statt.[98]

10. Routiniertes Gedenken (2000 bis heute)

Der geplünderte Mythos

Ende der 90er-Jahre verstarb allmählich jene Generation, die das NS-Regime noch bewusst miterlebt hatte und zum großen Teil in der Hitlerjugend gewesen war. Die Abwehr gegen die nationalsozialistische Vergangenheit wurde schwächer, und der Wechsel zur ersten rot-grünen Bundesregierung unter Bundeskanzler Gerhard Schröder (SPD) schien 1998 auf vielen Ebenen den Beginn einer neuen Zeit zu markieren. Gleich 1999 beschloss der Bundestag den Bau eines Denkmals für die ermordeten Juden Europas, das von einem darunterliegenden Informationszentrum ergänzt werden sollte. Regierung und Parlament setzten damit ein deutliches Zeichen, dass das Bekenntnis zur Einzigartigkeit des Holocaust und zu der daraus erwachsenden Verantwortung im Selbstverständnis der Bundesrepublik verankert werden sollte.

Wie schon so oft war die Initiative für das Mahnmal aber nicht vonseiten der Politik ausgegangen: Die Journalistin Lea Rosh hatte 1988 den Anstoß dazu gegeben und seitdem für Spenden und Unterstützer geworben, nun winkte der Bundestag nach langer Debatte den Entwurf des amerikanischen Architekten Peter Eisenman durch. Umstritten war das Projekt aber nach wie vor: 1998 erst hatte der Schriftsteller Martin Walser bei der Verleihung des Friedenspreises des Deutschen Buchhandels gegen die »Betonierung des Zentrums der Hauptstadt mit einem fußballfeldgroßen Alptraum« gewettert und von einer »Monumentalisierung der Schande« gesprochen.

Vordergründig kritisierte Walser bei seiner Rede in der Frankfurter Paulskirche die Instrumentalisierung des Gedenkens, tatsächlich aber holte er zum Generalschlag gegen jegliche Form des öffentlichen Erinnerns aus: In den Medien würde ihm täglich »diese Vergangenheit vorgehalten«; Auschwitz sei zur »Moralkeule« geworden, zur »Drohroutine«, zu einem jederzeit einsetzbaren »Einschüchterungsmittel«. Wer sage, »die Deutschen seien jetzt ein ganz normales Volk«, gerate in Verdacht und werde von den »Gewissenswarten der Nation« mit »vorgehaltener Moralpistole … in den Meinungsdienst« genötigt. An der Diskussion um das Holocaustdenkmal werde die Nachwelt später einmal sehen können, was Leute angerichtet hätten, »die sich für das Gewissen von anderen verantwortlich fühlten«.[1]

Von den 1200 illustren Gästen aus Politik und Gesellschaft bekam Walser dafür Standing Ovations und minutenlangen Beifall. Nur der Vorsitzende des Zentralrats der Juden in Deutschland, Ignatz Bubis, seine Frau und der ostdeutsche Theologe und Bürgerrechtler Friedrich Schorlemmer blieben betroffen sitzen. Bubis bezeichnete Walsers Rede hinterher als »geistige Brandstiftung« – und musste sich dafür von verschiedenen Seiten anhören, er reagiere als Opfer und daher zu empfindlich. Die Reaktionen auf Walsers Thesen hingegen waren überwiegend positiv. *Spiegel*-Herausgeber Rudolf Augstein verstieg sich in seinem Kommentar sogar zu der Behauptung, dass »dieses Schandmal« gegen die »wiedergewonnene« Hauptstadt und das »in Berlin sich neu formierende Deutschland gerichtet« sei.[2]

Auch Klaus von Dohnanyi gab Walser recht: Er selbst werde wegen seines »tapferen Vaters« im Ausland oft bevorzugt behandelt, schrieb er in der *Frankfurter Allgemeinen Zeitung*. Die »Abkunft von ermordeten Widerstandskämpfern« verleihe anscheinend die Möglichkeit für einen »persönlich völlig unverdienten Freispruch« von der Geschichte, genau wie die »Abkunft von jüdischen Opfern«. Trotz seiner Familiengeschichte habe er sich aber stets als Deutscher zur Verantwortung für den Holocaust bekannt. Für Bubis könne das natürlich nicht gelten, allerdings müssten sich auch die »jüdischen Bürger« fragen lassen, »ob sie sich so sehr viel tapferer als die meisten Deutschen verhalten hätten, wenn nach 33 ›nur‹ die Behinderten, die Homosexuellen oder die Roma in die Vernichtungslager geschleppt worden wären«.[3]

Als Bubis Dohnanyi daraufhin »Böshaftigkeit« vorwarf, mahnte der, er solle mit seinen »nicht-jüdischen Landsleuten etwas behutsamer« umgehen, »wir sind nämlich alle verletzbar«.[4] Etwas später brachte die *Frankfurter Allgemeine Zeitung* Bubis und Walser zu einem Gespräch zusammen, das unter der Überschrift »Das Ende eines Missverständnisses« erschien. Bubis musste sich darin von Walser vorhalten lassen, 1992 in Rostock-Lichtenhagen an den Protesten gegen die rechtsradikalen Ausschreitungen teilgenommen zu haben: »Verstehen Sie, wenn Sie auftauchen, dann ist das sofort zurückgebunden an 1933.«[5]

Mit dieser vorwurfsvollen Gereiztheit sprach Walser vielen Deutschen aus der Seele. Das sarkastische Bonmot des israelischen Psychoanalytikers Zvi Rix, wonach die Deutschen den Juden Auschwitz nie verzeihen werden, schien so zutreffend zu sein wie eh und je. Laut Umfragen war weiterhin gut die Hälfte der Bundesbürger für einen Schlussstrich und das Ende der öffentlichen Auseinandersetzung mit der NS-Vergangenheit. Erst 2012 sank der Anteil auf 40 Prozent ab, stieg dann allerdings 2015 wieder an – in manchen Studien bis auf 58 Prozent.[6]

Vereidigung unter Polizeischutz

Die Würdigung der Opposition gegen Hitler aber war inzwischen weitgehend Allgemeingut geworden. Auch die Gedenkfeiern provozierten keine Schlagzeilen mehr. Als hätte es immer schon zur deutschen Staatsräson gehört, legten Politikerinnen und Politiker Kränze im Bendlerhof ab, hielten Ansprachen und bekannten sich zum »Vermächtnis« des 20. Juli 1944. Wie in den Jahrzehnten davor ging man dabei zugunsten der politischen Botschaft oft großzügig über historische Fakten hinweg. »Vom Widerstand führt eine gerade Linie zur Verfassung der Bundesrepublik Deutschland«, meinte etwa Verteidigungsminister Rudolf Scharping (SPD) am 20. Juli 1999.[7] In Wirklichkeit gibt es diese Linie nicht: Zwar waren im Parlamentarischen Rat 1949 auch Widerständler wie Jakob Kaiser und Ludwig Bergsträsser vertreten, doch abgesehen von der grundsätzlichen Entscheidung für eine rechtsstaatliche Ordnung haben die Vorstellungen des Widerstandes bei der Ausarbeitung des Grundgesetzes keine Rolle gespielt.[8]

Bei Scharpings Satz wird dennoch niemand gestutzt haben: Dass es sich bei den Beteiligten des 20. Juli um Vordenker der bundesrepublikanischen Ordnung handle, war inzwischen weithin akzeptiert. Das Gedenken war offenkundig im Mainstream angekommen. Die Vereidigung von gut 400 Bundeswehrrekruten auf dem Gelände des Verteidigungsministeriums, die 1999 zum ersten Mal an diesem Tag stattfand – symbolträchtig in unmittelbarer Nachbarschaft zur Hinrichtungsstelle Stauffenbergs – unterstrich das offizielle Bekenntnis zusätzlich.[9]

Das führte in jenem Jahr allerdings zu der skurrilen Situation, dass die Bendlerstraße weiträumig als »Sondernutzungsbereich« der Bundeswehr gesperrt wurde, um die Gelöbnisfeier vor potenziellen Störern abzuschirmen. Wer an der Gedenkstunde zum

20. Juli 1944 im benachbarten Ehrenhof teilnehmen wollte, musste darum vom Reichpietschufer aus zu Fuß durch einen vergitterten Korridor gehen und sich von uniformierten Feldjägern kontrollieren lassen. Nur ausgewählten Gästen war es gestattet, direkt am Eingang vorzufahren.[10] Trotzdem gelang es einer kleinen Gruppe von Aktivisten, mithilfe gefälschter Einladungskarten Zutritt zur Gelöbnisfeier zu bekommen, um dort mit Trillerpfeifen und Sirenen die Abschaffung der Bundeswehr zu fordern. In den folgenden Jahren wurden die Zugangskontrollen für den gesamten Bereich um den Bendlerblock noch restriktiver gehandhabt.[11]

2001 schätzten Polizei und Verteidigungsministerium die Sicherheitslage als besonders fragil ein: Das »Bildungswerk für Friedensarbeit« und das »Büro für antimilitärische Maßnahmen« hatten eine 50-seitige Broschüre mit dem Titel »Gelöbnix. Militärische Rituale, militarisierte Außenpolitik und der 20. Juli« herausgegeben und darin ausdrücklich zu Störaktionen und Protesten aufgerufen.[12]

Die Autorinnen und Autoren wollten das Heft als »Argumentationsmaterial für örtliche Protestbündnisse« verstanden wissen und behaupteten, eine Darstellung der »Geschichte von Gelöbnissen« und der »Bedeutung, die ihnen heute zukommt,« zu liefern. Tatsächlich handelte es sich aber vor allem um eine Abrechnung mit den Akteuren des 20. Juli 1944: Die meisten von ihnen hätten sich »mit Begeisterung in die Vorbereitung der faschistischen Angriffskriege gestürzt«, seien »antikommunistisch und antisemitisch« gewesen und hätten sich »nicht nur an den Planungen, sondern auch an der Durchführung von Massenverbrechen beteiligt«. Als Vorbilder seien diese »Kriegsverbrecher« und »willigen Helfer Hitlers« völlig ungeeignet.[13]

Da vor diesem Hintergrund auch mit Aktionen gegen die Gedenkfeier im Bendlerhof und die Kranzniederlegung der Bundesregierung zu rechnen war, wurden die Sicherheitsvorkehrungen für den 20. Juli nochmals erhöht. Nach den Terroranschlägen vom 11. September 2001 galt die Lage grundsätzlich als angespannt. Außerdem rief ein Bündnis von Aktivisten nun jedes Jahr unter dem Motto »Kein Gelöbnis am 20. Juli« zu Demonstrationen auf.[14] Bald nahm in der Berichterstattung die Gelöbnisveranstaltung der Bundeswehr breiteren Raum ein als die Gedenkfeiern im Bendlerhof oder in Plötzensee. Die Stiftung sah das mit Sorge und versuchte vergeblich gegenzusteuern, indem sie zu den Jahrestagen Informationsmaterial an die Presse schickte. Mit der Zeit aber wuchs bei vielen Mitgliedern der Unmut über die Dominanz der Bundeswehr.[15]

Zum 60. Jahrestag übernahm das Innenministerium die Absicherung des größten Teils der Bendlerstraße. Da viele hochrangige Politikerinnen und Politiker an der Gedenkfeier teilnehmen würden und Bundeskanzler Schröder die Rede halten sollte, war besondere Vorsicht geboten. Mit Rücksicht auf die Angehörigen verzichtete man aber auf den vergitterten Korridor und beschränkte sich auf Einlasskontrollen am Eingang zum Ehrenhof, die auch nicht mehr von Feldjägern, sondern von Mitarbeitern des Innenministeriums durchgeführt wurden. Der Kompromiss bewährte sich, sodass er in den nächsten Jahren beibehalten wurde.[16]

Als die öffentliche Vereidigung der neuen Rekrutinnen und Rekruten 2008 zum zehnten Mal stattfand, wurde sie vom Bendlerblock auf den Platz vor dem Reichstag verlegt, was das Anti-Gelöbnis-Bündnis zum Anlass für neue Kritik nahm: Ein Ort, der symbolisch für die Demokratie stehe, sei nicht der richtige, um sich auf die antidemokratischen Offiziere des 20. Juli 1944 zu berufen. Die Fraktion der Partei *Die Linke* unterstützte die Proteste, die aber keine öffentliche Wirkung mehr entfalteten und mit der Zeit im Sande verliefen.[17]

Seit 2012 wird das feierliche Gelöbnis im jährlichen Wechsel zwischen der Reichstagswiese und dem Paradeplatz im Bendlerblock ausgerichtet.[18] Für den Militärhistoriker Sönke Neitzel handelt es sich dabei um ein bloßes Ritual: Die Bundeswehr habe 1955 zwar »öffentlichkeitswirksam« einen der Gründungsmythen der Bundesrepublik angenommen, im Truppenalltag habe dieser aber nur eine untergeordnete Rolle gespielt: »Stauffenberg und Tresckow hatten mit der täglichen Praxis der bundesrepublikanischen Friedensarmee nur wenig zu tun.« Man hätte die Offiziere des 20. Juli stärker in ihrer Rolle als Militärs betrachten müssen, um sie den Soldaten als Vorbilder vermitteln zu können. Das hätte allerdings das Augenmerk auf ihre Verstrickung in den Vernichtungskrieg der Wehrmacht gelenkt, wodurch wiederum ihre Vorbildfunktion infrage gestellt gewesen wäre. So sei dieses Vermächtnis blass geblieben, das der »Panzerkommandanten des Zweiten Weltkrieges umso greifbarer und auf den Stuben beliebter«.[19]

Andererseits hat es für die Akzeptanz des Widerstands in der Gesellschaft eine wichtige Rolle gespielt, dass sich die Bundeswehr bei ihrer Gründung so entschieden in die Tradition des 20. Juli 1944 gestellt hat und es bis heute betont. War der Widerstand im Traditionserlass von 1982 noch versehentlich vergessen worden, wird er in den aktuellen Richtlinien von 2018 wieder als Referenzpunkt genannt. Offenbar war dafür aber der Einsatz gewichtiger Fürsprecher nötig gewesen, die sich in internen Diskussionen am Ende durchsetzen konnten, denn in den ersten Entwürfen fehlte der Verweis auf den 20. Juli noch.[20] Jetzt steht er drin, wenn auch längst nicht so nachdrücklich wie im ersten Erlass von 1965, den damals Generalinspekteur Adolf Heusinger formulierte, dafür aber explizit als die einzige Ausnahme für Traditionsübernahmen aus der Zeit vor 1945.[21]

Dass am 20. Juli gerade militärische Rituale so präsent sind, trägt sicher bis heute zu einer Akzentuierung und Aufwertung dieses Tages bei. Die Erinnerung an den zivilen Widerstand hat es dadurch jedoch weiterhin doppelt schwer, gegen die – schon rein optische – Dominanz des Militärs anzukommen. Mehr denn je scheint der 20. Juli 1944 in der öffentlichen Wahrnehmung eine konservative Angelegenheit gewesen zu sein – eine Aktion adliger Offiziere, von denen die meisten Menschen allerdings lediglich Stauffenberg kennen. Auch in den Medien wird der Staatsstreichversuch inzwischen oft nur noch als »Stauffenberg-Attentat« bezeichnet, was weder Stauffenberg noch dem Ereignis selbst gerecht wird.

Doch dass der zivile Teil der Verschwörung so wenig bekannt ist, insbesondere der politisch links stehende, ist kein Zufall, sondern das Ergebnis zahlloser Vereinnahmungsversuche vonseiten der Konservativen und nicht nachvollziehbarer Versäumnisse der SPD. Obwohl diese stolz auf Löbe, Reichwein, Leuschner, Leber oder Mierendorff hätte verweisen können und es in ihren Reihen auch nach 1945 noch viele überlebende NS-Gegnerinnen und -Gegner gab, hielt die SPD sich zurück und war ängstlich darauf bedacht, sich nur ja nicht zu exponieren. Als Karl Ibach, der im Widerstand gewesen und schon 1933 im KZ inhaftiert gewesen war,[22] sich 1957 für die SPD um ein Bundestagsmandat bewarb, durfte er im Wahlkampf nicht erwähnen, dass er als Geschäftsführer beim Bund der Verfolgten des Naziregimes arbeitete.[23] Seine Vergangenheit als Kommunist bedeutete für die Partei ebenfalls ein Risiko, wie 1978 die unselige Debatte um die geplante Rede Herbert Wehners zum 20. Juli zeigen sollte.

Bei der SPD habe man mit der Aufarbeitung der eigenen Widerstandsgeschichte gewartet, »bis alle tot waren«, brachte es Ruth Daft, die Tochter eines sozialdemokratischen Widerstandskämpfers, einmal auf den Punkt.[24] So überließen die Linken der CDU die Deutungshoheit, und die wusste sie von Anfang zu nutzen – ganz im Sinne des konservativen Historikers Michael Stürmer, der 1986 schrieb, dass derjenige die Zukunft gewinne, der »die Erinnerung füllt, die Begriffe prägt und die Vergangenheit deutet«.[25]

Ausgerechnet die Konservativen, die sich anfangs jeglicher Würdigung des Widerstands in den Weg gestellt hatten und jahrzehntelang mit der Diskriminierung von Exilanten und Kommunisten auf Wählerfang gingen, betrachten sich bis heute als die geistigen Erben Stauffenbergs. Es seien die Christdemokraten gewesen, behauptete Helmut Kohl schon 1979, die das »moralische und politische Vermächtnis des Widerstandes in die Politik der zweiten deutschen Republik eingebracht hätten«.[26] Das hinderte sie aber nicht daran, zahlreiche Gesetzesvorhaben auszubremsen, die eine Entschädigung aller NS-Opfer, die Rehabilitierung der Verfolgten und die konsequente Bestrafung der Täter ermöglicht hätten.

Noch 2002 stimmte die Union im Bundestag gegen die Rehabilitierung von Wehrmachtsdeserteuren: Seine Fraktion werde »in keinem Fall Bestrebungen nachgeben, den Deserteuren der Wehrmacht von vornherein einen Persilschein auszustellen«, verkündete der rechtspolitische Sprecher der Union, Norbert Geis (CSU).[27] Das Gesetz wurde jedoch mit der Mehrheit von SPD, Bündnis 90/Die Grünen und PDS verabschiedet.

Die sogenannten Kriegsverräter aber blieben auch diesmal wieder von der Rehabilitation ausgenommen. Dazu gehörten Widerstandskämpfer und -kämpferinnen, die Warnungen oder geheime Informationen ans Ausland weitergegeben oder sich in den Dienst der Kriegsgegner gestellt hatten – wie Hans Oster und viele Emissäre der Verschwörung vom 20. Juli, Mitglieder der Roten Kapelle oder Offiziere des NKFD und des BDO. Die nationalsozialistische Militärjustiz hatte den Straftatbestand des »Kriegsverrats« oft willkürlich zur Ahndung von Verstößen jedweder Art verwendet. Zu den Verurteilten gehörten darum auch Soldaten, die sich Befehlen verweigert, Kriegsgefangenen oder verfolgten

Juden geholfen hatten.[28] Die Ausweitung zum Universalparagrafen ging weitgehend auf die Kommentierung durch den einflussreichen NS-Juristen Erich Schwinge zurück. 1944 fügte er noch eine Ergänzung hinzu: »Seit dem Krieg mit Russland genügt jegliche Unterstützung des Bolschewismus.«[29]

Nach 1945 war Schwinge lange Vorsitzender der hessischen FDP. Seine Tätigkeit als Rechtsgutachter und seine beschönigende Darstellung der NS-Militärjustiz, die 1977 erschien, trugen mit dazu bei, dass es so lange dauerte, bis diese als Instrument des Terrors anerkannt wurde. Entsprechende Forschungsergebnisse hatte der Militärhistoriker Manfred Messerschmidt bereits Ende der 80er-Jahre vorgelegt.

Rot-Grün beließ es dennoch bei der Ausgrenzung der »Kriegsverräter«, und auch die Große Koalition rührte das Gesetz zunächst nicht an: Justizministerin Brigitte Zypries (SPD) sah 2006 noch immer keinen Anlass, es zu ergänzen, wie es die Fraktion der Linken (ehemals PDS) beantragt hatte: Es sei nicht auszuschließen, schrieb sie zur Begründung, dass manche Fälle von Kriegsverrat eine »Lebensgefährdung für eine Vielzahl von Soldaten« bedeutet hätten, sodass diese nicht pauschal rehabilitiert werden könnten. Daran ändere auch der Umstand nichts, »dass sie während eines völkerrechtswidrigen Angriffskrieges begangen worden sind«.[30]

Wer Kriegsverrat beging, sagte Norbert Geis (CSU) 2007 im Bundestag, habe »in verbrecherischer Weise den eigenen Kameraden geschadet«. Viele von ihnen hätten sich nur »beim Feind lieb Kind« machen wollen.[31] Dass der Antrag ausgerechnet von Linken kam, spielte bei der Ablehnung ebenfalls eine Rolle. Keinesfalls wollte man mit den Roten gemeinsame Sache machen. Nach jahrelangem Hickhack brachte schließlich ein Rechtsgutachten den Umschwung. 2009 beschloss der Bundestag, alle »Kriegsverrats«-Urteile aufzuheben.[32] Erst jetzt waren auch die »kleinen

Leute« des Widerstands vom Stigma des Verrats befreit – 64 Jahre nach Kriegsende und 57 Jahre nachdem Fritz Bauer mit Mühe die Rehabilitierung der Männer des 20. Juli 1944 erkämpft hatte.

Valkyrie – Stauffenberg in Hollywood

Im Gegensatz zur Geringschätzung und Unerbittlichkeit, die in der Bundesrepublik weiterhin kommunistischen Widerständlern, Deserteuren und den wegen »Wehrkraftzersetzung« oder »Kriegsverrat« Verurteilten entgegenschlugen, war man bei den Offizieren des 20. Juli bereit, über vieles hinwegzusehen, was das positive Bild getrübt hätte. Mit der Zeit wurden sie zu makellosen Helden stilisiert und gegen alle Forschungsergebnisse oder kritische Fragen verteidigt, die an diesem Image zu kratzen schienen. Insbesondere Stauffenberg als zentrale Figur des Geschehens scheint heute eher unantastbare Lichtgestalt zu sein als ein Mensch mit Fehlern, Versäumnissen und Widersprüchen.

Dazu hat zuletzt auch Bryan Singers Film *Valkyrie* beigetragen, der 2009 in die Kinos kam. Tom Cruise werde mit seiner Darstellung »Deutschland mehr verändern als irgendein anderer denkbarer Film der letzten Jahrzehnte«, hatte der Herausgeber der *Frankfurter Allgemeinen Zeitung* Frank Schirrmacher vor Beginn der Dreharbeiten geschwärmt.[33] Und der Regisseur Florian Henckel von Donnersmarck fand, wenn Cruise »sein Superstar-Licht auf diesen seltenen glanzvollen Moment im düstersten Kapitel unserer Geschichte« werfe, werde er damit »das Ansehen Deutschlands mehr befördern, als es zehn Fußball-Weltmeisterschaften hätten tun können«.[34] Kritik kam hingegen von einem der Söhne des Attentäters: Dass ein bekennender Scientologe seinen Vater spielen wolle, sei ihm »unsympathisch«, sagte Berthold Schenk Graf von Stauffenberg. »Tom Cruise soll die Finger von meinem Vater lassen.«[35]

Aus demselben Grund waren bereits von politischer Seite Bedenken angemeldet worden. Unter anderem hatte sich die Sektenbeauftragte der CDU-Bundestagsfraktion, Antje Blumenthal, dafür ausgesprochen, dem Filmteam die Drehgenehmigung für Berlin zu verweigern. Der deutsche Widerstand dürfe nicht »für die PR-Zwecke einer gefährlichen und totalitären Psycho-Organisation wie Scientology missbraucht werden«, erklärte auch Frank Henkel, innenpolitischer Sprecher der Berliner CDU.[36] Klaus Uwe Benneter (SPD) sprach von einem »Schlag ins Gesicht aller aufrechten Demokraten«,[37] und Verteidigungsminister Franz Josef Jung (CDU) kündigte an, keinesfalls seine Zustimmung zu Dreharbeiten im Bendlerblock zu geben.[38]

Cruise hatte darauf bestanden, an Originalschauplätzen zu drehen. Selbst die Erschießungsszene sollte im Bendlerhof inszeniert werden – genau an der Stelle, wo Stauffenberg zusammen mit Olbricht, Mertz und Haeften in der Nacht zum 21. Juli 1944 hingerichtet worden war. Die beiden Leiter der Gedenkstätte Deutscher Widerstand, Peter Steinbach und Johannes Tuchel, bezeichneten das als »geschmacklos« und sprachen sich dagegen aus.[39] Für Henckel von Donnersmarck waren sämtliche Einwände Ausdruck deutscher »Verbotsgeilheit«: Selbst der »größte Star der Siegernation« sei uns Deutschen »nicht gut genug, unseren Übermenschen Stauffenberg zu spielen, wenn dieser Star in seinen persönlichen Überzeugungen nicht ganz auf dem gegenwärtigen Kurs Deutschlands« liege.[40]

Am Ende gab es die nötigen Genehmigungen schließlich doch noch: Finanzminister Hans Eichel (SPD) hatte als Verantwortlicher für Bundesimmobilien grünes Licht gegeben. Die Dreharbeiten hielten Berlin wochenlang in Atem und waren das Topthema in den deutschen Feuilletons. Wie erwartet wurde der Film zum Heldenepos, das den Umsturzversuch als Aktion einer Gruppe edler Militärs mit Stauffenberg als edelstem von allen zeichnete. Zivilisten spielen kaum eine Rolle; Leber, Reichwein oder Leuschner kommen nicht einmal vor. Dabei war das Ziel der Verschwörer gerade kein Militärputsch. Das Militär sollte lediglich die Voraussetzung für die Machtübernahme durch eine zivile Regierung schaffen, die am Abend des 20. Juli 1944 parat stand.

Ob *Valkyrie* das Image von Scientology in Deutschland verbessert hat, sei dahingestellt. In jedem Fall war der Film, der in der deutschen Synchronfassung konsequenterweise *Operation Walküre – Das Stauffenberg-Attentat* heißt, gelungene PR für Stauffenberg selbst: In einer von der Gedenkstätte durchgeführten Umfrage zeigte sich, dass deutlich mehr Menschen mit seinem Namen etwas anfangen konnten als vorher.[41]

Der letzte deutsche Spielfilm zum 20. Juli 1944, den Regisseur Jo Baier 2004 für das deutsche und österreichische Fernsehen drehte, hatte trotz vieler prominenter Schauspieler keine derart durchschlagende Wirkung entfaltet. Er trägt den schlichten Titel *Stauffenberg* und ist ganz auf die Heldenerzählung um den von Sebastian Koch dargestellten Attentäter zugeschnitten. Mit Ausnahme Tresckows (Ulrich Tukur) bleiben alle anderen Beteiligten blass oder kommen gar nicht erst vor. Zivilisten, so scheint es, waren am Umsturzversuch nicht beteiligt.

Der renommierte Widerstandsforscher und Stauffenberg-Biograf Peter Hoffmann,[42] der später als Fachberater beim Cruise-Film mitarbeitete, war zunächst auch bei Baier dabei, hatte sich dann aber empört von dem Projekt zurückgezogen und öffentlich scharfe Kritik geäußert. Seiner Meinung nach fehlten wesentliche Details zum biografischen Hintergrund und der Motivation Stauffenbergs, insbesondere werde sein Tatmotiv nicht deutlich, für das die Ablehnung des Völkermords an den Juden ausschlaggebend gewesen sei.[43]

Gerade das war aber von der Geschichtswissenschaft seit Langem widerlegt worden: Schon in den 80er-Jahren hatte der

Darmstädter Historiker Christof Dipper eine Studie zum Antisemitismus im deutschen Widerstand vorgelegt. Seitdem war von verschiedenen Forschern anhand der Quellen herausgearbeitet worden, dass die »Endlösung der Judenfrage« für die meisten Regimegegner nicht das bestimmende Motiv gewesen ist.[44] Anders als bei Moltke, Yorck oder Schwerin, die während ihres Prozesses vor dem Volksgerichtshof als Grund für ihre Beteiligung am Umsturzversuch »die vielen Morde« (Schwerin) angaben, gibt es keine belastbaren Belege dafür, dass diese für Stauffenberg entscheidend gewesen waren. Wie die meisten seiner späteren Mitverschwörer hatte er die schon 1933 einsetzende Verfolgung und Entrechtung der Juden hingenommen, ohne dass sie an seiner positiven Haltung zum Nationalsozialismus etwas geändert hätten.

Die meisten Akteure des 20. Juli 1944 teilten mit einer Mehrheit der deutschen Bevölkerung die Überzeugung, es gebe tatsächlich eine staatlich zu lösende »Judenfrage«, auch wenn sie die Gewalt der Pogromnacht 1938 ablehnten. Selbst die massenhaften Mordaktionen von SS-Einsatzgruppen und Polizeibataillonen, deren Ausmaß den Verschwörern spätestens Ende 1942 bekannt war, änderten nichts am grundsätzlichen Antisemitismus vieler Beteiligter. Für Goerdeler beispielsweise, der über die Vernichtungsaktionen entsetzt war und den Genozid in seinen Denkschriften unmissverständlich verurteilte, war es eine »Binsenweisheit«, dass »das jüdische Volk einer anderen Rasse angehört«. Auf eine gemeinsame Haltung konnten sich die Widerständler in dieser Frage nicht einigen, obgleich alle das Morden ablehnten.[45]

Ein Hollywood-Thriller ist für solche Grautöne naturgemäß nicht der ideale Ort. In *Valkyrie* wird Stauffenberg den Zuschauerinnen und Zuschauern daher von Anfang an als entschlossener Hitler-Gegner präsentiert: Im Gespräch mit dem Befehlshaber der 10. Panzerdivision in Tunesien spricht er sich gegen den Kampf bis zum »Endsieg« aus, woraufhin ihm der General entgegenhält, dass er gerade wegen solcher Äußerungen nach Nordafrika versetzt worden sei – in Wirklichkeit handelte es sich nicht um eine Strafversetzung.

Gleich in der ersten Szene sieht man Stauffenberg in einem Armeezelt Tagebuch schreiben: über Hitlers falsche Versprechen von Frieden und Wohlstand, die Ermordung von Zivilisten, die Massenhinrichtung von Juden, die im Offizierskorps »weit verbreitete Abscheu« ausgelöst hätten. Im Original hört man dabei als Voiceover Tom Cruise die ersten Sätze auf Deutsch sprechen. Der Entschluss zum Widerstand ist damit filmdramaturgisch gesetzt. Zugleich wird impliziert, dass die Judenvernichtung dabei eine entscheidende Rolle gespielt habe.[46]

Superstar Stauffenberg gespielt von Superstar Cruise – wer hätte einen solchen Aufstieg nach dem Krieg für möglich gehalten, als Generalstaatsanwalt Fritz Bauer ihn und seine Mitstreiter noch mühsam gegen Diffamierungen verteidigen musste!

Die Deutschen selbst beschäftigten sich filmisch seit dem Blockbuster *Der Untergang* von 2004 vor allem mit ihrer Rolle als Opfer. In Produktionen wie *Dresden*, *Die Flucht* oder *Die Gustloff* erschienen sie als Verfolgte, Flüchtende, vom alliierten Bombenhagel Heimgesuchte, »die im Zweifel Widerstand zu leisten versucht haben, aber dieser Maschine, diesem Terror … mehr oder weniger hilflos ausgesetzt waren«, wie es der Politikwissenschaftler Hajo Funke treffend beschreibt. »Es waren eben doch ›die anderen‹, … zuallererst die nationalsozialistische Elite, die das deutsche Volk auf dem Gewissen hatte, aber dann auch die Kommunisten oder die Polen.«[47]

Nun also hatte Hollywood dem Hitler-Attentäter ein Denkmal gesetzt – das passte in die Stimmung. Eine neue Sicht auf Stauffenberg ergab sich dadurch nicht, eher eine Wiederbelebung des Mythos 20. Juli 1944, der im Zuge der Debatte um die Wehrmachtsausstellung und die Verstrickung der Widerständler in das NS-System gelitten hatte. Dass sie jetzt als unangefochtene Heldenfiguren dargestellt wurden, wäre ganz im Sinne der 2002 verstorbenen Journalistin Marion Gräfin Dönhoff gewesen, die ihr Leben lang für jenen Mythos gekämpft und maßgeblichen Anteil an seiner Herausbildung und Tradierung hatte.

Die Gräfin und das gute Preußentum

Dönhoff war mit vielen der Verschwörer befreundet, teilweise auch verwandt gewesen und hatte Kontakte zu den Kreisauern und der Gruppe um Goerdeler gepflegt. An den Umsturzplanungen war sie zwar nicht beteiligt, übermittelte aber unter anderem Nachrichten an ausländische Diplomaten und hielt die Verbindung zwischen den Verschwörern in Berlin und Ostpreußen, wo sie das Gut ihrer Familie bewirtschaftete. Nach dem Krieg fühlte sie sich dem Gedenken der ermordeten Freunde verpflichtet und stellte einen Großteil ihrer publizistischen Arbeit in den Dienst dieses Projektes – erst als Redakteurin, dann als Chefin und bis zu ihrem Tod als Mitherausgeberin der *Zeit*.[48]

Mit unzähligen Artikeln, Büchern und öffentlichen Vorträgen setzte sie sich für die Würdigung des 20. Juli und die Rehabilitierung der Beteiligten ein. Das taten zwar auch andere Freunde, Überlebende und Hinterbliebene, durch ihre einflussreiche Position als angesehene Publizistin entfaltete die Gräfin aber eine ungleich größere Wirkung als etwa Annedore Leber, die Witwe Julius Lebers. Auch diese hatte gleich nach dem Krieg damit begonnen, gegen die feindliche Stimmung in der Bevölkerung anzuschreiben. In den Räumen der ehemaligen Kohlenhandlung ihres Mannes gründete sie 1947 den Mosaik-Verlag, in dem politische und pädagogische Titel erschienen. In den 50er-

Jahren gab sie zusammen mit Willy Brandt und dem Historiker Karl Dietrich Bracher zwei Bände heraus, in denen mit Fotos und biografischen Skizzen Widerständler aus allen gesellschaftlichen Bereichen vorgestellt wurden.[49]

Im Gegensatz zu Dönhoff, die stets den 20. Juli 1944 hervorhob, ging es Annedore Leber mit den beiden Porträtbänden um die Würdigung sämtlicher Formen und Gruppierungen der Opposition gegen Hitler. *Das Gewissen steht auf* und *Das Gewissen entscheidet* waren durchaus erfolgreich, doch Leber starb schon 1968 – zu einer Zeit also, als westdeutsche Historiker gerade erst begannen, sich mit den Regimegegnerinnen und -gegnern jenseits der »Kommandohöhen« (Mommsen) zu beschäftigen. Gräfin Dönhoff starb erst 34 Jahre später. Parallel zur offiziellen Heroisierung konnte sie dabei mithelfen, den 20. Juli zum Inbegriff des Widerstands zu stilisieren, der bald alle anderen überstrahlte. In keinem anderen Land der Welt, schrieb sie noch 1997, hätten »führende Vertreter der Nation um der Moral, des Rechts und der Freiheit willen so große Opfer gebracht«.[50]

Über fast sechs Jahrzehnte hinweg zog sich dabei ein roter Faden durch ihre Argumente und die Art ihrer Darstellung. Die Namen der Verschwörer, schrieb Dönhoff beispielsweise 1974, lese sich wie das »Mitgliederverzeichnis eines hohen Ordens«, das »in allen Schichten die Elite« repräsentiere.[51] Es lag in der Natur der Sache, nicht zuletzt aber in Dönhoffs eigener Herkunft, dass sie den Adel stets besonders betonte – vor allem den preußischen: »Es ist, als wäre der Geist des Preußischen … von allen Pervertierungen gereinigt, noch einmal Gestalt geworden.« Yorck, Lehndorff, Schulenburg, Schwerin: Alle »großen Namen der preußischen Geschichte« seien in jenem letzten Kapitel verzeichnet, bevor Preußen gänzlich aus der Geschichte gestrichen worden sei.[52]

Das wurde es mitnichten. Gerade in den 70er-Jahren gab es

ein regelrechtes Preußen-Revival, das 1981 von einer großen Ausstellung in Berlin gekrönt wurde. Ganz im Sinne Dönhoffs wurde dabei vor allem jenes romantisierte »alte Preußen« aus der Zeit vor der Reichsgründung 1871 gefeiert, in dem, so die Linie zahlreicher Publikationen, keinesfalls die Gründe für den Aufstieg des Nationalsozialismus zu suchen seien.[53] Unter »den zehn obersten Führern jener Verbrecherbande« an der Spitze des »Dritten Reiches« sei kein einziger Preuße gewesen. Die Männer des 20. Juli, argumentierte Dönhoff in einem *Zeit*-Gespräch 1994, seien »die echten Preußen« gewesen. Hitler hingegen, jener »Zyniker aus Österreich«, habe »wahrlich nichts mit Preußen zu tun«.[54]

Unter den Verschwörern waren allerdings keineswegs nur Preußen gewesen. Stauffenberg und Hofacker etwa waren Württemberger, Oster und Olbricht Sachsen, Mertz kam aus Bayern. Dönhoff löste das Dilemma, indem sie Tugenden wie Toleranz, Ehrgefühl oder Zivilcourage zu typisch preußischen Charakteristika erklärte und sie allen Akteuren des 20. Juli zusprach. So machte sie, wie der Historiker Eckart Conze treffend anmerkt, das »andere Deutschland« zum »anderen Preußen-Deutschland«.[55]

Dass ihre Brüder schon früh in die NSDAP eingetreten waren, erwähnte sie in keinem ihrer Bücher oder Beiträge. Die unrühmliche Rolle, die konservative, häufig adlige Eliten als Totengräber der Republik und Kollaborateure des NS-Regimes gespielt hatten, war für sie ebenfalls kein Thema. Mit dem »Aufstand des Gewissens« vom 20. Juli, wie sie ihn darstellte, war die Ehre des Adels wiederhergestellt. Indem sie den preußischen Adel dabei wieder und wieder als den eigentlichen Träger des Umsturzversuchs darstellte, schlug sie zugleich eine Brücke in die vermeintlich unbelastete deutsche Geschichte vor 1933.

Wie gut ihr – und anderen, die ähnlich argumentierten – das gelungen ist, lässt sich am Wiederaufbau der Potsdamer Garnisonkirche ablesen, die 1933 beim »Tag von Potsdam« eine zentrale

Rolle gespielt hatte. Sie war im Krieg stark beschädigt und 1968 auf Geheiß von DDR-Staatschef Walter Ulbricht gesprengt worden. 1984 gründete Oberstleutnant Max Klaar, Bataillonskommandant im nordrhein-westfälischen Iserlohn, die Traditionsgemeinschaft Potsdamer Glockenspiel e. V. (TPG). Der Verein sammelte Spenden, ließ die Glocken nachbauen und gab das fertige Spiel am 17. Juni 1987 im Rahmen einer tagfüllenden Feier auf dem Iserlohner Kasernenhof in die Obhut des Fallschirmjägerbataillons 271. Am Schluss der Zeremonie sagte Bataillonskommandeur Klaar, bei der Wiederherstellung des Glockenspiels habe nicht zuletzt die Erinnerung an die Männer des 20. Juli 1944 eine Rolle gespielt, die »zumeist Preußen waren«.[56]

Weil viele Wehrmachtsveteranen gespendet hatten, waren in einen Teil der 40 Glocken die Namen ehemaliger Einheiten und Truppenteile eingegossen worden.[57] Prinz Louis Ferdinand zu Preußen, Oberhaupt der Familie Hohenzollern, bekam eine eigene Glocke. Sieben weitere Glocken waren den »verlorenen Ostgebieten« gewidmet; auf einer von ihnen war Deutschland in den Grenzen von 1937 abgebildet.[58]

Nach der Wiedervereinigung trat TPG-Gründer Klaar zusammen mit dem Preußeninstitut an Brandenburger Lokalpolitiker heran, um den Neubau der Garnisonkirche voranzutreiben. Trotz der offensichtlichen Rechtslastigkeit beider Vereine, seiner Mitglieder und Sympathisanten ließ sich die SPD-regierte Stadt Potsdam auf die Zusammenarbeit ein und nahm das nachgebaute Glockenspiel an. Am 14. April 1991, dem Jahrestag der Zerstörung der Kirche durch alliierte Bomber, wurde es feierlich eingeweiht. Während des Festakts sprach »Seine Kaiserliche Hoheit« ein Grußwort, das Polizeiorchester Brandenburg spielte ein von ihm komponiertes Lied, und im Publikum schwenkten zwei junge Männer preußische Reichsflaggen, ohne dass jemand daran Anstoß nahm.[59]

Ein paar Monate später wurden die sterblichen Überreste der Preußenkönige Friedrich Wilhelm I. und seines Sohnes Friedrich II., deren Gräber sich einst in der Garnisonkirche befunden hatten, mit großem Pomp und unter Anwesenheit Bundeskanzler Kohls in eine Gruft am Schloss Sanssouci umgebettet.[60] Hochrangige CDU/CSU-Männer wie Richard von Weizsäcker, Eberhard Diepgen, Manfred Wörner oder Friedrich Zimmermann befürworteten die Rekonstruktion der Garnisonkirche und spendeten dafür – Preußen, so schien es, ließ sich problemlos in die Berliner Republik integrieren.

Im Laufe der Jahre wurde der Kreis derer, die den Wiederaufbau befürworteten, immer größer und prominenter. Das klare »Nein« vonseiten der zuständigen Heilig-Kreuz-Gemeinde wollte bald niemand mehr hören. 2004 fanden sich über 100 Vertreterinnen und Vertreter aus Politik, Wirtschaft, Armee und Kirche zum »Ruf aus Potsdam« zusammen, den die gerade gegründete Fördergesellschaft für den Wiederaufbau initiiert hatte: Die Kirche sei 1933 missbraucht worden, hieß es in dem Appell, in Zukunft werde es aber ein Ort sein, an dem auch des 20. Juli 1944 gedacht werde. Zu den Unterzeichnern zählten unter anderem der brandenburgische Ministerpräsident Matthias Platzeck (SPD), sein Innenminister Jörg Schönbohm (CDU) und Alexander Gauland, damals noch Mitglied in der CDU, neun Jahre später Vorsitzender der AfD in Brandenburg.[61]

Ein halbes Jahr später, zum 60. Jahrestag des Umsturzversuchs, wurde der Fördergesellschaft als Ausdruck der Versöhnung und des Friedens ein Nagelkreuz aus Coventry überreicht. Brandenburgs ehemaliger Ministerpräsident und damaliger Bundesverkehrs- und -bauminister Manfred Stolpe (SPD) sah das als »Inpflichtnahme, das Vermächtnis des Widerstandes gegen die Nazis wachzuhalten«: Die internationale Nagelkreuzgemeinde erwarte, »dass die Garnisonkirche Potsdam als konkreter Bezugspunkt wiederersteht«. Diese »Friedensbitte« dürfe nicht ausgeschlagen werden.[62] Zur Vergangenheit der Kirche gehöre zwar »ihre Vergewaltigung durch die Nazis«, mehr aber »ihre Rolle als Keimzelle des Widerstands gegen die braunen Verbrecher«. In ihr liege »eine Wurzel des Aufstandes der Gewissen gegen Hitler«.[63]

Dass das so nicht stimmt, der 20. Juli 1944 also wieder einmal für politische Zwecke missbraucht wurde, hat die Historikerin Linda von Keyserlingk-Rehbein herausgearbeitet: Zwar gibt es zwischen Potsdam und den am Umsturzversuch Beteiligten tatsächlich etliche Verbindungen. Die Stadt spielte eine Rolle als Treffpunkt und als Zwischenlager für Sprengstoff, weil einige der Verschwörer hier lebten. Tresckow trieb im Sommer 1943 von Babelsberg aus die Staatsstreichpläne voran.[64] Von ihm wissen wir außerdem, dass ihm die Garnisonkirche persönlich viel bedeutet hat und er sie als »heilige Stätte des alten Preußentums« empfand. Als seine Söhne dort im April 1943 konfirmiert wurden, hielt er eine Rede, in der er sie an »die Verpflichtung zur Wahrheit, zu innerlicher und äußerlicher Disziplin, zur Pflichterfüllung bis zum letzten« erinnerte, die damit einhergehe.

Was wie eine Aufforderung zum Kadavergehorsam klingt, war von Tresckow jedoch ganz anders gemeint, denn er schob gleich im folgenden Satz hinterher, dass sich wahres Preußentum nicht in Pflichterfüllung erschöpfe, sondern vom »Begriff der Freiheit niemals zu trennen« sei. »Man kann das gerade jetzt nicht ernst genug betonen und ebenso, daß von solch preußisch-deutschem Denken das christliche Denken gar nicht zu trennen ist. Es ist sein Fundament, und hierfür ist unsere alte Garnisonkirche das Symbol.«[65]

Die Kirche lag in unmittelbarer Nachbarschaft zum traditionsreichen Potsdamer Infanterieregiment 9 (IR 9), dem auch Tresckow angehört hatte. Aus keinem anderen Regiment der Wehrmacht schlossen sich mehr Soldaten der Opposition an als aus diesem.[66] Ob jedoch ausgerechnet die Garnisonkirche, wie Stolpe behauptete, der Ort gewesen ist, an dem »ihr Gewissen geschärft und ihr Verantwortungsbewusstsein geformt wurden«, ist fraglich, zumal die Gottesdienste dort eher den Charakter militärischer Zeremonien hatten.

Wie Keyserlingk-Rehbein zu Recht anmerkt, dürften die Predigten und Ansprachen, die in der Kirche gehalten wurden, in der Regel keinen »so besonnenen und zur Rechtschaffenheit mahnenden Charakter« gehabt haben wie Tresckows Konfirmationsrede. Vielmehr gaben die evangelischen Wehrkreispfarrer hier Tausenden Wehrpflichtigen den Segen zur Vereidigung auf Hitler – jenem Gelöbnis, das sich 1944 als eines der großen Hindernisse für die Verschwörung erweisen sollte.[67]

Im Übrigen prädestinierte weder ein persönlicher Bezug zur Garnisonkirche noch die Zugehörigkeit zum IR 9 automatisch für die Regimegegnerschaft: Auch Rudolf Schmundt beispielsweise war im IR 9 stationiert und hatte 1926 sogar in der Garnisonkirche geheiratet. Später wurde er Hitlers Chefadjutant, und sein einstiger Regimentskamerad Tresckow versuchte vergeblich, ihn für den Widerstand zu gewinnen. Beim Attentat am 20. Juli 1944 wurde Schmundt dann tödlich verletzt.

Eine »Keimzelle des Widerstands« war diese Kirche also nicht. Sie diente auch zu keinem Zeitpunkt der Konspiration, anders als das Gut Kreisau oder die Kohlenhandlung von Julius Leber, an die in Schöneberg nur dank einer örtlichen Bürgerinitiative erinnert wird.[68] Der unscheinbare Ort zwischen Ringbahn und Torgauer Straße lässt sich eben nicht wie die Potsdamer Militärkirche der Hohenzollern mit Preußens Prunk und Glorie verbinden, für deren Ehrenrettung der 20. Juli 1944 herhalten soll. »Nicht umsonst gehörten die bekanntesten Widerstandskämpfer namhaften preußischen Familien an, die für die preußischen Werte kämpften«, argumentierte auch Brandenburgs Innenminister

Jörg Schönbohm (CDU) 2006. Der »Aufstand gegen den Tyrannen« sei zwar »die Charaktertat von Einzelnen« gewesen, doch diese hätten »in preußischem Geist und aus christlicher Verantwortung« gehandelt.[69]

Mittlerweile steht der Turm der Garnisonkirche – neben zahlreichen Sponsoren hatte 2013 auch die Bundesregierung ihre Zusage gegeben, das, wie es hieß, »Projekt von nationaler Bedeutung« mitzufinanzieren.[70] Lokal- und Bundespolitik übergingen die zahlreichen Proteste ebenso wie das Bürgerbegehren gegen den Wiederaufbau, bei dem innerhalb weniger Wochen mehr als die erforderlichen 13 300 Unterschriften zusammenkamen. Und als die Fraktion der Linken 2016 im Bundestag einen Antrag gegen die finanzielle Beteiligung des Bundes stellte, gab sich die Brandenburger AfD mit einer Kampagne für den Aufbau demonstrativ staatstragend: »Selbstverständlich« müsse sich der Bund an den Kosten für die Rekonstruktion »dieses bedeutenden Bauwerks« beteiligen, war da vor dem Hintergrund eines Gemäldes der Garnisonkirche zu lesen, daneben der stellvertretende AfD-Fraktionschef im Potsdamer Landtag, Andreas Kalbitz, mit dem Zitat: »Die Linkspartei begibt sich erneut in eine geistige Traditionslinie mit dem SED-Staat.«[71]

Längst haben Rechte und Ultrarechte auch das Gedenken an den Widerstand gekapert und versuchen, ihn durch Umdeutung für ihre Zwecke zu vereinnahmen. So legte beispielsweise die Landtagsfraktion der AfD in Sachsen-Anhalt am 20. Juli 2016 einen Kranz am Denkmal für Henning von Tresckow in Magdeburg nieder. »Es lebe das heilige Deutschland«, stand auf der Schleife.[72] In Hessen startete die AfD ihren Landtagswahlkampf 2018 ausgerechnet am 20. Juli mit einer Veranstaltung zum Thema »Widerstand heute? Von Graf Stauffenberg zum Grundgesetz Artikel 20 IV«.[73] Und der Bundesvorstand erklärte zum 75. Jahrestag des Attentats 2019 in einer Pressemitteilung, die

Partei gedenke der »mutigen Patrioten«, die unter Einsatz ihres Lebens »die Ehre unserer Nation zu retten versuchten« und uns auch heute noch mahnten, »gegen jede Form von Extremismus und Diktatur aufzustehen«.[74]

In Teilen der Neuen Rechten macht man sich nicht einmal mehr die Mühe, die demokratiefeindliche Haltung verbal zu verbergen, sondern beansprucht den 20. Juli 1944 gleich ganz direkt – wie die Identitäre Bewegung, die sich nach eigenen Angaben »im historischen Erbe eines Claus von Stauffenberg« sieht: Die »Helden dieses Datums« seien das leuchtende Beispiel, »sich nicht abfinden zu können, wenn die Not das Eigene bedroht«.[75] Widerstand wird umgedeutet in Widerstand gegen das als »Diktatur« bezeichnete demokratische System. 2019 kursierte ein Sticker mit der Aufschrift »Merkel länger an der Macht als Hitler – und kein Stauffenberg in Sicht«.[76]

Auf Protestmärschen der Rechten ist inzwischen außerdem häufig die Fahne zu sehen, die der Widerstandskämpfer Josef Wirmer 1944 für ein Deutschland nach Hitler entworfen hatte.[77] Bei Amazon wird sie unter der Bezeichnung »Deutscher Widerstand Stauffenberg« angeboten.[78] Die Umdeutung von Symbolen und die krude Verzerrung historischer Fakten gehören zum rhetorischen Standardrepertoire der Rechten, das mit wachsendem Selbstbewusstsein vorgetragen wird,[79] weil sich der gesellschaftliche Diskurs insgesamt deutlich nach rechts verschoben hat.

Die aktuelle »Mitte-Studie« der Friedrich-Ebert-Stiftung hat gezeigt, dass rechte und demokratiefeindliche Ansichten inzwischen auch in bürgerlichen Kreisen salonfähig sind. 8,3 Prozent der Deutschen haben ein festgefügtes rechtes Weltbild, 6,6 Prozent wünschen sich eine rechtsgerichtete Diktatur mit einem starken Führer – eine Verdreifachung im Vergleich zu 2021.[80] »Nichts gehört der Vergangenheit an, alles ist noch Gegenwart und kann jederzeit wieder Zukunft werden«, hat Fritz Bauer einmal gesagt. Der politische Trend gibt ihm auf bedrückende Weise Recht.

Noch aber gibt es starke Gegenkräfte: Wie die großen Demonstrationen gegen die AfD gezeigt haben, steht die Mehrheit der Deutschen klar zur rechtsstaatlichen Demokratie und ist sich bewusst, wie elementar diese, allen Unzulänglichkeiten zum Trotz, für den Schutz des Einzelnen vor staatlicher Willkür ist. Viele hat das Entsetzen über die Enthüllungen des Recherchenetzwerks Correctiv auf die Straße getrieben. Die Erkenntnis, wie leicht die für selbstverständlich gehaltene demokratische Ordnung in Gefahr geraten kann, scheint in den meisten Köpfen angekommen zu sein. Dass sich eine Mehrheit bewusst ist, wohin das führen kann, ist ein Erfolg der politischen Bildung, die Ende der 70er-Jahre auf ein grundlegendes Fundament gestellt und staatlich gefördert wurde.[81]

Die Beschäftigung mit dem Widerstand gegen den Nationalsozialismus hat dabei immer eine wichtige Rolle gespielt und stand seit dem Beschluss der Kultusministerkonferenz 1978 verbindlich auf dem schulischen Lehrplan.[82] Für das in der Öffentlichkeit vorherrschende Bild vom Widerstand waren jedoch meist andere Faktoren ausschlaggebend, allen voran die staatliche Erinnerungskultur, aber auch Filme, Bücher und Medienberichte, in denen der 20. Juli 1944 bei Weitem überrepräsentiert war – und es bis heute ist.

Das Märchen vom adligen Widerstand

Es hat lange gedauert, bis aus den »Landesverrätern«, zumindest offiziell, Helden geworden waren. Ab einem gewissen Zeitpunkt aber hatte das Gedenken an sie mächtige Fürsprecher, nicht zuletzt weil sich mit seiner Hilfe konservative Gruppen und Traditionen rehabilitieren ließen, die durch ihre Rolle im Nationalsozialismus ins Zwielicht geraten waren. Insbesondere für den Adel wurde dieses Datum nach dem Krieg darum zur willkommenen Möglichkeit, sich selbst und die bundesdeutsche Öffentlichkeit über die eigenen Versäumnisse und Verstrickungen hinwegzutäuschen. Theodor Heuss sprach 1954 in seiner großen Gedenkrede vom »christlichen Adel deutscher Nation«, der sich für die Verschwörung mit Sozialisten und Gewerkschaftern zusammengetan habe.[83] Carl Zuckmayer betonte zum Jahrestag 1969 die »besondere Rolle«, die der Adel in der Widerstandsbewegung gespielt habe: Von »einigen trüben Ausnahmen abgesehen«, seien »fast alle Namen des deutschen Geschlechter-Adels in den Reihen der Widerstandskämpfer und Widerstandsopfer« zu finden.[84]

Die Zahl der Adligen unter den Verschwörern und in ihrem Umkreis war in der Tat bemerkenswert hoch: Obwohl ihr Anteil an der deutschen Bevölkerung nur 0,15 Prozent betrug, war jeder zweite der am 20. Juli 1944 Beteiligten adliger Herkunft.[85] Das erklärt sich jedoch nicht daraus, dass der deutsche Adel per se in Opposition zum NS-Regime gestanden hätte, wie es selbst das Haus Hohenzollern nach dem Krieg gern darstellte. Das Gegenteil ist der Fall: Eben weil sich der Adel dem Nationalsozialismus *nicht* in den Weg stellte, sondern seine Mitglieder dessen Aufstieg mehrheitlich begrüßten, mit eigenen Hoffnungen verbanden und zum Teil erheblich davon profitierten, besaßen diese 1944 Positionen in der Verwaltung und vor allem der Wehrmacht. Damit waren sie die Einzigen, die noch etwas gegen das Regime und gegen den Krieg ausrichten konnten.

Der Historiker Stephan Malinowski stellt darum die berechtigte Frage: »Wo waren sie 1933?«[86] Die Antwort lautet, zugespitzt gesagt: auf dem »Tag von Potsdam«, an dem die Demokratie unter großem Jubel, kaiserlichem Pomp und Preußenfahnenschwenken zugunsten der nationalsozialistischen »Bewegung« begraben wurde.

Die Begeisterung hatte zwar nicht den gesamten Adel erfasst, und es gab, trotz der Übereinstimmung in vielen Punkten, dort durchaus auch Vorbehalte gegen die Nationalsozialisten. Diese speisten sich in der Regel jedoch aus einem gewissen Standesdünkel, nicht aus grundsätzlicher Ablehnung; in den Widerstand führten sie bei den wenigsten. Noch weniger erkannten den verbrecherischen Charakter des Regimes von Anfang an wie etwa Adam von Trott zu Solz. Allein zwischen 1933 und 1935 hat sich die Zahl der Offiziere mit adliger Herkunft fast verdreifacht; in den höchsten Rängen der SS lag der Adelsanteil durchschnittlich bei 14 Prozent. Unter den Obergruppenführern waren es 18,7 Prozent.[87] »Der typische Adlige«, konstatierte der Historiker Heinrich August Winkler, »war in den Jahren des ›Dritten Reiches‹ kein Widerstandskämpfer, sondern eine Stütze des Systems.«[88]

Die Handvoll derer, die wie Tresckow, Stauffenberg oder Schulenburg schließlich in den aktiven Widerstand gingen, hatte ihre Mitschuld am Aufstieg Hitlers erkannt und sah sich wohl auch deswegen in der Pflicht, ihn zu beseitigen. In Abwandlung der oft zitierten pastoralen Formel vom »Aufstand des Gewissens« hat Malinowski dafür die Wendung »Aufstand des schlechten Gewissens« geprägt.[89] Am Ende scheiterte der Putschversuch vor allem daran, dass allzu wenige das schlechte Gewissen plagte und sich insbesondere die – ebenfalls meist adligen – Generäle ihrer Verantwortung entzogen.

Wie der gesamte deutsche Widerstand ein »Widerstand ohne Volk«[90] gewesen ist, so stellten auch seine adligen Mitglieder innerhalb ihrer sozialen Schicht eine kleine Minderheit dar und kämpften bis zuletzt »gegen erdrückende Mehrheiten …, in denen die Arrangements mit dem NS-Staat unerschüttert blieben«.[91] Der Vorsitzende der »Deutschen Adelsgenossenschaft« beeilte sich, Hitler nach dem gescheiterten Staatsstreich seiner Ergebenheit zu versichern. Und selbst Schulenburgs Bruder, der

Offizier Albrecht von der Schulenburg, bemühte sich in einem Brief an Himmler um größtmögliche Distanz zu jenem »Menschen, der einst mein Bruder war«. Ausführlich zählte er die Kriegsverdienste seiner Familie auf und nannte die Ereignisse des 20. Juli eine »Schande, die ein Schuft bei der größten Teufelei der deutschen Geschichte über uns und das Andenken seines Vaters und seiner toten Brüder brachte«.[92]

Dank der vielen »vons« unter den ermordeten Verschwörern, nicht zuletzt der strahlenden Galionsfigur des Grafen Stauffenberg, konnte sich nach dem Krieg die Legende durchsetzen, beim 20. Juli 1944 habe es sich um einen letzten heroischen Aufstand des Adels gehandelt, der immer schon mit Hitler überquer gelegen habe. Im Windschatten dieser Legende gelang es auch der Familie Hohenzollern, sich eine angebliche Nähe zum Widerstand anzudichten. Dabei hatten ihre Mitglieder die Republik von Anfang an bekämpft und sich als Unterstützer der nationalsozialistischen Bewegung hervorgetan – insbesondere Kronprinz Wilhelm von Preußen, der schon 1932 zur Wahl Hitlers aufrief, beim »Tag von Potsdam« in Husarenuniform die Paraden von Reichswehr, SA, SS und Stahlhelm abnahm und dessen Bruder Prinz August Wilhelm in die SA eingetreten war.[93]

Auf der Suche nach einer charismatischen Führungsfigur, die nach einem erfolgreichen Regimesturz in der Lage gewesen wäre, Deutschland interimsmäßig zu regieren, hatten einige nationalkonservativ und zum Teil monarchistisch ausgerichtete Verschwörer wie Carl Goerdeler oder Johannes Popitz kurzzeitig erwogen, beim Sohn des ehemaligen Kronprinzen, Louis Ferdinand von Preußen, anzufragen. Mehr als ein paar vorsichtige Gespräche hat es dazu jedoch nicht gegeben, und im Juli 1944 war die Idee längst vom Tisch gewesen, zumal sie von den meisten Beteiligten rigoros abgelehnt worden war.[94] Von sich aus zeigte keiner der Hohenzollern das Bemühen, die Opposition zu unterstützen.[95]

Nach dem Krieg aber wurde der 20. Juli zum »Jungbrunnen« (Malinowski)[96] für ein neues, prodemokratisches Image der Hohenzollern: Schon Anfang der 50er-Jahre stellte sich Louis Ferdinand als Eingeweihter dar, der Hitler sofort durchschaut und regelmäßig an konspirativen Treffen teilgenommen habe.[97] Die Widerstandskämpfer hätten seinen Namen selbst unter der Folter nicht preisgegeben – ihrer »Freundestreue bis in den Tod« verdanke er sein Leben.[98] Während der Auseinandersetzung um die Forderung der Hohenzollern nach Rückgabe ihrer Schlösser und Kunstschätze sagte ein Anwalt der Familie 2019, in der Debatte werde »leider« oft vergessen, dass die Familie »Kontakt zum Widerstand« gehabt habe. Kronprinz Wilhelm sei sogar »als Staatsoberhaupt auserkoren« gewesen. Der Kronprinz und sein Sohn Louis Ferdinand hätten von Beginn an »eine enge Verbindung zum politischen Widerstand« gehalten, erklärte 2001 auch das jetzige Oberhaupt der Familie, Georg Friedrich Prinz von Preußen. Sein Großvater habe sich in die Opposition eingebracht und damit sein Leben und das seiner Familie riskiert.

Belege dafür gibt es nicht,[99] wohl aber Dutzende Fotos, Dokumente und Aussagen von Zeitzeugen, welche die Nähe der damaligen Hoheiten zum NS-Regime beweisen. Das scheint inzwischen auch beim jetzigen Chef des Hauses angekommen zu sein, der zuvor juristisch gegen Forschende, Journalistinnen und Journalisten vorgegangen war, die sich kritisch zur Vergangenheit der Hohenzollern geäußert hatten. Im März 2023 kündigte er an, er werde alle Klagen und Entschädigungsforderungen zurückziehen, um den Weg für »eine unbelastete Debatte« freizumachen. Kronprinz Wilhelm habe »ganz klar die Nähe zum NS-Regime gesucht« und könne darum für das Haus Hohenzollern »nicht traditionsstiftend« sein.[100]

Sieg des konservativen Narrativs

In der Vergangenheit nach etwas Tradition- und Sinnstiftendem zu suchen, birgt immer die Gefahr, dass es sich eines Tages durch neue Forschungsergebnisse oder gesellschaftliche Veränderungen als falsch, zumindest aber als unzeitgemäß erweist. Wer trotzdem verbissen daran festhält, riskiert, dabei am Ende auch das zu verlieren, was erhaltenswert ist und nachfolgenden Generationen vielleicht doch zu vermitteln gewesen wäre.

Die Rezeption des 20. Juli 1944 war immer schon vom Wunsch nach Eindeutigkeit geprägt: Für die einen waren ausschließlich Patrioten am Werk gewesen, deren Gesinnung über jeden Zweifel erhaben ist; die anderen halten eine Würdigung für unangemessen, weil die Offiziere der Militäropposition lange selbst begeisterte Nationalsozialisten gewesen sind. Je nach Perspektive werden darum historische Fakten mal ausgeblendet und mal überbetont, wobei das Motto häufig »ganz oder gar nicht« zu lauten scheint. Wir wollen makellose Helden, Ritter ohne Furcht und Tadel. Weil Stauffenberg, Tresckow, Schulenburg oder Gersdorff das nicht waren, werden sie entweder als Nazis verdammt oder zu Schutzheiligen der Demokratie und der Bundesrepublik erklärt.

Im kritischen Urteil der Nachgeborenen bleibt dabei oft unberücksichtigt, dass diese Männer aufgrund ihrer Sozialisation eine Vielzahl innerer Hürden überwinden mussten, bevor sie sich die verbrecherische Natur des NS-Regimes und ihre eigene Verstrickung darin eingestehen konnten und den Mut aufbrachten, einen Eid zu brechen, dessen Wirkmacht wir uns heute nicht mehr vorstellen können. Ihre Überhöhung zum Sinnbild des Widerstands wiederum übergeht die Tatsache, dass sie zu jener Gesellschaftsschicht gehörten, die Hitler »in den Sattel gehoben«

und lange institutionell gestützt hatte, wie der Gewerkschaftsführer Wilhelm Leuschner es 1943 ausdrückte.[101]

Andererseits ist es ihnen gelungen, sich aus den Vorstellungen ihrer Zeit und ihrer Sozialisation zu lösen. Sie haben es gewagt, sich gegen ihre Landsleute, ihre Vorgesetzten und Kollegen, oft sogar gegen ihre Herkunftsfamilien zu stellen – das verdient auch 80 Jahre danach noch allen Respekt. Eine Einteilung in Schwarz oder Weiß aber ist unmöglich. Versucht wurde sie trotzdem immer wieder: Während die DDR-Propaganda die Beteiligten des 20. Juli 1944 als reaktionär abtat, bekamen sie in der Bundesrepublik den Status unantastbarer Lichtgestalten. Der einigende Gründungsmythos sollte die Kollaboration der Konservativen mit dem Nationalsozialismus vergessen machen, die von der DDR so gern als Munition gegen den Westen verwendet wurde.

Nach dem Krieg förderten einflussreiche Gruppen und Einzelpersonen diese Exkulpation aus ureigenem Interesse. 14 Jahre CDU-Regierung unter Adenauer schafften die strukturellen und ideellen Voraussetzungen für die Verankerung dieser Erzählung im öffentlichen Bewusstsein; zahllose Unionspolitiker und -politikerinnen führten sie fort. Und da die SPD es versäumte, ihr eine eigene Darstellung entgegenzusetzen, verdichtet sich im Gedenken an den 20. Juli 1944 bis heute die konservative Deutung der Ereignisse: Es war eben die Gewissenstat eines adligen Offiziers, dem andere adlige Offiziere zur Seite standen. Sie allein hatten den Mut, dem Regime die Stirn zu bieten, im verzweifelten Versuch, die Deutschen von jener Verbrecherbande zu befreien, die das Land ins Unglück geführt hatte.

Mit der Monumentalisierung des »Aufstands des Gewissens« geriet in Vergessenheit, dass es sich gerade nicht um die Tat eines Einzelnen oder einer kleinen konservativen Gruppe gehandelt hatte, vor allem: dass die Opposition vor und nach 1933 von ganz anderer Seite gekommen war. Der linke Widerstand, zumal der kommunistische, wurde an den Rand gedrängt oder offen diffamiert, was sich indirekt auf die politische Kultur der Bundesrepublik auswirkte – mit weitreichenden Folgen bis heute.

Auf der Strecke blieb dabei auch die Erinnerung an den Widerstand von Frauen. Die meisten Deutschen kennen höchstens Sophie Scholl, deren Schwester Inge Aicher-Scholl ihr ganzes Leben für das Andenken ihrer ermordeten Geschwister gekämpft hat. Der Umsturzversuch vom 20. Juli 1944 gilt nicht ganz zu Unrecht als die Sache von Männern, weil Frauen das Militär und in der Regel auch höhere Positionen in staatlichen Institutionen, der Verwaltung oder dem Auswärtigen Amt verschlossen waren. Das heißt jedoch nicht, dass Frauen an der Verschwörung überhaupt nicht beteiligt waren: Viele sind von ihren Männern eingeweiht worden und waren ihnen als Gesprächspartnerinnen und Vertraute eine unverzichtbare Hilfe. Etliche hatten als Botinnen oder Schreibkräfte unmittelbar mit der Vorbereitung des Staatsstreichs zu tun wie Margarethe von Oven, Erika von Tresckow oder Nina von Stauffenberg. Die Juristinnen Freya von Moltke und Marion Yorck von Wartenburg arbeiteten im Kreisauer Kreis an den Plänen für eine neue Ordnung nach Hitler; die Nationalökonomin Elfriede Nebgen hielt Kontakt zu den Gewerkschaftern, versteckte nach dem gescheiterten Attentat Jakob Kaiser bei sich und rettete dem späteren Bundesminister damit das Leben.

Warum keine der Frauen des 20. Juli 1944 hingerichtet wurde, ist ein Rätsel, das die Geschichtswissenschaft bisher nicht lösen konnte – als Beteiligte und Mitwisserinnen gingen sie alle dasselbe Risiko ein wie ihre Männer. Die Frauen der bereits 1942 enttarnten »Roten Kapelle« waren fast alle zum Tode verurteilt worden,[102] Mildred Harnack zum Beispiel, Libertas Schulze-Boysen oder Maria Terwiel. Sie sind ebenso unbekannt wie viele andere Widerstandskämpferinnen und -kämpfer, deren Andenken in der

Bundesrepublik nicht erwünscht war, insbesondere aus den Reihen der Kommunisten. »Geschichte ist eben nicht einfach Geschichte«, sagt die Historikerin Frauke Geyken, die ein Buch über Frauen im Widerstand geschrieben hat.[103] »Geschichte wird gemacht.«

So ist denn auch meist ein Porträt Stauffenbergs zu sehen, wenn es um die Opposition gegen Hitler geht, nicht etwa das des jüdischen Kommunisten Herbert Baum aus Berlin: Kurz vor Kriegsbeginn baute er zusammen mit seiner Frau Marianne eine Widerstandsgruppe auf, zu der später auch Zwangsarbeiter der Siemens-Werke hinzustießen. Mit Untergrundzeitungen und Flugblättern protestierten sie gegen den Krieg und machten auf das Unrecht und die Verbrechen aufmerksam. Im Mai 1942 verübte die Gruppe einen Brandanschlag auf die antisowjetische Propagandaausstellung »Das Sowjet-Paradies« im Berliner Lustgarten und wurde aufgedeckt.[104]

Und dann sind da noch die vielen – und doch viel zu wenigen – Frauen und Männer, die im Rahmen ihrer Möglichkeiten und unter Lebensgefahr für sich selbst versucht haben, Jüdinnen und Juden zu retten. Seit Steven Spielbergs Film *Schindlers Liste* von 1993 ist einem größeren Publikum zumindest bekannt, dass es solche Menschen gegeben hat. In der Gedenkstätte Deutscher Widerstand ist ihnen seit 2018 eine eigene Etage gewidmet.[105]

Als erster Politiker erinnerte Wirtschaftsminister Robert Habeck (Grüne) in seiner Ansprache zum 20. Juli 2022[106] an eine solche Heldin: Hedwig Porschütz aus Berlin versteckte während des Krieges vier jüdische Frauen in ihrer winzigen Wohnung, von denen drei überlebten. Um sich und ihre Schützlinge finanziell über Wasser zu halten, arbeitete sie als Prostituierte und verkaufte Fleischmarken auf dem Schwarzmarkt. Im Oktober 1944 wurde sie wegen »Kriegswirtschaftsverbrechen und Hehlerei« zu anderthalb Jahren Zuchthaus verurteilt, die sie bis zum Ende des Krieges verbüßte.[107]

1959 wurde Porschütz' Antrag auf Entschädigung abgelehnt: Die zuständige Berliner Behörde sah keinen Grund dafür, sie als Verfolgte des NS-Regimes anzuerkennen und ihren Einsatz für die Jüdinnen als rechtmäßigen Widerstand zu werten, »da solche Taten nicht geeignet sind, ein Regime zu unterhöhlen«, wie es in der Begründung hieß. Zudem lasse ihre Verurteilung von 1944 auf ein »niedriges sittliches und moralisches Niveau schließen«. Das Urteil des NS-Sondergerichts von 1944 blieb rechtsgültig – die Berliner Staatsanwaltschaft hob es erst im Juni 2011 auf. Da war Hedwig Porschütz schon lange tot: Sie starb 1977 verarmt in einem Altersheim.[108]

Der Widerstand der sogenannten »kleinen Leute« – der Arbeiterinnen und Arbeiter, Deserteure, Kriegsdienstverweigerer oder Judenhelfer – konnte das System nicht unterhöhlen. Selbst wenn sie es gewollt hätten, wären sie gar nicht in der Position gewesen, ein Attentat auf Hitler zu verüben oder dem Regime ernstlich zu schaden. Die Definitionen für Widerstand, die in der Bundesrepublik im Rahmen der Entschädigungsgesetze entwickelt worden waren, trafen darum auf die meisten von ihnen nicht zu. Und wer die Nazis als Kommunist bekämpft hatte, konnte sich im Westen ohnehin keine Hoffnungen machen, dafür gewürdigt oder wenigstens anerkannt zu werden.

Doch auch der 20. Juli 1944, der heute angeblich für den gesamten deutschen Widerstand steht, ist im Laufe der Zeit zurechtgebogen, beschnitten und geplündert worden: als Gründungslegende der Bundesrepublik und ihrer Armee; als kollektives Alibi für eine Vergangenheit, die wir uns lieber nicht so genau anschauen wollten; als Eintrittskarte in die NATO und Abgrenzung zur DDR; zur Verteufelung des Kommunismus und zur Legitimierung konservativer Politik. Übrig geblieben ist ein Mythos, dem die Botschaft abhandengekommen ist – das »Stauffenberg-Attentat«. Das selbstgerechte Narrativ der Konservativen, über alle Brüche, Irrwege und Katastrophen der vergangenen rund 100 Jahre hinweg stets auf der richtigen Seite gewesen zu sein, hat gesiegt, und die Männer und Frauen des 20. Juli 1944 mussten als Kronzeugen dafür herhalten.

Dabei war gerade das Gegenteil, nämlich die Überwindung ideologischer Grenzen, das Besondere an dieser Verschwörung. Keiner der Beteiligten hätte den Plan für sich in Anspruch genommen, auch Stauffenberg nicht. Jeder wusste, dass sie nur vereint eine Chance haben würden. In der Zusammenarbeit für ein gemeinsames Ziel gelang es diesen Menschen, aufeinander zuzugehen, obwohl sie politisch, menschlich und sozial vieles trennte. Von Julius Leber ist der Satz überliefert, er würde »auch mit dem Teufel« paktieren, um das Naziregime zu stürzen.[109] Am Ende verband ihn mit Stauffenberg eine enge Freundschaft, und der wiederum wünschte sich Leber als Reichskanzler statt den nationalkonservativen Carl Goerdeler.

Die Kreisauer um Helmuth von Moltke und Peter Yorck von Wartenburg schließlich repräsentierten schon für sich eine Vielfalt unterschiedlicher Haltungen. Durch die Vernetzung mit Sozialisten und Sozialdemokraten, oppositionellen Militärs und der Goerdeler-Gruppe öffneten sie sich aber auch anderen Ansichten – und umgekehrt.

Viele Punkte blieben strittig, im Grundsatz aber waren sich die Verschwörer einig, wie die vorbereitete Regierungserklärung zeigt, die der als Staatsoberhaupt vorgesehene Ludwig Beck nach geglücktem Putsch im Rundfunk verlesen hätte. Im Staatsstreichversuch vom 20. Juli 1944 kommt darum eine demokratische Qualität zum Ausdruck, die so etwas wie das unausgesprochene Vermächtnis der Menschen im Widerstand ist. Es könnte heute ein leuchtendes Beispiel sein, wäre es nicht von ungezählten politischen Vereinnahmungsversuchen verschüttet worden: die Bereitschaft zu Toleranz und Kompromiss.

Dank

Während der Entstehung dieses Buches waren mir viele Menschen eine große Hilfe, bei denen ich mich auf diesem Wege von Herzen bedanken möchte: die Mitarbeiterinnen und Mitarbeiter der Gedenkstätte Deutscher Widerstand, insbesondere Christin Sandow, die für mich ein ums andere Mal durchs Haus gelaufen ist, um aus allen Winkeln Ordner mit Quellen und Dokumenten heranzuschaffen, und Matthias Mann, der mir in der Bibliothek mit Rat und Tat zur Seite stand und dafür sorgte, dass ich schon vor den offiziellen Öffnungszeiten im Archiv sein konnte. Johannes Tuchel und Peter Steinbach danke ich für eine Vielzahl wichtiger Hinweise, Linda von Keyserlingk-Rehbein und Karin Schneider für Inspiration und kritische Durchsicht einzelner Passagen, Magnus Brechtken für das Gespräch über Joachim Fest, Frauke Geyken für die Unterstützung bei der Klärung vertrackter Details, Winfried Heinemann für sein konstruktives Feedback zu Beginn des Projekts. Egon Zweigart vom Gedenkort Annedore und Julius Leber hat mir Quellen zur Verfügung gestellt und geduldig meine Fragen beantwortet. Mein Dank geht außerdem an Jan Lokers vom Stadtarchiv Lübeck, Thomas Wernicke vom Haus der Brandenburgisch-Preußischen Geschichte, Tom Hillebrand von der Friedrich-Ebert-Stiftung und Oberstleutnant Harald Fritz Potempka.

Uta von Aretin danke ich herzlich für ihr Vertrauen, die so persönlichen Einblicke in ihre Erinnerungen, und dafür, dass sie das Buch, das nun ein ganz anderes geworden ist, als ursprünglich gedacht, von Anfang an so freundlich gefördert hat. Ich danke dem Goldmann Verlag für die stete Begeisterung und die Bereitschaft, sich auf ungewohnte Blickwinkel einzulassen, Elizabeth Bandulet für ihre kompetente Begleitung, Eckard Schuster für sein sorgsames, im allerbesten Sinne kritisches Lektorat.

Großer Dank geht außerdem an meine wunderbare Agentin Barbara Wenner, die glücklicherweise an den richtigen Punkten streng war und nicht lockerließ, und schließlich meinen Vater, meinen Mann und meine Kinder für ihre Geduld und unermüdliche Unterstützung.

Empfehlungen zum Weiterlesen

Aleida Assmann: *Der lange Schatten der Vergangenheit. Erinnerungskultur und Geschichtspolitik* (C.H. Beck)

Dorothea Beck: *Julius Leber. Sozialdemokrat zwischen Reform und Widerstand* (Siedler, nur antiquarisch)

Jörg Friedrich: *Kalte Amnestie. NS-Täter in der Bundesrepublik* (List, nur antiquarisch)

Hajo Funke: *Der Kampf um die Erinnerung. Nationalsozialismus, Erlösungswahn und Massenmord* (VSA)

Frauke Geyken: *Wir standen nicht abseits. Frauen im Widerstand gegen Hitler* (C.H. Beck)

Ralph Giordano: *Die zweite Schuld oder Von der Last Deutscher zu sein* (Kiepenheuer & Witsch)

Winfried Heinemann: *Unternehmen »Walküre«. Eine Militärgeschichte des 20. Juli 1944* (De Gruyter)

Linda von Keyserlingk-Rehbein: *Nur eine »ganz kleine Clique«? Die NS-Ermittlungen über das Netzwerk vom 20. Juli 1944* (Lukas Verlag)

Linda von Keyserlingk-Rehbein/Gorch Pieken/Matthias Rogg (Hg.): *Stauffenberg und mehr. Begleitband zur Ausstellung im Militärhistorischen Museum der Bundeswehr Dresden*

Stephan Malinowski: *Die Hohenzollern und die Nazis. Geschichte einer Kollaboration* (Propyläen)

Alexander und Margarethe Mitscherlich: *Die Unfähigkeit zu trauern. Grundlagen kollektiven Verhaltens* (Piper)

Ingo Müller: *Furchtbare Juristen. Die unbewältigte Vergangenheit der deutschen Justiz* (edition TIAMAT)

Peter Reichel: *Politik mit der Erinnerung. Gedächtnisorte im Streit um die nationalsozialistische Vergangenheit* (Fischer Taschenbuch, nur antiquarisch)

Karl Heinz Roth/Angelika Ebbinghaus/Ludwig Eber: *Rote Kapellen – Kreisauer Kreise – Schwarze Kapellen: Neue Sichtweisen auf den Widerstand gegen die NS-Diktatur 1938–1945* (VSA)

Detlef von Schwerin: *Dann sind's die besten Köpfe, die man henkt. Die junge Generation im deutschen Widerstand* (Piper, nur antiquarisch)

Peter Steinbach: *Der 20. Juli 1944. Gesichter des Widerstands* (Siedler, nur antiquarisch)

Peter Steinbach: *Widerstand im Widerstreit. Der Widerstand gegen den Nationalsozialismus in der Erinnerung der Deutschen* (Schöningh)

Gerd R. Ueberschär: *Für ein anderes Deutschland. Der deutsche Widerstand gegen den NS-Staat 1933–1945* (Fischer Taschenbuch)

Irmtrud Wojak: *Fritz Bauer 1903–1968. Eine Biografie* (Buxus Stiftung)